LE DIEU TRINITÉ DANS L'HISTOIRE

VINCENT HOLZER

LE DIEU TRINITÉ DANS L'HISTOIRE

Le différend théologique Balthasar-Rahner

Ouvrage publié avec le concours
de l'Institut catholique de Paris

LES ÉDITIONS DU CERF
PARIS
1995

J'exprime ici ma reconnaissance
au R.P. Jacques Dupuis, s. j.,
et au R.P. Bernard Sesboüë, s. j.

ISBN 2-204-05160-8
ISSN 0587-6036

PRÉFACE

Karl Rahner et Hans Urs von Balthasar se situent aux sommets spéculatifs de la théologie du XXe siècle. On sait qu'ils ont été très proches l'un de l'autre dans leurs débuts. N'ont-ils pas élaboré ensemble le « plan d'une dogmatique » qui inaugure le premier tome de la longue série des Schriften zur Theologie *du premier* [1] *? Mais on sait aussi que le poids des choses et du temps les a éloignés, au point de susciter entre eux un certain contentieux, peut-être même une fois ou l'autre un soupçon, qui se sont exprimés dans certains textes polémiques parfois sévères. On a pu parler à leur sujet d'une grande amitié déçue, et mutuellement déçue. Il y eut le débat sur les « chrétiens anonymes », le doute porté par Balthasar sur une « réduction anthropologique » de la christologie de Rahner, le reproche adressé au sujet de la théologie de la croix, certaines pages enfin très critiques dans la* Dramatique divine [2]. *Il y eut aussi le malaise éprouvé par Rahner devant certains aspects de la théologie trinitaire de Balthasar. À Munich, en 1980, celui-ci ne me disait-il pas sur le ton de la boutade : « Balthasar est trithéiste ! » Peut-être Balthasar pensait-il* in petto *que Rahner était « modaliste », étant donné sa critique du vocabulaire des « personnes divines », auquel il préférait l'expression de « modes de subsistence »* (Subsistenzweise).

1. K. RAHNER, *Schriften zur Theologie,* t. I, Einsiedeln, Benzinger Verlag, 1954, « Aufriss einer Dogmatik », p. 29-47.
2. H. Urs von BALTHASAR, *La Dramatique divine,* III, *L'Action,* Namur, Culture et vérité, 1990, p. 248-258.

Les témoins ne peuvent que regretter que deux si grands esprits n'aient pu engager un dialogue fort sur ce qui les distinguait dans leurs options théologiques, et éventuellement les séparait, sans les opposer toutefois de manière irréductible. On se console quelque peu en lisant dans les derniers écrits de Balthasar, publiés après la mort de Rahner, la présence d'un éloge fait au disparu, qui prenait valeur d'amende honorable.

Ce dialogue qui n'a pas eu lieu entre les deux théologiens vivants, la thèse de Vincent Holzer, soutenue brillamment en janvier 1994 devant la Faculté de théologie de l'Université grégorienne de Rome, l'instaure à partir de leurs écrits. C'est en dire tout l'intérêt. Ce gros travail institue le débat spéculatif de leurs différences et de leurs divergences, scrutées avec une intelligence et une curiosité jamais satisfaites, qui essaient d'aller au fond des questions posées. À l'exemple de ces deux maîtres, l'étude propose au lecteur une réflexion spéculative puissante. Elle ne se contente pas d'un « discours sur » Balthasar et Rahner, qui ne ferait que rendre compte de la pensée des deux théologiens. Aussi bien n'est-ce pas là le souci premier de V. Holzer : il nous présente un discours personnel, un méta-discours, dirais-je, par rapport à la confrontation constante de la pensée des deux hommes

Un tel travail ne pouvait être mené que sur la base d'un préjugé favorable pour les deux auteurs, interprétés avec les nuances qui conviennent, sans unilatéralisme. Rahner, par exemple, n'est jamais réduit au pôle de l'« expérience transcendantale », mais son ouverture de plus en plus grande au poids du « catégorial » est mise en valeur. Le différend Balthasar-Rahner n'est en rien gommé, mais il est situé sur l'horizon de tout ce qui les unit et de la relative similitude de leurs projets. Ils ont subi des influences communes, celles de Heidegger et de Barth en particulier. Dans le domaine spirituel, ils sont tous les deux et se veulent disciples d'Ignace de Loyola : la référence de Rahner à l'expérience d'Ignace est constante et souvent explicite ; et Balthasar disait de son côté : « Saint Ignace est ma patrie spirituelle. » Certaines préoccupations théologiques se retrouvent chez l'un comme chez l'autre : par exemple le rapport entre

Trinité immanente et Trinité économique, ou entre Trinité et histoire, est pour tous les deux central.

Pour caractériser ce qui les oppose, le choix de la « raison esthétique » chez Balthasar et de la « raison transcendantale » chez Rahner est judicieux. Il y a bien quelque chose d'irréductible dans leur pensée à propos du rapport entre l'homme et Dieu : V. Holzer situe Balthasar du côté de la discontinuité, et Rahner du côté de la continuité ; en d'autre termes, le premier est placé du côté de la « non-déductibilité » et l'autre de la « déductibilité », sans que chacun oublie pour autant le pôle complémentaire. Cela engage également un sens différent de l'analogie, Balthasar mettant davantage l'accent sur la dissemblance que Rahner. De même, histoire et mal n'ont pas la même prégnance chez l'un et chez l'autre. Balthasar accentue les ruptures et les seuils, les drames ; Rahner souligne les dynamismes unificateurs. La sotériologie de Balthasar est à dominante rédemptrice, celle de Rahner à dominante divinisatrice, dominée par le concept d'« autocommunication de Dieu ». Tout cela a sa correspondance dans la conception de la Trinité : « kénotique » chez Balthasar, « autocommunicante » chez Rahner. « C'est la christologie pensée à partir d'une dramatique trinitaire, ad intra *et* ad extra, *écrit V. Holzer, qui constituera pour Balthasar le point de résistance le plus tenace à une christologie de type transcendantal » (p. 155). L'échange trinitaire est un drame originaire pour Balthasar ; il est avant tout une communication pour Rahner.*

Il est intéressant de constater que l'auteur ne reprend pas à son compte les objections les plus graves adressées par Balthasar à Rahner : celui-ci aurait-il oublié la figure ? Le Dieu de Rahner, même le Dieu révélé en Jésus-Christ, resterait-il un Dieu à la mesure de l'homme ? L'auteur répond ici dans une formule heureuse : « Si Rahner énonce une mesure de Dieu pour l'homme, il ne la pense pas comme mesure de Dieu prise et comprise par l'homme, mais comme mesure de soi par Dieu offerte à l'homme » (p. 333). Il propose même à ce sujet une expression particulièrement suggestive, en parlant chez Rahner d'un Dieu « capable de l'homme », pour répondre à la formule de l'homme « capax Dei » *(p. 351). Ceci est capital, car Baltha-*

sar n'est pas le seul à avoir fait ce genre d'objection à Rahner, objection liée d'ailleurs à celle de s'être laissé confisquer par l'idéalisme allemand (p. 364). Déjà en 1971, c'était une question de W. Thüsing, faite du point de vue de l'Écriture, dans le cours donné à Münster en commun avec Rahner : l'« excédent de la promesse » tenait-il suffisamment de place dans l'esquisse christologique du Rahner de l'époque, largement commandée par le point de vue transcendantal [1] ?

L'auteur ne cherche pas à concilier ce qui n'a pas à l'être. Pour ma part, je ne parlerais pourtant pas comme lui de « conflit dogmatique » (p. 397) entre les deux hommes, mais bien de « conflit théologique », même si un certain soupçon de cet ordre a pu être porté une fois ou l'autre. Mais l'ouvrage a raison de dégager davantage les complémentarités que les oppositions. Finalement, il n'hésite pas à échanger dans une certaine mesure les catégories respectives des deux théologiens, puisque d'une part il parle de « raison esthétique » chez Rahner (p. 412) et reconnaît d'autre part la place du transcendantal chez Balthasar.

Finalement, entre ces deux œuvres analysées avec tant de rigueur, une question ne peut pas ne pas se poser au lecteur, comme elle s'est posée au rédacteur. Entre les deux théologiens, où le cœur nous porte-t-il ? Qui préférons-nous en définitive ? Je ne prétends pas ici répondre à la place du lecteur qui dispose de tous les éléments pour porter son jugement personnel. Je voudrais seulement esquisser, à mes risques et périls, l'itinéraire que l'auteur semble avoir suivi. Les premières rédactions laissaient l'impression d'une préférence instinctive donnée à Balthasar, d'une sorte de « dérive balthasarienne ». Les deux cents premières pages du livre peuvent encore donner la même impression : le discours est tenu du point de vue de Balthasar. Rahner semble plutôt dans la situation de l'accusé qui se défend, tandis que le théologien de Bâle attaque joyeusement, dans la position de l'accusateur et du juge. Puis, plus on avance, plus on

1. K. RAHNER, W. THÜSING, *Christologie – systematisch und exegetisch,* Fribourg-en-Brisgau Herder, 1972, p. 104.

voit que celui d'Innsbruck est disculpé devant des attaques non justifiées : Rahner ne s'est pas laissé inféoder à l'idéalisme allemand ; il n'est pas vrai qu'il « déduise » de la précompréhension transcendantale le don absolu de Jésus-Christ. Bien au contraire, c'est à la lumière du Christ qu'il comprend l'homme. Si Balthasar fait droit de son côté au point de vue transcendantal, il demeure légitime, nous l'avons vu, de parler de « raison esthétique chez Rahner ». Enfin, l'auteur se laisse aller à critiquer Balthasar, dans un passage relativement sévère (p. 223) sur la compréhension que celui-ci donne de l'Ancien Testament, en réduisant la théologie de la création à la représentation religieuse ou philosophique commune. De proche en proche l'ouvrage exprime ainsi une sympathie toujours plus grande envers le théologien d'Innsbruck, dont les intuitions de fond ont été rejointes en vérité et comprises dans leur luminosité.

On peut regretter sans doute que l'auteur, manifestement intéressé à l'enjeu spéculatif du débat, n'ait pas pris davantage la peine de nous faire le récit des relations entre Balthasar et Rahner, celui de leur amitié qui se distend, des critiques qui se manifestent, des soupçons qui s'expriment. Sans doute cet événementiel n'est-il jamais allé au fond des choses. Mais une plus grande attention à cet aspect aurait donné à l'ouvrage un ancrage concret qui lui manque sans doute et que V. Holzer reconnaît en écrivant : « L'allure parfois très abstraite de notre texte peut être considérée comme une faiblesse. Il est vrai que nous nous situons très vite au niveau des enjeux spéculatifs des œuvres et des logiques analysées » (p. 51).

Si la langue est ferme et comporte nombre de formules réussies, la lecture du livre demande une attention soutenue, du simple fait de son caractère hautement spéculatif. Mais ce texte a une âme, et le lecteur persévérant ne sera pas déçu. Ce grand travail est aussi une promesse. Tout donne à penser que l'auteur sera capable de la tenir.

BERNARD SESBOÜÉ, s. j.

PROLOGUE

Deux accès à l'« objet » théologique : le conflit de la « raison esthétique » et de la « raison transcendantale »

Dans le paysage théologique contemporain, Hans Urs von Balthasar et Karl Rahner ont dessiné des manières neuves de penser l'« objet » théologique, alors même que l'élément de « tradition », qu'on le recueille philosophiquement ou théologiquement, restera déterminant dans le tracé de ces nouveaux chemins de la *cogitatio fidei*. Tous deux savent que la pensée du théologien est nécessairement seconde ou dérivée, et c'est là sa plus forte vulnérabilité, puisque son objet lui est donné par mode de révélation, et se trouve, dès lors, soumis à des contraintes qui relèvent de régulations institutionnelles. Cette seule « structuration » de l'objet théologique pose la redoutable question de la liberté du théologien, et de la liberté de la pensée tout court.

Sur la scène où se produisent les modes de la rationalité, le théologien peut-il se hisser aux côtés de ceux qui sont les « vrais penseurs » ? Ceux-ci se sont affranchis des tutelles que sont « principes » et « dogmes » pour conquérir un espace originel, celui où tout est encore à penser, à construire, à commencer. Le théologien peut alors paraître en bien mauvaise posture, à moins qu'il ne récuse sur leur propre terrain ceux qui prétendent à l'exclusivité des instruments et des concepts qui assureraient à la pensée une réelle autonomie, une possible créativité.

Balthasar, plus que tout autre théologien peut-être, a su rendre compte, en toute rigueur, de la *singularité* irréductible du « phénomène » Christ qui consacre une démarche analytique dont la « reconnaissance[1] » constitue en quelque sorte le « premier principe ». Ce retour au phénomène possède lui aussi quelque chose de libérateur pour la pensée, en ouvrant l'histoire à un inattendu qui pourrait faire de la théologie le modèle d'une pensée ouverte. Un phénomène s'est produit dans l'histoire, une venue nous force à penser plus loin, aux confins du possible, sans que le phénomène ne sature la pensée, puisque par définition il est la venue vers l'homme de l'« impensable ». La figure du Christ se donne ainsi comme le phénomène qui empêche la pensée de tourner sur elle-même, elle est délogée et doit reprendre ses catégories, travail incessant que produit l'irruption de la transcendance. L'assujettissement dont serait coupable la théologie pourrait bien être un argument réfutable sur le terrain même de la pensée.

Si la théologie est affaire de pensée, c'est parce que la communication de Dieu comme événement n'est pas dissociable d'une pensée de l'être comme telle (reprise théologiquement pertinente de la différence ontologique *être-étant*, *être-essence*, éveil primordial à un *Bonum* originel), une articulation décisive, presque vitale, que l'on retrouve chez Balthasar et Rahner. Là encore, nous savons que la théologie contemporaine a fait siennes les critiques kantiennes de la métaphysique, et les reproches heideggériens adressés à la constitution « onto-théologique » du discours qui prétend accéder au divin. Nous n'en dirons pas plus pour le moment puisque notre texte reviendra souvent sur la possible, ou l'impossible pensée de l'être en théologie, à propos de Balthasar et Rahner. Si les théologiens conjoignent l'être et l'événement, c'est sans doute

1. Catégorie apparentée à celle de l'« écoute ». Comme nous le verrons, Balthasar subit ici l'influence de la pensée heideggérienne, pensée qui conçoit l'être comme événement inattendu plus que comme position ou catégorie de compréhension. La « reconnaissance » constitue la forme la plus haute de la pensée, là où l'homme écoute plus qu'il ne produit, ce que Balthasar appelle la *Gelassenheit*, c'est pourquoi et c'est dans ce sens que la raison balthasarienne peut être qualifiée de raison « esthétique ». Elle s'exerce à travers l'acte d'être sollicitée, elle perçoit (perception) et se laisse toucher (ravissement-*Entrückung*), puis elle déchiffre et peut consentir (consentement – *analogia*).

aussi parce qu'ils savent que le théologien croyant écrit hors de lui, non sur ce qu'il sait, ce qu'il veut, mais d'abord dans, et à partir de ce qu'il reçoit. Pourtant, et c'est là précisément que nos deux théologiens vont nourrir une controverse passionnée, Balthasar et Rahner ne manqueront pas de s'accuser mutuellement d'avoir manqué le mode adéquat de perception ou d'accueil de l'objet de foi comme *figure* du divin, ou bien parce qu'il semblera venir de trop loin, ou parce que la distance même de cette venue semblera compromise. Le débat Balthasar-Rahner se situe aussi à ce niveau très simple.

L'alternative se jouera ainsi entre « raison esthétique » et « raison transcendantale », le débat se haussant au plan rigoureux de la rationalité. Pour tenter de clarifier d'emblée l'emploi de ces deux expressions, l'on pourrait en donner une définition sommaire qui s'éclairera au fil de l'argumentation. La « raison esthétique », propre à la démarche de Balthasar, est une attitude de la raison, une disposition foncière de l'acte de connaître qui passe par la médiation des phénomènes, des formes, des signes symboliques offerts à la sensibilité et qui circonscrivent toute activité cognitive de l'homme dans le champ limité où les objets s'offrent, se donnent, sans que jamais la raison ne les préforme ou ne préjuge de leur mode d'apparaître. Aussi, la « figure » du divin n'est perceptible qu'en ce jeu des médiations où l'homme ne peut prétendre à aucune maîtrise dans l'ordre de la connaissance ou de la revendication pour son être-homme. Il n'est pas au pouvoir de la raison de décider ce que le divin doit ou peut être. L'homme, tout au plus, est-il ouvert à l'accueil d'une ouverture non déductible des profondeurs du divin par la médiation de l'être qui rayonne et qui constitue la profondeur cachée des choses, une sorte de source commune aux objets.

La « raison transcendantale », propre à la démarche de Rahner, est, elle aussi, une raison ouverte, mais d'emblée ouverte à une saisie de l'Infini puisque, par elle-même, elle universalise les formes offertes à la sensibilité et s'ouvre immédiatement à une saisie de l'Absolu qui coïncide avec un acte divin de communication en grâce. Ces deux types de raison définissent un positionnement divergent de la christologie. Chez Balthasar, l'acte d'une ouverture du divin selon son être est donné dans la médiation christologique absolue, alors que chez Rahner, cet acte d'ouverture des profondeurs du divin déborde la christologie en amont et rejoint le niveau originel d'une donation de l'absolu qui coïncide avec l'émergence de l'être-homme, le constituant comme sujet. La christologie doit alors répondre de son lien à l'acte originel de l'autocommunication de Dieu dont l'homme est l'événement. La controverse Balthasar – Rahner se focalisera sur cette articulation qui, pour Balthasar, reste fautive dans le cas rahnérien, parce qu'elle ne permet plus de penser ni de donner le champ nécessaire au déploiement d'une figure inattendue de révélation. Rahner manquerait le principe esthétique, il se tiendrait dans l'oubli de la *figure*.

L'objet de notre propre recherche visera à exposer, puis à soumettre à critique les termes mêmes du débat de controverse qui subsiste entre les logiques théologiques de Balthasar et de Rahner. Nous allons maintenant préciser ce que nous entendons par « logique théologique », avant d'élucider nos présupposés méthodologiques.

Puis nous tenterons d'établir une sorte d'« architectonique » des œuvres prises en compte, ce qui nous permettra de mieux éclairer le niveau de notre discours et son intention. Enfin, il s'agira de bien délimiter la pertinence de la présente étude puisqu'elle entend dépasser le genre de la « monographie » pour privilégier celui de la recherche théologique à partir de ce que donnent à penser les œuvres de Balthasar et de Rahner, sous l'angle du rapport Dieu-histoire, à travers la médiation christologique. Il s'agira ainsi d'analyser une pensée de l'accès à Dieu selon la position respective d'une christologie chez Balthasar et Rahner.

L'ANGLE D'UNE « LOGIQUE » THÉOLOGIQUE

Qu'entendons-nous exactement par analyse des « logiques » théologiques de Balthasar et de Rahner ? La dimension logique des œuvres répond à la définition suivante : l'élément, ou les éléments déterminants autour desquels se cristallise le mouvement total ou l'intuition fondamentale de la pensée du théologien. Balthasar et Rahner, à travers leurs œuvres, offrent une pensée de l'accès à Dieu pour laquelle la médiation christologique constitue l'indépassable « mesure ». Pourtant, c'est le statut même, ou la position qu'occupe cette « mesure » qui, chez l'un et chez l'autre, ouvre à une conception différente, pour ne pas dire irréductible, du rapport Dieu-histoire. La manière dont Dieu se donne — et l'homme reçoit le don — n'est pas identique selon que l'on considère ce rapport à partir d'une *analogia esthetica*, ou d'une *analogia entis* transcendantale. Il y a bien chez Rahner une analogie de l'être reposant sur la convertibilité de l'être et de la conscience, dont l'ultime rigueur et fondement est la vie trinitaire. L'être est esprit.

C'est l'analyse de cette « mesure » ou de ce « rapport » divergent qui constituera l'objet de notre recherche et la production de notre propre discours théologique.

Pour cela, nous ne procéderons pas par mode didactique d'exposition successive des systèmes de pensée qui font l'objet de nos analyses. On pourrait définir l'intention méthodologique du travail comme une circularité progressive des deux logiques selon les ressources d'une méthode comparative. Notre argumentation ne vise pas à exposer successivement la logique théologique des deux œuvres, puis à reprendre dans un second temps les données acquises en vue de la confrontation proprement dite. Les logiques doivent se rencontrer à l'intérieur de la totalité du système d'exposition. Le jeu des contrastes et des coïncidences souffrira moins de la faiblesse inhérente au système d'exposition respective. Les œuvres, dont nous parlerons plus avant, seront saisies selon leur unité ou, si l'on veut, selon une certaine systématicité, tout en respectant les évolutions des pensées, les infléchissements consentis, les ruptures ou les genèses qui donnent vie et souffle à une pensée. L'élément biographique qui sous-tend les œuvres est certainement déterminant, surtout si l'on tente d'élucider le point de controverse qui sépare nos deux théologiens. Malheureusement, nous ne pourrons y faire droit avec précision, même si l'analyse laissera transparaître des pièces du dossier de controverse, qui parfois confine au procès d'intention.

Nous n'avons pas voulu subdiviser exagérément notre texte afin de lui laisser une certaine unité littéraire et de respecter ainsi notre intention méthodologique. Notre recherche se situe donc à un niveau second qui suppose acquise une relative familiarité avec les œuvres dont nous traitons.

Certes, les concepts seront expliqués et largement resitués dans le mouvement logique des pensées, donc aussi en fonction de leur possible évolution. Pourtant, notre thèse, et les limites qui sont les siennes, ne prétend à aucune présentation séparée et exhaustive des œuvres, envisagée par exemple sous l'angle historique ou chronologique. Encore une fois, cet angle ne sera pas négligé. Nous saisirons les œuvres dans leur moment d'*unité* et d'*achèvement* tout en reconnaissant et en exposant au besoin les évolutions et les infléchissements consentis par les deux théologiens. Le lecteur pourra ainsi se rendre compte que Balthasar et Rahner ont appris l'un de l'autre, et ont reconsidéré leur point de vue. Il est vrai que ces consentements sont davantage le fait d'œuvres de maturité, donc de publications plus ou moins ultimes.

Si nous parlons d'une saisie des œuvres selon un principe d'unité, c'est que nous privilégierons les orientations fondamentales des pensées de Balthasar et de Rahner, c'est-à-dire les niveaux constants de leurs affirmations quelles que soient les périodes envisagées. Certes, l'on parle volontiers d'une pluralité de christologies pour Rahner, et de la difficulté de parvenir à unifier ces dernières. Rahner lui-même, dans ses écrits ultimes, ne parviendrait que difficilement à penser l'unité du *Logos* et de l'homme Jésus, les catégories anthropologiques utilisées ne lui permettant pas toujours de dépasser une tendance à la dérive nestorienne.

Bien entendu, nous respecterons cette donnée, tout en privilégiant *l'invariant transcendantal* qui constitue la constante de ce système de pensée. Nous le mesurerons à la christologie de l'absolue *singularité* de l'existence de Jésus chez Balthasar. Ces deux perspectives induisent un rapport différent de Dieu à l'histoire (création), de Dieu à l'homme (anthropologie-

sotériologie) et de Dieu à l'homme Jésus (christologie). D'autre part, Rahner admettra, dans ses écrits plus tardifs, que lui-même fut séduit à tort par une christologie paulinienne du *Logos* qui laissa dans l'ombre le moment proprement et décisivement chrétien de l'acte divin de communication de soi, la figure singulière de Jésus de Nazareth. Ainsi, et de manière toujours plus accentuée, la christologie transcendantale de l'Homme-Dieu deviendra une christologie-limite dont la mesure restera subordonnée à la « démesure » d'une entrée de Dieu dans l'histoire des hommes, à travers une destinée historiquement saisissable.

Or, cette évolution a été trop peu remarquée, et l'on continue parfois à persévérer dans l'accusation erronée d'une anthropologisation de la christologie rahnérienne. Cette critique nous semble peu sérieuse, tant la « barthianisation » du concept d'« autocommunication » nous semble un fait massif de l'ultime théologie rahnérienne. Peut-on sérieusement accuser de dérive anthropologique une théologie qui fait de la grâce une catégorie prépondérante, pour ne pas dire omnicompréhensive ? Certes, de 1954 à 1984, la christologie rahnérienne comme médiation nécessaire de l'accès à Dieu et intelligence de l'homme a subi de réelles évolutions, et le concept même de « raison transcendantale » s'orientera en direction d'une « raison esthétique », c'est-à-dire d'une raison ouverte à l'inattendu d'un « visage » qui signifie la démesure d'une donation du divin. Encore faut-il le dire à propos de Rahner. Nos analyses menées longuement sur le concept d'autocommunication tentent précisément de démontrer toute la dynamique apophatique et trinitaire qui informe l'entière théologie rahnérienne de la grâce, du rapport de grâce de l'homme à Dieu.

C'est dans ce sens que nous avons choisi de privilégier la saisie de l'œuvre selon un principe d'unité, pour bien montrer que Rahner doit être partiellement « lavé » du soupçon de dérive anthropologique. À ce propos, les accusations balthasariennes n'échappent pas aux gauchissements interprétatifs, et l'on peut s'en étonner, il suffit de rappeler l'ouvrage polémique *Cordula ou l'Épreuve décisive*[1] qui reste un modèle du genre.

LES ŒUVRES : DE RAHNER À BALTHASAR

Quelles sont les œuvres que nous avons privilégiées ? Nous ne revenons pas sur les principes d'une saisie unitaire des œuvres. La difficulté rencontrée avec Rahner consiste dans la relative dispersion des contributions, et leur relative répétitivité, le genre théologique privilégié par Rahner étant celui des « écrits [2] » (*Schriften*), regroupant des contributions occasionnelles et de volume restreint. Rahner, en effet, n'a pas produit de systématique théologique, et le principe même d'une comparaison avec Balthasar peut sembler aléatoire, pour ne pas dire périlleux, tant la matérialité et l'organicité des œuvres sont différentes.

Ce sont autant de raisons qui nous ont persuadé de privilégier quelques contributions à l'allure plus systématique. Nous avons pris soin de contrôler les contributions christologiques des *Schriften zur Theologie*, en repérant la répétitivité des essais, ou leur problématique propre. Certaines de ces contributions constituent des apports majeurs pour la pensée théologique : à titre d'exemple on peut citer les essais programmatiques portant sur la théologie de l'incarnation ou la christologie, *Zur Theologie der Menschwerdung – Probleme der Christologie von Heute*, ou encore *Zur Theologie des Symbols*, sans omettre les réflexions concernant la doctrine de l'accès à Dieu et les questions entrecroisées de philosophie et théologie [3]. À travers ces contributions espacées dans le temps, Rahner a produit les éléments

1. Voir *Cor.* (la table des sigles et des abréviations se trouve p. 453. Les références complètes des ouvrages cités sont donnés dans la Bibliographie p. 455).
2. Voir *Rahner-Register, Ein Schlüssel zu Karl Rahners « Schriften zur Theologie I-X » und zu seinen Lexikonartikeln.*
3. Nous renvoyons à la bibliographie détaillée des œuvres, elle demeure cependant circonscrite aux limites de notre recherche. Nous avons évité

épars d'une systématique théologique focalisée sur le concept de *Selbstmitteilung*, le rapport gracieux d'une communication de Dieu qui constitue le sujet humain et ouvre la fondation d'une histoire de la liberté, ce que Rahner appellera le mouvement d'« autotranscendance ». Ces constantes, sommairement évoquées ici, parcourent l'intégralité de l'œuvre du théologien. Pourtant, et nous l'avons signalé précédemment, l'un des concepts clefs du registre théologique rahnérien subira un phénomène de « barthianisation ». Plus l'œuvre de Rahner se posera dans la durée, plus l'autocommunication se déliera de la perspective *transcendantale-limite* pour se reporter en direction d'une intelligibilité christologique, donc « catégoriale » pour reprendre le vocabulaire usité. Cela signifie que la venue de Dieu vers l'homme et son histoire sont plus le fait d'un événement d'extériorité que d'une *préappréhension* (*Vorgriff*) de l'esprit fini en direction de l'*Esse Absolutum*.

Ce type de déplacement occupera une part importante de nos analyses, et c'est à l'intérieur de ce champ que se dégagera le mouvement logique de la pensée de Rahner. Le couronnement d'un tel *déplacement* est d'ailleurs l'objet écrit et publié d'un aveu du théologien lui-même au soir de sa vie [1]. Mais aussi, au soir de sa vie, le théologien reprendra les questions qui ne l'ont jamais vraiment quitté et pour lesquelles il n'a trouvé aucune réponse satisfaisante. Il avoue, alors que ses forces déclinent, l'impossible saisie du jeu complexe d'un monde qui ne cesse de se projeter en avant de lui-même, dans des structurations et des découvertes qui ne font que dilater l'espace qui s'ouvre à la connaissance. Cette vision évolutive du monde constituera, entre autres, l'une de ces tâches de la pensée que s'assignera le théologien jusque dans le domaine de la christologie. Cette perspective déchaînera les critiques, du côté de Balthasar notamment [2].

l'inflation des titres qui parfois rend inopérante l'utilisation de l'instrument bibliographique.

1. K. RAHNER, *Vor dem Geheimnis Gottes den Menschen verstehen. Karl Rahner zum 80 Geburtstag*, Fribourg, 1984.

2. *Cor.*, p. 83 s.

Rahner est ainsi un penseur constant, approfondissant et affinant sans cesse les instruments et les intuitions qui servent l'« objet » théologique. Sans doute est-ce là la raison de ces contributions brèves qui caractérisent son mode d'écriture et qui, cependant, lui donnent une force spéculative inégalée, jointe à une acuité du questionnement que lui enviait Balthasar. « En premier lieu je considère Karl Rahner, vu dans l'ensemble, comme la plus forte puissance théologique de notre temps. Il est évident que lui, en ce qui concerne la force spéculative, m'est supérieur [...]. Mais nos points de départ furent, à dire vrai, toujours divers. Il existe un livre de Simmel qui s'intitule *Kant et Goethe*. Rahner a choisi Kant, ou si vous préférez Fichte, c'est-à-dire le point de vue transcendantal. Et moi, en tant que germaniste, j'ai choisi Goethe. La figure *[Gestalt]*, la figure indissolublement unique, organique, qui se développe — je pense à “Métamorphoses des plantes” de Goethe —, cette figure avec laquelle Kant lui-même n'arrive jamais à venir à bout [...]. Une figure, une forme, on peut la contourner, on peut se mouvoir autour et la voir selon toutes ses parties. Chaque fois on y voit quelque chose de divers et pourtant l'on voit toujours la même chose [...]. [1] »

Le texte, issu d'une confidence balthasarienne, est admirable, rarement cité, lumineux quant à ce qui constitue le point de clivage qui sépare les deux théologiens. Rahner resterait, d'une certaine manière, « coupable » d'un oubli de l'« objet », comme Heidegger lira dans le destin de la métaphysique un oubli de l'être. La nouveauté de la pensée de Balthasar réside là, dans l'irréductibilité d'une forme, une forme plastique, une figure totale et suffisante qui déjoue les canons de la perception et plus encore des pouvoirs de la raison ou de l'intellect. La nouveauté de cette pensée s'enracine cependant dans une étroite relation à l'œuvre de Goethe. Le sujet humain, comme les objets, sont entraînés dans un dépassement que déclenche en eux une mesure de participation qui échappe à toute maîtrise. Mais alors il faut

1. M. ALBUS, « *Geist und Feuer. Ein Gespräch mit Hans Urs von Balthasar* », *Herderkorrepondenz*, 30, 1976, p. 75 *s.*

commencer par le « beau », le transcendantal « beau », c'est-à-dire consentir à la donation de l'être qui rayonne, qui persiste jusque dans un fait de laideur, une difformité contingente ou provoquée des formes. Le témoignage de l'être perd toute crédibilité pour celui qui ne sait plus discerner le beau. Il existe une force qui jaillit de l'intérieur des choses et qui les fait s'ouvrir au-dessus d'elles-mêmes. Ce qui crée une *figure*, c'est l'élément donneur de forme ou configurant [1] (« *Es ist das Gestaltende, daß die Gestalt schafft* »).

L'attention portée au seul dynamisme de la connaissance exercée par l'esprit ou l'intellect risque de manquer les formes et les figures qui renvoient à l'être comme source, le transcendantalisme « moderne » des théologies et des philosophies s'étant empressé de dépasser les formes en les réduisant au rang de matériaux. Une telle prépondérance de l'esprit, ou de la connaissance où l'esprit s'exerce, entraînera inéluctablement la « figure » christologique dans le tourbillon dévorant du « Savoir » et de la conscience de soi. Hegel est un achèvement, après lui le « crépuscule des dieux » était inévitable. La *figure* s'était dissoute dans l'au-delà de la représentation, facilité de la raison, transcendantale et intégrative par définition.

C'est le rayonnement même de l'être dans les formes qui fut oublié ou présomptueusement dépassé. La scission de l'homme et de son monde est entérinée, le monde et l'univers des formes [2] (*Gestalthaftigkeit des Wesens*) ne sont plus que moments d'une possession de soi [3] qui marque la prépondérance du *cogito*, et pour Balthasar sa dissolution même, puisque l'homme semble alors se couper des liens et d'une source qui le donnent à lui-même, et le rendent solidaire d'un tout différencié plus vaste.

1. *AdS,* p. 431.
2. Il existe une source théologique à cette dérive, elle se donne à partir du « postulat platonicien d'après lequel le monde divin serait purement spirituel, donc ne pourrait s'exprimer en images sensibles que d'une manière inadéquate et, pour nous, hommes, trompeuse » (H. U. von Balthasar, *GC,* t. I, p. 352).
3. Il importe pour Balthasar « de conférer aux propositions abstraites une couleur et une plénitude historique » (*ibid.*, p. 11).

Nous n'en dirons pas plus pour le moment puisque l'ouvrage explicitera le plus précisément possible le point de séparation à travers le concept central de « figure, *Gestalt* » chez Balthasar. La venue du Christ, l'« apparaître » du Christ, est un phénomène que la raison n'attendait pas, c'est pourquoi la théologie transgresse les limites que s'assigne le jugement de raison, elle l'excède. Le théologique serait-il un acte de transgression de l'interdit philosophique ? Balthasar et Rahner le disent à leur manière, en leur qualité de théologiens.

Pour en revenir à l'établissement du corpus de textes rahnériens, il convient d'ajouter deux remarques d'importance. La première concerne les contributions offertes par Rahner dans des encyclopédies théologiques, dont lui-même fut d'ailleurs l'initiateur. Ainsi, *Sacramentum Mundi* [1] constitue-t-elle un instrument de recherche essentiel, à travers des écrits programmatiques qui furent repris ultérieurement dans des apports plus développés. Incontestablement, ces articles relativement anciens, qui relèvent du « premier » Rahner, sont très marqués par la perspective transcendantale, si bien que parfois le rapport Dieu-histoire semble faire de la christologie un moment d'exemplification d'une relation qui s'instaure dès le surgissement d'une liberté personnelle et historicisée, terme d'un mouvement d'évolution, moment où la matière et l'esprit parviennent à un certain degré d'unité pour qu'apparaisse un sujet libre dans une histoire. Et c'est l'histoire comme telle qui se voit haussée au rang d'une unique histoire *transcendantale* de la révélation, comme si les particularités parvenaient à être gommées sous l'invariant transcendantal, un invariant transcendantal qui de fait coïncide avec le contenu de la révélation néotestamentaire, coïncidence d'autant plus manifeste que l'expérience transcendantale, chez Rahner, n'est pas dissociable de la figure de l'*Homme-Dieu*. L'attirance (*Vorgriff*) vers Dieu (champ transcendantal de l'être-esprit) est corrélative d'une rencontre possible dans le champ de l'histoire.

1. K. RAHNER et A. DARLAP (éd.), *SM*. Pour la liste des contributions parues en encyclopédies, voir *Rahner Register*, p. 9.

Or, c'est ce mouvement logique que Rahner va très fortement nuancer, au profit d'*une revalorisation de la césure christologique*. Elle devra dépasser le rang de « chiffre » du mouvement évolutif d'*autotranscendance*, concept dont nous reparlerons au cours des analyses. L'articulation philosophie-théologie se pose ainsi d'elle-même. Rahner théologise en philosophe, et les données les plus factuelles de l'acte de révélation n'échappent pas à la décisive et vitale réintégration du théologique dans le philosophique, non pas pour une quelconque opération de subordination du théologique, mais pour en dégager l'*extension en raison*. La révélation est *logos*, elle nous tient dans la question de l'être. La finalité de l'articulation est manifestement apologétique, dans le meilleur sens du terme, au service de la compréhension de l'homme. Mais là encore, Balthasar ne suivra pas Rahner, toute problématique du croyable étant par avance réfutée comme impiété et prétention illusoire de la raison. Les accents barthiens de la théologie balthasarienne sont prégnants.

Enfin, la parution du *Traité fondamental de la foi* [1] (*Grundkurs des Glaubens*), en 1976, constitue un apport capital pour une saisie de l'unité de pensée du théologien allemand. Il ne s'agit pas d'une œuvre systématique, ni même d'une œuvre de synthèse, mais elle a le mérite de reprendre en un tout articulé et d'une extrême densité les intuitions maîtresses de son œuvre théologique. Le « traité fondamental » est aussi le témoin du phénomène de « barthianisation » du concept d'« autocommunication », tant les données apophatiques traversent l'expérience transcendantale d'accès au divin. Rahner y livre une belle et forte théologie négative qui, incontestablement, sert la christologie, lui redonne une dimension épiphanique, ce qui était moins le fait des contributions antérieures. Pourtant, les problèmes d'articulation demeurent entre l'absolu de cette donation originelle qu'est l'acte d'autocommunication, et cet autre absolu du don que réalise la médiation christologique.

Un mot encore pour qualifier le paysage théologique rahnérien. Rahner apparaît d'abord comme un initiateur, rompant

1. Voir la Bibliographie, p. 461.

délibérément et courageusement avec l'emprise néo-scolastique. Les contributions stimulantes qui caractérisent son entrée en théologie s'inscrivent d'emblée dans un débat fécond avec la théologie de l'École. Il a eu connaissance de la théologie produite à Fourvière, nourrie de patristique, interrogée par la philosophie blondélienne, les théologies de la foi de Maréchal, Rousselot, Delhaye, les travaux d'Henri de Lubac. Rahner, soucieux d'un débat avec le monde moderne, inaugure une forme de néo-kantisme théologique, non pas une théologie inféodée au criticisme kantien, mais une théologie ouverte à la pertinence de la critique kantienne, et la dépassant dans l'irréductibilité de l'« objet » théologique, le phénomène Christ, communication de Dieu à raison de son être même. Mais il fallait que cet acte se déliât de tout extrinsécisme dogmatique pour que soit retrouvée en Dieu la discussion intérieure de l'homme. L'« homme-question » sera le *thaumazein* rahnérien, le niveau constant de l'interrogation transcendantale.

Le rapport conflictuel Balthasar-Rahner se greffe pourtant, et à ce propos, sur une sorte de convergence initiale. Elle peut paraître insignifiante, non pertinente, elle n'en demeure pas moins un point de rencontre possible entre les deux théologiens. Elle indique au moins que la théologie rahnérienne n'est pas dénuée de toute perspective esthétique, au sens balthasarien. Le premier geste de la pensée est l'étonnement (*Verwunderung*/objectivé), ou l'attirance (*Vorgriff*/non objectivée) en laquelle l'homme comme être de transcendance est inquiété par le surgissement de l'être, infinité de la réalité indisponible et silencieuse, qu'elle se recueille comme visée transcendantale sur l'être en général, ou dans les limites de la *conversio ad phantasma*, deux attitudes non réductibles l'une à l'autre, l'une se nourrissant de l'« épaisseur figurative » des êtres de l'expérience (*Gestalthaftigkeit des Wesens*), l'autre saisissant d'emblée la pluralité des phénomènes en un horizon infini d'intelligibilité et de possibilité, qui transcende immédiatement toute forme de médiation contingente. Mais c'est là pourtant que Balthasar résiste au mouvement des théologies de la foi à résonance transcendantale. Elles ne parviennent qu'insuffisamment à ménager l'espace requis pour la réception d'une Gloire qui, s'attestant, récuse en se donnant l'aménagement qui conviendrait à la démesure du don. La *Selbstauslegung Gottes* requiert une *Gelassenheit* fondamentale, condition du rapport analogique de communion, où la créature se laisse configurer aux espaces du divin.

Si le rapport esthétique convient parfaitement à la donation inattendue du don divin, via la *figure*, il est aussi pour l'homme le gage d'un rapport de proximité. Ce second point est particulièrement important. Les éléments de vision et de compréhension qui accompagnent nécessairement la figure ne permettent aucune analyse de l'acte de foi à l'état pur. Un tel procédé équivaudrait à désincarner l'acte de foi, en le déliant du complexe vital et spirituel par lequel l'homme réel est rencontré par Dieu. L'unité du « voir » et du « croire », de l'« entendre » et du « croire », est incluse dans le mode d'expression de la *figure* du divin. Le pôle du « croire » maintient la paradoxale donation de Dieu, elle appelle une nouvelle lumière qui, éclairant la figure particulière, jaillit également d'elle, et permet l'accès à la profondeur qui la donne. C'est pourquoi la *splendor* du mystère qui s'offre à nous ne peut être rapprochée d'aucune des beautés qui brillent dans l'espace de ce monde, bien que le rapport analogique ne doive jamais être récusé.

On peut évidemment s'interroger sur l'opérativité de la synthèse que réalise la figure de révélation, surtout lorsque cette synthèse est censée demeurer la forme actuelle d'un accès à la reconnaissance de Jésus, comme Seigneur et Verbe du Père. Le prolongement nécessaire de la synthèse dans des médiations qui lui donnent corps évidemment n'a pas échappé à Balthasar. Nous renvoyons au questionnement qui clôt le chapitre IV de l'ouvrage.

Balthasar, théologien du *connubium*, de l'*admirabile commercium*, manifeste l'influence décisive de la patristique grecque sur une œuvre tout entière unifiée par le principe analogique. C'est d'ailleurs la compréhension de l'analogie qui séparera notoirement Balthasar de Rahner. Le chapitre IV de l'ouvrage explicitera cette donnée fondamentale.

Le dépouillement de l'œuvre de Balthasar fut difficile, tant la prolixité de l'auteur décourage la saisie d'un principe d'unité ou de systématicité.

Balthasar répugnera au qualificatif de théologien ayant enfin renoué avec la grande période de production des « Sommes », des entreprises systématiques. C'est d'ailleurs Rahner lui-même qui le qualifiera comme tel [1]. Il convenait donc de ne pas forcer la pensée en l'orientant vers la saisie trop rigide d'un principe systématique. L'autre difficulté rencontrée tient à l'objet même de la thèse. Analyser de concert le mouvement logique des pensées de Balthasar et de Rahner, entreprise titanesque à première vue, est vouée à l'échec en raison du volume des œuvres à traiter, et de l'irréductibilité des points de vue. Ces arguments ne sont pas sans valeur, et le lecteur pourra regretter certaines absences, et sans doute l'adoption méthodologique d'une lecture des œuvres selon un principe d'unité. Nous nous sommes expliqués là-dessus précédemment.

BALTHASAR : FORME ET CONTENU DES ŒUVRES

Les contributions de Balthasar sont nombreuses, pour ne pas dire énormes, à l'instar de Rahner. Comme pour ce dernier, un certain nombre d'écrits importants ont été consignés dans des volumes qui s'apparentent au genre des écrits théologiques rahnériens, les fameux *Skizzen zur Theologie* (il faudrait mentionner les volumes *Sponsa Verbi* et *Verbum caro*), regroupant sous forme d'essais théologiques des études de première importance (*Pneuma und Institution*, *Spiritus Creator*, *Homo creatus est*, *Verbum caro*). Beaucoup de ces écrits ont été repris dans la

1. « Il est aussi un théologien systématique, il compose une "Esthétique" théologique, la seule qui ait été écrite jusqu'ici... Il est philosophe, non seulement lorsqu'il s'applique en son *Prometheus* (*Apokalypse I*) à dégager la signification de l'idéalisme allemand, mais aussi dans son ouvrage *Phénoménologie de la vérité* (*Wahrheit*) » (K. RAHNER, « Hans Urs von Balthasar », *Civitas*, 20, 1965, p. 602-603).

grande œuvre du théologien (*Herrlichkeit, Theodramatik, Theologik*), celle qui l'apparente nécessairement à ceux qui ont tenté de produire une systématique théologique, une vision d'ensemble de la foi chrétienne, unifiée dans une théologie de l'histoire [1]. En cela, Balthasar nous semble héritier et disciple de Hegel et de Barth, deux noms, deux formes du savoir qui l'ont séduit et l'ont engagé dans les méandres complexes d'une théologie de l'histoire, polarisée par un « objet » théologique qui se haussera à la prétention d'un accomplissement de toute ontologie naturelle, unité du mythe et de l'histoire, achèvement du principe philosophique. Balthasar oscille entre achèvement (Hegel) et crise (Barth).

La tentative est systématique, confinant parfois à l'adéquation au « savoir absolu », mais l'« objet » théologique veille, la *figure* de Dieu dans l'histoire est trop inattendue et mouvante pour que les principes logiques s'en emparent. L'œuvre touffue, baroque, foisonnant de références culturelles, imprégnée de littérature, de philosophie, sans que jamais la pensée du théologien ne s'inféode, devait néanmoins permettre la saisie d'un mouvement logique unificateur. La forme trilogique de l'œuvre majeure du théologien en indiquait de soi la structure et la possibilité.

Nous avons donc privilégié l'ordre même de la *trilogie* théologique, composée de seize volumes, écrite de 1961 à 1987, en essayant de mettre en lumière la complémentarité spéculative de l'« Esthétique », de la « Dramatique » et de la « Logique », une triple forme d'accès à la figure de révélation qui incarne dans le temps des hommes la Gloire du divin. Cette triple forme est donnée avec l'« objet » de révélation. Elle n'est pas une méthodologie théologique, elle est la forme de la *figure*, son mode d'apparaître. La démarche est ici phénoménologique. Les sources du projet d'écriture de la trilogie appartiennent aux commencements de l'activité de pensée du théologien. Sa thèse de doctorat en littérature, *Geschichte des eschatologischen*

1. Voir la Bibliographie, p. 455 s.

Problems in der modernen deutschen Literatur [1], mais plus encore l'un de ses premiers ouvrages fondamentaux (qui est en fait une trilogie), *Apokalypse der deutschen Seele* [2] (1937-1939), constitueront le milieu déjà décisivement mature de la pensée du théologien, premier et constant dialogue avec l'idéalisme moderne et son rejet, conscient ou non, du principe esthétique [3], prémice de l'Esthétique théologique et de son indispensable lieu de vérité, la rencontre dramatique de deux libertés irréductibles l'une à l'autre, philosophiquement s'entend (ce sera tout le problème des tomes I et II de la *Dramatique divine*).

Le livre se développe selon cette idée maîtresse, l'immanence de Dieu dans l'âme, au-delà de l'immanence de l'homme et du monde, le propre de l'idéalisme moderne. Le point de rencontre insaisissable entre Dieu et l'homme sera ainsi l'horizon de toute forme de connaître, de sentir, le point d'échange travaillera y compris l'apparente abstraction de la différence ontologique. C'est dans cet ouvrage que Balthasar pense les linéaments d'une théologie de la figure, et trahit une dette capitale à l'égard de Goethe. La nature tout entière, en ses diverses formes d'être, rayonne d'une profondeur qui se donne comme révélation d'un mystère sacré. Les formes sont ainsi inséparables de l'attrait qu'elles exercent, de l'extase qu'elles suggèrent. C'est l'unité foncière de la forme qui transcende la somme des éléments qui la composent. Balthasar jette ainsi les fondements de ce qu'on pourrait appeler une métaphysique des *formes*. Faut-il parler de phénoménologie? Le débat est complexe, la pensée de Balthasar récalcitrante à toute inféodation permettant difficilement de trancher. On peut encore ajouter cette remarque d'importance. Ces travaux initiaux du jeune Balthasar ne pouvaient que lui

1. *Geschichte des eschatologischen Problems in der modernen deutschen Literatur*, Zurich, 1930.
2. Voir la Bibliographie, p. 455 s.
3. Balthasar entend vraisemblablement se démarquer de Kierkegaard et du dépassement du stade esthétique. Mais cela va plus loin, en direction de la tendance propre à l'idéalisme qui tente d'aller au-delà de la représentation ; voir un passage capital de *GC*, t. I, p. 515-516.

donner déjà une vaste connaissance du monde de la pensée (dès sa thèse de doctorat).

L'*Apocalypse de l'âme allemande* (*Apokalypse der deutschen Seele*) recèle un nombre impressionnant d'auteurs, philosophes, écrivains, dramaturges, poètes, musiciens, célébrant déjà ce qui restera l'une des intuitions clés de la pensée du théologien, le caractère libre et mystérieux de l'être comme fait immanent qu'aucune connaissance ne peut éliminer, et qui ne peut être recueilli en plénitude que dans la révélation. C'est aussi le repli purement immanent de cette différence fondatrice, dans l'idéalisme moderne, que Balthasar déchiffrera. On comprend mieux la déception et la souffrance du jeune jésuite, arrivé à Munich-Pullach en 1929, soumis à l'aridité de la néo-scolastique. Là aussi, les destinées théologiques de Balthasar et de Rahner se croisent, les itinéraires initiaux ont quelque similitude. L'arrivée à Lyon en 1934 renoue avec l'ouverture initiale du jeune penseur, grâce à une plongée salutaire dans les Pères. Le retour en Allemagne lui permet de coopérer efficacement au renouveau patristique puis, avec Rahner, de songer aussi à un renouvellement de la théologie systématique.

Il est alors sans doute temps et nécessaire de situer brièvement le mouvement et le contenu de la forme trilogique de l'œuvre. Tout d'abord, l'œuvre de Balthasar ne peut pas se comprendre en dehors du concept clé qui la traverse et l'unifie, l'*analogie*, il conviendrait de dire *analogie esthétique*. Il est tout simplement légitime de parler d'une « esthétique » théologique si Dieu, en Jésus Christ, se rend humainement visible. L'événement de Gloire qui s'atteste sur la scène de l'histoire requiert un mode de perception ouvert à partir de la différence ontologique entre l'être et l'étant. L'homme est toujours sujet d'une expérience esthétique, l'altérité de ce qu'il ne produit pas, l'étonnement face à la donation de l'être, face à ce qui apparaît et qui produit en lui un sentiment d'appartenance à l'être, et de nouveauté irréductible. L'espace est ainsi libéré en direction d'une réception du sens ultime du phénomène global d'altérité.

Le « beau » (*pulchrum*) se donne ainsi comme la qualification originelle de l'expérience d'altérité, le premier moment qui fonde la légitimité d'une esthétique dans l'ordre de la « connaissance » comme « reconnaissance ». L'application christologique est immédiate. Le transcendantal « beau » est repris christologiquement dans l'*apparition* de l'Homme-Dieu qui se laisse *conformer* dans une parfaite correspondance au Dieu plus grand. Ainsi, en Jésus, Dieu manifeste sa *Gloire*, manifestation qui n'est perceptible qu'à partir d'une *conformation* de la créature (*anima ecclesiastica*) aux espaces nouveaux de la donation du divin, déjà grâce à la différence ontologique dans laquelle il ne faut pas se contenter de demeurer, comme le fait Heidegger.

C'est ici qu'il faut éviter de se méprendre sur la démarche de Balthasar. Formellement, nous croyons que la pensée de Balthasar se noue autour d'une « dramatique », c'est-à-dire autour d'une monstration du phénomène sous son aspect actif, comme théopraxie. L'esthétique est toujours traversée par une « dramatique », par une perception non statique du réel et de l'insertion de Dieu dans l'épaisseur de l'histoire. L'analogie de l'être est travaillée par l'action théo-dramatique, elle n'est pas le présupposé de cette *actio*, mais dès l'origine du créé, la conséquence. C'est la raison pour laquelle Balthasar évite toute abstraction dans la reprise de la *distinctio realis* thomiste. C'est dans la rencontre intersubjective, dans l'altérité je-tu que l'épiphanie initiale de l'être-source se donne, se concrétise, toute forme déterminée étant un témoignage au sujet de l'être. Il faut que la pensée libère ce champ pour favoriser la perception, et produire le ravissement (*Entrückung*) qui convient à l'irruption de la *figure* de révélation. Une pensée qui ne s'en tient qu'à la différence ontologique est infirme, elle sombre dans la neutralité ontologique, et qui voudrait mourir pour l'être ?

Qui dit « esthétique » reste encore enfermé dans une statique qui n'est pas à la hauteur du phénomène [1] La révélation de Dieu n'est pas seulement objet à contempler, elle est son action sur la scène du monde, moment de crise des représentations, moment de disqualification d'une pure phénoménologie de la séduction du *beau*, du *bien* et du *vrai*. Le fait déconcertant de laideur, l'*Un-Gestalt* du crucifié, est rupture préparée si l'on peut dire par

1. *Dd*, t. I, p. 14-15.

la montée de la tension conflictuelle qui oppose Jésus à la sphère du mal qu'il met en lumière, renversement de l'*analogia entis*, ou de l'analogie esthétique déchiffrée dans la seule expérience naturelle, pour laisser le divin utiliser l'espace qu'offre le champ de l'être et se révéler à l'homme.

Nul subterfuge dans ce mode de donation de Dieu. Il ne faudrait pas penser que Dieu s'amuse à renverser les canons de la perception pour se rendre plus inaccessible encore. La croix est un fait qui surgit d'une situation de mal, et qui « affecte » l'être-Dieu de Dieu. La kénose n'est pas haussée au rang conceptuel de forme absolue du divin, même si sa forme, parce qu'elle est le mode d'être du Fils dans l'histoire, livre *conformément* le divin. La corrélation Trinité économique-Trinité immanente n'est pas du même type selon qu'on la considère chez Balthasar et Rahner, et par le fait même le mouvement de donation du divin en direction de l'homme est différent. L'analyse de ce mouvement constituera l'ultime moment de nos recherches.

Pour en revenir aux écrits, et notamment à la manière dont nous les analyserons, il est intéressant de noter que la composition de la « trilogie » correspond à une seconde période de créativité chez Balthasar. La première fut le fait d'écrits plus circonstanciés qui préparèrent de près ou de loin le projet de cette « systématique ». Ainsi, le mouvement terminal de la « trilogie » constitué par la « Logique », trouvera une première élaboration dès 1946 dans *Wahrheit der Welt*, constituant ainsi le germe d'une œuvre lentement et profondément mûrie, donc marquée par une unité qu'il faut s'empresser de qualifier de « paradoxale », conformément à l'« objet » qui informe l'œuvre, l'irruption de la *Gestalt-Un-Gestalt*. La mise en forme a tout de la non-systématicité, parce qu'y sont convoquées des voix multiples qui s'ajustent autour de la *figure*, pensée polyphonique nécessaire pour accéder à l'insaisissable qui se donne.

On peut dire alors que l'érudition littéraire et artistique dont fait preuve le théologien n'est pas de pure coquetterie, elle s'impose comme nécessité théologique, en raison des harmoniques de la figure, une figure qui n'est pas unidimensionnelle, puisqu'elle se pose en une structure trinitaire. Elle requiert l'instrument théâtral ou musical qui fait résonner polyphoniquement les facettes de l'Unique.

Nous-même, nous n'avons pas analysé le matériau balthasarien à proprement parler. La saisie exégétique de l'œuvre est un préalable dont nous ne nous sommes pas enquis, ceci pour des raisons qui tiennent aux limites mêmes de l'ouvrage. D'autre part, ces analyses sont le fait de nombreuses monographies, et la répétition nous semblait ici stérile. Ces données ne nous ont pas échappé, elles restent présupposées. L'utilisation des concepts, tels que ceux de « drame », de « figure », appartient à un registre littéraire plus que philosophique, Balthasar manifestant ainsi que sa théologie est plus narrative que conceptuelle. Or, c'est précisément cette dimension narrative que tente de traduire le terme de « drame », déliant ainsi la systématique balthasarienne de toute ambiguïté hégélienne, et situant le concept dans une position seconde. Nous verrons que c'est de la dramatique que naît la rigueur conceptuelle. Nous nous attacherons essentiellement à la saisie de ce mouvement de la pensée de Balthasar, point de résistance irréductible à la perspective transcendantale développée par Rahner.

En parodiant une parole célèbre de Heidegger, l'on pourrait dire que Rahner se tient dans l'oubli de la *figure,* « l'économique » *id quo maius cogitari nequit*, le *descensus Christi*. C'est là, nous semble t-il, que se situe le point de séparation entre Balthasar et Rahner. Il s'agira alors de vérifier si de fait Rahner se situe dans l'oubli de la *figure* [1]. Au chapitre VI, nous pourrons procéder à une vérification de ce passage en étudiant comparativement un article fondamental issu de *Sacramentum Mundi* sur l'Incarnation, et sa reprise quelque dix années plus tard dans le *Grundkurs des Glaubens*. L'élément apophatique et ce que nous avons déjà appelé le phénomène de barthianisation manifesteront quelque plausibilité. Mais somme toute, nous croyons que l'évolution reste minime, et parler du passage d'une christologie

1. La *figure* est constituée de la corrélation entre *species* ou *forma* et *lumen* ou *splendor*. La figure n'est belle que parce qu'elle est l'indice et la manifestation d'une profondeur et d'une plénitude.

ontique à une christologie *ontologique* [1] peut être un argument sujet à caution. En effet, le passage peut s'opérer aussi en inversant les termes. Nous tenterons de le montrer au chapitre VI. D'ailleurs le désir de Rahner d'exprimer les propositions ontiques en propositions ontologiques appartient déjà au programme christologique qu'il esquisse en 1954. Une christologie *ontique* correspond peut-être, et ceci jusqu'à un certain point seulement, à une christologie de la figure singulière du Christ. Nous nous expliquerons sur cette proposition.

OUVERTURE SUR LE MOTIF THÉOLOGIQUE D'UNE INCOMPRÉHENSION : LE JUGEMENT DE BALTHASAR...

En dépit d'une estime mutuelle, Rahner et Balthasar ne se sont-ils peut-être jamais vraiment compris, l'un provenant de Kant et de la Scolastique, l'autre de Goethe et des Pères. Les sources de la pensée expliquent bien des choses. On peut à tout le moins constater que les références balthasariennes appartiennent moins à la théologie de l'Ecole que celles de Rahner. Ce dernier fut un défenseur ardent du dogme catholique tel qu'il s'est conceptualisé dans la théologie scolastique. L'apport ou la critique kantienne interviennent comme des stimulants à la reprise de la réflexion, pour que la théologie puisse se hausser au rang de la pensée comme telle et se rendre communicable. Il faudrait faire justice à Rahner de cette passion, sans l'accuser

1. Il s'agit ici d'une ontologie de l'esprit, selon laquelle l'être en définitive est esprit. Pour Balthasar, les choses sont certainement différentes, même s'il est difficile d'exprimer la divergence. Il faut encore recourir à la filiation thomasienne de la pensée de Balthasar. L'être, le processus de l'être, c'est la réalité en acte (*Wirk-lichkeit*), *actus, energeia*. L'*esse* ne s'ajoute pas de l'extérieur à une essence achevée pensée comme possible. Il est l'englobant, bien qu'il n'ait aucune subsistance en lui-même. Il parvient à subsister dans les natures, ce qui empêche de le confondre avec l'*Esse Absolutum*. Il actualise les natures en s'actualisant lui-même dans les natures. Et comme l'*esse* ne subsiste pas, il ne produit pas de lui-même les autres comme « siens ». Les formes déterminées sont « découpées » dans la plénitude illimitée de l'être. Balthasar maintient ainsi une épaisseur figurative de l'être, dans des formes.

d'avoir dissous l'objet théologique en propositions immanentistes. Certes, la critique balthasarienne nous semble pertinente, mais dans sa logique propre elle n'est pas exempte de dérives, et de plus, elle naît à partir d'une pensée qui n'a pas à proprement parler d'équivalent dans la tradition théologique. Balthasar est inclassable. Il oscille sans cesse entre un résidu néo-platonicien d'*analogia entis*, et une compréhension semi-barthienne d'*analogia fidei*. À propos de la relation Balthasar-Rahner, nous ajouterons ce point capital. Lorsque Rahner définit l'homme comme mystère référé à un *acte* plénitude, il ne saurait être accusé d'avoir manqué l'horizon d'une esthétique. Elle se polarise cependant de manière originale, et elle ne peut bien entendu se passer de la *figure* indépassable qui rendra cet *acte* saisissable dans l'histoire des hommes. À travers ces lignes introductives, nous allons déjà entrer dans une esquisse du rapport conflictuel, à partir du point de vue de Balthasar. Nous ne laisserons pas Rahner sans défense. Le corps du travail constituera un écho systématique à cette esquisse introductive.

L'un des points de controverse essentiels, sur lequel bien entendu nous reviendrons longuement, repose sur les possibilités d'une connaissance de l'être. Elle suppose l'événement (*Ereignis*) d'une manifestation-communication de l'être qui reste circonscrite dans le champ fini des êtres de l'expérience (formes), la contingence comme lieu initial d'une perception de la gratuité, *espace à libérer pour accueillir la figure inattendue*.

L'*Esthétique* (phénomène d'apparition soit le transcendantal Beau-*Pulchrum*), la *Dramatique* (le phénomène se meut, l'*Actio* soit le transcendantal Bien-*Bonum*), la *Logique* (le phénomène s'exprime soit le transcendantal Vrai-*Verum*), tentent d'atteindre l'unité-unicité de la *figure* qui donne Dieu, et ouvrent un chemin possible de *conformation* au don, pour la créature.

Un texte d'une extraordinaire limpidité traduit la compénétration des transcendantaux, recueillis à partir de l'*actio* dramatique où Dieu entre en scène et rencontre l'homme. « La figure qui nous apparaît n'est belle que parce que la complaisance qu'elle suscite se fonde elle-même sur la vérité et la bonté profondes de la réalité qui se montre et se donne elle-même, et se révèle à nous comme quelque chose d'inépuisablement précieux et fascinant.

La manifestation, en tant que révélation de la profondeur, suppose à la fois deux données inséparables : la présence réelle de la profondeur, de la totalité — et le renvoi à cette profondeur au-delà de la manifestation [...]. Les deux demeurent inséparables et composent, ensemble, la figure fondamentale de l'être. Nous "apercevons" la figure ; mais si nous l'apercevons réellement, nous n'apercevons pas seulement la figure détachée, mais la profondeur qui apparaît en elle, nous la voyons comme éclat, comme splendeur de l'être. En contemplant, nous sommes "ravis" par cette profondeur, et "entraînés" en elle ; mais (en tant qu'il s'agit du beau) jamais nous n'abandonnons la figure (horizontale) pour plonger (verticalement) dans la profondeur nue » (*GC*, t. I, p. 98-99).

Le principe de « reconnaissance », ou *thaumazein*, est bien le premier acte de la raison, l'« indifférence » requise pour que le principe esthétique du christianisme ne soit pas dissous dans un au-delà de la représentation. Dieu a pris figure humaine, et c'est là, en l'irréductibilité d'un corps, que l'Amour se donne comme vérité vécue, dramatisée. Le discours logique est alors subordonné à la vérité que le drame exprime, la *figure* s'atteste comme vérité parce qu'elle est bonté, le *bonum* excédant l'Être comme premier Nom divin, plus originel que l'Être.

La *figure* ne peut en aucun cas subir un quelconque dépassement, comme si elle n'était que l'occasion, ou le matériau médiatisant le monde des idées. Elle coïncide avec l'idée, elle ne se superpose pas au monde des pures essences. Nous atteignons ici l'idée de fond de la théologie balthasarienne, c'est-à-dire de la *Theologik*. Si Dieu, en aucune manière, n'a besoin du monde, pourquoi existe-t-il un monde ? L'accès au divin que délivre la destinée dramatique de Jésus ouvre à la « résolution » trinitaire de l'aporie philosophique. La vérité de Dieu, qui apparaît en son *logos*, est vraie parce qu'elle a la forme d'une apparition, d'une *figure*. Le corollaire biblique du concept serait celui de *fidélité* (*hésèd*).

Dans le Mystère trinitaire, Dieu est un, bon, vrai et beau, parce qu'essentiellement il est amour, et l'amour présuppose l'Un, l'Autre et leur Unité. Et si en Dieu il faut poser l'Autre, le Verbe, le Fils, alors l'altérité de la création n'est plus une chute, une dégénérescence, mais au contraire une image de Dieu, sans être elle-même Dieu.

La formalité trinitaire de la *Theologik*, moment nécessairement second du discours, conformément au principe de la « reconnaissance », fera l'objet de la centralité de nos analyses, d'autant plus que la pensée de Rahner est ici très proche de la préoccupation balthasarienne. La différenciation intratrinitaire est la source du concept rahnérien d'« autocommunication ». C'est la raison pour laquelle nous concevons la théologie de Rahner comme une théologie trinitaire conséquente, trinitaire de part en part. Il n'y a aucun élément du discours théologique rahnérien qui n'échappe à la perspective trinitaire, même les œuvres philosophiques sont traversées par une puissante ontologie trinitaire. Mais dire cela suppose alors une « antécédence » christologique, l'objet théologique comme « nécessaire » réalisé.

Chez Balthasar, le rapport esthétique de l'homme en direction de l'expérience d'altérité, qui touche l'ordre des choses et des êtres, appartient à la sphère naturelle des choses. La réalité et sa profondeur provoquent une « séduction » gratifiante ouverte à partir d'une communauté de nature entre les hommes, eux-mêmes sujets d'une relation au cosmos. Balthasar dépasse l'extrinsécisme d'une théologie de l'absolue subjectivité transcendantale divine, déliée de tout préalable humain à la possibilité d'un séjour divin. Aussi, la démarche de Balthasar sera essentiellement une « méta-anthropologie », qui n'a pas que les sciences cosmologiques comme présupposé, mais aussi des considérations anthropologiques, et qui les dépasse en direction de l'interrogation de l'homme autour de la question de l'être et de l'essence.

La méthode phénoménologique balthasarienne épousera, en un second temps, l'ordre nouveau d'une « apparition » qui déjouera les mesures de l'*analogia entis*. L'attirance ou la « séduction », reconnaissance donnée dans la différence ontologique, devra s'inverser à partir d'un fait brutal (*Wucht*) de laideur, le rapport naturel s'ouvrant au *quo maius* du rapport de grâce, face à la croix qui *défigure* la *figure*.

Ce faisant, Balthasar évite une « reconduction » plus ou moins contestable de l'« ordre » métaphysique du réel, reléguant ainsi sa théologie aux mirages d'un « esthétisme » sujet à caution. La voie analogique porte avec elle le spectacle d'un monde déchiré, dans lequel l'élément de chaos n'est pas gommé, l'absence saturée, le vide comblé, les blessures suturées. Les précompréhensions humaines ne sont pourtant pas niées, l'homme est en mesure de déchiffrer la profondeur d'une *Charis* dans l'énigme de l'être, et de persévérer dans la reconnaissance alors que le chaos du mal obscurcit la positivité d'une expérience d'altérité. L'« analogie dramatique » traverse l'analogie de l'être, dès l'origine. Cette structuration fait système, c'est peut-être là le point faible de la théologie de Balthasar. Tout se noue dans un discours de continuité, d'intégration des contraires, dans une logique de l'« apparition » du divin. Face à l'irruption des théologies narratives, la disqualification du discours ontothéologique, et l'émergence d'une rationalité du symbole, Balthasar et Rahner ne font-il pas mauvaise figure sur la scène de la pensée, d'autant plus que l'être demeure une catégorie génératrice de leur discours, ce dont ne peut pas se passer l'objet théologique, en sa plus rigoureuse et déconcertante phénoménalité ?

La jonction de l'être et d'un phénomène, compris ici en sa forme la plus élémentaire de réalité solide, de forme plastique, constitue le « lieu » de l'esthétique, la raison de l'accès au divin par l'esthétique. Balthasar est d'abord spectateur d'un monde, il pose un regard sur le réel, et y décèle une profondeur qui de soi oriente l'esprit vers la reconnaissance d'une beauté foncière des choses. Cette positivité donnée dans l'expérience d'altérité constitue la précompréhension nécessaire, inéluctable qui ouvre déjà à la reconnaissance d'un dévoilement possible de la profondeur cachée de l'être des choses. Dès lors, la révélation du Dieu caché, absolument libre, apparaissant sous une figure d'humanité, ne peut être que l'achèvement suréminent d'un rapport d'analogie avec la beauté naturelle. Lorsque Balthasar ouvre le volume second de l'*Esthétique* [1], Irénée est invoqué comme le témoin d'un « commencement », où la pensée se meut selon le « ravissement » qu'exerce l'irruption de la figure de

1. *GC*, t. II, p. 9-26.

révélation. C'est précisément ce moment d'une pensée théologique non encore marquée par la dérive platonicienne qui reste le modèle du rapport esthétique à la figure de révélation. L'élément sensible, la multiplicité des formes, leur dissémination même, ne sont pas les marques d'une dégénérescence d'un créé tombé dans la caducité. Irénée apparaît ainsi comme le fondateur de la théologie ecclésiale, par cette attitude foncière antignostique et préalexandrine. La création glorieuse de Dieu est le lieu initial de la pensée théologique, et Balthasar, de ce point de vue, est proche de la patristique grecque. Sans vouloir entrer dans la relative stérilité du débat opposant les tenants de la perspective de création, et ceux qui privilégieraient l'ordre de la rédemption pour le péché, on peut à tout le moins admettre que Balthasar doit autant à Irénée qu'à Augustin, mais surtout qu'il entend se séparer de cette trop longue et catastrophique dérive platonicienne de la théologie chrétienne.

Le jugement de Balthasar est sévère à l'endroit d'une telle dérive. Elle aboutira à l'insupportable dépassement de la figure, réduite à la fonction de matériau dépassable, au profit d'un report sur la toute-puissance du *cogito*, la dualité introduite entre l'idée et le phénomène nécessitant le dépassement de la figure sensible comme de tout élément positif de vision. Balthasar n'hésitera pas à inclure dans la dérive d'essence platonicienne la moderne théologie existentiale de Bultmann, sans parler du « noumène » résiduel kantien. Le rapport esthétique est manqué, celui qui consiste à refléter le donné révélé dans la raison croyante.

Il est donc requis de considérer la révélation du Dieu vivant du point de vue de sa bonté, de sa vérité et de sa splendeur. « Tout ce qui est beau et splendide dans le monde est l'épiphanie, le rayonnement, l'éclat de principes d'être puissants et cachés jaillissant dans une figure expressive [1]. »

Le rapport analogique qui se reporte en direction de la figure du Christ plaide pour la positivité du monde, son enveloppement dans une profondeur qui se donne, le don étant inséparable d'une « dramatique » de la liberté, donc d'une fragilité du don, d'une

1. *GC,* t. II p. 9.

méconnaissance du don, de violences exercées sur le don, une « ontologie » qui dépasse la staticité de l'être réduit au domaine des essences, sans qu'aucun jeu de liberté et de mouvement ne soit concevable. L'épiphanie chrétienne de Dieu dépasse le « soleil platonicien », ce *bien* qui rayonne ce qu'il est, et qui demeure au-dessus. La révélation chrétienne est un acte libre, l'acte par lequel Dieu vient vers l'homme et met en jeu les profondeurs suprêmes de l'amour, qui sont à la fois humaines et divines en en acceptant les risques. L'esthétique débouche sur une dramatique. Si Dieu se donne une représentation de lui-même, à l'intérieur du monde, la perception et la constatation théoriques sont évidemment insuffisantes. Dieu dialogue avec l'homme, il entre aux côtés de l'homme dans une lutte dramatique et un échange possible.

Derrière chaque geste, chaque parole qui réalise la rencontre de l'homme et de Dieu, il y a l'objet d'une « logique théologique », la structure de la vérité, l'être devenant visible dans sa libre révélation de lui-même.

La *Theologik* se donne pour tâche de penser ce qui a été reconnu et expérimenté. Cette tâche, qui donne à la théologie son objet, ne peut perdre de vue la *figure finie* de Dieu. Elle doit sans cesse s'y ajuster, et découvrir en elle des harmoniques insoupçonnées. Le théologien doit résister aux fascinations du « savoir » et à la tentation de se décharger du fardeau de la *figure*, trop particularisée, trop humaine. C'est pourtant la dérive qui caractérise la théologie « post-kantienne », non pas la théologie qui a cours au XVIIIe siècle, mais les théologies modernes de l'acte de foi qui admettent la nécessité de penser une nouvelle forme de crédibilité pour le christianisme. Or, pour Balthasar, le fini ne doit pas périr pour devenir spirituel et infini, la finitude éternelle de la chair ressuscitée de Jésus dépassant le mythe et la gnose. Précisément, le schéma sous-jacent aux théologies de l'acte de foi trahit indirectement leur malaise devant la permanence d'une figure de révélation qui coïncide avec l'homme Jésus. Les puissances de l'intériorité du sujet ont plus de facilité à universaliser la figure transitoire, la polarisant comme humanité-archétype, expression du rapport religieux entre Dieu et l'homme [1]. Le premier tome de l'*Esthétique* (*Herrlichkeit*) nous semble organisé autour de ce centre, non pas tant la figure que la figure *finie*. Toute la suite des réflexions balthasariennes dans les tomes de *Herrlichkeit* sera consacrée à la lente et puissante recherche des éléments de la tradition qui ont, ou maintenu, ou par trop manqué la qualification *figurative* de la révélation. La convocation des témoins s'ouvre par Irénée, et de ce commencement s'oriente dans le temps en soumettant les synthèses spirituelles et théologiques à la critique « esthétique », on pourrait parler de « jugement esthétique [2] ». Le « principe esthétique », c'est aussi la série des médiations par lesquelles la figure que Dieu a prise dans notre histoire ne déposera pas sa forme d'« apparition ». Elle se donne et apparaît lorsque l'être consent à un rapport de proportionnalité (*analogia*) que la lumière de foi dessine comme tâche, en toute intériorité.

Cette structure conditionne un « objectivisme radical », propre au principe « esthétique », reconnaître et prendre au sérieux l'extase de l'amour hors de lui-même, cette unique prise au sérieux qui, dans l'homme, corresponde à la prise au sérieux de Dieu, l'*Eros* divin qui sort de lui-même pour devenir homme et mourir sur la croix pour le monde. La permanence de l'« apparition », dont nous avons parlé précédemment, s'intègre en une « économie du croire » qui est le temps de l'Église, et qui atteste à travers une médiation efficace, c'est-à-dire qui est coextensive au « principe esthétique » par les actes sacramentels, que l'*Amour seul est digne de foi.*

Et pour cela le chrétien n'attend pas la cessation de son existence. La transformation de la mort en vie, achèvement de l'*admirabile commercium*, du *connubium*, le chrétien peut et doit en vivre dès maintenant, en mourant et en ressuscitant à Dieu dès le baptême. La médiation sacramentelle se greffe ainsi presqu'immédiatement sur la figure, pour que soit préservée la validité actuelle, non dépassable, de la *figure finie*. En d'autres termes, l'actualisme eschatologique et les processus de « démy-

1. *GC*, t. I, p. 474.
2. *Ibid.*, t. II, p. 58-59.

thologisation » doivent être réfutés sur le terrain de l'opérativité ecclésiale de la *figure* de révélation. Dieu qui devient homme pour mourir et ressusciter est l'unique gloire qui apparaisse de Dieu dans le monde. Une telle *figure* illumine et rayonne dans le cosmos, elle se dilate en direction de tous les niveaux de réalité, les niveaux d'être. Elle ira même jusqu'aux confins d'une possibilité du « non-être », dans la mort, pour que les pécheurs soient justifiés.

Si Dieu est apparu dans l'histoire, alors le rayonnement conféré à la figure qui médiatise cette apparition, doit être inséparablement lumière spirituelle et forme structurée : pneumatologie et ecclésiologie. Seule la foi peut découvrir par sa lumière cette unité et transparence de la donation de Dieu dans le Christ et l'Église. La *figure* est donc inscrite dans le jeu fragile des médiations qui, laissées à leurs dimensions intramondaines, peuvent n'orienter que difficilement vers la reconnaissance de la *Gloire* qui s'atteste. C'est là que la fragilité du signe, de la forme, est en fait le seul mode humain qui convienne et s'ajuste à l'expression que l'Amour décide de prendre, lorsque « le Dieu vivant de l'amour s'y glorifie en répandant *kénotiquement* son insondable amour pour la créature dans ce qui est vide de lui, bien plus, dans ce qui est tout autre que lui, c'est-à-dire dans les sombres abîmes du péché et de l'abandon de Dieu » (*GC*, t. II, p. 10).

Cela veut dire aussi, que dans l'Église, vaut un principe analogique de type christologique. La positivité historique des médiations, et ceci jusque dans la réalité d'un visage humain, ultimement sur tout visage, doit perdre son caractère contingent et transitoire aux yeux du monde, en laissant transparaître dans cette positivité même l'excès de l'Amour divin, dans l'excès des corps qui le donne comme vérité *dramatisée*, historicisée. Là se joue la nécessaire complémentarité d'une « esthétique » et d'une « dramatique », afin que « le mystère ne se laisse capter ni par la logique ni par la rigueur des concepts [1] ».

1. M. ALBUS, *Geist und Feuer. Ein Gespräch mit Hans Urs von Balthasar*, p. 73.

La « raison esthétique », telle que nous l'avons qualifiée au début de cette longue introduction, prend forme à l'intérieur de la charité ecclésiale, qui constitue le mode d'appartenance adéquat à la *figure* par laquelle Dieu rencontre l'homme. Nous achèverons cette indispensable ouverture au mouvement central de l'« esthétique théologique » par trois considérations fondamentales, qui délivrent l'horizon logique de la pensée balthasarienne. Il convient de préciser que nous n'étudierons pas la médiation ecclésiale de la *figure*, même si nécessairement elle restera supposée comme prolongement indispensable pour une compréhension de la théologie de Balthasar. C'est donc le rapport « figure finie » et « raison esthétique » qui illustrera le niveau *logique* de la pensée du théologien. Le point de comparaison avec Rahner portera sur l'établissement et la légitimité d'une « raison transcendantale », partiellement refusée par Balthasar.

Au terme de longues analyses sur l'« évidence subjective », Balthasar resynthétise en quelque sorte les éléments autour desquels, et en fonction desquels, la *figure* de révélation, dans sa dimension objective, pourra se mouvoir selon les mesures qui lui sont propres, et provoquer l'adhésion de liberté, mesure du sujet humain-croyant. Il convient que l'objet détermine complètement le sujet, ce trait est essentiel à l'esthétique de la révélation. L'esquisse de la figure de foi à laquelle s'essaie Balthasar vise à reprendre la question des *preambula fidei* selon le « commencement » irénéen, c'est-à-dire avant la dérive platonicienne d'un dépassement du donné sensible dans le processus de révélation.

La figure de foi se détermine dans le monde des sens, celui que Dieu choisit pour se dire et se donner. La perception, acte de tout l'homme, non seulement inclut la sensibilité, mais doit aussi la valoriser, puisque ce n'est qu'à travers les sens et en eux que l'homme entre en rapport avec l'être. Dans le christianisme, Dieu apparaît au milieu de cette réalité. Pourtant, la vulnérabilité de ce point de vue parle de lui-même. La foi chrétienne n'est-elle pas capable de hausser les destinées au seuil libérateur de l'ascension et de l'abstraction spirituelles, sans parler de l'abstraction mystique ?

La question est redoutable, tant la séduction des modèles d'accès à l'absolu par voie d'abstraction progressive peut libérer des pesanteurs de la chair, de l'encombrement des corps. Cela suppose que la sensibilité ne peut rien percevoir de spirituel, sans compter que l'objet de foi ainsi livré aux sens pourrait se dégrader en religion mythique. Pourtant, le paradoxe relevé n'est pleinement intelligible qu'à travers la résurrection du Christ et de toute chair après et en lui. Nous reprendrons l'admirable formulation de E. Przywara, « Balthasar dit donc nécessairement *non* à un Origène de la montée pneumatique (vers la dissolution de l'image terrestre dans l'esprit pur) ; mais il dit nécessairement *oui* à l'Origène d'une vitalité dionysiaque de la “vie de feu” terrestre [1]. »

Le jugement est lumineux, l'appréciation est parfaite. La mort des sens est requise, mais elle ne peut l'être que si les sens ont touché du doigt le gage de leur « résurrection ». La légitimité du christianisme repose sur cette « équation », si l'on peut dire.

L'élément de rupture, c'est-à-dire l'élément d'abstraction, n'est pas moins violent dans l'événement qui est circonscrit dans les limites de la perception sensible, que dans les niveaux de purification et d'ascension des mystiques. La mort et l'ensevelissement de Dieu dans le monde heurtent les sens et la raison de l'homme. Mais le chrétien ne devient pas un « homme spirituel » sans la chair, en déposant ce qu'il est pour se fondre dans celui qui totalise l'Être, et ne peut que vivre cette forme d'appartenance à soi puisqu'il est absolu. Ce fait ne peut être appréhendé psychologiquement, il ne peut l'être que théologiquement.

Balthasar exprime la validité du paradoxe pré-chrétien de la manière suivante. « L'expérience des sens paraît liée au monde, sans espoir de délivrance ; l'expérience mystique au contraire paraît irrévocablement détachée du monde et non sensible. Il peut arriver que l'expérience esthétique, que suscite par exemple une œuvre poétique, fournisse l'impression d'une rencontre, ou même d'une identité des deux extrémités, mais ce n'est que par

1. E. Przywara, « Reichweite der Analogie als katholische Grundform », *Analogia entis*, p. 16.

une sorte de mise entre parenthèses et de suspension provisoires du centre réellement existant de l'homme, où celui-ci éprouve, comme en un rêve, une existence anticipée de ce que son aspiration religieuse au tout vise, désire et espère en vérité » (*GC,* t. I, p. 310).

La jonction désirée, l'unité du mythe et du logos, se fera chrétiennement dans un mouvement de retour et de transfiguration des sens, où deux dimensions de la révélation s'accompliront comme achèvement et dévoilement du sens de l'être, l'incarnation de Dieu dans une *figure sensible indépassable*, et la possibilité trinitaire du don qui redétermine l'expérience de l'Absolu. Ni Dieu ni l'homme ne se perdent. Ils parviennent à un degré inégalé et inespéré de connaissance et d'amour.

Les trois dimensions qu'il faudra sans cesse garder en mémoire pour tenter d'approcher l'essence du phénomène Christ sont les suivantes :

Le réel n'est pas un moment dépassable au profit de la conscience de soi, ou de la pure vision des essences. L'homme est immergé dans le réel, il est engagé dans un monde de phénomènes irréductibles, on devrait presque dire « saturés », non pas au sens où les êtres et les choses seraient juxtaposés telles des monades ou substances isolées. Le visage de l'autre, le *Tu*, est l'exemple du phénomène non réductible, forme qui s'impose et qui me permet de parvenir à ma propre configuration. Balthasar recourt ici au sourire de la mère qui fait naître l'enfant à une reconnaissance primordiale. L'*analogia caritatis* est déjà interne à l'*analogia entis*, cette dernière est traversée par l'*Agapè* que l'être livre comme trace.

L'homme est ainsi invité à rencontrer Dieu dans le monde des sens, comme le Dieu fait homme. Il se manifeste à lui comme le prochain auquel personne ne peut se dérober. La chair du Verbe est le mode, la forme par laquelle Dieu rencontre l'homme, extrême visibilité, d'où le paradoxe inhérent à la reconnaissance et la possible méconnaissance qui frappe le Verbe dans la chair. Ce mode d'apparaître de la figure manifeste la double appartenance philosophique du concept balthasarien, phénoménologie et métaphysique. Toute figure est traversée par le dynamisme de la différence ontologique, et pourtant il n'y a rien à voir derrière le phénomène. Tout est donné en lui. Balthasar conserve ainsi une pensée de la tension, afin de dépasser le dualisme platonicien qui inéluctablement manque l'originalité de la *figure*, en ne privilégiant que l'un des pôles.

Enfin, la rencontre avec Dieu inclut l'*exinanitio* de Dieu. Ce qui pourrait apparaître encore comme un simple jeu conceptuel se dramatise dans une existence. Les sens sont alors appelés à vivre une expérience semblable d'*exinanitio*, mais inverse en quelque sorte. Ils ne descendent pas dans une zone infrasensible, mais communient dans la mort des sens au *suprasensible*. Dans le phénomène de Celui qui s'est fait homme, ils possèdent cependant le gage de leur propre résurrection.

La pensée de Balthasar prend ici des allures inhabituelles. Elle tente de s'élever à une prétention conceptuelle qui universalise le phénomène, c'est pourquoi le fil conducteur de la pensée est celui de l'esthétique théologique. Mais c'est là qu'il faut bien comprendre l'intention du théologien. Le concept, ce qui en quelque sorte assure la saisie logique de la *figure*, ne se superpose pas au phénomène, il n'en est pas la forme supérieure. *C'est parce que Dieu a placé cette figure dans le champ de vision de l'homme qu'elle devient concept, c'est-à-dire universellement valable pour tout rapport de l'homme à Dieu. D'une certaine manière, il faut commencer par la mise à mort du concept, et rejoindre la* figure-image [1] *de Dieu. C'est alors que le concept devient légitime, puisqu'il est concret, fruit d'une contemplation esthético-théologique.*

Il nous semblait nécessaire de jeter les bases d'un accès intelligible au concept de *figure*, sans trop préjuger du déroulement de notre argumentation. À travers les pages qui vont suivre, nous ne nous contenterons pas d'exposer une théologie de la figure comme base d'une christologie de l'absolue singularité, mesurée à une théologie rahnérienne qui universalise d'emblée les formes offertes à la sensibilité pour les mener à une saisie de l'infini. Nous privilégierons le mode d'exposition critique, et, chaque fois qu'il sera possible et nécessaire, nous tenterons de

1. *GC*, t. I, p. 475.

formuler à l'endroit des systématiques balthasarienne et rahnérienne un premier niveau d'interrogation. Il sera repris plus systématiquement au terme de nos analyses. Ainsi, l'ultime étape de nos recherches reprendra les données acquises au cours des analyses qui précèdent, en les vérifiant à propos du rapport historique Trinité immanente-Trinité économique, ou si l'on préfère le rapport Dieu en soi-Dieu vers nous. C'est à cette occasion que nous pourrons nous-même réinterroger la pensée des deux protagonistes, en en fixant autant que faire se peut les limites fondamentales, sans que nous puissions raisonnablement opter pour l'une des systématiques, au détriment, ou tout simplement contre l'autre.

Tout au long des recherches et de la mise à jour du conflit qui travaille les deux formes de la raison, « esthétique » et « transcendantale », nous avons tenté de prendre position, ne serait-ce d'abord qu'en repérant les crispations qui ont desservi la légitimité du conflit. Il reste que ces modes de la raison, conçus comme accès approprié au divin, dessinent encore, et décisivement, les formes actuelles du débat théologique dans l'Église et « hors » d'elle.

PERSPECTIVES ET PLAN DE LA RECHERCHE

Et puis il y a aussi une autre forme du débat, plus philosophique, mais qui constitue un enjeu pour la théologie. Nous nous sommes souvent demandé si les théologiens n'avaient pas peur de leur « objet », c'est-à-dire ne manifestaient pas une crainte tenace, née des déconstructions dont l'« objet » théologique fut l'une des victimes les plus consentantes, et ceci l'honore d'une certaine manière. Mais cela nous pose une question redoutable, et nous la posons hors des débats qui la font dériver en direction de stratégies plus ou moins réelles de reconquêtes et de déplacements, la philosophie « servante » de la théologie par exemple : le théologien est-il appelé à gérer une « économie » du croire en la haussant vaille que vaille au rang d'un semblant de rationalité ? Peut-il, sous prétexte de modestie retrouvée et de délimitation de la pertinence de son discours, s'enfermer dans un travail de pure gestion rationnelle du croire, la théologie au service de la foi, de la foi vécue comme mode d'appartenance du groupe chrétien ? Le danger de ce mode de fonctionnement de la théologie risque de laisser trop vite choir la « prétention » de la chair crucifiée et ressuscitée de Jésus, une « prétention » qui doit être pensée puisqu'elle fut reconnue *Logos*.

Il se trouve que parfois, aujourd'hui, ce sont les philosophes qui viennent en théologie et lui redonnent un courage perdu, une audace qui lui permette de conduire dans la pensée des transgressions qui s'imposent [1]. En cela, Balthasar et Rahner restent des modèles, des initiateurs dont peut-être nous avons par trop perdu la trace. C'est aussi pour cela qu'il convient d'entrer sur le terrain des interlocuteurs, et de produire à leur endroit des interrogations critiques qui naissent des concepts dont use la théologie. Ces concepts ne peuvent être réfutés comme sans objet, ne serait-ce que par le fait qu'ils appartiennent à un système de signifiants dont use tout phénomène de communication, et qu'ils s'intègrent dans des propositions qui font sens et

1. E. PRZYWARA, *Analogia entis*, p. 76 : « Dans le problème de la théologie et de la philosophie, la liaison n'est que celle d'une "possibilité préalable", ou plutôt d'une "non-impossibilité" (à savoir que Dieu se révèle et ainsi fonde la théologie), et celle d'une relation "effective" ("lorsque Dieu s'est en fait révélé"). La première relation, qui a caractère de liaison interne, ne dit rien de la réalité. La seconde relation, qui parle de la réalité, ne comprend aucune nécessité. Le "par-delà" signifie donc réellement ce que dit la *première épître aux Corinthiens* sur la relation entre Révélation et pensée : "scandale" et "folie" sous le signe de la Croix. La "pensée pure" est poussée entre les contraires d'une "nécessité sans réalité" et d'une "réalité sans nécessité". Et c'est précisément ainsi qu'elle est philosophie, participation à la vérité qu'est Dieu. Pour la métaphysique une, la théologie est *entelecheia* (au sens établi plus haut), c'est-à-dire dernière forme vivifiante, tout en paraissant être (nos considérations antérieures le montrent) la *stérèsis* de la pensée philosophique, c'est-à-dire son exploitation jusqu'à épuisement, sa "vie dans la mort". Alors que, comme dit saint Thomas, la relation du théologique au philosophique est celle de l'*excedere* (de la "rupture" "par-delà" jusqu'à l'"abandon dans un état de vide" (*ausgehöhlt Zurücklassen*), en sens inverse la relation est celle du *per-ficere* (du "par-faire de part en part" qui conduit à l'"accomplissement"). »

débouchent sur des systèmes viables de représentations. Nous touchons ici à la survie du discours théologique, face aux coups de boutoir de la philosophie analytique.

Si, à travers ces pages, nous avons voulu reprendre la question controversée du rapport possible à la métaphysique, c'est que cela s'imposait en raison des pensées qui font ici l'objet de nos analyses. Bien entendu, la recherche ne porte pas sur le rapport ou l'absence de rapport de Dieu à l'être. C'est à l'occasion de l'*analogia entis* pensée au service de la médiation christologique que nous en parlerons, puisque tel est l'un des lieux du conflit des interprétations. En guise d'ouverture, il suffira d'ajouter ceci. La question du rejet de la métaphysique et du théologique est inséparable des formes institutionnelles de pensée et de pouvoir qu'elles ont sécrétées. Il faut tenir compte de cette donnée, il faut reconnaître le « cri » qui émane du rejet, sans le considérer trop vite comme une impiété. Toute la question est alors de savoir si le mode métaphysique de la pensée reste à tout jamais impraticable [1].

En raison même de son « objet », la théologie ne semble guère pouvoir renoncer à cet horizon-limite, sous peine de laisser son objet impensable. Mais ici précisément, le métaphysique n'est plus arrogance, ni même ce qui sature et comble tous les vides ou les « inexpliqués », mais ce qui reste lié indissolublement à l'objet théologique reçu comme une *figure* du monde, « ce qui vient » à la pensée comme nouveauté de la pensée. La perspective phénoménologique mériterait ici une grande attention. En tout cas, et à la décharge de ceux qui ont décelé dans la

1. Quand nous parlons de métaphysique, nous nous référons à l'intuition heideggérienne de la différence ontologique, mais dépassée par l'apport thomiste de la *distinctio realis*, dépassement indispensable pour Balthasar et Rahner. S'il y a une différence ontologique, une non-identité, dans l'étant qui se présente à nous, entre l'étant et l'être, une telle différence ne devrait pas être annulée au profit d'un éclaircissement conceptuel, représentatif, cognitif ou volontaire de l'être. La différence ne doit pas donner lieu à une démarche de l'esprit qui explique et annule l'être au profit de l'étant. Cet oubli semble pourtant le fait d'une logique du mode métaphysique de pensée, l'être étant comme affecté d'un coefficient de familiarité, comme principe universel et nécessaire de connaissance.

métaphysique l'avènement d'un rapport technique aux êtres et aux choses, il ne suffit pas de dire, comme le suggérera souvent Balthasar, que, si l'esprit humain devient incapable de percevoir la *forme*, il devient sourd au problème de la vérité. Ce sont aussi les raisons de la *cécité* qu'il faut mettre en lumière, les blessures qui frappent les *formes* et les déforment dans un « en-deçà » de la décision. Là pourtant, Balthasar a offert des voies de compréhension (*descensus ad inferos*), à la lumière paradoxale de l'irréductibilité de la *forme* chrétienne.

Un mot encore. L'allure parfois très abstraite de notre texte peut être considérée comme une faiblesse. Il est vrai que nous nous situons très vite au niveau des enjeux spéculatifs des œuvres et des logiques analysées. Mais nous n'oublierons pas que l'enjeu spéculatif s'abstrait des relations dramatiques que nouent un Dieu et son peuple.

PREMIÈRE PARTIE

TRINITÉ ET COMMUNICATION DE DIEU COMME POSSIBILITÉ ET ACHÈVEMENT DE LA RENCONTRE INFINI-FINI : L'OBJET FORMEL DE LA THÉOLOGIE

(BALTHASAR – RAHNER)

CHAPITRE PREMIER

ESQUISSE DU RAPPORT PHILOSOPHIE-THÉOLOGIE SOUS L'HORIZON THÉOLOGIQUE D'UNE OUVERTURE KÉNOTIQUE DE-À L'ABSOLU (HANS URS VON BALTHASAR)

*L'épiphanie du mystère de l'être comme épiphanie trinitaire (*thaumazein *et pré-appréhension* — Vorgriff)

La christologie ne constitue-t-elle pas un horizon nécessairement restreint pour la pensée lorsqu'est reconnu que le divin accueille en son essence une la relativité ou la distinction hypostatique qui la polarise comme Père, Fils, Esprit ? Nous n'atteignons en effet une telle forme du divin qu'au gré du renvoi filial de Jésus au Père, donc qu'à travers la singularité d'une figure à laquelle s'identifie le divin, en Jésus Christ.

Si la christologie naît d'une référence à l'histoire, elle devrait empêcher la théologie de prétendre fournir une cosmologie, un discours constitué sur l'ordre du monde, ou bien encore de se confondre avec une anthropologie capable de disserter sur les propriétés générales définissant l'essence de l'homme. La christologie, dans cette perspective, ne serait pas liée à une « protologie », à un ordre premier des choses, mais à un nouveau commencement dans l'histoire.

Il ne sera pas possible d'échapper à la pertinence de cette « restriction », d'autant plus que nous nous refuserons à en épouser la radicalité, au profit d'une réhabilitation de l'ontologie, donc d'une lecture « protologique » de la christologie. Nous croyons que les pensées de Balthasar et de Rahner nous conduisent à tenter cette opération, sans sacrifier à une pensée de la médiation, et donc assurément à « subordonner » le discours ontologique à un référent historique, mais qui lui-même ne peut se maintenir qu'au gré d'une intelligibilité ontologique. Nous nous demanderons si une pensée de l'être, reconduite à l'intérieur d'une pensée de la médiation, et que, peut-être, seule la révélation trinitaire est en mesure de délivrer, ne pourrait pas faire droit à certaines dimensions de la philosophie contemporaine, à travers les concepts d'extériorité et d'altérité. L'Infini trinitaire se donne sous la forme d'une transcendance de l'extériorité, et la figure christologique en laquelle cette donation est perceptible, moyennant l'adhésion croyante, donc un acte qui engage les dimensions de la subjectivité et qui n'écarte pas l'élément éthique et consensuel des dimensions de l'objet de foi, ne fait que redoubler la pure altérité de ce don, son caractère d'événement. Si la théologie consent à penser les dimensions de cet événement, si elle le fait moyennant une pensée de l'être, c'est afin de le rendre intelligible, accessible, et donc communicable. Elle constitue aussi une option décisive sur le sens du réel dans la recherche, légitime ou non, d'un « principe » d'unification et d'universalité. La question sera de savoir si une pensée de l'être reconduit nécessairement les tares d'une pensée explicative et identitaire. Nous nous expliquerons là-dessus en temps voulu.

Avant même de produire une esquisse de christologie trinitaire, ce sont les œuvres qui, ici, font l'objet du travail de recherche qui dessineront, certes de manière divergente, cette inclusion du primat de la christologie en amont de son attestation dans l'histoire. Lâchons d'emblée l'expression, au risque de soulever plus de questions que nous ne pourrions apporter de clarté à l'enjeu d'un tel débat épistémologique. Si la christologie possède une dimension « protologique » c'est parce qu'elle n'est pas dissociable de l'être trinitaire qu'elle révèle, et par rapport auquel toute forme de séparation ruinerait la possibilité même d'une communication de Dieu dans l'histoire.

Une christologie inscrite en un procès de création ouvre à une ontologie trinitaire. Cette perspective formelle est commune à

Balthasar et à Rahner, ce qui d'ailleurs ne sera pas sans soulever de questions à propos de la cohérence interne des œuvres respectives. Bien entendu, il ne s'agira en rien de fonder le mystère trinitaire en raison, abstraction faite de la médiation christologique, comme si l'*extra nos* que délivre cette médiation n'appartenait pas intrinsèquement à son statut de « figure » historiquement donnée.

Dieu admet en lui une figure et c'est pourquoi il prend figure ; un tel axiome, comme nous le verrons, s'établit à partir du rapport filial de Jésus au Père et de la pratique existentielle qui en découle. Mais une telle approche est sans doute plus balthasarienne que rahnérienne, encore faudra-t-il le vérifier. Le primat de la christologie concerne l'accès à l'insaisissable origine. Cependant comme son nom l'indique, l'accès ouvre à un processus de reconnaissance par Révélation, donc renvoie à la dimension originaire de la plénitude révélée, celle qui simultanément s'identifie et se distingue de l'espace-temps dans lequel elle se donne.

La connexion philosophico-théologique court à travers l'intégralité des œuvres analysées, et paradoxalement le moment christique de Révélation lui est toujours coextensif. Il convient ici d'établir une distinction importante entre le concept rahnérien de révélation et le concept balthasarien. Si l'acte de révélation se conçoit comme ouverture et communication de Dieu dans les dimensions de l'histoire, pour Balthasar cet acte n'advient inauguralement et restrictivement qu'à travers les dimensions de la figure du Christ, sans d'ailleurs préjuger d'une communication de Dieu dans le jeu des médiations contingentes et créationnelles, mais une révélation qui ne saurait s'égaler à ce que réalise la médiation christologique, l'identité de l'acte et du contenu, de l'être et de la manifestation phénoménale. Le phénomène coïncide avec l'être. Or, pour Rahner, la collusion immédiate entre la figure du Christ et l'acte par lequel Dieu se donne à raison de son être peut inclure une extension moins restrictive, puisque l'autocommunication de Dieu « précéderait » l'identification christologique balthasarienne. Il n'y aurait qu'une seule histoire de la révélation coextensive à l'histoire profane, et soutenue par cet acte d'autocommunication, qui donnerait à l'histoire-une cette dimension révélationnelle. Certes, pour Balthasar il n'existe pas deux histoires, l'une purement réductible aux dimensions d'une histoire sans la grâce, et l'autre particularisée par le don d'une grâce d'alliance. Cette grâce d'alliance est coextensive à l'histoire-une de l'humanité, elle en constitue la raison d'être. Il n'y a d'histoire, c'est-à-dire de rapport des libertés, qu'à partir d'un « espace infini » qui en déploie les potentialités, la réciprocité infinie des Personnes dans la liberté trinitaire. Mais cette communication surnaturelle n'est lisible qu'à travers les traces et les signes mondains auxquels le Dieu transcendant n'est jamais réductible. L'intellect comme tel n'exerce ses capacités cognitives qu'à travers la contingence des signes et symboles dont il dispose en cet espace fini. Dieu ne peut être connu qu'indirectement, ainsi la communication surnaturelle de Dieu coextensive à l'histoire une de l'humanité ne s'égale-t-elle pas à l'acte d'autocommunication conçu par Rahner. Dès son surgissement créé, la liberté spirituelle est l'objet d'une donation de l'être de Dieu dépassant toute forme indirecte de médiations créées. L'intellect, parce que constitué en cette radicale donation, peut universaliser les formes offertes à la sensibilité et appréhender immédiatement l'infinité de l'être à laquelle s'identifie l'*Esse Absolutum*.

En d'autres termes, la christologie comprise comme événement factuel, donné en un processus historique de révélation n'est pas dissociable de l'interrogation philosophique comme telle, de l'étonnement initial face à la perception de l'être. Balthasar et Rahner admettent le caractère non objectivable de cette appréhension originaire. « La science présuppose toujours que son objet lui fait face et donc lui appartient [...] ; (de même), le premier geste de la philosophie n'étant pas l'étonnement mais la description, ou bien, si c'est l'étonnement, c'est très vite le besoin de trouver à la question inattendue de l'existence de l'être, une réponse tirée du domaine de son essence » (*GC*, t. IV, vol. 3, p. 369).

Le premier geste est l'étonnement (*Verwunderung*) ou la pré-appréhension (*Vorgriff auf das Sein*) en laquelle l'homme comme être de transcendance est inquiété par le surgissement de l'être, infinité de la réalité, indisponible et silencieuse, mystérieuse. « Pourquoi existe-t-il quelque chose plutôt que rien ? »

Le « *thaumazein* », la « *pré-appréhension* » (*Vorgriff*) sont la source de la pensée, deux attitudes frontales certes non réductibles l'une à l'autre, l'une se nourrissant de l'« épaisseur figurative » (*Gestalthaftigkeit*) des êtres de l'expérience, l'autre saisissant d'emblée la pluralité des phénomènes dans un horizon infini d'intelligibilité et de possibilité qui transcende immédiatement toute forme de médiation contingente (processus d'universalisation des formes offertes à la sensibilité).

L'acte de connaître, chez Rahner, conçu comme pré-appréhension du « tout » de l'être, consentement quasi filial au surgissement de l'être qui rayonne reprend l'interrogation initiale en lui refusant l'acte par lequel elle coïnciderait avec une puissance ou une capacité du sujet comme tel. Le surgissement de l'horizon infini de l'être advient à partir de celui-ci même, et non à partir du sujet connaissant. Il convient pour cela que l'être *se donne.* L'étonnement au sujet de l'être délivre alors originairement un accès à l'espace trinitaire de révélation, qui en constitue à la fois la possibilité, l'achèvement et la permanence. La connexion philosophico-théologique est alors immédiatement englobée et transcendée dans l'espace trinitaire de révélation, secrètement donné, dès l'origine insaisissable, instaurant l'épiphanie de l'être sans que jamais la distance qui l'en différencie ne puisse être niée.

Pour Balthasar, philosophiquement, l'acte par lequel la personne finie s'en remet à la lumière infinie de l'être peut être une reconnaissance infinie du Mystère primordial, donc inchoativement de l'espace trinitaire. Le mystère de l'être découvre originellement à l'étant l'*Umsonst* (gratuité, vanité) d'une kénose de plénitude, qu'ultimement la christologie révélera, exhibera (*Offenbarung, Offen-legung*) en une « figure » engendrée et donnée à partir du mouvement kénotique de plénitude qu'est l'Infini trinitaire.

Nous tenterons de montrer en cette première esquisse que l'épiphanie du mystère de l'être inclut la médiation christologique, puisqu'elle même redouble l'épiphanie de l'être en épiphanie trinitaire. Il n'y a de mystère de l'être qu'à partir de l'éternel échange intratrinitaire, à partir de ce qui n'a pas à être, mais qui se donne et fait jouer le don jusque dans les structures et les formes de l'être.

Nous verrons ultérieurement que l'*analogia entis* est, en dernière analyse, un concept dont l'intelligibilité requiert un ordre théologique de compréhension, alors même que, pour Balthasar et Rahner, la distinction des ordres naturel et surnaturel est seule en mesure de maintenir la validité de l'*analogia entis* [1]. Les différences ontologiques redoublent, comme en surimpression, la différenciation trinitaire, surimpression déficiente lorsque le sujet y entre en rapport de connaissance, parce que Dieu n'est le Tout-Autre que comme *Non Aliud*, Non-Autre.

La connexion philosophico-théologique fait jouer circulairement christologie et ontologie trinitaire, une christologie inscrite dès la médiation originaire, le surgissement de l'être non-subsistant. Ainsi, l'étonnement n'est pas aboli lorsque rayonne sur la figure du Verbe incarné la plénitude de l'amour trinitaire, c'est-à-dire le moment de l'achèvement christologique. La différence ontologique ou l'indifférence de plénitude qui caractérise l'irruption de l'être auquel participe tout étant n'est concevable qu'à partir d'une prodigalité infinie d'un acte de génération. Qu'il s'agisse ainsi du *thaumazein* balthasarien ou de l'acte de connaître ouvert à l'infinité de l'être chez Rahner, *la plénitude trinitaire est originellement le gage d'une telle reconnaissance, là où l'être n'est pas identique à son devoir-être.* C'est d'emblée une telle articulation qui constitue l'objet formel de la théologie et l'achèvement de l'acte philosophique. Les

1. Nous nous demandons cependant dans quelle mesure RAHNER parvient à penser l'ordre propre à l'*analogia fidei.* Assurément, elle n'exige pas le moment de *krisis* barthien, puisqu'elle semble inchoativement interne au mouvement de l'*analogia entis*, qui elle-même se comprend plus précisément comme *analogia libertatis*. La parole que Dieu adresse à l'homme surgit comme en écho au questionnement humain, la trajectoire historique de cette parole signifiant l'unité accomplie de la question et de la réponse, l'achèvement du rapport Dieu-homme, l'homme étant ce qui surgit lorsque Dieu s'exprime dans le vide du néant sans Dieu. L'*analogia libertatis* se déploie dans les dimensions de l'*analogia fidei,* ceci en un rapport de stricte continuité, continuité requise par l'unique volonté salvifique de Dieu de se communiquer.

projets théologico-philosophiques de Balthasar et de Rahner se déploient selon et à partir de cette connexion qui, encore une fois, n'admet pas la dichotomie dont tente de se prévaloir une théologie pure de toute compromission ou fondation en raison. Pourtant, l'accès rationnel devra consentir à sa propre déficience, une déficience qui n'aura pas la même portée soit qu'on la considère chez Balthasar ou Rahner, mais nous n'en sommes pas là.

Connexion ne signifie donc en rien identification pure et simple. Peut-être faudra-t-il parler d'achèvement de l'acte philosophique comme moment nécessaire de rupture, donc par le fait même *juger* (jugement de la croix) l'acte philosophique de pensée comme inadéquat à son objet, incapable de le mesurer, donc de l'identifier. La mesure de l'inadéquation n'est certes pas la même pour Balthasar et Rahner, le jugement qu'opère la croix s'intégrant, ou selon la brisure des figures antérieures dans une évidence qui se suffit à elle-même, ou selon une césure dont l'unicité n'advient pas en dehors des figures qui la rendent pensable, figure en cette deuxième acception dépassant la qualification restrictive prophétique ou messianique. Bien entendu, le concept de figure tel que l'emploie Balthasar est étranger à la théologie de Rahner, et c'est peut-être là que se donne à comprendre l'irréductibilité relative d'une théologie pensée en termes d'Esthétique de la singularité ou de rapport transcendantal à la singularité christologique. C'est le rapport du sujet à l'objet qui se donne à connaître qu'il convient de problématiser. *Il faudra donc traiter le rapport qu'entretiennent les deux théologiens à l'*analogia entis, *pour découvrir d'ailleurs que sa nécessaire intégration n'en suppose pas moins, ou le constat de sa déficience et de sa « mise à mort » avec Celui qui, dans sa mort même, lui ôte sa qualification figurative (Balthasar), ou sa redétermination en* analogia libertatis *(Rahner)* [1].

1. Sur le renversement de l'analogie esthétique en *analogia caritatis*, chez Balthasar, voir M. LOCHBRUNER, *Analogia caritatis. Darstellung und Deutung der Theologie H. U. von Balthasars*, Fribourg, 1981 ; M. JÖHRI, *Descensus Dei. Teologia della croce nell'opera di H. U. von Balthasar*, Rome, 1981. « Une lumière d'évidence brille à l'intérieur de ce qui de soi demeure

Face à la figure livrée du Serviteur souffrant, le ravissement qui naît de l'*éros* lorsque la chose belle qui apparaît est digne d'être aimée n'est plus en mesure de soutenir une vision qui semble déjouer les canons de la beauté, tant la forme livrée cache le fond qui nous la donne, alors même qu'elle en constitue le lieu propre de rayonnement. En dehors de cette forme livrée, la Gloire trinitaire ne nous adviendrait qu'en une suite de figures trop partielles et dont l'émiettement ne saurait constituer, même en ses éléments recomposés, la totalité, la « supra-figure » qui coïncide au *quo maius* de l'amour trinitaire. L'*éros* fait place à la *charis*, la « grâce propre de l'amour », la beauté propre à Dieu, la *doxa*. Le concept d'analogie esthétique, antérieurement à une pure métaphysique de l'être, renvoie à une phénoménologie de la rencontre ontologiquement pensée à la lumière des trois transcendantaux, *pulchrum, bonum, verum*. Le témoignage de

cependant un scandale sans issue » (H. DANET, *Gloire et croix de Jésus Christ*, Desclée, 1987, p. 112). En ce qui concerne une analyse de l'analogie esthétique, on pourra se référer avec intérêt à l'ouvrage de H. Danet. L'analogie esthétique parcourt le récit pascal, forme narrative de l'*analogia fidei*, et se redéfinit à l'intérieur de cette nouveauté pascale à la fois sous la forme d'une continuité et d'une discontinuité. La reconnaissance de l'Amour et de la Vérité propres à Dieu ne peut advenir à partir d'un pouvoir transcendantal d'identification de la beauté dans la laideur. Danet restitue avec finesse la complexité du concept d'analogie esthétique, une analogie que n'annule pas le moment crucial de la disparition du Verbe dans la mort, mais qui, en ce « lieu », laisse tout pouvoir transcendantal à ses limites, ici indépassables, à moins qu'une lumière d'évidence interne à la figure exposée ne libère ce pouvoir au-delà de ses capacités natives. Pour une compréhension du modèle analogique balthasarien selon une phénoménologie de la rencontre, à partir de l'expérience d'altérité dans l'amour et la rencontre du beau, voir *AsdF*, p. 59-60. Intégration des exigences de l'*analogia fidei* barthienne dans la maintenance de l'*analogia entis*, maintenance justifiée par le lien entre l'expérience historique d'Israël et l'humanité entière. « La Parole de Dieu saisit le peuple d'Israël à sa place historique, dans le contexte d'une évolution universelle » (*FdC*, p. 166). « Puisque c'est le Dieu souverainement libre qui choisit ce qu'il veut assurer comme aide et condition matérielle à sa révélation, notre théorie peut satisfaire les exigences les plus sévères de l'*analogia fidei* telle que la conçoit Karl Barth. Elle la complète (sans la nier) par le fait que le même Dieu prépare d'avance comme Créateur dans l'histoire humaine les données dont il se servira comme Révélateur » (*ibid.*, n. 18, p. 167).

l'être, s'il ne sait plus discerner le beau, perd toute crédibilité. Le beau, qui suscite l'accord aimant, renvoie à la vérité de l'être en tant qu'il apparaît en se donnant. Le beau devient ainsi le premier mot de la théologie. La vérité conçue comme qualité transcendantale de l'être n'est plus une abstraction, mais le lien vivant entre Dieu et le monde. Ce lien est perceptible dans tout rapport humain initial à la réalité, à l'épaisseur figurative des êtres de l'expérience (*Gestalthaftigkeit des Wesens*) qui renvoient à ce qui se tient au-delà, leur raison d'être. On peut donc parler de choc esthétique initial comme promesse, attente d'un dévoilement du mystère de l'être dont le fait d'apparaître et de se communiquer laisse entrevoir une altérité gracieuse que l'expérience de la rencontre inter-personnelle signe déjà comme vérité et bien, donc digne d'être aimée. Le maintien d'une analogie esthétique signe le refus balthasarien d'une *analogia fidei* déliée de toute pré-compréhension humaine du choc violent de la croix (*Wucht*). La crise en laquelle s'exprime les dimensions de l'Amour trinitaire (*analogia fidei)* se déroule dans les dimensions de l'histoire, en sa matérialité, en ses formes créées d'expression, puisque la figure coïncide avec une forme solide. Mais il faut saisir ici le paradoxe. Le mouvement de l'analogie esthétique se redétermine à la croix. L'amour livré porte avec lui les conditions de sa propre reconnaissance et vient ressaisir l'écho pré-compréhensif d'une humanité capable de reconnaître « naturellement » la grandeur au sein de la finitude, la beauté au sein de la difformité, non la difformité en tant que telle, mais exprimant dans ses dimensions propres, exclusives, l'essence de ce qui se manifeste (analogie esthétique).

RÉVÉLATION ET QUESTION DE L'ÊTRE

Chez Balthasar, le projet même d'une Esthétique théologique inclut l'unité philosophico-théologique, unité recueillie en amont de la révélation biblique, là où l'imagination créatrice de mythes projetait ses images de l'éternel, là où les affirmations sur la beauté du dieu, sur la force de rayonnement du divin, du monde des idées, du logos cosmique et de la lumière spirituelle émanant de l'Un étaient pensées à la fois théologiquement et philosophiquement. La révélation biblique n'annulerait pas la tension entre le champ du mythe et du *logos*, afin de ne pas tomber au rang d'une science positive de faits historiques de révélation, moment de *krisis* absolue qui annulerait toute vision théologique de l'être et rendrait vain l'espace propre d'une parole humaine sur Dieu, l'assentiment subjectif qui donne sens à la *participation* [1]. Cette dynamique de la pensée philosophique grecque se nourrit de l'inséparabilité philosophico-théologique, et refuse de dissoudre allégoriquement l'ordre inchoatif du mythe, c'est-à-dire lui reconnaît un caractère de révélation, et ce faisant abstrait l'unité philosophico-théologique du pur monde des idées. L'humain n'est pas immédiatement absorbé ou transcendé dans la sphère du révélé, il ne se positionne pas en épiphénomène. « À la lumière de l'être éternel apparaissant dans le monde, l'homme est illuminé et entraîné dans l'admiration, il philosophe, c'est-à-dire aime la sagesse [2]. »

L'acte philosophique, ou l'objet formel de la philosophie consiste en un *thaumazein* philosophique, un étonnement originel coïncidant avec l'irruption de la luminosité de l'être se donnant dans les formes de la contingence et les transcendant : « Le *thaumazein* philosophique ne peut régner et illuminer le

1. *FdC,* p. 104.
2. *FdC*, p. 59. Le contenu du rapport philosophie-théologie fait particulièrement l'objet du premier volume de la Théologique, non encore traduit en français, mais dont on trouvera les articulations essentielles dans l'ouvrage : *Phénoménologie de la vérité*, Beauchesne, 1952 ; voir également *Theol.* De nombreux aspects de cet ouvrage sont également repris dans *Das Ganze im Fragment. Aspekte der Geschichtstheologie*, Benzinger, Einsiedeln, 1963, (trad. française, *De l'intégration*, Desclée de Brouwer, Paris, 1970). On pourra également se reporter aux contributions VC, « *Wort und Geschichte* », « *Gott spricht als Mensch* », VC. Les deux contributions précitées ont été reprises dans *FdC.* Voir également la contribution de Peter Eicher, *op. cit.,* en particulier les pages 293 à 346. L'Esthétique théologique de Balthasar y est confrontée à la méthode phénoménologique husserlienne. Eicher parlera à ce propos de « phénoménologie théologique » balthasarienne. Nous y reviendrons au chapitre III.

regard intérieur que là où l'objet est l'ultime valeur accessible, donc où progresse l'*éros* jusqu'à l'affirmation théologique » (*FdC*, p. 59).

Ce mouvement ascensionnel, paradoxalement, se conçoit en marge de toute forme de représentation évolutive. La tension qui travaille le dynamisme de l'*éros* ne signifie pas une saisie progressive de l'objet à connaître et qui se manifeste déjà obscurément dans les dimensions de l'être apparaissant, mais le consentement à un « se-laisser-saisir » par les dimensions de l'objet, renversement de l'ordre du mythe et du logos, impossible saisie de l'objet révélé, dévoilé à la mesure des figures antérieures qui pourtant faisaient signe en sa direction. Le mythe est donc radicalement dépassé, il ne peut l'être qu'en son paradoxal maintien. Israël devient le témoin élu de cette tension essentielle entre le type (mythe) et l'antitype (le Christ) [1].

Lorsque la Parole de Dieu se fait entendre dans l'histoire, lorsque le sens ultime de l'être devient manifeste, une distinction devient nécessaire, en raison même de l'objet qui se donne et qui transcende la quête philosophique comme telle. L'*analogia entis* est alors frappée d'une insurmontable déficience, l'objet qui se révèle se fait hiatus et redétermine l'accès à sa propre luminosité. « C'est l'objet qui détermine totalement (et par là même dispose) le sujet, ce trait est essentiel à l'esthétique de la révélation. On peut y découvrir aussi bien une inversion qu'une surélévation et un achèvement de l'esthétique naturelle où ce qui est vraiment beau n'est pas évoqué magiquement par les états d'exaltation de l'homme, mais se livre lui-même par l'effet d'une faveur incompréhensible à l'homme. C'est ici que se trouve le point d'attache entre la *charis* naturelle et la *charis* surnaturelle » (*GC*, t. I, p. 264).

Le moment de l'*Umkehrung* advenant dans la mesure christologique se tient toujours cependant sous le profil général du sens ultime de l'être. Nous verrons ultérieurement que l'analogie théologique ne supprime pas l'analogie philosophique, mais la conserve en la restituant à son véritable niveau de pertinence, sa

1. H. U. von BALTHASAR, *GC*, t. I, p. 538.

déficience. La *maior dissimilitudo* « n'exténue » pas la *tanta similitudo*. L'*analogia entis* est incluse dans l'*analogia fidei* en raison de la personne concrète et unique de Jésus-Christ. Sa singularité absolue fournit l'unité de mesure personnelle de tout rapport entre philosophie et théologie. Nous ne faisons qu'évoquer ce qu'il faut bien appeler une dynamique des contraires chez Balthasar, s'exacerbant dans l'apparition (*Erscheinung)* de la figure christologique, en cette évidence non déductible, sinon à partir d'elle-même. Révélation et raison trouvent bien ici le secret de leur mutuelle appartenance et de leur irréductible distance. Nous entrons ainsi peu à peu dans la conception formelle du rapport Trinité-historicité, à partir d'une esquisse des rapports qui unissent philosophie et théologie. Le chapitre III dégagera de manière plus systématique les éléments métaphysiques qui déterminent l'accès aux problématiques théologiques de Balthasar et de Rahner, il semble préférable ici de ne pas trop anticiper.

Si révélation et raison n'admettent pas d'arbitraire séparation, c'est la christologie comme telle qui en constitue l'unité supérieure. Il nous paraît particulièrement important d'insister sur ce lien nécessairement christologique. Nous lisons de la sorte une convergence formelle quant à la position de la christologie chez nos deux théologiens. Pourtant, comme nous le constaterons plus avant, l'inclusion du fait christologique dans le cheminement de la raison reste, chez Balthasar, irréductible à l'approche rahnérienne. Le niveau de la divergence s'explicitera à partir de la singularité de la figure de Jésus et de son rapport à l'universel, auquel peut accéder le travail de la raison. Sur la base de la *subalternatio in actu primo revelationis* (Balthasar), c'est le rapport philosophie-théologie qui se redéterminera, passage de l'analogie esthétique à l'analogie christologique-kénotique. Le rapport se fait alors paradoxalement aporie, une aporie qui encore une fois n'annule pas la corrélation *analogia entis-analogia fidei*.

En anticipant quelque peu la mesure de l'écart subsistant entre Balthasar et Rahner, le texte suivant pourrait en indiquer déjà, sinon l'exact contenu, du moins l'orientation décisive. Poser une priorité de la figure christologique indépendamment de l'appel inchoatif interne aux structures anthropologiques de l'homme, c'est certainement en dire trop peu pour Rahner : « Entre l'invisibilité de Dieu et sa manifestation visible dans sa révélation historique, il n'y a pas le rapport d'une manifestation par nécessité de nature entre le "fond" et la "forme" comme dans l'esthétique et la mythique naturelles : ce rapport est élevé d'une manière absolument unique et irréductible, et c'est par là seulement qu'il constitue le fondement d'une esthétique théologique.Mais s'il en est ainsi, c'est d'abord parce que Dieu, *par lui-même,* et antérieurement aux structures anthropologiques de l'homme, a pris une figure et s'est laissé voir, entendre, toucher » (*GC*, t. I, p. 263).

Cependant, s'inspirant de l'œuvre de Scheeben, Balthasar comprend le rapport philosophico-théologique comme pénétration de la nature par la grâce, où de la profondeur mystérieuse de la quête philosophique : « surgit comme la révélation par soi du mystère de l'être lui-même, sans pouvoir être déduit de ce que la raison créée peut, par elle-même, déchiffrer dans le mystère de l'être ; et même dans la manifestation du mystère de Dieu, il est insaisissable sans une illumination divine de grâce. Cependant la révélation que Dieu, qui est l'être absolument, fait de lui-même, ne peut être que la réponse parfaite aussi à toute la question philosophique et mythologique de l'homme » (*GC*, t. 1, p. 122).

L'acte philosophique de la rencontre avec l'être non seulement précède le moment de révélation, mais lui survit en quelque sorte. Logiquement, la médiation christologique ne peut alors être disjointe de cet acte premier. Le *thaumazein* n'est pas aboli dans l'acte contingent d'apparition de la figure christologique, il est au contraire plus que jamais requis, parce qu'en cette figure la dimension esthétique se révélera posséder des harmoniques insoupçonnées, puisqu'elle s'achèvera en une « vérité historique contingente ». Un tel passage s'instaure dans la distance qui mène de la figure de l'être à la profondeur qui la sous-tend (*perception)*, à la manifestation par soi de la Gloire (*Kabod, Doxa*) de Dieu, au moment où elle atteint son point culminant, dans la tension extrême qui *dramatise* le rapport visibilité-invisibilité, la croix du *Logos*, la dynamique du *Deus sub contrario* [1]. Le *thaumazein* consistera alors à persister dans la reconnaissance doxologique, face à la figure livrée du Serviteur, face à l'âpreté christologique de l'accès à l'amour trinitaire infini, au-delà de l'être.

Nous disons au-delà de l'être, afin de respecter l'irréductible distance que la considération de la seule différence ontologique, sur le plan du créé, ne peut parcourir si Dieu lui-même n'y donne accès en se donnant. Balthasar ne cesse de lire la distinction réelle entre l'« esse » (*non subsistens*) et l'essence finie (*essentia*) à l'intérieur ou à partir de l'éternelle différenciation trinitaire [2], ce Dieu qui admet en lui la différence, qui s'accueille (l'Esprit de communion) et se possède selon une figure (son Verbe). D'ores et déjà, il convient de recueillir ce que Balthasar appelle la « quatrième différence » (sur la base de la différence ontologique de l'Être à l'étant) qui n'est pas le terme des trois autres, mais leur irréductible outrepassement, « la plus haute différence, celle entre Dieu et l'Être de l'étant » (*GC,* t. IV, vol. 3, p. 369-381). La quatrième différence de Dieu à l'Être, « ouvre *la* dimension, celle qui met en place les autres différences, parce que d'abord elle suscite l'espace où ces différences, y compris la différence ontologique, deviennent envisageables. La quatrième dimension, la dernière, est toujours la première. Il s'agit en fait de la distance elle-même, telle qu'elle outrepasse toute idole possible, et s'exerce comme distance de bonté [3]. »

La source de l'esthétique théologique ne se nourrit pas d'une vision béate de l'ordre cosmique ou ontologique pour théologiens esthètes, ordre en lequel Dieu lui-même ferait figure d'Étant suprême sans qu'aucune distance ni diffraction ne viennent perturber l'harmonie. C'est l'ordre même du créé et de ses multiples contradictions et fractures qui brise l'imaginaire harmonie, cette dernière étant impuissante à concevoir une générosité infinie et se tenant à distance au-delà de l'Être non

1. « En fait, l'incarnation de Dieu accomplit toute l'ontologie et toute l'esthétique de l'être créé, dont elle se sert, avec une profondeur nouvelle, comme d'une langue exprimant l'être et l'essence divins » (*GC*, t. I, p. 25).
2. Voir *Theol.,* t. II, p. 77.
3. J.-L. MARION, *L'Idole et la Distance*, Grasset, 1989, p. 307-308.

subsistant. La source de l'esthétique théologique est inséparable du drame christologique qui en délivre l'accès, le Verbe étant, « ce qu'il exprime, à savoir Dieu, mais (n'étant) pas celui qu'il exprime, à savoir le Père. Paradoxe incomparable, source première de l'esthétique chrétienne et donc de toute esthétique ! » (*GC*, t. I, p. 25).

L'HORIZON DE LA « FIGURE » DU CHRIST

Ce qu'il faut admettre avec Balthasar, c'est que la perception métaphysique, la réceptivité de l'étant à l'être non subsistant (tension *esse-essentia*, le caractère inépuisable de l'*actus essendi*) ne peut être disjointe de la *dramatique christologique*, et c'est là qu'advient la jonction philosophico-théologique, jonction comme inévitable dissymétrie, là où « la non-subsistance de l'acte d'être est pour Dieu le milieu créé adéquat, lui permettant de prononcer sa parole kénotique de croix et de résurrection et de l'envoyer comme son Fils à la mort et à la résurrection » (*GC*, t. IV, vol. 3, p. 385).

La *source* de l'esthétique théologique est simultanément le champ du véritable *accomplissement*, un accomplissement qui ne peut se recueillir qu'en une figure contingente, là où finalement vaut encore le principe de la *conversio Dei ad phantasma creaturae,* condition requise pour qu'adviennent perception et ravissement sous la lumière de la foi. La tension philosophie-théologie semble peu à peu convertir ce qui pourrait apparaître comme tranquille rapport de continuité. Le rapport est plus distance que continuité dans l'achèvement, l'unification de l'infini et du fini étant pour elle-même impensable, logiquement inconcevable, à moins que l'infini ne dispose infiniment de lui-même, et il n'y aurait aucune raison logique à interdire sa possible communication, le contraire serait une contradiction logique puisque l'infini se verrait interdire sa qualification infinie à partir d'une position finie de réalité.

Mais où et comment convient-il de penser que l'absolu puisse se déterminer en faveur d'une relation avec ce qui n'est pas lui, alors qu'il est logiquement sans rapport, puisqu'absous de toute forme de relativité ? La contradiction logique apparente ne pourra être reconduite et convertie qu'au gré du *logos* de la croix, là où toutes les formes du dépassement philosophique de la théologie deviennent non seulement impuissantes à entrer dans l'amour livré, mais sont de véritables impiétés. Plus avant, il faudra bien évoquer les rapports tendus que nourrissent dans la pensée Hegel et Balthasar. La croix dessine pour tous deux le signe à travers lequel doit se penser la tension philosophico-théologique. Mais chez l'un, elle consume la distance, l'absorbe au point d'en faire une structure purement formelle, souffrance pensée en terme de nécessité logique, une croix que ne sous-tend finalement aucune rédemption advenant à distance. L'homme reste enfermé en un processus d'autorédemption, puisque l'absolu se résorbe et se consume en cet homme, ce dernier ne l'accueillant qu'en se niant lui-même, double kénose que ne recueille aucune plénitude [1].

L'anticipation évoquée ne doit pas nous égarer en cette première esquisse du rapport philosophie-théologie, puisque c'est d'elle dont il est question pour le moment. On peut à ce point de la réflexion fournir un essai de définition qui concentre les éléments complexes constituant le rapport philosophie-théologie. La philosophie n'occupe pas de position autonome ou médiate. Elle n'est pas de l'ordre des prolégomènes, même si de fait l'attitude philosophique que Balthasar qualifie d'« attitude humaine suprême » (*GC*, t. I, p. 119) « précède » le moment de révélation. Une telle antécédence ne saurait « neutraliser » l'attitude philosophique et lui permettre de fonder à partir d'elle-même la représentation adéquate de l'absolu auquel elle tend, ou inversement dont elle tend à nier toute représentation qui assurerait et validerait le champ humain du savoir. L'absolu pensé en terme de divinité garantirait notre « persévérance dans l'être », pour reprendre une expression d'Emmanuel Lévinas, et fonderait la vérité de nos représentations, l'absolu comme critère

1. Voir *GC*, t. I, p. 107-362 (l'évidence subjective) ; p. 361-578 (l'évidence objective).

de vérité, Dieu comme fondement nécessaire. La théologie contemporaine sait tout ce qu'elle doit à la critique d'un tel postulat, elle semble même y avoir trouvé une nouvelle jeunesse, une source d'inspiration critique dont parfois elle ne mesure pas tout ce qu'elle possède d'arbitraire et d'incohérent.

La théologie ne peut décemment renoncer à reconduire le rapport philosophie-théologie, à moins de sombrer au rang d'une science positive de faits historiques de révélation, et donc de rendre toute christologie impensable, à moins qu'il ne s'agisse d'une « jésulogie ». La théologie peut-elle se passer d'ontologie ? Serait-ce la christologie qui avaliserait non seulement la déficience ou l'incomplétude de l'accès philosophique à la question de Dieu, mais son impiété, sa captation idolâtrique ? Dieu ne pourrait être qu'à la mesure de l'homme, si bien mesuré et proportionné à ses propres désillusions et incapacités, qu'il en serait précisément l'issue ou l'illusoire guérison-projection. La critique de Feuerbach est bien connue. Les questions évoquées ici seront reprises au cours de l'argumentation, d'autant plus que la critique de l'onto-théologie a frappé de plein fouet les soubassements traditionnellement assurés de la théologie, une métaphysique qualifiée par nombre de théologiens d'idolâtre ou de discours totalitaire, là où Dieu, conçu comme Étant suprême ou *causa sui,* entre si bien dans l'horizon de l'homme qu'il n'y a qu'un pas à franchir pour l'en exclure. Cette exclusion ne procéderait plus de la distance révérencieuse, mais du rejet de l'hypothèse inutile, voire encombrante [1]. La quadruple diffé-

1. L'une des contributions les plus représentatives du débat contemporain sur le procès intenté à l'onto-théologie, outre l'apport décisif de Heidegger, est sans aucun doute l'œuvre de E. JÜNGEL, *Dieu Mystère du monde.* L'aporie philosophique du théisme et de l'athéisme ouvre à la théologie de nouveaux champs d'investigation, en la contraignant à penser l'advenue de Dieu à l'intérieur même de cette advenue, selon ce qu'elle-même donne à penser, et non en vertu de quelque principe métaphysique ou analogique en lesquels Dieu ne saurait venir à partir de lui-même. Il faudrait rendre compte de la complexité de la démarche de Jüngel, notamment de ses réflexions pénétrantes sur l'analogie parabolique, ce que ne peut prétendre notre présente recherche. Néanmoins, « il faut relever que c'est précisément dans ce processus fondamental pour les temps modernes, qui tient à s'assurer définitivement de l'*ego*

rence qui sous-tend la métaphysique de Balthasar témoigne en faveur de l'impossible con-numération de Dieu et du monde en lequel il se révèle. Par-delà la différence ontologique entre l'étant et l'être de l'étant surgit comme en excès la différence théologique, la distance de l'étant à Dieu, que redouble la distance de l'être non subsistant à Dieu au-delà de l'être. Le surgissement de la gratuité de l'être constitue donc le lieu où advient le questionnement philosophique, l'espace où se donne l'objet formel de la philosophie sans jamais pouvoir s'extraire de son « immédiateté » théologique ou de son *a priori* théologique. L'indigence de l'être, son inanité (*Vergeblichkeit*), son indifférence de plénitude (*Grundlosigkeit, Interesselosigkeit, Selbstlosigkeit*, concepts qui peuvent corrélativement désigner l'amour gratuit de Dieu en sa révélation, et l'indifférence de plénitude de l'être, surgissant du désintéressement qui constitue l'espace intra-trinitaire de l'être divin), vit de ce renvoi permanent à l'espace trinitaire de l'indifférence. L'être en son apparition non objectivable, celle qui ne permet de conclure à aucune forme d'« extraction » de l'étant à partir de cet être, ne cesse de

cogito grâce à l'être de Dieu, qu'il faut percevoir la condition de possibilité d'une contestation toute nouvelle et radicale de la nécessité de Dieu pour l'homme », (p. 27). Nous signalons ici un autre essai, particulièrement brillant, et sur lequel nous reviendrons tant il constitue pour nous une source d'inspiration, en dépit des insatisfactions qu'il peut susciter. Il s'agit de *L'Idole et la Distance* et de *Dieu sans l'être* de Jean-Luc Marion. Pour Marion, Dieu ne saurait se concevoir dans l'horizon de l'être, même s'il « ne s'agit pas de se défaire de l'être... mais de le recevoir comme il se donne et pour ce qu'il se donne, à savoir comme un don » que Dieu excède de toutes parts, parce qu'il n'a pas à être. Voir J.-L. MARION, « De la mort de Dieu aux Noms divins, l'itinéraire théologique de la métaphysique », *L'Être et Dieu,* Paris, Éd. du Cerf, 1986, p. 103-106. C'est à la théologie trinitaire que J.-L. Marion confie l'obscure parole sur la « mort de Dieu », retentissant non pas comme un triomphe de l'homme sur Dieu, mais comme distance en laquelle se donne le divin, distance qui signe « mortellement » tout concept s'appropriant le divin. L'obscure parole est alors positivement confession du retrait de Dieu hors de toute idole conceptuelle ou sensible. La métaphysique qui tente d'accéder au divin par preuves, même si ces dernières admettent la voie d'éminence, participe à l'impiété de l'idolâtrie, que seule la distance trinitaire permet de convertir en reconnaissance doxologique (l'Icône).

déplacer ou de convertir le regard au-delà de la plénitude qui s'atteste en chaque être déterminé, en chaque existence qui recueille et se recueille en cette plénitude que fonde un au-delà d'elle-même [1]. La révélation nous conserve dans la question de l'être.

Le sens de l'être est situé dans l'amour et se caractérise par sa communicabilité essentielle, par un mouvement extatique qui conjoint deux termes signifiant un seul acte, être-apparaître [2]. Cette prodigalité originelle renvoie, dans la distance, à ce qui se tient « en amont » de l'apparaître, la communion des hypostases dans la vie trinitaire infinie. Balthasar pense-t-il ici en phénoménologue, il semble difficile de trancher. Dans la figure de révélation, certes, une corrélation s'impose, décisive, entre l'être et l'apparaître. Que la « figure » apparaisse, elle se trouve être du même coup, être en cette évidence d'apparaître, comme phénomène irréductible, mais qui ne force aucune adhésion contraignante. L'apparaître se déploie en même temps que l'être. Ainsi la figure conserve-t-elle son caractère de surprise, d'excès qui se trouve comme l'indéterminé en son pôle d'origine. Face à la figure qui apparaît se produit nécessairement une disqualification de la prise de connaissance. L'apparaître de la figure précède la

1. « Ce n'est pas l'acte d'être comme tel qui fait sortir de lui les essences d'une manière responsable, pas plus que mon *intellectus agens* (sans *conversio ad phantasma*) ne construit le monde réel [...]. Le regard doit tenter d'apercevoir la différence entre Dieu et le monde, dans laquelle Dieu est l'unique fondement suffisant aussi bien pour l'être que pour l'étant dans sa structure... La liberté subsistante de l'être non subsistant, dans sa “gloire”, en face de tout étant, ne peut survivre que si cet être est enraciné dans une liberté subsistante de l'ête absolu qui est Dieu » (*GC*, t. IV, vol. 3, p. 379).
2. « Le sens de l'être est situé dans l'amour, donc [...] la connaissance elle-même n'est explicable que par l'amour et pour l'amour. La volonté de se révéler du côté de l'objet et la volonté de s'ouvrir à la venue de l'objet du côté du sujet ne sont que la double forme d'un seul don de soi qui se manifeste sous les deux espèces. [...] L'amour est inséparable de la vérité. Pas plus qu'une connaissance ne pourrait exister sans la volonté, une vérité n'est pensable sans l'amour. L'amour n'est pas du tout un au-delà de la vérité ; il est, au sein même de la vérité, ce qui lui garantit malgré tous les dévoilements, un mystère toujours nouveau, il est l'éternel dépassement du déjà connu, sans lequel il n'y aurait ni savoir quelconque ni même quelque chose à savoir » (*PlV*, p. 97).

subjectivité métaphysique, et donc celle-ci ne peut manifester que son étonnement (*thaumazein*), se laisser surprendre. La corrélation être-apparaître conçue en terme de révélation se redouble ainsi en une corrélation tout aussi originelle, être-communication. Cette ontologie de la communication de l'être comme don se recueillera hyperboliquement en une économie du don qu'incarne la figure livrée du Fils, historicisation et entrée originelle de l'amour trinitaire, là où l'être révèle ultimement sa gratuité, celle de la grâce sans raison [1]. La révélation de l'être en tant que prodigué demeure, au regard de la révélation christologique, référée au déchiffrement des symboles du monde, perception indirecte d'une plénitude, d'une beauté qui n'est pas autre chose que le rayonnement direct du fond de l'être [2].

Le *pulchrum* philosophique (l'irruption de l'être comme beauté) renvoie dès toujours au *Kabod* de la transcendance en sa manifestation d'amour, l'ouverture de l'espace trinitaire (pôle de la *Doxa*). La « Gloire » trinitaire est philosophiquement médiatisée par la catégorie de *pulchrum*, le « ravissement » et l'« extase » succédant à la « perception » initiale en une corrélativité donnée avec l'acte incompréhensible de révélation : « La doctrine de la perception — ou théologie fondamentale ; l'esthétique (au sens kantien) comprise comme doctrine de la découverte de la figure de Dieu qui se révèle. La doctrine du ravissement — ou théologie dogmatique ; l'esthétique est alors la doctrine de l'incarnation de la gloire divine, et de l'homme appelé à y participer [...]. Cette double extase bilatérale — de Dieu vers l'homme et de l'homme vers Dieu — est exactement le contenu de la théologie dogmatique qu'on peut à bon droit présenter

1. « La Beauté n'est pas autre chose que le rayonnement direct du fond de l'être en tant que dénué de tout fondement [...]. Ce qui éveille la joie esthétique, ce n'est pas seulement la correspondance entre l'essence et l'apparition, mais la certitude absolument incompréhensible que l'essence apparaît réellement dans l'apparition (qui pourtant n'est pas l'essence), et qu'elle y apparaît comme un être qui est éternellement plus que lui-même, donc qui n'est pas susceptible d'une apparition définitive. Mais c'est précisément cette absence d'apparition qui apparaît. C'est le comparatif éternel qui s'exprime dans le positif » (*PlV*, p. 213).

2. *PlV*, p. 212.

comme une doctrine de l'extase, comme l'*admirabile commercium et connubium* entre Dieu et l'homme, *in Christo*, tête et corps » (*GC*, t. I, p. 103-104).

Ici, contrairement à la tradition de l'idéalisme allemand, Balthasar se démarque d'une compréhension de l'être conçu comme « conscience-de-soi », « être-présent-à-soi » qui, dans une tension ouverte vers l'Esprit absolu ou l'absolue « possession-de-soi », rencontre l'infini comme possibilité de toute position finie de réalité. La visée anticipatrice de l'infini relève ainsi d'une intuition réductible à une théorie de la connaissance immédiatement coextensive à la conscience de soi de toute subjectivité comme dynamisme noétique. Or, pour Balthasar, c'est la qualification de l'être comme amour qui risque ici d'être occultée. Une telle qualification requiert une compréhension de l'être comme événement de l'amour. Or, seul le recours à l'analogie peut permettre une réception originelle à l'illumination de l'être comme amour, une illumination qui meut les êtres dans leurs relations réciproques. L'expérience humaine de l'illumination de l'être ne réside pas primitivement dans l'ordre clos et conscientiel de la « présence-à-soi », mais dans l'ordre différencié d'une rencontre de deux êtres, d'un « je » et d'un « tu ». Cet espace contingent et médiat ouvre à l'éclosion d'une expérience fondatrice d'altérité, d'une source commune qui recueille l'ensemble des êtres dans l'enveloppement de l'être.

Tandis que l'esprit atteint l'être réel, son horizon ne peut pas se fermer avec l'être du monde (*ens univocum*), mais avec l'être tout court (*ens analogum*). L'esprit ne peut penser, vouloir et aimer que dans cette lumière, il parle en tant qu'il peut connaître et nommer l'étant (*Dasein*) à partir de l'être comme tel. Balthasar, bien qu'hostile à la perception transcendantale de l'être comme luminosité ou autotransparence consciente, admet que Dieu soit donné sous le mode de l'absence à travers une connaissance intuitive de l'être, donnée à l'esprit comme *omnium principium et finis*. La lumière de l'être est ce par quoi tout étant, tout objet devient lumineux et ouvert à ce qui les donne comme tels.

Pour cela, la lumière de l'être ne peut être transformée en une donnée déterminée, elle doit, à partir de l'étant, se différencier dans la distance extatique, communicative. Balthasar recueille ici le meilleur de la philosophie heideggérienne, qui, par l'unique mot d'extase, a conjoint les deux côtés nécessairement liés de l'acte philosophique, l'effroi et l'angoisse de l'esprit fini, qui, en pensant, découvre en soi l'ouverture de l'infini et le ravissement devant l'apparition d'une plénitude et d'une source qui donnent et protègent. Dans les textes qui suivent, les dimensions de l'analytique existentiale de Rahner pour toute perception ou intuition de l'infinité de l'être nous semblent proches de ce que Balthasar appelle « l'ouverture extatique de l'esprit dans la lumière de l'être » et qui n'est autre que le témoignage de Dieu en nous par une grâce de communication originelle.

Pour Rahner, l'anticipation illimitée de l'esprit vers l'être ne relève pas d'une pure intuition transcendantale, d'une catégorie formelle *a priori*, mais toujours et nécessairement d'une transcendance de l'esprit « négatrice » du fini qui implique l'épaisseur et l'existentialité d'un « vécu » de conscience. L'ouverture vers l'absolu n'advient qu'en cette expérience originelle d'une « inquiétude » ontologique, dans la perception d'une unité unifiante qui déborde les particularités et les clôtures indéfinies des objets et des êtres. L'homme est en soi une brèche ouverte en direction de l'englobant de l'être qui ne constitue l'horizon infini du dynamisme de la connaissance qu'en sa qualification de source qui donne et qui protège. Dans ses œuvres ultimes, Rahner ne dissocie en rien la nomination transcendantale de Dieu et l'événement trinitaire de grâce, et d'ailleurs l'a-t-il jamais fait ? Il est clair que pour Rahner l'ouverture à l'infinité de l'être n'est autre que l'ouverture extatique de l'esprit dans la lumière de l'être. « Ce n'est pas seulement par une faculté particulière que l'homme est ouvert par la connaissance et par l'amour, au toi, aux choses et à Dieu ; il est, en tant que totalité (à travers ses facultés), accordé à la réalité totale. Personne, assurément, ne l'a montré plus profondément et plus fondamentalement que Saint Thomas d'Aquin... Dieu n'étant créature sur aucun plan et n'ayant aucun être commun avec elle, cet accord primitif avec lui n'est pas une intuition dans le sens d'une théorie de la connaissance, mais il n'est pas non plus le résultat d'un simple raisonnement logique allant du fini à l'infini. L'impossibilité de fixer cette expérience originelle n'est que le reflet noétique de l'impossibilité ontologique de fixer l'être dans son ensemble en face de Dieu. Comme tel l'être renvoie par tout lui-même à la Source inaccessible » (*GC*, t. I, p. 207).

Nous nous garderons bien d'identifier ce que Balthasar appelle cet accord (*Stimmung*) de l'homme connaissant, éprouvant, sentant, percevant, avec l'être dans sa totalité, et le dynamisme transcendantal de l'*intellectus agens* chez Rahner, qui dans tout acte de connaissance fini saisit l'infinité de l'être, et donc est saisi par l'infini qui s'y donne comme fondement permanent, un fondement lui aussi apparenté à la *Grundlosigkeit* de Balthasar. Nous recueillons la convergence de perspective à partir de la dernière proposition de Balthasar, l'être renvoyant par tout lui-même à la source inaccessible, d'autant plus que pour Rahner, il est impensable de fonder une connaissance transcendantale de Dieu indépendamment de la rencontre factuelle d'un monde, « et avant tout du monde relationnel [1] », qui conjoint ce que les anthropologies empiriques ont tendance à disjoindre en éléments étrangers, décomposés et qui ferment pour l'homme toute saisie de soi dans l'unité du Tout qui relie les êtres et les objets dans une intercommunication immédiate. C'est donc l'expérience de l'être comme totalité unifiante qui peut extraire l'homme de toute perception du réel comme chaos et l'orienter en direction d'une plénitude qui n'est totale qu'en tant qu'elle rend possible un au-delà de la pure dissémination, de l'enfermement dans la contingence. Il est clair que la Plénitude Trinitaire, en elle-même différenciée, n'avalise pas les formes violentes de la Totalité philosophique et de son corollaire politique, le totalitarisme. Nous nous expliquerons sur ce point ultérieurement. On notera également que Balthasar n'inféode

1. K. Rahner, *TfF*, p. 67, 211. On sait la place qu'accorde Balthasar à l'expérience intersubjective, source d'une métaphysique dialogique comme accès à la densité relationnelle trinitaire du mystère de l'être, épiphanie trinitaire qui en révèle le sens ultime.

pas immédiatement Dieu à l'horizon métaphysique de la différence ontologique, la « Source inaccessible » redoublant nécessairement la différence, celle même qui va de l'être à Dieu, sans que jamais le second pôle puisse être adéquatement ramené au pôle de l'être. L'inanité (*Vergeblichkeit*) du *Dasein* ouvre à la distance qui fonde tout, mais qui elle-même n'est fondée par rien. La quatrième différence suscite l'espace où les différents niveaux d'être deviennent envisageables, mais ultimement, hyperboliquement devrait-on dire, là où, « la non-subsistence de l'Acte-d'Être est pour Dieu le médium de création adéquat, afin d'y produire et proférer la parole kénotique de croix et de gloire, et de l'y envoyer et introduire, comme son Fils, dans la mort et la résurrection [1]. »

Rahner n'a pas encore fait l'objet d'investigations plus profondes, mais d'ores et déjà il importe de préciser, et la vérification textuelle l'attestera, que l'*intellectus agens* rahnérien ne construit pas le monde et ne se dispense pas de la *conversio ad phantasma.* Ce serait là une contradiction à laquelle seuls les gauchissements interprétatifs ont succombé. Par là, nous ne prétendons nullement résorber la distance philosophique des œuvres, leur irréductibilité métaphysique, et nous aurons tout le loisir d'y insister en temps voulu. Mais comment ne pas repérer l'évidence : la révélation nous conserve dans la question de l'être, ouverture et disponibilité à l'infini qui s'y donne, et qui antérieurement à toute possible saisie se rend disponible en se donnant : « Le mouvement de transcendance, en fait, n'est pas l'acte puissant qui constitue l'espace infini du sujet, à partir du sujet entendu comme celui qui maîtrise l'être de façon absolue (*als dem absoluten Seinsmächtigen*) mais le surgissement de l'horizon infini de l'être (*das Aufgehen des unendlichen Seinshorizontes*) à partir de celui-ci même. En quelque lieu que l'homme s'éprouve dans sa transcendance comme celui qui pose question, celui qui est inquiété par ce surgissement de l'être, celui qui est propulsé vers l'indicible, il ne peut se comprendre

1. *GC*, IV, 3, p. 385. Nous utilisons ici une traduction proposée par J.-L. MARION dans *L'Idole et la Distance*, p. 308.

comme sujet au sens de sujet absolu, MAIS SEULEMENT au sens de l'accueil de l'être, finalement de la grâce. Par "grâce", on entend ici aussi bien la liberté du fondement d'être qui pose l'homme, liberté éprouvée par la finitude et la contingence, que ce que, en un sens théologique plus restreint, nous avons coutume d'appeler "grâce" » (*TfF*, p. 48, c'est nous qui soulignons).

Rahner parle bien ici d'une indifférence de l'être qui dispose du sujet, donation que seul le mouvement de la *conversio* (finitude-contingence) permet de percevoir: « cette autocommunication de Dieu est acte de l'amour le plus libre, et cela aussi bien face à l'étant spirituel fini déjà posé par création. L'autocommunication de Dieu, aussi bien face au sujet-créature déjà présupposé comme posé, est là encore le miracle du libre amour, qui est la chose la plus évidente en même temps que ce qui ne saurait se laisser déduire de façon contraignante de rien d'autre » (*TfF*, p. 147).

Parler de convergence des deux œuvres et recueillir cette dernière dans l'interrogation métaphysique initiale (*thaumazein* ou *Vorgriff*) relève peut-être d'un abus d'interprétation, ou tout simplement participe d'un grossier contresens. Les présupposés métaphysiques qui nourrissent la pensée des deux théologiens ne peuvent assurément être assimilés l'un à l'autre, mieux, ils s'opposent incontestablement en un point décisif. Pourtant, cette opposition n'apparaît adéquatement qu'à partir de la médiation christologique, c'est pourquoi nous ne voulons pas anticiper trop rapidement et obturer le passage qui d'une œuvre à l'autre suggère la convergence.

Nous ne pourrons faire fi d'œuvres telles que *Geist in Welt* ou *Hörer des Wortes* pour Rahner. Le *Grundkurs des Glaubens* subit par rapport à ces œuvres antérieures une part d'infléchissement, bien que la dialectique anthropo-théologique de Rahner demeure une originalité théologique non démentie à travers la maturation de l'œuvre, toute redevable au paradigme Créateur-créature et centrée sur l'acte primordial et constitutif d'autocommunication. C'est la restriction même du paradigme qui constituera le point de résistance qu'opposera à Rahner la christologie de l'absolue singularité d'une « figure » chez Balthasar. Elle ne peut se mouvoir dans les limites d'un tel paradigme, à moins qu'elle ne renonce à l'achèvement sotériologique qui lui confère une mesure unique, une singularité ontologique et « phénoménologique ».

La convertibilité rahnérienne de l'être et de la conscience (*Sein ist Beisichsein*) [1], non seulement déterminera le « contenu » de la compréhension de la médiation christologique, mais également l'intelligibilité des relations trinitaires *ad intra* et le processus de leur extériorisation dans l'histoire. Pour faire bref, disons que chez Rahner l'être, ou l'étant entendu comme subjectivité spirituelle, est essentiellement symbolique, parce que nécessairement il s'exprime pour trouver sa propre essence. L'autre est posé et conçu comme interne à toute possession de soi [2] comme sujet connaissant et aimant. La connaissance et l'amour sont les deux structures fondamentales de l'essence de l'homme. La connaissance suppose par essence le rapport d'altérité en vue d'une possession de soi. Un tel rapport entraîne une conception du dynamisme de l'esprit connaissant comme amour, identifié par grâce événementielle à la double communication interne à l'être de Dieu, cette dernière se réalisant selon le mode de la connaissance et de l'amour, qui ne sont ni plus ni moins que les deux processions intra-trinitaires à partir du Père se communiquant. Une telle forme de déductibilité suppose une réflexion métaphysique et anthropologique « fondatrice ». Est-elle recevable lorsqu'elle détermine à ce point l'objet théologique [3] ?

1. Voir P. FISCHER, « Gott als das Geheimnis des Menschen », *ZKTh*, 113, 1991, p. 10-11. Voir également K. RAHNER, *HéV ; SzT*, t. IV, « Zur Theologie des Symbols », 1960, p. 231-275. À propos de l'identité établie entre conscience humaine de soi et être, voir J. McDermott, « The Christologies of Karl Rahner », *Greg.*, 67, 1, 1986, p. 89 s. Rahner offre des pages fortes sur la disponibilité foncière de l'infinité de l'être procédant d'un absolu extatique que seule la différenciation Trinitaire de l'Être absolu permet de concevoir.
2. Voir *SzT*, t. IV, p. 284-285.
3. « *Connaissance et amour expriment donc, dans leur dualité indivise, la réalité de l'homme. Dès lors Dieu, s'il se donne lui-même à l'homme, ne peut le faire qu'à travers la communication de la vérité absolue, et donc de l'amour*

La convertibilité de l'être et de la conscience (la perception du tout de l'être comme contenu de la transcendantalité), pour n'en rester qu'à ce principe fondamental sur lequel nous reviendrons, peut à lui seul rendre compte d'une conception de la christologie comme achèvement de la *Selbsttranszendenz*, mouvement par lequel le sujet *connaissant* et *s'autopossédant* consent à l'infinité de l'être et l'accueille comme *Esse Absolutum*, terme du mouvement originaire de connaissance.

Ainsi la pure infinité de Dieu est implicitement affirmée en tout acte de connaissance, tout jugement à partir d'une réalité finie, l'*Esse Absolutum* étant reconnu comme la pré-appréhension d'un horizon infini en lequel tout objet possible de connaissance est simultanément posé. Mais dire cela est encore insuffisant. Dieu ne se rencontre pas tel un objet singulier faisant nombre avec les réalités contingentes ou déduites à partir d'un tel champ d'expérience.

Toute ontologie métaphysique de Dieu ne peut être préscindée de l'expérience transcendantale qui constitue tout sujet connaissant. L'infini appartient à la transcendance du sujet connaissant selon un quasi-« contenu » de conscience. L'on ne peut parler de Dieu et de la créature que dans un énoncé unique [1]. D'aucuns liront en cette perspective une redoutable confusion entre *esse commune* et *Esse Absolutum,* pour ne rien dire de l'autre confusion, celle dérivée de la nature et du surnaturel. Les questions abondent en complexité.

absolu envers l'homme » (c'est nous qui soulignons), K. Rahner, « Dieu Trinité fondement transcendant de l'Histoire du Salut » (*MS*, t. IV, p. 106).

1. « Si nous avons compris ce que l'on entend par une transcendantalité absolument illimitée de l'esprit humain, il convient de dire qu'une telle alternative portant sur une différence radicale entre l'énoncé "Dieu en soi" et l'énoncé "Dieu pour nous" ne relève d'aucune légitimité. Ce que signifie la particularité ultime du sujet humain dans sa liberté et sa dépendance radicale — et partant dans sa condition de créature —, et ce que l'on entend par "Dieu" même ne se laissent saisir que par l'acte qui fait apparaître cette situation fondamentale de l'existence humaine dans laquelle l'homme se possède et se trouve radicalement soustrait à lui-même, le mystère se donnant à lui comme Absolu et tenant l'homme à distance en se différenciant de lui » (*TfF*, p. 70).

L'*Umkehrung* qu'impose la mesure christologique à l'intérieur du rapport philosophie-théologie a orienté la compréhension de ce rapport selon la disjonction ou la dissymétrie. Il n'en reste pas moins qu'il serait erroné de scléroser dialectiquement ce rapport, dans une perspective purement séparatrice, une logique oppositionnelle. Il convient de ne pas minimiser la radicalité de l'accomplissement christologique, de saisir ainsi le paradoxe qui doit traverser de manière constante le mouvement et la structure de l'analogie de l'être.

Si la mesure christologique existe à l'intérieur du rapport philosophie-théologie, comment Balthasar pourrait-il se passer de réfléchir les dimensions inchoatives de cette mesure ? Cette christologie inchoative est-elle à ce point opposée à une christologie transcendantale ?

Il conviendra de bien définir ce que Balthasar entend par christologie inchoative. Elle n'est pas forcément liée aux structures anthropologiques, à une conception de l'homme comme être de transcendance. Il peut s'agir, par exemple, de figures religieuses extra-chrétiennes assumant un rôle de médiation, un espace médiateur entre Dieu et le monde concrétisé par une multitude de figures intermédiaires, le roi entre autres [1]. On pourra rapprocher de cette conception la compréhension rahnérienne de la figure prophétique. C'est cependant davantage à travers les linéaments d'une ontologie trinitaire, bien que non exclusivement, que nous identifierons, chez Balthasar, la présence d'une christologie inchoative, à travers les structures de l'être-homme et la figure du réel. Le tome IV de la *Theodramatik*

1. *Dd*, t. II, vol. 2, p. 33 ; « La dramatique immanente à la détermination formelle de la nature humaine apparaît clairement tandis que le passage du principe d'Adam au principe du Christ est une nécessité inscrite dans la constitution de la nature de l'homme — aussi bien en raison de sa transcendance qui le porte à se dépasser que de son incapacité à se fonder en lui-même —, la ratification de ce passage reste confiée à la liberté créée [...]. *[La liberté absolue] a depuis toujours ouvert à la liberté finie l'espace dans lequel elle peut s'achever elle-même "en Christôi"* » (*Ibid.*, p. 29. C'est nous qui soulignons).

et le tome II de la *Theologik* feront l'objet d'une analyse plus précise à ce sujet.

LE TÉMOIGNAGE DE DIEU EN NOUS

L'analogie « katalogique » ou « kénotique » qu'apporte la médiation christologique constitue pour Balthasar une rupture dans l'ordre de la relation du sujet au Dieu qui se fait connaître, à laquelle Rahner ne consentira pas. L'ouverture initiale de l'étant ou du sujet connaissant à la prodigalité de l'être ne saurait, pour Balthasar, constituer la condition suffisante d'un accès, ou plus exactement d'une identification de l'Infini se donnant radicalement. La radicalité du don advient comme rupture dans l'ordre de la connaissance, nouveauté radicale, jonction du fini et de l'Infini selon la contingence d'une figure en laquelle s'épuise et s'accomplit toute connaissance possible du divin, une connaissance qui ne peut que consentir à l'impensable. L'acte de connaître, l'ouverture à la prodigalité de l'être requièrent toujours déjà les éléments qui constituent la figure de foi. Les critères d'une théologie de la foi dessinent eux aussi la séparabilité des œuvres de Balthasar et de Rahner. À aucun moment, la foi ne pourrait se constituer à partir d'un *desiderium naturale intellectus*. Balthasar distingue ici connaissance et foi, bien que cette dernière informe l'acte de connaissance en l'achevant. Le sens ultime de l'être n'étant pas déterminé par le sujet connaissant, les éléments de la figure de foi ne sauraient en être disjoints. « La foi et la connaissance se distinguent l'une de l'autre : alors que ce qui brille dans l'acte de connaissance, au moment de la *conversio ad phantasma*, est la lumière de l'être, dont la “ puissance ” revient à l'intellect agent comme tel, ce qui brille dans la conversion de l'homme vers le Christ, ce n'est pas sa propre puissance de foi, mais la puissance du Christ de communiquer à celui qui en est incapable une participation à sa lumière et à sa force. La lumière de l'être enveloppe le sujet et l'objet, et elle est dans l'acte de connaissance leur identité supérieure. La lumière de foi provient de l'objet qui se manifeste au sujet et l'attire au-dessus de lui-même (sinon ce ne serait pas la foi) dans la sphère de l'objet » (*GC*, t. I, p. 152).

Nul extrinsécisme en ce rapport d'altérité, il convient au contraire d'en discerner le poids de grâce, l'ouverture qu'elle ménage dans le parcours qui donne accès à la lumière de l'être en l'outrepassant dans l'acte suprême de donation que constitue la révélation, l'ouverture de la liberté trinitaire infinie. Balthasar reprend ici la doctrine thomiste de l'*interior instinctus et attractus doctrinae*, ou l'*inspiratio interna et experimentum*, ce qu'il appelle également l'« *a priori* théologique ». « La prépondérance entitative de Dieu dans le cœur et l'esprit de l'homme empêche que la foi ne se définisse sur la base d'un *desiderium naturale intellectus*, d'un postulat de la raison, ce qui ferait que le divin serait mesuré à l'humain. Ce n'est pas nous qui exigeons la grâce en vertu de notre propre dynamisme, c'est elle qui nous désapproprie... L'*auctoritas Dei revelantis*, considérée dans ce premier aspect, fondamental, est la révélation s'attestant elle-même en nous » (*GC*, t. I, p. 136).

Le rapport à l'être et la position de la christologie qui lui est coextensive en ses dimensions inchoatives, chez Rahner, sont évidemment tout autres, déterminant autrement le rapport philosophie-théologie. La position de la christologie est plus intérieure encore, plus compromise en ce rapport diront d'aucuns.

Cette divergence fondamentale, qui pour le moment peut sembler insuffisamment opératoire au regard des investigations entreprises, ne saurait cependant rendre caduque la dimension proprement christologique du rapport philosophie-théologie qui informe les deux œuvres.

Le Dieu Trinité ne nous est accessible que christologiquement, à partir de l'espace économique, et il se répand dans une création préparée à recevoir cette médiation. Un texte particulièrement lumineux de *Herrlichkeit*, s'inspirant de l'œuvre de Scheeben, fait admirablement jouer cette relation intrinsèque :

> Pour la foi, Dieu est Trinité, fécondité intime débordante qui, dans l'union hypostatique du Christ, se répand dans la création préparée pour cela ; et celle-ci, à son tour, préparée par la grâce et pour la grâce

du Christ, trouve son sommet dans la maternité nuptiale de Marie. C'est de ce point qu'il faut comprendre tout ce qui est ecclésial et chrétien, et même finalement la nature elle-même et tout ce qui relève de l'ontologie formelle. Le plan divin sur le monde, c'est la « glorification » et la « transfiguration » de la nature, en tant qu'elle est « apte à servir » ; aussi, dans la théologie, ne s'agit-il pas de détruire la philosophie et ses concepts, mais bien plutôt de les « transfigurer ». Bien qu'on ne puisse pas défendre carrément la conception scotiste selon laquelle le Christ se serait fait homme même s'il n'y avait pas eu le péché, on ne peut admettre que l'union nuptiale de Dieu avec le monde n'ait été qu'un « moyen en vue d'un but » (la Rédemption), car elle est « l'idée suprême », le « point de départ et la mesure » de « l'organisme surnaturel », et pour toutes les créatures, « l'idéal » donné surnaturellement c'est-à-dire librement, mais nécessaire parce que réellement accordé, « le principe et le but » de toute participation à Dieu [1].

Balthasar rejoint ici les ressorts d'une compréhension philosophique du Christ, la fécondité de l'*Idea Christi* génératrice de ces christologies philosophiques dont la légitimité est tout entière greffée sur l'événement historique incarnant la force interne de l'idée. Balthasar y reconnaît certes un moment de grâce, donné antérieurement à son apparition objective-figurative. Ce premier moment serait inclus dans l'acte de perception requis du sujet croyant, lui-même toujours envisagé dans l'horizon du sens ultime de l'être.

La demande métaphysique sur le sens ultime de l'être se tient toujours à distance de la libre et souveraine révélation que Dieu fait de lui-même. Cette interrogation ou cet étonnement initial, jamais ne pourrait s'arroger une prétention fondatrice à l'égard de ce qui demeure, en sa donation même, impensable, indéchiffrable, non déductible. L'« espace métaphysique », le langage et la corporéité sont autant de dimensions en lesquelles advient l'événement de la libre détermination de soi de Dieu, en ce point ultime et souverain de la condescendance kénotique du Fils.

1. *GC*, p. 91. Le présent passage est tissé de citations extraites de l'œuvre de SCHEEBEN, *Natur und Gnade*, Grabmann, Grosche, 1941 ; *Mysterium des Christentums*, édition originale, 1865.

Cette structure totale du monde est incluse en un unique ordre surnaturel que polarise l'objet formel de la théologie, Balthasar le définissant comme « l'expression d'un rapport suprême de Dieu avec lui-même, c'est-à-dire de l'identité en mouvement de la lumière trinitaire ». L'objet de foi déplie littéralement le pli de l'être, le mouvement interne qui le fonde, l'abîme duquel surgit sa prodigalité, son indifférence. Il ne peut s'agir que de l'« identité en mouvement » que réalise l'être trinitaire. La révélation, cependant, requiert les ressources de l'humain, espace « nécessaire » pour son déploiement, condition de sa réception puisqu'elle se pense en terme d'incarnation. La force interne de l'*analogia entis* ne repose pas en elle-même, elle est toujours déjà « informée » par le dessein de communication de Dieu à l'homme, l'histoire se concentrant ainsi en un « récit total », narration du projet de résurrection de l'histoire entière en Dieu [1]. L'insertion de la révélation dans les structures qui composent le monde n'inféode jamais l'initiative absolue de la communication de soi de Dieu. L'*analogia entis* doit satisfaire aux impératifs de l'*analogia fidei* [2]. L'œuvre de réconciliation advenue en Christ présuppose l'espace d'un monde, la trame d'une histoire, une esthétique et une logique divines sans dramatique rejetant le concept de Dieu hors de l'histoire, le rendant « inopérant ».

Pour revenir à l'interrogation métaphysique initiale qui délivre l'objet formel de la philosophie, il convient d'en affirmer la dimension « dramatique », indissociable des failles, des douleurs, de la contingence qui n'abolissent pas l'acte fontal d'« étonnement » (*Verwunderung*). Il restera à élucider le statut

1. « La Parole particulière de Dieu que nous appelons la Révélation biblique et qui reste le centre du langage divin, se transcende nécessairement vers une parole de l'humanité totale en se rapportant en arrière à la Création, en avant vers l'avènement du Royaume, le jour de Yahvé, la résurrection de l'histoire entière en Dieu » (*FdC*, p. 165).
2. « Puisque c'est le Dieu souverainement libre qui choisit ce qu'il veut assurer comme aide et condition matérielle de sa révélation, notre théorie peut satisfaire les exigences les plus sévères de *l'analogia fidei* telle que la conçoit Karl Barth. Elle la complète par le fait que le même Dieu prépare d'avance comme Créateur dans l'histoire humaine les données dont il se servira comme Révélateur » (*FdC*, p. 167).

de cette dramatique, autre nom pour dire le processus de l'histoire. Se réduit-elle à une économie de péché, l'homme y est-il le « méchant » absolument, ou bien l'expérience du mal est-elle affectée par l'énigme du *Grundlosigkeit* ? La métaphysique de l'être participe-t-elle de la mauvaise onto-théologie, discours totalisant, péchant par excès de rationalité, incapable d'admettre en son sein les formes de mort qui suspendent la tyrannie du discours ? Balthasar ne sombre-t-il pas dans le mirage de l'« esthétisme », exaltant la beauté des formes, la luminosité de l'être au détriment d'une dramatique historique digne de ce nom, là où l'homme s'éprouve plus laid que beau, là où l'altérité se fait plus blessure que possible communion, là où finalement l'être a perdu toute forme énigmatique et s'est totalement résorbé en une logique de l'étant, visée d'universalité rassurante. À une logique de l'identité (rationalisme et idéalisme qu'aurait engendrés la métaphysique) ne faudrait-il pas substituer une logique de la rupture et de la médiation, ou peut-être en saisir la relation de fait parce que l'histoire est dramatique et aspire à une œuvre de réconciliation [1] ?

1. Nous faisons allusion ici à ce courant important de la philosophie contemporaine qui se nourrit d'une méditation pré-ontologique du don. Elle s'inscrit certainement dans un rapport de dissociation avec la tradition métaphysique occidentale, mais aussi avec l'idéalisme rationnel qui ne fait qu'en perpétuer la logique interne, illusion de la présence pleine, où il n'y a place pour aucune errance, là où l'altérité s'absorbe dans la contrainte du connu, du maîtrisable. La technique en constitue l'aboutissement. « Le monde contemporain, scientifique, technique et jouisseur, se voit sans issue — c'est-à-dire sans Dieu — non parce que tout y est permis et, par la technique, possible, mais parce que tout y est égal. L'inconnu aussitôt se fait familier et le nouveau, coutumier » (E. LÉVINAS, *De Dieu qui vient à l'idée*, Vrin, 1986, p. 31). Ces philosophes plaident en vue d'une séparabilité de l'être et de l'apparaître, une non-coïncidence. C'est à la théologie trinitaire de reprendre la mesure des désolations qu'a produites le discours métaphysique en ses dérives, car comment expliquer ce qu'il faut bien qualifier de « rejet » ? Si le discours métaphysique se fonde indépendamment de l'être trinitaire, qui admet en lui la différenciation hypostatique, donc analogiquement une logique de l'altérité, il ne peut qu'engendrer les avatars du théisme philosophique en lequel le rapport Dieu-monde a tôt fait de sombrer en un rapport d'exclusion. Seule la théologie trinitaire peut conduire l'aporie philosophique de la rencontre infini-fini

Dans ce sens, une philosophie distincte de la théologie au sens strict, et s'y opposant, ne peut alors envisager l'absolu que comme *principium et finis mundi*, le concept limite d'une ontologie naturelle. La déficience qui affecte la philosophie laissée à elle-même surgit précisément lorsque la raison admet la plausibilité d'un Infini. Cette plausibilité ne peut que se mouvoir dans l'espace restreint de la séparation ou de l'absorption de l'Infini dans sa relation au fini. L'Infini se dérobe asymptotiquement jusqu'en ce point où la séparabilité devient négation (dérive propre à la théologie négative qui se mue en négation de la théologie), ou bien ne peut tolérer l'espace même du fini qui, pour s'accomplir, se nie en ce Tout de l'être. L'aporie philosophique ne trouve de chemin qu'en celui que Dieu ouvre à partir de lui-même, lorsqu'il étreint le fini, pour en consacrer l'altérité. Dieu ne peut en effet se nier, puisqu'il est unité à la mesure de l'altérité. En lui, elle est essentielle, s'actuant selon l'essence. C'est là que nous lirons toute la force conceptuelle que délivre, chez Balthasar, l'espace économique de la révélation, puisque Dieu s'y révèle comme admettant en lui une « figure ». Il est rigoureusement *Gestalthaft*. L'être de Dieu inclut en son acte d'être le jeu hypostatique de la « figure », celle qui s'épuisera dans la « forme » du Fils livré aux mains des pécheurs. Là encore, la figure kénotique ne se nourrit d'aucune séparabilité de

au-delà d'elle-même, là où « l'altérité seule permet la communion, et où rien de ce qui distingue ne sépare sans, par cela même, unir d'autant plus [...]. De Dieu à l'homme, l'incommensurable rend seul possible l'intimité, parce que seul le retrait qualifie le Père, comme aussi seul le retrait paternel ménage à l'homme la liberté somptueuse d'un fils ». (J.-L. Marion, *L'Idole et la Distance*, Grasset, 1989, p. 255-256). Cette méditation pré-ontologique du don délivre seule l'intelligence de l'être auquel elle ne s'identifie pas. Balthasar et Rahner ne sont pas étrangers à cette perspective ontologique, bien qu'à des niveaux différents, chez Rahner, par exemple, la notion d'identité-distinction dans l'étant absolu relève d'une ontologie théologique. La conception théologique de l'être exige de concevoir la distinction, l'altérité comme *perfectio pura*, une ontologie qui se déploie dans l'ordre du créé et consacre la positivité de l'altérité. Nous retrouverons cette perspective essentielle chez Balthasar, qui d'ailleurs constitue le point nodal de son ontologie trinitaire. S'agit-il ici d'une méditation pré-ontologique du don, nous en discuterons.

la figure interne à l'être de Dieu comme pure donation de soi, pure « relativité ». Pour Balthasar, il n'y a alors aucune impiété à dire que le drame est interne au jeu trinitaire de la relationalité. L'extrinsécisme auquel peut succomber une christologie fonctionnelle, sous prétexte de préserver l'infini de toute confusion avec l'histoire, pèche par manque de rigueur conceptuelle, puisque l'infini ainsi conçu peut se nourrir d'une déficience proprement trinitaire. Ce que la philosophie ne peut concevoir lorsqu'elle atteint l'infini comme *principium et finis mundi*, c'est qu'il puisse se donner en une figure de rédemption. « Dans les mythes comme dans les philosophies, on en reste aux "phénomènes" de Dieu dans le champ du monde et de l'humanité, ou bien le monde et l'homme sont eux-mêmes réduits à n'être que le simple "phénomène" de Dieu. L'unification de l'Infini et du fini peut tout au plus être affirmée dialectiquement dans un processus se dépassant sans cesse lui-même : elle ne devient sérieusement présente pour la foi que lorsque dans l'Infini et l'Unique se révèle le mystère de la Trinité, et ce mystère ne se révèle que lorsque ce qui est impossible aux yeux du monde arrive par Dieu. [...] L'image se place elle-même devant nous, comme quelque chose d'humainement inimaginable et qui peut être perçu, compris et cru que comme une invention de l'amour de Dieu » (*GC*, t. I, p. 144-145).

L'excès du mystère qui s'énonce entraîne l'excès du croire, ouverture de l'acte de connaissance à de nouvelles possibilités cognitives, au-delà de la raison.

C'est de la « dramatique » que naît la rigueur conceptuelle, à partir de ce que Balthasar appelle l'« auto-ouverture staurologique » de Dieu (*GC*, t. II, vol. 2, p. 37). Que l'unité d'essence, dans et identiquement selon la distinction des Personnes, ouvre la Trinité « narrative » (Dieu tel qu'il se donne en se racontant dans la destinée de son Fils Unique) à une conceptualité que requiert le moment de la *ratio essendi* (une métaphysique de l'être), ne subordonne pas la dramatique à des catégories ontologiques fondées en raison. *Il faut donc affirmer le primat de la « dramatique » si l'on veut accéder à la vérité de l'ontologie.* En régime chrétien, cela ne signifie pas que la révélation substitue une ontologie à une autre, celle dont se nourrit la philosophie. Elle l'ouvre au contraire à ce qui en elle demeure impensé, et plus encore impensable, bien que communiqué inchoativement dès l'origine du pensable. De ce point du vue, nous nous dissocierons de la perspective esquissée par Jean-Luc Marion dans *Dieu sans l'être*, ou *L'Idole et la Distance*, bien que celui-ci lise dans l'œuvre de Balthasar une même « disqualification » de l'être pour tout accès au divin, non pas la négation de l'être ou de la différence ontologique, qu'elle soit thomasienne ou heideggérienne. Elle se disqualifie lorsqu'elle tente de penser en elle le divin, celui-ci n'advenant qu'à partir de lui-même, en ce don qui précède l'être et qui a le nom de « Charité [1] ». L'impensable trinitaire disqualifie toute idole conceptuelle ou sensible, puisqu'il n'est adéquatement saisissable que dans la kénose du Verbe, une kénose qui dessaisit toute prétention de la pensée. « La condition de la révélation du Père dans la figure du Fils, mieux son enjeu et son achèvement tiennent précisément dans la défaillance et l'effondrement de tout "séjour divin" [2]. »

L'ouverture métaphysique devient ainsi « l'infrastructure » à partir de laquelle se déploie la singularité absolue et libre de la donation de soi de Dieu, ce libre *descensus* de Dieu dans la chair, sans jamais en constituer le fondement suffisant.

L'homme se tient ainsi de manière permanente sous un « *a priori* théologique », celui-ci informant l'espace de la métaphysique. Selon une telle dynamique instaurant la corrélativité philosophico-théologique, la finalité à laquelle tend l'esprit humain est interne ou s'identifie à une ouverture inchoative de l'esprit vers son propre accomplissement. Mais contrairement à Rahner, Balthasar n'admettra pas la « surnaturalisation » de cette

1. « Tenter de penser Dieu sans l'être n'implique pas la critique barbare de la question de l'être. Même si l'instance de la charité frappe de vanité la différence ontologique jusqu'à l'affoler, cette destitution (ni destruction, ni déconstruction) n'entreprend pas d'éliminer l'être comme l'instance des étants. Il ne s'agit pas de se défaire de l'être [...] mais de le recevoir comme il se donne et pour ce qu'il se donne, à savoir comme un don » (J.-L. MARION, « De la "mort de Dieu" aux Noms divins. L'itinéraire théologique de la métaphysique », *L'Être et Dieu*, Paris, Éd. du Cerf, 1986, p. 129).
2. J.-L. MARION, *L'Idole et la Distance*, p. 273.

ouverture philosophique à la grâce et à la révélation. Elle appartient au monde comme tel, et l'on ne peut faire intervenir ici un concept d'autocommunication de Dieu au sens d'une « causalité quasi formelle » qui déterminerait cette ouverture.

Un concept d'autocommunication de Dieu fondé indépendamment de son objectivation dans l'histoire reste un concept déficient, tout simplement parce qu'il n'existe pas de communion de nature entre Dieu et la créature. La rencontre unifiante de Dieu et de l'homme n'adviendra que dans l'unité hypostatique du Christ-homme, liaison hypostatique qui « relève » l'aporie mystique et philosophique, l'infini échappant au fini. « Si Dieu est l'infiniment libre, si, par conséquent, il est la subjectivité infinie, qui ne peut en aucune manière être identifiée avec le sujet religieux humain, alors une révélation de Dieu peut se produire aussi intimement qu'on veut, Dieu demeure pourtant *interior intimo meo*, transcendant même dans sa manifestation » (*GC*, t. I, p. 363-364).

Il est trop clair que la figure christologique ne livre pas le divin moyennant l'annulation de la distance transcendante, elle ne fait d'ailleurs que renforcer cette distance, mais non pas à partir de ce qu'il y a de plus haut, mais de plus dérisoire, là où la figure se fait non-figure (*Ungestalt*). L'ordre des figures est interne à tout rapport humain de connaissance. Le Verbe s'inscrit dans cet ordre de représentations, que l'on peut désigner sous le mode de l'*analogia entis*. Mais cette dernière subit le renversement de l'*analogia fidei*, seule analogie capable de percevoir la « suprafigure », qui *est* elle-même Dieu se révélant, les autres figures n'étant jamais Dieu se révélant.

L'on ne saurait ainsi discerner en l'*homo philosophicus et religiosus* l'événement de l'autocommunication gracieuse de Dieu, et obtenir ainsi une correspondance systématique *a priori* des deux formalités, philosophique et théologique.

OUVERTURE SUR LE CONCEPT DE « DRAMATIQUE » DANS LA COMPRÉHENSION DE LA RELATION PHILOSOPHIE-THÉOLOGIE

Si Balthasar manifeste le désir de ne pas séparer la demande philosophique et la réponse théologique, c'est sans doute pour mieux affirmer le saut qualitatif que requiert le passage d'une formalité à l'autre. En effet, il affirme simultanément la fusion de leur horizon sous le profil général du sens de l'être, et le renversement, la transformation auxquels doit consentir cet horizon de sens à partir de la libre manifestation, en lui, de l'amour trinitaire. Ce renversement n'est perceptible que dans l'horizon confessant (lumière de foi) de l'*analogia fidei*, structure analogique interne à la figure christologique, étant à elle-même sa propre mesure, donc n'étant mesurée par rien qui lui soit extérieur. Elle repose en sa propre évidence et suppose l'« extraversion » vers l'objet de foi [1]. La passivité que requiert l'acte de connaissance repose essentiellement sur la dimension « figurative », « charnelle » en laquelle s'épuise littéralement la lumière de l'être se révélant en son fond. Il n'y a aucune possibilité de séparation entre l'acte de la révélation (manifestation) et le contenu (essence de la manifestation) de cette révélation. Balthasar récuse ici les séquelles dont ne cesse pas de guérir une théologie attachée au formalisme kantien, là où il n'existe qu'un « matériel » sensible que les formes catégoriales ou les idées et postulats ordonnent et élaborent. « C'est faire violence et fermer les yeux à la réalité profonde, que de construire, en excluant l'inconnaissable, un concept (nécessairement fini et nécessairement rationaliste) du savoir et de la science, tel qu'on le trouve chez Kant et ses disciples ; car, partir d'une représentation construite par le sujet connaissant, c'est vider le phénomène de l'objet se montrant objectivement, se révélant à partir de sa propre profondeur » (*GC*, t. I, p. 378).

La dimension phénoménale conçue comme « figure » livre l'infini, non en une extériorité de manifestation, se nourrissant d'une dichotomie entre l'essence de la manifestation et la manifestation comme telle, mais en leur stricte identification, et c'est par là que le christianisme devient le principe débordant et

1. « De cet objectivisme de la foi, l'homme est convaincu par le fait que Dieu lui apparaît extérieurement, dans l'histoire. Puisqu'il ne peut pas dissoudre cette figure objective en se l'assimilant intérieurement et existentiellement, [...] il doit se laisser habituer, par l'extraversion vers la figure historique de Dieu, à l'extraversion fondamentale de l'attitude de foi envers Dieu » (*GC*, p. 153).

inégalable de toute esthétique, religion esthétique par excellence. La passivité filiale de l'acte de connaître repose ainsi sur l'harmonie figurative en laquelle se donne l'Infini trinitaire, donation qui pour être « assimilée » suppose l'« assimilation » prévenante de la grâce en laquelle le sujet connaissant est emporté. Une telle inclusion dans le cercle trinitaire de l'Amour n'annule pas la ratification de la liberté créée. L'« accord » (*Stimmung*) christologique, là où la figure et l'être absolu lui-même coïncident (« disposition harmonieuse », « correspondance », « *Übereinstimmung* »), n'est recevable et identifiable que moyennant la distance passive de la reconnaissance, celle qu'imprime la lumière de foi, seule capable de dépasser ce que les puissances cognitives immanentes au sujet ne peuvent unir, la lumière et la figure (*lumen et species*). La distance interne à l'attitude de foi correspond ici exactement à la distance intra-trinitaire telle qu'elle se donne à voir et à parcourir dans l'itinéraire filial de Jésus.

L'*Umkehrung* qu'exige la mesure christologique déploie ainsi le processus même de la connaissance, entendue au sens philosophique. L'achèvement philosophique n'advient donc qu'en cette ultime mesure, diction et « figuration » de la démesure trinitaire, achèvement de toute esthétique. L'achèvement se donne dans les limites de la chair, une restriction à laquelle la raison livrée à sa propre puissance ne peut apporter que « dédain », alors que, « dans cette figure, c'est l'être absolu lui-même qui apparaît [...]. En face de l'esthétisme gnostique [...], c'est l'affirmation d'une incarnation définitive de Dieu dans l'homme : au jeu honteux avec le sensationnel, elle oppose le sérieux indépassable d'une "sensation" de la beauté divine » (*GC*, t. I, p. 197-198).

Ici est atteinte l'articulation décisive de l'esthétique théologique, qui ne permet aucune évasion hors de la mesure et des formes, puisque c'est en elles que s'achève la radicale autocommunication de Dieu. Le mouvement est inverse de celui qu'adopte Hegel. Balthasar admet que le théologien peut partir du point le plus haut, la plénitude absolue, et la recueillir en ce point le plus extrême de la finitude, sans que jamais elle doive se nier. De même la dualité sujet-objet est impuissante à saisir l'acte de la révélation. Il n'y a rien à voir derrière le phénomène, et pourtant le champ étroit du fini en lequel l'absolu se donne radicalement exige le dépassement du rapport subjectif de connaissance, fût-il conçu comme dynamisme d'autotranscendance du fini vers l'absolu. Le mouvement ne peut être que descendant, en cet acte d'immanence auquel consent la transcendance, de manière imprévisible, non déductible. « La figure de Jésus n'est vue telle qu'elle se donne elle-même, que si elle est appréhendée et reçue comme la manifestation d'une profondeur divine, dépassant toute figure du monde. Et l'homme qui regarde ne peut en être rendu capable que par la grâce de Dieu, c'est-à-dire par une participation à cette même profondeur, qui le proportionne à la dimension absolument nouvelle du phénomène en question qui comprend en soi Dieu et le monde » (*GC*, t. I, p. 129).

La communication de la plénitude trinitaire advient au cœur même de la tension créaturale que dessine la différence ontologique, l'espace où l'étant se doit à la libéralité de l'être non subsistant. La différence n'est pas un horizon métaphysique situé en marge de la révélation, en marge de la logique trinitaire comme sens ultime de l'être. La théologie ne vient pas remplir d'un contenu matériel une formalité philosophique qui demeurerait indifférente. La logique trinitaire « informe » l'espace métaphysique, l'inclut en elle, sans que jamais cet espace lui soit réductible.

La manifestation de l'amour trinitaire ne surgit pas de l'« éros » philosophico-religieux de l'esprit, qui à partir de sa finitude native se transcenderait à la recherche de l'absolu. Le mouvement est inverse, il provient de la libre participation à laquelle l'absolu donne accès. La corrélation philosophie-théologie se comprend ainsi selon une très réelle connexion, moyennant l'ordre de l'asymétrie, du rapport dialectique. La connexion n'est qu'au service de la « monstration » d'une plus grande dissimilitude, celle qu'imprime la mesure sans mesure de la christologie. Il faut donc bien admettre que la christologie est immédiatement interne au rapport philosophie-théologie, ce qui aura des conséquences importantes en théologie trinitaire, puisque cette dernière a la prétention de dire chrétiennement l'Infini.

Elle ne le pourra qu'en incluant cet ordre de la dissimilitude et de la rupture que porte avec elle la christologie, sans jamais abolir la perception initiale de l'absolu comme plénitude reposant en elle-même, soustraite à toute forme de contingence et simultanément consacrant la « permanence » de la contingence. Cet équilibre « dialectique » déjoue une objection philosophique qui ne conçoit son rapport à la théologie que sous le mode séparatiste, confinant cette dernière au rang d'une science positive de faits historiques de révélation, ou encore la soustrayant à toute prétention ontologique pour mieux la restituer à son unique champ opératoire, la décision subjective, l'agir que lui confère la limite opératoire d'une éthique.

La dichotomie qui court depuis que la philosophie a commencé à se détacher de la révélation mythique, engendrant toutes les formes de rationalités, ne pouvait plus consentir à accueillir dans l'être un caractère de révélation. Là se situe à n'en pas douter la fécondité de l'avertissement que lançait Heidegger, le repli de l'être dans les structures de l'étant.

Ainsi, « l'objection du philosophe, d'après laquelle, avec l'apparition de la théologie chrétienne, on retombe de l'être dans l'étant, est vaine. L'être lui-même dévoile son visage le plus caché qui reçoit pour nous le nom de l'amour trinitaire et qui n'éclaire qu'avec ce mystère suprême l'autre mystère : pourquoi l'être en général existe-t-il et pourquoi se révèle-t-il à nous comme lumière, vérité, bonté et beauté ? [...] L'acte de foi qui dépasse en l'achevant l'acte philosophique lui-même, n'a plus besoin de la dialectique de l'extase, parce que, dans la rencontre de l'être comme amour la menace de la finitude est dissipée par l'infini. Dieu lui-même l'a prise sur lui dans son incarnation » (*GC*, t. I, p. 133).

C'est donc bien le moment dramatique comme tel qui dessine pour Balthasar les contours de la corrélation philosophie-théologie, objets formels non purement abstraits, mais riches du contenu en lequel ils se rejoignent, ou mieux encore ils se dramatisent, l'Infini en quête de fini et réciproquement, un rapport qui ne saurait se penser en dehors de la perte du fini, possibilité de fait en une économie de péché, en un rapport des libertés.

La rencontre exclut cependant un rapport de déduction, la vérité de la créature ne pouvant être déduite de la vérité révélée et la vérité créaturale ne pouvant être purement et simplement reportée dans l'ordre de la vérité révélée. Cette opération réduirait la révélation à une précompréhension de la divinité par l'intellect . L'*analogia entis* demeurerait intouchée, la révélation n'en constituant qu'un mouvement d'achèvement, au profit d'une autotranscendance du sujet connaissant. Le dynamisme de l'intellect commandé par l'insatisfaction d'une position d'être jamais comblée dessinerait en lui, antérieurement à toute position finie de réalité, les exigences correspondantes de la révélation, non pas tant pensée en termes d'acte que de conscience de soi. L'impensable objectif de la révélation est ici supprimé, du moins mesuré à la *capacitas entis* de l'intellect. Certes, Balthasar ne nie pas la correspondance que suppose le rapport de révélation, donc le rôle de la *capacitas entis* de l'intellect. Pourtant, face à l'objectivité de l'acte de révélation que délivre la mesure christologique (*Selbstauslegung*), le rapport de correspondance ne fait que souligner l'infirmité de l'*analogia entis*, cette dernière ne pouvant se donner qu'en une position finie de réalité excluant comme logiquement l'inhabitation en elle de l'Infini.

Balthasar et Rahner tentent d'opérer une « refonte » des catégories de l'ontologie première à la lumière de l'épiphanie temporelle de l'éternel échange trinitaire qui appartient au patrimoine spéculatif des deux œuvres, une spéculation nécessairement greffée sur une dramatique historique, bien qu'à des niveaux peut-être irréductibles. Que la dramatique soit de type transcendantal, médiatisée par l'avènement de la subjectivité à elle-même, ne la soustrait pas à une histoire de la subjectivité, et même à une histoire intersubjective, puisque l'acte plénier de la conscience transcendantale serait cet appel à la charité absolue, consentement à l'altération qu'implique toute expérience d'altérité, donation de soi jusqu'à la mort, archétype christologique. Que la thématique rahnérienne échappe trop peu aux mirages de la subjectivité, au danger de solipsisme du sujet connaissant, là où l'histoire n'est qu'un matériau, pour ne pas dire un résidu « catégorial », peut-être faudra-t-il en convenir et délimiter l'espace ou l'absence de dramatique chez Rahner ?

Nous retrouvons donc le rapport Trinité économique-Trinité immanente comme indissociable de l'espace métaphysique, c'est-à-dire de la révélation ultime du sens de l'être, passage de l'incompréhensibilité « philosophique » de l'être de Dieu à l'incompréhensibilité « théologique » de l'amour de Dieu, cette dernière étant le contenu même du rapport, donnée dans la « mesure christologique » (*Christusmass*, *Massverhältnis*, unité de mesure et de rapport), en lequel le rapport entre philosophie et théologie est conçu comme « un problème christologique, parce qu'en Christ, qui est Dieu et homme, Dieu s'est ouvert au monde et a établi en ce mouvement de descente le sens de toute montée vers lui. Christ est l'unique et exclusive mesure concrète entre Dieu et l'homme, entre la grâce et la nature, la foi et la raison » (*VC*, p. 174).

Une métaphysique neutre, ou une synthèse philosophico-théologique débouchant sur une « métaphysique théologique » de type hégélien signifierait la perte de la mesure christologique, sa dissolution dans un système plus grand, une intégration laissée au pouvoir de la raison spéculative, négation de la dramatique. Nous constaterons que la catégorie de « dramatique » est essentielle à la perception et à la reconnaissance du mystère trinitaire, précisément à cause de la mesure christologique qui en déploie la configuration.

Ainsi, « plus la philosophie conçoit-elle concrètement son objet et exerce plus profondément sa faculté concrète de connaissance, plus, consciemment ou inconsciemment, intégrera-t-elle aussi des données théologiques [1] ».

La philosophie possède son objet formel, « l'essence du monde créé comme tel, mais elle n'a aucun objet matériel isolable en tant que tel, puisque le monde créé participe positivement à la Parole de la révélation dans la grâce ou négativement dans le péché. [...] Dans la mesure où une telle philosophie devient plus concrète, elle doit savoir également devenir toujours moins "pure philosophie" [2]. »

1. *Wahrheit der Welt*, t. I, p. 20-21.
2. *Karl Barth, Darstellung und Deutung seiner Theologie*, p. 301-302.

Ce monde est ontiquement et noétiquement inclus dans l'espace surnaturel de la Parole de révélation, et le philosophe sera toujours, même sans le reconnaître explicitement un « crypto-théologien » dont le regard de la raison ne sera jamais celui d'une *ratio pura* mais d'une raison englobée en une théologie de la foi ou de l'incrédulité [1].

Balthasar plaide ainsi pour une inclusion de l'*analogia entis* à l'intérieur de l'*analogia fidei*, tout en maintenant la nécessaire autonomie des ordres naturel et surnaturel, ceci afin de mieux souligner la non-déductibilité de l'ordre surnaturel, déductibilité que seule la mesure christologique est apte à poser, le dernier mot n'étant pas l'analogie mais le concept de « Gloire ». L'analogie ne se conçoit que comme moment créé, assumé et transformé dans la mesure christologique, alternative à la pure dissemblance (équivocité) et à la pure ressemblance (univocité), « *in tanta similitudine maior dissimilitudo* [2] », mais une alternative qui ne s'unifie pas en une synthèse réconciliatrice des contradictions, ou plus exactement des contraires. L'alternative laisse béante l'ampleur de la dissimilitude, ce qui en dernier ressort non seulement consacre la nécessaire différenciation des pôles philosophique et théologique, mais les conserve dans l'irréductible distance que seul l'être trinitaire pensé en forme de « désappropriation constitutive » (saisir le Père, le Fils et l'Esprit au niveau des opérations trinitaires auxquelles ils s'identifient,

1. *Karl Barth, Darstellung und Deutung seiner Theologie,* p. 291.

2. La question complexe de l'analogie mériterait une réflexion plus approfondie, notamment quant au débat si riche que nourrissent des penseurs comme Barth, Przywara et Balthasar. Nous ne pouvons raisonnablement nous y consacrer, et simultanément nous ne pouvons totalement nous y soustraire. Il conviendrait de renvoyer à E. PRZYWARA, *Analogia entis*, t. I, vol. II ; H. U. von BALTHASAR, *Vorwort : Erich Przywara. Sein Schriftum* ; G. de SCHRIJVER, « Die Analogia entis in der Theologie H. U. von Balthasar's ; Eine genetische-historische Studie », *Bijdragen*, 38, 1977, p. 279-281 ; M. LOCHBRUNNER, *Analogia caritatis. Darstellung und Deutung der Theologie H. U. von Balthasars*. M. JÖHRI, *Descensus Dei. Teologia della croce nell'opera di H. U. von Balthasar*, en particulier, « Una theologia crucis sulla base dell'analogia », p. 413-422 et « L'analogia dialettica di Balthasar », p. 413-414. H. P. HEINZ, *Der Gott des Je-mehr. Der christologische Ansatz H. U. von Balthasar*.

Dieu comme « actualité pure de la communication [1] ») peut franchir sans jamais l'annuler. Le franchissement de la distance advient en la permanence de cette dernière. Il s'agit là d'une affirmation de stricte rigueur christologique chalcédonienne, « sans confusion ni séparation », elle-même se recevant de l'éternelle logique intra-trinitaire. C'est donc bien de la dramatique que naît l'ultime rigueur conceptuelle, c'est au creux de l'épreuve pascale du Christ que le divin se livre et délivre le sens ultime de l'être comme amour hypostasié.

La théologie de la kénose s'étend ainsi en amont et en aval de l'*Einfaltung* christologique, *elle parcourt tout le champ du créé* [2] là où les différences de l'être (*Seinsdifferenz*) sont posées à partir

1. G. Lafont, *Peut-on connaître Dieu en Jésus-Christ*? Paris, Éd. du Cerf, 1969, p. 272.
2. Que la kénose soit conçue comme un concept théologique nous semble l'une des intuitions les plus fécondes de la théologie trinitaire de Balthasar. Peut-être est-elle le « concept » le moins inadéquat pour un accès à la reconnaissance de l'être trinitaire, Balthasar lui conférant une amplitude polysémique à travers une variété de termes dont le plus significatif est peut-être celui de *Selbstenteignung*, dont la force interne est encore modelée par une série d'expressions sur lesquelles nous reviendrons. Balthasar ne craint pas d'intégrer les ressources de la négativité dans le champ théologique du pensable tout en ménageant la distance qui s'impose avec la synthèse hégélienne. On devrait dire que les ressources de la négativité constituent une dimension de fait dans la révélation, et qui justifient le passage de l'économie à la « Théologie », à moins que le Mystère pascal ne soit réduit à une dimension purement fonctionnelle et non révélatrice. Nous analyserons ultérieurement l'emploi précautionneux que requiert le concept de kénose tout en affirmant qu'il ne peut avoir d'intelligibilité que trinitaire et qu'il « incarne » le jeu trinitaire d'un éternel échange, d'une éternelle « désappropriation constitutive ». Le dynamisme théandrique du Mystère pascal ne peut pas ne pas recourir à la force d'affirmations négatives, aptes à dire la positivité plénière du don, de l'être-don. Ces linéaments d'une ontologie trinitaire ne préjugent en rien de l'absolue gratuité du don de la rédemption, et plus encore de la « nécessité » du don de la réconciliation advenu dans l'opacité tragique du *pro nobis* de la croix. En cet acte qui sauve, Dieu se donne comme il est, selon le don qu'il réalise en soi, qu'il est à lui-même éternellement. La kénose du Fils et la forme qui nous le livre comme tel, et non pas autrement, ne relève pas de l'arbitraire. En ce sens, la Trinité économique ne peut pas ne pas être la Trinité immanente, à moins que Dieu ne se renie lui-même, ce qui serait du côté de notre connaissance le summum de l'impiété.

des différences intratrinitaires. La kénose ouvre le champ de l'ontologie, la kénose est un « concept » trinitaire, sans que l'on puisse préjuger de sa forme christologique en une économie de péché, là où elle se fait rédemption. Nous atteignons ici le niveau logique de la pensée de Balthasar, celui de la « condition de possibilité » et celui de l'achèvement eschatologique, double pôle unifié en la forme kénotique de la *konkrete christologische Analogie* : « Une logique humaine peut-elle constituer une structure de base en vue d'une authentique représentation d'une logique divine ? » (*Theol.*, t. II, p. 61 : *Kann menschliche Logik eine tragfähige Basis für eine authentische Darstellung göttlicher Logik ?).*

L'univers des formes (phénomènes), sans lequel la figure (*Gestalt*) christologique ne serait pas perceptible, constitue une structure que requiert l'acte d'incarnation auquel consent l'Infini trinitaire. Le rapport philosophie-théologie n'a d'intelligibilité qu'à l'intérieur de cette tension qui unit intrinsèquement l'ordre des phénomènes (*conversio ad phantasma*) et l'essence de la manifestation (l'être en son indifférence originaire — l'Être non subsistant). Cette tension est toujours déjà d'ordre théologique, car elle se redouble en tension constitutive unissant la figure christologique (manifestation phénoménale) et le fond qui supporte la manifestation, non en un rapport d'extériorité mais de

L'événement pascal serait « l'expression d'une loi absolue de l'être spirituel, loi qui connaîtrait à l'intérieur de la vie de Dieu un régime que la Révélation nous permet de saisir et de dire dans la foi. La perfection de l'être spirituel, au lieu d'être ramenée à l'autonomie d'une substance, à la position d'une "hypostase", serait peut-être à chercher dans un échange continuel à l'intérieur de l'être lui-même, échange dont la mort et la résurrection de Jésus, en leur structure essentielle (c'est-à-dire abstraction faite de la modalité rédemptrice) sont comme la projection créée, et en leur réalité concrète (c'est-à-dire dans l'horreur de la Passion et l'allégresse de la Pâque) sont par nous pécheurs la manifestation lisible Dieu est Amour » (G. LAFONT, *Peut-on connaître Dieu en Jésus-Christ?*, p. 262). Des indications bibliographiques ultérieures seront fournies, à propos des chapitres traitant plus particulièrement d'ontologie trinitaire. Balthasar et Rahner ouvrent ici des chemins de pensée d'une extrême fécondité et qui constituent peut-être l'« originalité », le « proprium » de la pensée théologique contemporaine, du moins dans sa formulation systématique, unificatrice.

salutaire identification, identification que la distance trinitaire habite, puisqu'en elle se donne à connaître la relation d'amour (Esprit) du Fils au Père, sens ultime de l'être et de son apparition « étonnante ».

L'identification sourd de la logique trinitaire infinie : Dieu admet en Lui une figure, il est *Gestalthaft*. Pourtant, ce redoublement dont nous avons parlé n'est pas de continuité pure. Il porte, en son second moment, toute la distance de la dissymétrie, les phénomènes du monde, les figures intra-mondaines, étant inaptes à mesurer la figure phénoménale christologique (*die konkrete christologische Analogie*). L'*analogia entis* doit alors consentir filialement à son inclusion dans le mouvement de l'*analogia fidei*, culminant dans le dynamisme théandrique du mystère pascal de mort-Résurrection.

La théologie de la kénose conduit à l'ultime, elle qu'il semble malséant de toucher avec des concepts esthétiques, puisque son chemin va à la pure abscondité de Dieu, non seulement comme voilement du Dieu toujours plus grand (comme Denys le comprenait), non seulement comme dissimulation du *Logos* spirituel dans la chair lourde et caduque (comme les Alexandrins le voyaient), mais comme dissimulation sous le contraire et la contradiction de Dieu, le péché (comme Luther l'a conçu). La forme n'est plus là que pour être biffée, défigurée et déformée. Cependant, si vrai que cela soit, est-ce que justement cette dissimulation n'est pas la décisive Révélation du Dieu caché de colère et d'amour ? Et que veut dire *Offenbarung* (Révélation) sinon *Offenlegung* (exhibition, découverte), visibilité de quelque manière que ce soit ? Est-ce que cette récupération de l'extrême difformité n'est pas la victoire de la puissance formatrice de Dieu dans le chaos de la faute ? Est-ce que n'est pas atteint ici ce à quoi toute tragédie s'efforçait avec des moyens humains défaillants : la réconciliation dans l'effondrement ? Et ne serait-ce pas que le mystère final de la kénose de Dieu dans le Christ est amarré analogiquement en anéantissant, il médiatise l'éclat du divin seulement en le destinant d'avance à l'extrême humilité de la croix [1] ?

1. H. U. von BALTHASAR, *Herrlichkeit*, t. III, vol. 1, p. 38.

CHAPITRE II

LE RAPPORT PHILOSOPHIE-THÉOLOGIE SOUS L'HORIZON THÉOLOGIQUE DE LA *SELBSTMITTEILUNG GOTTES* : DIEU COMME DONATEUR, DON ET FONDEMENT DE L'ACCEPTATION DU DON (KARL RAHNER)

L'horizon théologique de la pensée

Au cours des analyses menées précédemment, le moment logique du rapport Dieu-histoire s'est esquissé selon une double perspective, soit qu'il se comprenne à partir de la *subalternatio in actu primo revelationis*, soit qu'il intègre ce moment irréductible d'extériorité en une intériorité transcendantale qui prétend ne pas s'y substituer. Cette double dimension rend manifeste la relative séparabilité des œuvres de Balthasar et de Rahner.

Ce n'est certes pas la légitimité de la *potentia oboedientialis* qui est niée par Balthasar [1], mais sa forme rahnérienne de compréhension, pour laquelle, en l'occurrence, la lecture baltha-

1. Balthasar rattache volontiers le concept de *potentia oboedientialis* à celui d'*a priori* religieux, qui lui-même tend à s'accomplir en un concept plus restrictif quant à sa signification, mais non moins universellement atteignable, celui d'*a priori* théologique. L'acte même de révélation lui est alors nécessairement coextensif, bien que ne relevant pas de l'ordre de la figure, c'est-à-dire de *l'immédiate attestation de Dieu par lui-même dans une figure historique*, cette « réalité de lui-même », l'offre phénoménalement saisissable de l'immanence divine. Le phénomène, parce qu'il appartient hypostatiquement au Verbe, relève de l'immédiate expressivité, ce qui suppose aussi une connivence

sarienne demeure partielle. Elle s'enquiert d'une focalisation sur la puissance du sujet connaissant, sans considérer suffisamment la visée apophatique qui détermine chez Rahner l'acte de

entre l'ordre des corps où se donne le Verbe du Père, et l'immanence divine en laquelle le Verbe ne cesse de venir du Père en un acte subsistant d'expression, c'est-à-dire d'action de grâce qui fait jouer réciproquement la libéralité extatique du don. Dieu est extase immanente, présence à soi comme extase, c'est-à-dire incessante « perte de soi » dans l'acte de poser *l'autre qu'il est* sans que cet autre ne puisse s'arrêter à lui-même, puisque le don ne cesse de se donner. Pour la notion d'*a priori* théologique : « L'élévation et la pénétration de l'*a priori* naturel, dans l'ordre de l'être et de la connaissance, par la lumière et la plénitude vitale interne de Dieu se révélant. Toutefois, cette ouverture de Dieu n'est pas donnée seulement aux hommes qui s'appellent expressément chrétiens, mais foncièrement à tous, puisqu'ils sont tous appelés à la vision de Dieu dans la vie éternelle et, par conséquent, si secrètement que ce soit, sont posés par Dieu en un rapport interne avec cette lumière de la révélation » (*GC*, t. I, p. 141). Voir également p. 147-155. Alors que pour Rahner la nature humaine est par soi positivement orientée (en tant qu'insérée dans l'*unique ordo supernaturalis*) vers l'accueil de la révélation surnaturelle, et donc prédisposée à l'écoute de celle-ci, incluant la forme « négative » du silence de Dieu, et donc se trouve conçue comme *potentia oboedientialis* positive à la grâce culminant dans l'union hypostatique, pour Balthasar, la nature est la créature spirituelle comme telle dans son altérité (*Gegenüber*) par rapport à Dieu. Elle ne peut être conçue comme *potentia oboedientialis* positive au regard de l'acte de révélation et de l'*ordo supernaturalis*, ni comme « un *desiderium naturale visionis* dans le sens d'un dynamisme spirituel positif » (H. U. von BALTHASAR, « Der Begriff der Natur in der Theologie », *ZKTh,* 75, 1953, p. 460). La nature est ainsi « non-contradiction de la créature comme telle », « ouverture en état d'attente, qui précisément doit être constituée de telle sorte que l'existential surnaturel puisse l'élever et la polariser sans la violenter » (*ibid.*). Une rétroprojection de la finalité du fait surnaturel sur les structures de la nature créée rend inopérante la figure de révélation en la dissolvant dans des structures internes de pré-compréhension. La révélation chrétienne « n'est pas notre mouvement vers Dieu, mais le mouvement de Dieu vers nous » (*VC* p. 173). Voir également, H. U. von BALTHASAR, « Analogia und Natur », *Divus Thomas*, 23, Fribourg, Suisse, 1945, p. 46, article agrémenté de citations de E. PRZYWARA, *Analogia entis* ; *AsdF,* p. 44-47. Balthasar analyse avec justesse l'axe déterminant du Thomisme transcendantal de Maréchal, dont on connaît la décisive influence chez Rahner, « le dynamisme de l'intellect, commandé par l'insatisfaction d'une position d'être jamais comblée (affirmation), est toujours, antérieurement à toute position finie de réalité (représentation), orienté vers l'"exigence" d'un être divin infini correspondant à la *capacitas entis* de l'intellect » (p. 45).

connaître, fût-il conçu comme puissance interne au sujet connaissant. C'est pourquoi l'espace d'une économie de la manifestation n'est pas étrangère à la pensée [1], mais s'y donne comme attente irréductible, ouverture pensée en terme de « nécesssité transcendantale », nécessité qui paradoxalement relève d'une économie du don, d'un événement de grâce ouvrant l'espérance d'un achèvement pour la créature [2].

1. Il existe pour Rahner une anthropologie métaphysique théologale qui « n'étudie l'idée du surnaturel qu'au niveau où cette idée renferme des *a priori* rationnels », voie médiane entre l'extrincésisme barthien et l'immanentisme de Schleiermacher ou Ritschl. Voir H. DUMERY, *Raison et religion dans la philosophie de l'action*, Éd. du Seuil, 1963, p. 93.

2. À cet effet, l'axiome rahnérien de la convertibilité de l'être et de la conscience n'implique pas la réduction du fait de révélation à un contenu de conscience, le fait de révélation n'étant pas immédiatement coextensif à une problématique de la déductibilité transcendantale. L'attente d'un Homme-Dieu, plus originaire que sa réalisation de fait, n'en relève pas moins d'un régime révélationnel, c'est-à-dire plus originaire que l'intentionnalité consciente de la subjectivité spirituelle, ce qui laisse libre l'espace d'une économie de la manifestation. Mais il reste vrai que Rahner conçoit l'économie de la manifestation comme « obéissance inconditionnée face à la conscience », c'est-à-dire l'expérience transcendantale de la référence au mystère absolu, donnée au pôle originaire de la conscience. Voir *TfF*, p. 70. Ce qu'il importe d'analyser, c'est la nature du *continuum* établi entre Dieu et l'homme à partir du dynamisme spirituel de l'expérience transcendantale, et donc la position de la médiation christologique. Une telle médiation appartient-elle au postulat du continuum fondé sur une métaphysique « théologale » du dynamisme spirituel de la créature, c'est-à-dire une médiation conçue restrictivement selon une double causalité, exemplaire et finale ? La visée de l'*Esse Absolutum* comme question posée par la médiation de l'être qui la supporte trouverait la réponse absolue, attestation reconnaissable de la validité de la question posée et de son achèvement effectif (réponse absolue), dans l'événement christologique. La christologie serait le prototype du mouvement d'achèvement de la *Selbsttranszendenz*, ce qui laisse ouvert le débat sur la dimension proprement sotériologique de cette christologie, et la légitimité de la réciprocité transcendantale homme-Dieu en un régime de révélation, surtout lorsque le moment christologique lui est immédiatement coextensif, puisqu'il appartient au régime de la déductibilité transcendantale. Voir l'article « Inkarnation », *SM*, p. 835-838.

DIEU COMME DONATEUR : LE PÔLE DE LA CONDITION DE POSSIBILITÉ

Le rapport philosophie-théologie, tel que nous l'envisageons à partir du concept de *potentia oboedientialis* suppose nécessairement résolue la dimension proprement épistémologique du rapport. La légitimité philosophique d'une *potentia oboedientialis* étant admise, Rahner peut alors situer théologiquement l'enjeu d'une philosophie de la religion, instaurant une voie médiane entre extrinsécisme dogmatique et immanentisme noétique, et satisfaisant aux impératifs de la pensée qui recueille en elle la plausibilité rationnelle des données de la révélation, restant sauve la permanente instauration théologale du pensable [1]. Nous disons instauration théologale du pensable, parce que pour Rahner, dans tout acte de connaissance, toute action ou décision, l'horizon indéfini de l'être se donne comme pré-

1. Nous verrons que l'ontologie métaphysique ne parvient à s'achever que moyennant son rapport à une économie de la manifestation, là où s'accomplit la coïncidence de l'essence de la manifestation et de la manifestation elle-même. Rahner fonde la légitimité d'une ontologie théologale à partir d'un principe de type métaphysique, relevant d'une ontologie générale de l'être « *In tantum est ens cognoscens et cognitum, in quantum est ens actu* ». Un tel principe s'accomplit en plénitude dans l'ordre des relations trinitaires, conçues selon une dynamique transcendante d'autoconnaissance, de rapport expressif à soi comme présence à soi de caractère absolu et fontal. Une telle corrélativité entre ontologie générale et ontologie de type théologal peut paraître déconcertante, dans la mesure où Rahner semble passer outre à la fondation économique de certaines assertions qui relèvent de la révélation, la Trinité n'échappant pas à ce régime de la déduction anthropo-métaphysique. C'est cependant l'ouverture trinitaire de Dieu en sa communication dans l'histoire qui ouvre l'espace d'une ontologie théologique, en vertu du principe de théologie transcendantale selon lequel « la connaissance d'une réalité dont l'expérience que nous avons *a posteriori* laisse apercevoir un caractère de nécessité transcendantale ». L'être est don, il se donne à partir de l'absolue possession de l'être qu'est la plénitude trinitaire de l'échange, l'essence du don. Rahner reconduit également l'ontologie métaphysique à partir de l'apport heideggérien sur le langage, en considérant l'ouverture de l'être selon un événement de parole, trinitairement subistant comme logos. À ce propos, on se réferera à l'importante contribution de Rahner, « Zur Theologie des Symbols », *SzT,* t. IV, p. 275-311 ; « Zur Theologie der Menschwerdung », p. 137-155.

supposition nécessaire du connaître. Je connais tout étant, je n'appréhende les formes de la sensibilité qu'en cet horizon plus vaste qui se détache par anticipation noétique, et qui pourtant n'est pas une puissance purement interne au sujet, mais l'événement d'une libre communication, absoute de toute forme de nécessité, si ce n'est celle de sa propre constitution interne, subsistante.

À l'acte fondamental de connaître qui définit l'être comme présence à soi, luminosité fontale, appartient originairement l'acte d'autocommunication divine, donc une forme intégrée de la transcendance, immanente à l'essence historique de l'homme. Ce procès d'immanence est-il apte à préserver la transcendance de la révélation ? C'est ce qu'il conviendra de vérifier, en envisageant notamment la difficulté de l'interrogation par rapport à la dimension eschatologique du procès de révélation. La réciprocité homme-Dieu se détermine-t-elle selon les exigences qui naissent des structures fondamentales définissant l'être-homme, ou est-elle donnée comme une nouveauté de rapport, une réciprocité instaurée eschatologiquement en un événement que nulle attente n'est en mesure d'exiger ? C'est aussi la légitimité d'une anthropologie métaphysique qui devra faire l'objet d'une analyse critique, dans la mesure où elle semble opérer par mode de « réduction » essentielle l'émergence de structures stables de l'être-homme. Rahner fournit à ce propos une argumentation qui ne laisse pas d'étonner, consacrant ontologiquement et théologalement la réciprocité homme-Dieu. Le niveau théologal de la proposition ne requiert que la dialectique de la pure possibilité (acte libre de donation) et de la nécessité (formes nécessaires de la donation, anthropologiquement requises) : « Si l'on comprend la volonté, la liberté, le "bonum", selon leur essence authentique et complète ; si au lieu de les considérer sous leur simple aspect de tendance, on y voit avant tout l'amour vis-à-vis d'une personne, un amour qui ne fait pas que tendre vers la personne, mais qui trouve son épanouissement dans la bonté achevée de celle-ci et dans "l'éclat" qu'elle rayonne, on ne voit pas ce que l'on pourrait ajouter à ces deux potentialités fondamentales de l'homme. Connaissance et amour expriment donc, dans leur dualité indivise, la réalité de l'homme.

Dès lors Dieu, *s'il se donne lui-même* à l'homme, *ne peut le faire qu'*à travers la communication de la vérité absolue, et donc de l'amour absolu envers l'homme [1]. »

L'énonciation de cette proposition dialectique définit le projet de l'anthropologie métaphysique de Rahner, intégrant paradoxalement l'indérivable du donné révélé comme moment interne de l'appartenance à soi de la créature spirituelle. La catégorie de transcendantal est apte à concilier les droits de la subjectivité et l'indérivable objectif d'une pure donation par mode de révélation. Entre l'alternative du pur primat de la subjectivité conduisant jusqu'à l'absolutisation hégélienne de l'acte de raison, et l'affirmation d'une pure transcendance de l'extériorité qui ne peut être que la *krisis* de Dieu sur tout le fini, il y a place pour un *tertium quid* : « Il nous faudra montrer que Dieu peut se révéler de telle sorte que cette révélation soit plus qu'une simple objectivation de l'aspiration religieuse de l'homme ; ce qui présuppose que l'homme, bien qu'« infini », ne peut pas de lui-même anticiper sur la totalité absolue de la vérité, non plus qu'y parvenir. D'autre part, il nous faudra administrer cette preuve de manière à faire comprendre dans quelle mesure l'homme a une ouverture interne à l'accueil d'une telle révélation ; si bien que l'on saisira aussi que (et comment) l'homme peut et doit accueillir une telle révélation, si elle a effectivement lieu, sans anticiper, déjà dans sa réceptivité, sur le contenu de cette révélation ; enfin l'on comprendra également pourquoi, dans ce cas, elle ne se manifeste pas comme le corrélat de l'homme qui reste prisonnier de sa finitude [2]. »

L'ouverture positive à une révélation éventuelle de Dieu, inscrite noétiquement en cette médiation originaire de l'infinité de l'être conçue comme « *unité originaire de connaître et d'être connu* », appartient à la constitution de l'essence de l'homme, sans que révélation et théologie ne s'inscrivent comme pur

1. K. Rahner, « Dieu Trinité fondement transcendant de l'Histoire du Salut », *MS*, t. VI, p. 106. C'est nous qui soulignons.
2. K. Rahner, *HéV*, p. 61. Il s'agit ici d'un texte non remanié par J. B. Metz. Nous n'utiliserons d'ailleurs que les textes de la première édition.

corrélat de cette ouverture anticipatrice. Comme tension, elle n'atteint que le libre inconnu, et ne peut alors le nommer tel qu'en un rapport de libre décision, requérant l'espace propre au croire.

La positivité de l'être illimité, donnée à l'homme comme ouverture spirituelle absolue sur l'être, absolument lumineux et compréhensible, ne peut être présentée que négativement à l'esprit, dans un retrait constant qui ne saurait nous établir en deçà, ou au-delà en une forme achevée du Savoir Absolu, de la vérité de la différence ontologique. L'être est saisissable en une infinité qui échappe, puisque l'expérience transcendantale n'est qu'une expérience-limite atteignant la « *problématicité* » de l'être, conçue alors comme excès de luminosité. Ce n'est qu'à partir d'une telle tension négatrice du fini, que Rahner pourra reconduire nouvellement la plausibilité toute théologale de la preuve ontologique, pour laquelle la catégorie de mystère est essentielle. L'affirmation d'une perfection absolue est un moment de la transcendance inachevée, et la déductibilité transcendantale ne peut déserter l'espace mystique qui lui confère sa cohérence.

Nous en arrivons ainsi à postuler un axiome essentiel quant à la constitution d'une théologie transcendantale conçue à partir de l'ouverture de la conscience, illimitée, par la médiation de l'être qui la supporte : chez Rahner, la luminosité de l'être qui atteint, dans la conscience de soi de toute subjectivité spirituelle, une transparence immédiate, demeure toutefois un concept plus négatif que positif. Parfaitement conscient du risque de résorption de la Transcendance dans l'immanence, Rahner déploie la conceptualité du « Sein ist bei-sich-sein » *à l'intérieur de la catégorie de « mystère », conçue comme corollaire indispensable à une économie de l'autocommunication, plus vaste que son moment vétéro et néo-testamentaire.*

Ainsi le concept d'autocommunication appartient-il au spécifique chrétien d'une économie de la révélation, et pourtant il la prévient en une « économie de la conscience de soi », lieu où l'être se donne comme forme offerte d'autotransparence, ouverture foncière à l'*Esse Absolutum*. L'« anticipation » (*Vorgriff*) relève plus d'un concept négatif-limite que d'une puissance du sujet, ce qui n'est pas contradictoire avec la proposition d'anthropologie transcendantale selon laquelle « l'homme est l'ouverture spirituelle absolue sur l'être ». Rahner tente de résoudre l'aporie par la maintenance théologale de la tension Infini-fini qu'inclut la luminosité de l'être, recueillie en une ouverture qui est le fait de la transcendance inachevée. La déduction transcendantale de la luminosité de l'être est la déduction transcendantale de l'obscurité et de la problématicité de l'être face à l'étant qui se tient dans la différence ontologique inachevée.

C'est pourquoi l'expérience transcendantale n'atteint l'*Esse Absolutum* que sous la forme indéterminée d'un rapport de dépendance qui rend toute « saisie » relative à ce qui la fonde en lui échappant, dans le retrait de la distance révérencieuse du Mystère, de l'Infini donné plus que connu à travers la transcendance négatrice du fini. Rahner semble ici conscient de la dérive qui guette une anthropologie transcendantale établissant les structures ontologiques du sujet humain, « les conditions nécessaires dans le sujet lui-même pour qu'il puisse connaître ou agir [1] ». Selon les ressources d'une méthode à la fois phénoménologique et réflexive, Rahner postule une dynamique de l'hétérogénéité du moi dans l'ordre de l'être, l'émergence pré-empirique d'un *Ego transcendantal* irréductible à ses objets dans l'ordre de la conscience. La réduction transcendantale révèle l'en-deçà de la conscience empirique, le « je » comme racine irréductible et non objectivable de tous les *cogitata*. La conscience est alors « hors » du monde et visée du monde, conscience transcendantale constitutive des domaines mondains.

Mais le principe d'une telle hétérogénéité de l'*Ego* ne subordonne-t-il pas tout être imaginable sous le pouvoir de l'ouverture transcendantale, en lequel l'homme pourrait atteindre une forme achevée de savoir absolu, disqualifiant toute économie du don, ou la réduisant au stade pré-philosophique de

1. P. BURKE, « Théologie et anthropologie », *H. de Lubac, Théologie d'aujourd'hui et de demain*, Paris, 1967, p. 100.

la représentation, « qui se transforme nécessairement en un savoir absolu, où sous la forme du concept, l'esprit fini devient conscient de son unité avec l'esprit infini »(*HéV*, p. 134) ?

La transcendantalité hétérogène reposerait en elle-même sans la médiation de l'objectivité catégoriale propre à l'existence historique. « Supposons donc que, fondamentalement, Dieu se laisse saisir uniquement dans l'"*excessus*" de l'esprit fini (sans la médiation d'un objet fini, sans la représentation d'une image "finie" par laquelle l'objet s'imprime dans l'esprit), alors, dans une telle hypothèse, la possibilité d'une révélation serait exclue » (*HéV*, p. 142).

La première proposition de l'anthropologie transcendantale semble mettre en demeure l'ordre d'une économie de la manifestation, substituant à sa possible extériorité-hétérogénéité une autre hétérogénéité, celle d'une puissance pure du sujet connaissant, l'ouverture spirituelle absolue sur l'être. « Si l'homme est l'ouverture absolue sur l'être, donc si — en langage scolastique — en raison de l'objet formel de son esprit, il est *quodammodo omnia,* il s'ensuit que tout être imaginable paraît se trouver sous le pouvoir de cette ouverture transcendantale ; mais alors il n'y serait plus question d'un domaine divin qui devrait s'ouvrir lui-même pour que l'homme puisse y avoir accès. Et nous faisons abstraction de la théologie, qui nous montre en plus une *nouvelle* "ouverture" subjective par la lumière *interne* de la grâce et de la foi. Cette ouverture semble être dépassée par l'étendue absolue de la transcendance naturelle de l'homme » (*HéV*, p. 133).

L'immédiate collusion qu'établit Rahner entre l'être et Dieu, l'être comme terme du dynamisme fondamental de la connaissance, laisse insatisfait dans la mesure où les plans ou degrés d'être semblent plus ou moins confondus. S'agit-il de l'*esse commune* ou de l'*Esse Absolutum* ? Rahner maintient que l'*Esse Absolutum* est affirmé dans la saisie non thématique de l'*esse commune*, moyennant l'élévation surnaturelle du don de grâce comme moment existential de reconnaissance inchoative ou explicite. Il nous importe peu d'entrer dans l'aridité du débat philosophique [1], l'essentiel étant d'affronter théologalement la pensée de Dieu avec l'être, ou plus exactement de délivrer l'intelligibilité théologale d'un rapport que soupçonnent non sans force les théologies contemporaines de la croix. Il conviendrait de laisser libre l'espace enfin acquis entre l'être et Dieu, pour qu'advienne l'impensable, celui qu'aucun devoir-être ne saurait fonder, à moins de le con-numérer subrepticement dans la chaîne des étants, fût-il suprême. La croix est un moment qui disqualifie l'ontologie du divin, c'est-à-dire la forme transcendante du divin telle que l'appréhende l'homme religieux, à partir de sa propre transcendance inachevée. Mais l'aporie des théologies contemporaines de la croix repose peut-être sur l'objet même qui en constitue l'indéniable fécondité. Le procès intenté à l'objectivation de Dieu dont se rend coupable la saisie onto-théologique du divin, en l'absence d'espace entre Dieu et l'être, risque de manquer la radicale objectivation que livre la médiation insurpassable du divin qu'est la christologie, une corporéité qui loin de livrer le divin le rend plus distant encore, quoiqu'il fût *livré aux mains des pécheurs* (Mc 14, 41), donc mis à disposition, une « saisie » à laquelle le divin ne cesse de consentir eucharistiquement depuis qu'il s'est donné à voir, toucher, manger. La forme chrétienne du divin ne peut dissoudre le paradoxe de la distance et de la proximité eucharistiques, ainsi le procès fait à l'objectivation devrait-il être plus précautionneux. Il nous semble alors moins assuré qu'une pensée de l'être ne puisse pas se réinvestir christologiquement, il conviendra que nous nous expliquions là-dessus.

La saisie de Dieu selon une pensée de l'être, telle que nous la trouvons chez Rahner, n'advient qu'à travers la transcendance négatrice du fini et suppose la permanence d'un acte de révélation. *L'acte de connaître est équivalemment l'acte plus originaire d'être connu, nous atteignons ici ce que nous avons appelé la maintenance théologale du concept d'autocommuni-*

1. E. SIMONS, *Philosophie der Offenbarung,* Kohlhammer, Stuttgart, 1966 ; C. FABRO, *La svolta antropologica di Karl Rahner*, Rusconi, Milan, 1974 ; I. SANNA, *La cristologia antropologica di Karl Rahner*, Paolina, Rome, 1970 ; J. MCDERMOTT, « The Christologies of Karl Rahner », *Greg.,* 67, 1, 1986.

cation et nous la recueillons à travers une pensée de l'être. « L'homme se trouve face à un Dieu qui est pour lui, au moins provisoirement, l'*Inconnu.* En effet, Dieu est l'Infini qui, dans son infinité, n'est reconnu par l'homme que dans une *référence négative* à l'au-delà de toute finitude, référence qui est la condition de la saisie objective d'un étant fini. Mais dans une telle connaissance de Dieu, il est clair que Dieu reste *voilé* quant au contenu positif de son infinité. [...] Dans cette mesure, l'*obscurité* serait plutôt l'aveuglement de l'homme que l'*inaccessibilité* de Dieu lui-même. Mais c'est seulement lorsqu'on aura établi que Dieu est *en soi inaccessible* à tout esprit (et non seulement à la structure effective de la connaissance de l'homme) qu'on pourra concevoir la possibilité d'une révélation de Dieu comme *acte libre,* [...], *l'acte gratuit de l'amour personnel de Dieu* devant lequel l'homme tombe à genoux pour l'adorer » (*HéV*, p. 148. C'est nous qui soulignons).

La déduction transcendantale de la luminosité de l'être n'annule pas la distance du mystère qui s'énonce, et non seulement ne l'annule pas mais vit de l'impossible tentative qui consisterait à identifier la non-subsistence de l'acte d'être et de Dieu lui-même. La différence ontologique doit nécessairement se redoubler entre l'être et Dieu et ouvrir ainsi à ce que Balthasar appelle la quatrième différence. Dieu est *en soi* inaccessible, la déduction transcendantale en visant l'infinité de l'être conserve et renforce l'inaccessibilité, la luminosité de l'être n'advenant qu'obscurément. Cela suffit à préserver et requérir un acte libre de pure donation où Dieu ne nous advient qu'en ce qu'il nous précède. La finitude de l'homme anticipe sur l'infini sans jamais pouvoir s'extraire de cette condition native, l'irrépressible appel coïncidant avec la « fuite des dieux ». « L'homme est fini, même comme esprit. Car le caractère problématique de l'être et la nécessité de la question montrent en soi la finitude de l'homme questionnant en tant que tel. [...] Par conséquent, si nous connaissons l'infinité de Dieu uniquement dans la transcendance négatrice du fini, elle semble être suffisamment inconnue dans son propre Soi, non manifeste et close, pour qu'une nouvelle ouverture de l'Infini lui-même ait un sens, et pour qu'il y ait encore matière à révélation » (*HéV*, p. 138-139).

La connaissance de Dieu comme *Esse Absolutum* n'épuise pas l'ordre du don. Pourtant, la conciliation entre la luminosité paradoxale du don de l'Infini et le concept théologal d'autocommunication demeure difficile. L'acte d'autocommunication, donné au pôle originaire de la conscience et fondant toute saisie possible dans l'ordre de la connaissance, est conçu comme donation absolue de l'être divin, don incréé, trinitairement structuré, c'est-à-dire coïncidant trinitairement avec celui qui est bénéficiaire de la pure donation. Mais comment parvenir à identifier l'*absolu* d'un don qui ne se recueille qu'obscurément et problématiquement ? Qui décide de l'identification du don comme *absolu*, l'esprit connaissant ou Celui qui donne accès à la connaissance du don comme *absolue donation*, à moins que l'identification dont il est ici question ne se déplace de l'ordre de la connaissance par un sujet à celui de l'événement externe au sujet, ce qui rendrait l'espace laissé entre autocommunication et christologie des plus problématiques, l'espace dont il est question subordonnant la christologie à un acte plus originaire de communication de soi où tout est déjà donné. La théologie rahnérienne de la *Selbstmitteilung* doit répondre de la christologie [1].

1. Dans une étude consacrée au spécifique chrétien du concept de Dieu, Rahner ne part pas de l'événement christologique comme tel, mais d'un événement qui en soi n'est précisément pas réductible à l'espace de la christologie, l'événement de l'autocommunication coïncidant avec l'ouverture de Dieu selon son être même, se faisant ainsi le constitutif intime du sujet spirituel, la plus intime « entéléchie » et la dynamique même du monde et de son histoire. Le concept de *Selbstmitteilung* ressortit originairement à l'acte initial de création, posant la créature en un rapport d'absolue proximité en laquelle le don de soi divin est absolu. Cette donation extatique ne requiert pas une thématique de la révélation factuelle, à tout le moins elle pourrait se concevoir comme redoublement du don absolu originaire en une figure historiquement saisissable. Mais en quoi cette figure transforme-t-elle l'ordre du don, le redoublement n'est-il qu'exemplaire, pédagogique, apportant la preuve catégorialement perceptible d'un don qui, parce qu'absolu, ne saurait le devenir ? En Jésus-Christ, le don initial absolu s'atteste comme phase irréversible de l'autoposition de Dieu dans le monde. Mais là encore, la pensée de Rahner n'est pas unifiée, le paradigme Créateur-créature cédant le pas à une intelligibilité sotériologique de la destinée de Jésus plus redevable d'une

L'épiphanie du mystère de l'être est épiphanie du libre inconnu, le don absolu de la *Selbstmitteilung* se retranchant dans la distance qui le dérobe à toute saisie, contradiction dans l'absolu du don ou condition de validité de la christologie à venir, le fil interprétatif est difficile à trancher. Mais ici, la luminosité interne de l'être recueillie par le sujet connaissant s'identifie-t-elle avec l'autocommunication libre de Dieu ? Il semble bien que oui, puisque sans cet acte d'absolue donation aucune anticipation sur l'infinité de l'être n'est concevable, l'acte de connaître étant identiquement l'acte d'être connu.

Nous retrouvons, selon des perspectives différentes, l'« étonnement » (*Verwunderung*) balthasarien du *thaumazein*. On ne saurait donc faire justice à la théologie transcendantale en esquivant son lieu théologal d'inclusion. Dans ce sens, il n'est pas sûr que la singularité de Jésus soit trop immédiatement absorbée, voire réduite à la dimension transcendantale de l'attente d'un sauveur absolu [1]. Nous en discuterons plus avant.

relation d'unicité-singularité Fils-Père. Les textes, les christologies se réajustent selon les circonstances, bien que l'horizon transcendantal reste le dénominateur commun à la triple séquence théologie-christologie-anthropologie. « Une réalité strictement finie est, comme telle et à soi seule, de par sa nature même, inapte à signifier et à médiatiser pour nous une communication insurpassable de Dieu. [...] En termes théologiques un lien réciproque d'un être humain et de Dieu qui n'est pas une union hypostatique n'"engage" Dieu en lui-même que d'une manière conditionnelle, qui peut être remise en cause. [...] Jésus est l'irréversible, insurpassable et définitive autocommunication de Dieu à nous — et cela il ne peut l'être qu'en tant qu'il est le Fils qui est de même nature que Dieu » *(« Jesus ist der wesensgleiche Sohn Gottes, seine menschliche Wirklichkeit ist, unbeschadet ihrer echten, freien, menschlichen Subjektivität, die des ewigen Logos Gottes ; denn Jesus ist die unwiderrufliche, unüberbietbare und endgültige Selbstaussage Gottes an uns ; und dies kann er nur als der wesensgleiche Sohn sein »* (K. RAHNER, « Jesus Christus – Sinn des Lebens », *SzT*, t. XV, p. 214-215. Pour la traduction française, voir K. RAHNER, *Aimer Jésus*, Desclée, 1985, p. 74, 101-103). Pour le concept d'autocommunication, voir K. RAHNER, « Über die Eigenart des christlichen Gottesbegriffs », *SzT*, t. XV, p. 190-194.

1. « L'homme est donc l'être qui a à attendre la libre Épiphanie de Dieu dans son histoire. Jésus-Christ est cette Épiphanie. Cela laisse encore ouverte la question de savoir si le contenu du dogme *a posteriori* recouvre simplement l'idée du Christ corrélative de notre déduction transcendantale, ou si cette idée

Cependant, nous nous inscrivons en faux contre l'interprétation erronée de P. Eicher, pour lequel il n'existe aucune forme de réceptivité spirituelle chez Rahner, l'esprit étant pure spontanéité, et l'homme ne se comportant réceptivement qu'en ce mouvement qui le porte vers les données sensibles [1]. Le premier présupposé pour la perception de la révélation serait perdu au profit d'un dynamisme transcendantal ne concevant Dieu que comme pur *Woher* et *Wohin* de la transcendance. P. Eicher oublie que la créature ne possède en soi les conditions de possibilité de l'écoute de la révélation qu'en tant qu'elles sont portées par un événement de grâce. « Le ce-vers-quoi (*Woraufhin*) de la transcendance est toujours originairement un ce-à-partir-de-quoi (*Wovonher*) procède le mystère. C'est ce ce-vers-quoi qui ouvre lui-même notre transcendance ; elle n'est pas posée souverainement par nous comme par un sujet absolu. Si donc la libre transcendance marquée d'amour s'oriente vers un ce-vers-quoi qui lui-même ouvre cette transcendance, nous pouvons dire que s'impose ce dont on ne peut disposer, le Sans-Nom, ce qui

se trouve simplement rencontrer le Christ réel, celui de la foi révélée, et se voit essentiellement dépassée par lui tout en gardant la même orientation » (K. RAHNER, « Problèmes actuels de christologie », *ÉT*, t. I, p. 164).

1. Eicher oublie tout simplement que les données sensibles sont immédiatement dépassées par l'intellect qui universalise les formes offertes à la sensibilité et les ouvre à l'horizon de l'infini. Mais si ce mouvement est immédiat, alors il inclut le mouvement réceptif comme un seul moment de l'acte de connaissance. *C'est pourquoi nous pensons que la séparabilité des œuvres de Balthasar et de Rahner ne repose pas tant sur l'acte de connaître, que sur le moment et la conception de l'Umkehrung qu'implique la médiation christologique pour un accès à la connaissance de Dieu.* Il reste vrai que la singularité de la figure christologique, chez Rahner, est lue sur le fond du rapport archétypique homme-Dieu, conçue comme actuation de l'autocommunication universelle de Salut par la connaissance, apportant la confirmation (*Bestätigung*) d'une révélation de la part de Dieu dans l'esprit de l'homme originairement et surnaturellement donnée comme existential, surnaturel. L'autocommunication en grâce semble se positionner en terme d'exemplarité efficiente quant à son contenu christologique. Mais là encore, l'œuvre de Rahner subit de sensibles variations.

lui-même dispose en liberté aimante, et que c'est cela même que nous avons en esprit lorsque nous disons "mystère sacré" [1]. »

La *potentia oboedientialis* n'est pas pure puissance du sujet, et n'annule pas l'incommensurabilité du don divin, donc présuppose une forme d'*Umkehrung*, mais contrairement à Balthasar, antérieure à son attestation christologique, parce que donnée comme un existential permanent de l'homme conçu comme sujet spirituel. Ce que Rahner appelle le « ce-vers-quoi originaire de notre transcendantalité non thématique » est donné en cet événement qu'est la transcendance, et n'est pas tiré d'un étant singulier et de sa rencontre. Rahner fonde un accès à la connaissance de Dieu qui ne s'intègre pas originairement dans le mouvement commun de la connaissance, c'est-à-dire la tension propre au mouvement qui mène de la *conversio* à l'*abstractio*. L'*abstractio* médiatise les données sensibles et inaugure la *reditio completa in se ipsum*, la « capacité » fondamentale du sujet humain, la présence transcendantale à soi [2]. Le transcendantal identifié à la synthèse théorique du jugement constitue un moyen-terme entre le sujet connaissant et l'objet connu, structure fondamentale du connaître qui en soi relève d'un acte originaire de fondation transcendante.

La transcendance est alors originairement l'expérience selon laquelle on est connu par Dieu lui-même. C'est là que se donne à comprendre la séparabilité des œuvres. L'*Umkehrung* serait tout entier donné dans le concept d'autocommunication, effectivement antérieur à la médiation christologique, ce qui constitue une réelle ambiguïté [3]. Le rapport de communion entre l'homme et Dieu semble s'épuiser dans une forme subjective de connaissance et d'amour qui définit l'homme comme être de transcendance. L'*Idea Christi* parviendrait à un achèvement paradigmatique dans sa forme christologique de réalisation, l'homme serait alors en mesure de contempler historiquement la forme achevée

1. *TfF*, p. 82 ; entre autres textes, on pourra se référer aux p. 48, 70, 78, 80. *HéV* fournit également des textes sur le mouvement réceptif fondamental de la transcendance, voir p. 132, 136-139, 162-164.
2. K. RAHNER, *EM*, p. 128. Traduction française de *Geist in Welt*.
3. P. EICHER, p. 313.

d'une tension asymptotique, la réussite définitive du mouvement d'autotranscendance du monde qui le porte vers la proximité absolue du mystère de Dieu, l'effective entrée en communion-acceptation, irréversiblement donnée dans une Parole eschatologique [1]. C'est pourtant à ce point précis que la christologie

1. La double causalité, exemplaire et finale, en laquelle semble s'épuiser la christologie rahnérienne, demeure incontestablement une donnée récurrente de la compréhension du mystère de l'Homme-Dieu, le pôle unificateur de cette christologie. En ce sens, elle se démarque singulièrement d'une problématique de l'unicité de la figure de Jésus, l'union selon l'hypostase n'étant peut-être pas d'abord perçue comme ce qui différencie Jésus de nous, mais ce qui constitue, certes de manière unique et non réitérable l'achèvement d'un processus d'humanisation qui coïncide avec un acte originaire et ultime de communion avec Dieu, un processus archétypiquement achevé, une transcendantalité définitivement correspondante à l'acte par lequel elle fut posée et voulue. Le temps de l'homme est déploiement de la transcendantalité, marche vers la communion en toute distance, originairement soutenue par la communication du Pneuma de Sainteté, et temporellement soumise à l'épreuve de la liberté de l'acceptation ou du refus. L'unité victorieuse de l'acte originaire de la donation et du consentement absolu à cette donation s'inscrit eschatologiquement dans la destinée filiale de l'Homme-Dieu, qui « pâtit » l'épreuve de la durée en s'égalant au Nom dont il est depuis toujours le sujet subsistant, la Parole eschatologique, la parfaite correspondance au Père, « c'est pourquoi, à partir de Jésus Christ, le Crucifié et le Ressuscité, il existe un critère pour discerner, dans l'histoire concrète des religions, entre ce qui est mécompréhension humaine de l'expérience transcendantale de Dieu et ce qui est son interprétation légitime. C'est seulement à partir de lui qu'est possible, en un sens ultime, un tel discernement des esprits. » (*TfF*, p. 184). L'Homme-Dieu atteint la proximité absolue dans le maintien de la permanente et irréductible distanciation du Mystère Sacré qui, parce que différencié, pose l'homme en une non moins irréductible autonomie, l'asymétrie définissant deux pôles en les suscitant et les garantissant, l'altérité seule permettant la communion. Rahner ne peut recueillir les fruits de ce mouvement dialectique de proximité dans la distance qu'en le saisissant dans l'acte de pur abandon du Fils qui devient l'épiphanie de l'intense communion qui le relie au Père, le cri filial du « tout est accompli » retentissant comme l'épure de la filialité. Et c'est à n'en pas douter ici que manque à Rahner une intuition plus prégnante de l'unicité de la qualification filiale de Jésus perceptible en cet acte unique de sa mise à mort en laquelle sourd le dévoilement de la pure filialité, qualification éprouvée en histoire. Le cri filial de Jésus proféré depuis cet « espace » désertique de la croix, où le Père consent à se donner par Lui, le Fils, en se retirant, est plus qu'une grandeur paradigmatique à laquelle doit se mesurer le mouvement d'autotranscendance

de Rahner résiste à l'univocité interprétative. Il est alors inexact de dire que la totalité de la médiation christologique s'épuise selon le modèle de la causalité exemplaire ou finale.

DIEU COMME DON : DU DON INITIAL D'AUTOCOMMUNICATION À SON MOUVEMENT D'HISTORICISATION

Nous analyserons ultérieurement les éléments qui délivrent chez Rahner une christologie de l'unicité ou de l'absolue singularité à travers l'affirmation nécessairement unique de l'union selon l'hypostase, sans laquelle la dimension eschatologique de l'acte d'autocommunication ne parviendrait à aucune intelligibilité satisfaisante. De la générosité originelle du don d'autocommunication divine à la créature spirituelle, à l'événement christologique, il y a place pour un redoublement suréminent de ce don dans la forme historiquement saisissable d'une plénitude, d'un achèvement. La Promesse à laquelle ouvre le don d'origine est une donation dont l'achèvement n'appartient précisément pas à cet acte originaire d'infinie libéralité. L'achèvement requiert une extase bilatérale, un chemin que seule la plénitude trinitaire est en mesure de ménager pour l'homme, et par lequel cet homme est appelé à faire route vers le Dieu plus grand. L'unité victorieuse de cette double liberté en sortie de soi, le moment nuptial de la rencontre unifiante, n'est atteint que dans l'adéquation qu'est le Fils, là où coïncident l'offre et l'acceptation du don d'être, la Promesse s'achevant eschatologiquement en Celui qui en *incarne* l'épure, le Fils, pure et éternelle réceptivité au don d'être dans l'acte même d'être engendré. Cette ligne christologique demeure incontestablement une ligne de force en laquelle semble se donner l'entière

du monde. Le cri est unique, il ne peut être proféré par l'homme que moyennant une inclusion en son unicité. L'homme profère sa remise filiale des mots mêmes de Jésus. C'est en cela qu'il devient fils, selon l'absolue médiation du cri originaire et ultime, « Père, en tes mains je remets mon esprit/"Pneuma" ». Ce cri appartient à l'Unique.

intuition de la christologie rahnérienne. En tant que déploiement d'une histoire de la liberté, la destinée de Jésus de Nazareth constitue une progressive coïncidence et possession de soi, en parfaite et définitive union à la grâce d'autocommunication. Mais où se situe l'unicité de la figure de Jésus, en quoi est-elle marquée d'une irréductible différenciation, comment est-elle corrélative de l'acte de donation en lequel Dieu livre son être même ? C'est ici que Rahner développera le pôle de l'unicité dans une christologie de la Promesse (*TfF*, p. 230). « (Jésus) est un homme qui, dans sa subjectivité spirituelle, humaine et finie, est tout aussi bien que nous le destinataire de cette autocommunication de Dieu que, à propos de tous les hommes et partant du cosmos, nous disons être le point culminant de l'évolution, dans lequel le monde, de façon absolue, vient à lui-même et vient absolument à un rapport d'immédiateté à Dieu. Jésus, selon la conviction de foi chrétienne, est celui qui, par ce que nous appelons son obéissance, sa prière, son destin de mort librement accueilli, a réalisé aussi l'accueil de la grâce et de la proximité immédiate à Dieu, à lui données par Dieu, et qu'il possède en tant qu'homme » (*TfF*, p. 224).

Rahner affirme très nettement, et nous y reviendrons, que l'union hypostatique n'est pas d'abord ce qui différencie Jésus de nous (*TfF*, p. 208-230), une proposition qu'il convient certes d'appréhender selon la rigueur théologique que lui donne Rahner. Il ne s'agit pas de mésinterpréter une proposition en soi insolite. Une telle affirmation n'a de sens qu'à partir d'une *christologie de la promesse* intégrant de manière originale la singularité irréductible de la personne du Christ.

Pourtant, la christologie s'intègre intrinsèquement dans le mouvement originaire d'autocommunication, c'est-à-dire qu'elle lui appartient par essence, et non selon le niveau de la pure exemplarité. Il ne nous appartient pas encore d'analyser en détail le mouvement complexe de la christologie rahnérienne, bien que l'argument selon lequel l'autocommunication est immédiatement d'essence théologale présuppose le spécifique chrétien. Or, comment concevoir un spécifique chrétien en dehors de la christologie ? L'acte même de l'autocommunication, forme divine d'une pure donation de soi, n'est envisageable qu'à partir de la double communication interne à l'être de Dieu, c'est-à-dire le rapport essentiel que Dieu ne cesse d'entretenir avec lui-même, plus précisément encore la double expression et acceptation se réalisant à partir de Celui qui n'a pas d'origine et qui se donne à lui-même, le Père. L'expression de cette « antériorité communiquée » du don serait le Fils, et son acceptation ou son accueil subsistant serait l'Esprit, quelqu'un qui est ce don lui-même, reçu et accueilli dans l'amour. Le pôle de la communication interne ne subsiste qu'en cette forme essentielle d'un double rapport à soi, qui chez Rahner se rapporte immédiatement au Père, et non à l'aséité divine essentielle, Rahner ne pensant plus l'unique Dieu comme « Substance absolue », mais comme « Sujet-personnel absolu ». À partir du Père, le Dieu dépourvu de toute espèce d'origine, le *ho Théos* néotestamentaire, s'actue un processus tri-dimensionnel de rapport à soi ou d'incessant retour à soi, qui ne saurait coïncider avec une plate identité de soi à soi [1].

On peut légitimement s'interroger sur l'opportunité d'une approche des relations intratrinitaires selon les ressources d'une pensée de la subjectivité, ou peut-être plus encore de l'*Ego* transcendantal ici identifié au Père s'exprimant et s'accueillant en un processus plus cognitif qu'amoureux. Rahner ne reconduit-il pas subrepticement la déficience d'une approche psychologique de la vie trinitaire *ad intra* en la transposant dans les dimensions de l'*Ego* transcendantal, c'est-à-dire la double constitution qui caractérise toute subjectivité spirituelle (connaissance-amour) dans son rapport à soi et aux objets

1. « La communication que Dieu nous fait de lui-même dans l'économie du salut nous montre en effet qu'elle ne coïncide pas selon une plate identité avec Celui qui se communique. Et c'est alors que se dévoile ce qu'est concrètement en Dieu l'absence d'origine: elle consiste en ce que la divinité (l'aséité) peut se communiquer tout en restant intégralement elle-même. Mais alors, disant cela, on définit du même coup dans sa réalité concrète la “personne” du Père, qui est non seulement paternité (terme qui ressortit au langage notionnel), mais le visage concret que prend Dieu quand on le considère à la fois avec son aséité essentielle et sa “paternité” (donc avec son “aspect notionnel”) » (K. Rahner, « Dieu Trinité fondement transcendant de l'Histoire du salut », *SzT*, p. 96, n. 6) ; voir du même auteur, *TfF*, p. 161.

d'expérience, ouvert à une saisie immédiate de l'infini qui délivre toute possibilité cognitive ? Nous reprendrons évidemment l'analyse d'une difficulté inhérente à l'axiome rahnérien de l'identité entre Trinité économique et Trinité immanente, et nous prendrons quelque distance à l'égard de l'habituelle critique faite à l'usage de la notion d'identité. *La théologie trinitaire de Rahner se fonde-t-elle précisément sur l'*identité *d'une Trinité économique-narrative et de la Trinité immanente*, c'est-à-dire sur le rapport cohérent d'une théologie intratrinitaire à partir de l'existence filiale ou de la conscience dialogique de Jésus de Nazareth que livre la trame narrative néo-testamentaire ? L'identité nous semble plus redevable du rapport *Trinité-offre* de la divine communication de soi à un sujet de caractère spirituel. C'est là une position à la fois obscure et féconde de l'apport rahnérien à une théologie trinitaire. Rahner ne tente-t-il pas de fonder une théologie trinitaire transcendantale à partir d'une analyse anthropologique et ontologique de l'*Ego* transcendantal ? On peut alors facilement comprendre que la christologie soit conçue comme un moment intérieur nécessaire dans la totalité du don de la grâce fait à la créature spirituelle, puisqu'elle appartient au pôle nécessaire d'expression (*Selbstaussage*) de l'unique conscience de soi de la subjectivité absolue, comme *logos endiathètos,* le niveau de l'immanence absolue bien entendu. Ainsi, la fondation protologique de la christologie est-elle chez Rahner trinitairement conçue, mais toujours en fonction de cette unité intrinsèque entre la distinction interne à l'être de Dieu procédant d'une « *double communication de soi du Père* », source des médiations intratrinitaires, et l'*offre* de ce don absolu, historiquement saisissable et efficient pour tout homme en Christ. Dès lors, « la "nature humaine" du Christ n'est pas à concevoir comme une réalité quelconque au milieu de beaucoup d'autres semblables qui auraient pu tout aussi bien être assumées par le Verbe : elle est, en toute rigueur de terme, ce qui surgit lorsque le Verbe de Dieu "s'exprime" lui-même *ad extra* ».

Il serait aisé de gloser cette assertion, en ramenant ce « procès » d'expression par le Verbe à la divine communication de soi du Père, en fonction duquel se redouble l'acte du rapport paternel à soi, afin que soit préservée une identité à soi qui intègre originellement un jeu de médiations, et non le préjugé d'un rapport à soi pur de toutes formes de médiations internes. La relation est détermination originelle de l'être, et non le signe de la pure finitude pensée en terme de séparation et d'inachèvement. Mais ce redoublement de la communication de soi du Père suffit-il à lever le doute sur la dérive « modaliste » que suggère une quasi- « fonctionnalité » ou « opérativité » des termes en lesquels « s'exprime » le Père ? La communication triplicitaire de soi qui se ramène, certes comme forme essentielle, à l'« antérieur universel » qu'est le Père, ne peut pas ne pas passer par une identification immédiate [1] de l'aséité et de l'essence

1. Pour Rahner, ce qui spécifie la nouveauté de la communication que Dieu fait de lui-même se dévoile en cette radicale plénitude qu'est Dieu et qui le soustrait à toute possible réduction à l'acte en lequel il se donne. Rahner affirme bien ici un rapport d'identité dans la distinction, sans laquelle c'est la reconnaissance même d'une Plénitude en retrait qui resterait interdite à la perception humaine. Le retrait est évidemment requis, et la notion d'identité ne peut qu'intensifier la radicalité d'une ouverture à laquelle consent cette Plénitude soustraite à toute saisie. Il y a en Dieu une absence d'origine. Et c'est là que Rahner identifie ce trait essentiel de la divinité, son aséité, avec la Personne du Père en laquelle semble s'épuiser l'aséité essentielle. Cette opération nous paraît conforme à la compréhension de l'être trinitaire comme absolue subjectivité, unique conscience de soi, médiatisée selon deux formes de rapport essentiel à soi, l'expression-Verbe et l'accueil aimant-Esprit. Ce faisant, Rahner ne reconduit-il pas le concept de personne à travers une surdétermination trinitaire, c'est-à-dire comme « Sujet-personne absolu » ? Il ne s'agit en rien de reléguer aux oubliettes la fécondité de l'analogie psychologique de la Trinité, ni même l'intuition rahnérienne de l'*Ego* transcendantal, mais de la relative incohérence des critiques rahnériennes, alors même qu'il reconduit latéralement les concepts qu'il critique, sans leur conférer une plus forte densité d'expression, alors même que les dangers qu'il décèle demeurent un apport fécond de son travail théologique. L'absence d'un concept clé de la théologie trinitaire, tant latine que grecque, la périchorèse ou circumencession, constitue l'indice d'une réelle tendance au modalisme triplicitaire dont ne peut s'extraire de manière satisfaisante l'approche psychologique, et encore moins la thématique de l'absolue subjectivité. Les concepts de personne, d'hypostase et de relation subsistante nous semblent atteindre une rigueur conceptuelle capable de supporter le paradoxe de l'unité d'être recueilli exclusivement, ontologiquement dans des relations absolues, subsistantes, incommunicables. Si la Trinité ne se conçoit pas comme un échange interne-

divines à la figure hypostatique du Père, et donc définir le Père comme unique sujet divin qui s'exprime en se connaissant et s'aimant, ou plus exactement en s'accueillant sans que soit ménagé un quelconque « espace » de réciprocité en lequel l'« antériorité » absolue du Père n'échapperait à l'infirmité d'une compréhension des relations intratrinitaires selon le schème de la successivité, qu'en admettant la tout aussi « antériorité » filiale qui pose l'absolue contemporanéité des termes de la vie trinitaire, « *de sorte que le Père soit glorifié dans le Fils* (Jn 14, 13) ». La triple « antériorité » ouvre à une triple et irréductible forme hypostasiée du don absolu de soi à soi [1]. L'antériorité est ici une contemporanéité, un « mouvement » périchorétique d'échange en lequel toute position de soi advient comme don d'un Autre, l'enstase s'identifiant à l'extase, sans que jamais on ne doive subvertir les actes notionnels, sous peine de vider la confession trinitaire de sa force narrative que vise à préserver la médiation conceptuelle. Il s'agira donc de penser la relation de Paternité en tant qu'elle est distincte et constituante « antérieurement » à l'acte notionnel de génération [2], à moins d'opter pour le confort rationnel qu'offre la solution modaliste [3], la plus intelligente et la plus tenace des dérives que semble susciter l'énigme de la proximité filiale de Jésus à Dieu lorsqu'elle s'explicite en une invocation paternelle toute d'unicité.

réciproque de « sujets » distincts immanents, sa révélation risque fort d'être vaine, sa nouveauté dissoute.

1. « Le Fils, sur son visage de Christ, ne révèle toujours le Père autant que, toujours, Dieu même se reçoit Lui-même comme Fils, dans la distance du Père, que parcourt et ménage l'Esprit » (J.-L. MARION, *L'Idole et la Distance*, Grasset, 1989, p. 149). Le Père se trouverait concerné quasi « filialement » par la distance que requiert une présence à soi qui ne coïncide avec soi que moyennant le jeu irréductible de la distinction, une coïncidence qui en toute rigueur ne peut correspondre à la présence à soi du sujet, à moins de sacrifier à l'épiphanie christologique du divin comme forme divinement valide de l'extase trinitaire, recueillie restrictivement mais non moins surabondamment dans l'exultation et le cri d'abandon filial de Jésus au Père.

2. A. PATFOORT, « Un projet de "traité moderne" de la Trinité. Vers une réévaluation de la "notion" de personne », *Angelicum*, 48, 1971, p. 93-118.

3. M. BORDONI, « Il contributo della categoria teologica di persona », *Lateranum*, 1, 1992, p. 47-74.

C'est précisément moyennant la forme de compréhension des médiations essentielles trinitaires évoquée ci-dessus (rapport aséité-figure paternelle), que Rahner pense le rapport entre divine communication de soi et christologie du *Logos*. Il ne peut s'agir en dernière analyse que d'une christologie de l'« expression », à travers laquelle le Père s'ouvre et consent à un rapport de type créatural, Dieu-homme. Nous préférons parler ici d'ultime rigueur, dans la mesure où sur ce point, la christologie de Rahner n'est pas unifiée. Il reste vrai également, que pour Rahner, les pôles qui constituent la plénitude « expressive » trinitaire ne sont pas interchangeables, à moins de rendre caduque la communication divine en tant que plénitude, ce qui se conçoit aisément mais ne parvient cependant pas à lever l'ordre de la difficulté évoquée [1].

L'identité de la Trinité économique et de la Trinité immanente semble donc relever d'une complexité plus vive que ne le laisse entendre l'ordre habituel des critiques, puisqu'en l'occurrence l'invocation paternelle du Fils, scripturairement attestée, est soumise chez Rahner à son impossibilité intra-trinitaire, ce qui suppose une Trinité immanente qui ne s'identifie pas à la Trinité

1. On peut se référer à la critique de G. LAFONT, *Peut-on connaître Dieu en Jésus-Christ ?*, Paris, Éd. du Cerf, 1969, p. 217-225 ; voir J. MOLTMANN, *Trinité et Royaume de Dieu*, Paris, Éd. du Cerf, 1984, p. 190. La réduction opérative des deux termes qui actualisent la *communication de soi du Père*, étant *Celui qui exprime et qui reçoit*, posant une distinction réelle *entre lui-même*, l'expression personnelle qu'*il se donne* (le Fils-*Logos*), et le don personnel qui est reçu (l'Esprit), naît d'une trop immédiate identification de l'essence une de Dieu, de cette absolue présence à soi, avec l'hypostase distincte du Père, sans que soit ménagés des seuils analogiques de compréhension, ni même une élémentaire approche paradoxale de la tension unité d'essence-relativité hypostatique. On peut alors craindre que la consistance hypostatique du Fils et de l'Esprit ne se dissolvent en une dynamique transcendantale de l'*Ego*, ou encore de la subjectivité se rapportant à elle-même selon un acte unique de conscience de soi. Quoiqu'avec excès, W. KASPER indique une très réelle tendance de la christologie trinitaire de Rahner où parce que, « tout se ramène finalement à l'opposition et l'union de Dieu et de l'homme, il n'y a au fond plus de place pour l'union et l'opposition des personnes trinitaires » (*Le Dieu des chrétiens*, Paris, Éd. du Cerf, 1985, p. 437).

économique, le rapport Je-Tu ressortissant à l'ordre du paradigme Créateur-créature. Rahner ne méconnaît pas l'ordre de la difficulté, il y répondra moyennant l'inévitable restriction de la christologie à l'espace d'un tel rapport, la communication de soi du Père advenant historiquement en son *Logos*, *Logos* qui en son rapport subsistant à l'homme Jésus manifeste et réalise la présence unique et indépassable de Dieu. Certes, Rahner a le mérite de ne pas envisager la rencontre du Verbe et de l'humanité du Christ selon le plan ontique de la subsistence, plus ou moins abstraitement considérée et pouvant concerner indistinctement l'une des trois personnes divines, comme il se démarquera radicalement de la perspective thomiste qui pense le problème de l'union hypostatique en abordant la personne par le biais où elle s'identifie à l'Essence et non au caractère hypostatique distinct de la personne qui entre en un rapport d'union, ici le Verbe comme réalité subsistante distincte, *subsistens distinctum relatione*. Pourtant, tout en affirmant que seul le Verbe s'est fait homme, et qu'un tel acte de communication appartient à l'ordre nécessaire des raisons trinitaires considérées absolument, Rahner ne nous semble guère dépasser l'analogie psychologique qu'il critique, il ne fait que la reconduire moyennant une identification de Dieu comme absolue subjectivité. Le problème de l'union selon l'hypostase est alors résolu en fonction de la désignation ou nomination du divin comme subjectivité, présence immédiate à soi dans une unité absolue de conscience, plus proche de l'en-soi absolu que d'une plénitude interne d'échange et de communion, qui, dans l'analogie de la foi, doit inclure comme moment essentiel de connaissance tout le sens impliqué dans le don de soi de Jésus s'offrant au Père à travers la négativité de sa mort, mais aussi selon l'impossible division entre hypostase et opération, c'est-à-dire l'acte qui pose l'irréductible propriété des termes de la subsistence divine [1].

1. « La Pâque du Christ provoque aussi une illumination trinitaire, dans la mesure où elle manifeste le Fils de Dieu au cœur du Mystère de mort et de résurrection. On est alors conduit à penser les personnes divines sur un registre dynamique d'activité et d'échange ; elles apparaissent en tout premier lieu comme don, comme mouvement réciproque, comme perte absolue de soi dans

Nous analyserons ce qui nous paraît être l'une des faiblesses essentielles de la théologie trinitaire de Rahner, paradoxalement le primat d'une constitution de la Trinité interne selon une pensée de l'absolue subjectivité très proche d'une thématique de l'*Ego* transcendantal, ce qui laisse entendre que l'identité entre Trinité économique et Trinité immanente n'est pas de pure linéarité, et par voie de conséquence une conception de la Trinité comme articulation d'hypostases corrélatives. Mais peut-on se contenter de considérer la Trinité comme échanges opératifs entre des termes que l'on ne peut envisager que moyennant une inévitable successivité, une *taxis* plus successive qu'immédiatement donnée dans une non-priorité d'une position de soi par soi ?

Il faudra opter pour une constitution « réciproque » des sujets de l'infinie communication intra trinitaire [1], et en cela la perspective divergente de Balthasar, bien que spéculativement plus limitée, ouvrira un accès à la Trinité interne décisivement redevable de l'analogie de la foi, une approche théo-pragmatique qui ne quitte pas l'espace du parcours filial de Jésus au Père « plus grand » et inclut un processus éternel de réciprocité constituante [2]. Les assertions néo-testamentaires constituent pour Balthasar la seule saisie adéquate pour une théologie des

l'autre, et seulement ensuite comme hypostase. Peut-être apparaît-il alors que le thème de la "mort de Dieu" inclut sans le savoir une nostalgie de la révélation trinitaire. Il ne s'agit certes pas de mettre de la mort en Dieu mais il faut comprendre que, dans notre régime de création (et de péché), le "trépas", par la positivité de l'amour qu'il exprime négativement, est la meilleure approche pour nous de la vie intime de Dieu. La mort et la résurrection de Jésus sont les meilleures images de la vie trinitaire, et c'est dans la perspective qu'elles dessinent qu'il faudrait reprendre l'interprétation des noms divins révélés et, spécialement, des plus fondamentaux Père, Fils et Saint Esprit » (G. LAFONT, *Peut-on connaître Dieu en Jésus Christ ?*, p. 326).

1. « L'aspect extatique de chaque personne divine serait, [...] antérieur à son aspect enstatique ; la considération de l'"en-soi" de chaque personne divine serait postérieure à celle de son mouvement constituant l'autre et, de plus, dans cette considération de l'en-soi le point de vue métaphysique de la subsistence ne serait pas premier par rapport aux points de vue découlant de la réflexivité » (G. LAFONT, *Peut-on connaître Dieu en Jésus Christ?*, p. 281).

2. Voir H. U. von BALTHASAR, *Theol.*, t. II, p. 117.

relations trinitaires. La pensée de Dieu, même si elle n'infirme pas en soi l'ordre de l'*analogia entis* et donc requiert la métaphysique, vit cependant d'un primat de la mémoire de la révélation plus que de l'ordre de la « réminiscence » conceptuelle, surtout si cette dernière produit par elle-même ce qu'il en est de ses attentes. Le sujet connaissant et aimant ne peut forger par la force de son questionnement la figure de l'Homme-Dieu, pas même conceptuellement, c'est-à-dire abstraitement. Une théologie des relations trinitaires sera donc d'essence pragmatique, le concept naîtra de la dramatique divine, décelant dans le *pro nobis* de la croix le « pro » constitutif des relations intra-trinitaires, le Père étant tout entier lui-même dans l'acte d'être pour le Fils, et réciproquement le Fils n'étant lui-même que dans l'acte d'être pure réceptivité au don originaire paternel, étant tout entier pour le Père en un « nous » subsistant qui scelle la différence infinie dans l'unité infinie. Seule l'analogie de la foi délivre la rigueur toute trinitaire d'une telle conceptualité. L'analogie de la structure cognitive de l'être ne peut être qu'une conceptualité déficiente. L'ultime voie d'accès est en fait ouverte par Dieu lui-même, en son autodonation dans la figure charnelle de Jésus, une chair qui consacre la permanence du fini et jamais son absorption dans l'océan indistinct du divin (mystiques de la fusion par négation du fini et du multiple pensés comme imperfection et chute) ou de l'Unité dévorante de l'Esprit absolu hégélien. Là encore, le passage à la spéculation théologique soumettra le concept et sa rigueur à la visibilité de l'acte théo-logique.

Aussi pour Balthasar, la tendance anthropocentrique est-elle inapte à la réception primordiale de l'Amour trinitaire comme acte et objet qui détermine la réceptivité fondamentale du sujet. Le *quo maius* trinitaire de la croix s'inverse au profit du *quo maius* dynamique-transcendantal de la donation de soi du sujet qui consent à une remise de soi jusque dans la dépossession généreuse de son existence [1]. La dimension trinitaire et escha-

1. Voir *PlM*, p. 137 : « La tendance anthropocentrique ne pourra jamais garder son regard fixé sur l'arrière-plan trinitaire de la croix, car il s'agit pour elle

tologique de la croix feraient totalement défaut. Nous ne voulons pas trop anticiper sur le sens que donne Balthasar à la qualité filiale d'unicité. Précisément, le terme même de qualité est assurément déficient. Jésus est l'Unique en tant qu'il est le seul à pouvoir être donné comme Fils. Or, il semble bien qu'il faille interpréter la notion tant décriée de « substitution » (*Stellvertretung*) [1], comme l'expression en destinée et en histoire de l'unicité de la relation filiale, ce qui implique l'unicité de l'acte d'existence, incluant l'ordre de la solidarité interhumaine et la dépassant radicalement pour qu'elle puisse nouvellement advenir. L'abandon du Fils, dont la forme « achevée » d'intensité requiert la *visio mortis*, l'intégralité de l'expérience de la mort (en tant que *poena damni*) [2], est à la mesure de l'Unique [3], et constitue donc une expérience non réitérable. Balthasar, tout en confirmant l'axiome patristique selon lequel ce qui n'est pas assumé n'est pas sauvé, ouvre ce dernier à la sphère du possible que le mal peut engendrer, et que le Christ seul a éprouvé, en sa qualité d'Unique qui sauve. Le présupposé est trinitaire. L'abandon est nécessairement filialement unique [4], et l'union hypostatique affirme ce qui de l'homme est rigoureusement inaccessible. Un texte essentiel suffira pour le moment à

finalement de l'interprétation de l'"existence" individuelle, dans une sorte de transcendantalisme théologique, tandis que le mouvement opposé manifestera et interprétera sans cesse tout ce qui est christologique et sotériologique en l'enracinant dans le mystère trinitaire » et « l'acte rédempteur consiste à assumer, d'une manière absolument unique, tout le péché du monde, et il est l'acte du Fils absolument unique du Père, dont la double nature, humaine et divine (qui est plus qu'un "cas suprême" d'anthropologie transcendantale), est seule capable d'une telle mission » (p. 134).

1. *Theod.,* t. III, p. 309.
2. *PlM*, p. 161.
3. Cette unicité est requise parce qu'il est impossible de distinguer en l'homme un « je » empirique faillible et un « je » infaillible transcendantal, idéal.
4. « L'abandon du Fils au Père est toujours déjà l'expression de l'éternel amour du Fils, qui ne s'ouvre à nul autre qu'au Père dans son amour éternel. La diastase extrême démontre pour Jean — dans la coïncidence des dimensions totalement déployées — d'une part, l'identité de l'obéissance et de l'amour dans le Fils, de l'autre, l'identité substantielle entre l'amour personnel du Fils et l'amour personnel du Père » (*GC*, t. III, vol. 2, p. 213-214).

attester de la logique trinitaire en laquelle doit s'entendre la notion typiquement balthasarienne de la substitution. Nous croyons que les critiques manquent trop souvent le moment logique du concept employé [1].

Pour en revenir à Rahner, il convient d'affirmer que la dimension proprement réceptive de la transcendantalité, ouverte au *quo maius* du don absolu d'autocommunication ne fait pas défaut chez lui, comme nous l'avons démontré. Si en tant qu'esprit, l'homme est en soi déjà au-delà de lui-même, il ne saurait disposer de cet au-delà, ouvert et reçu à partir de l'expérience-limite transcendantale comme pure donation instaurant une authentique « immanence » de la révélation [2]. On peut être étonné par l'oubli en lequel semblent confinés ces textes fondamentaux sur la dimension réceptive de la transcendantalité par les critiques habituellement adressées à l'endroit d'une théologie transcendantale. Aussi, l'englobant théologal de l'expérience transcendantale nous semble malencontreusement manqué, les critiques se disqualifiant en leur excès même. D'ailleurs, le concept rahnérien de *Selbstmitteilung* semble

1. « Dépouillée de toutes les superstructures de l'Incarnation, la substructure sur laquelle repose tout l'événement de l'Incarnation, la volonté d'obéissance éternelle et trinitaire du Fils, est mise à nu ; devant elle, face à face, la substructure cachée de l'existence pécheresse mise à nu dans le shéol, l'état de séparation d'avec Dieu, la "privation de la Gloire". Ce face à face du Dieu "nu"et du péché "nu" montre maintenant que la solidarité de Jésus avec la perdition totale des pécheurs suppose précisément le caractère unique de sa condition, le caractère "inclusif" de son être avec les morts repose sur un caractère "exclusif" qui n'appartient qu'à lui seul » (*ibid.*, p. 199-200).

2. « Mais le mouvement de transcendance, en fait, n'est pas l'acte puissant qui constitue l'espace infini du sujet, à partir du sujet entendu comme celui qui maîtrise l'être de façon absolue, mais le surgissement de l'horizon infini de l'être à partir de celui-ci même. En quelque lieu que l'homme s'éprouve dans sa transcendance, [...], il ne peut se comprendre comme sujet au sens de sujet *absolu*, mais seulement au sens de *l'accueil de l'être*, finalement de la grâce. Par "grâce" on entend aussi bien la liberté du fondement d'être qui pose l'homme, liberté *éprouvée* par la finitude et la contingence, que ce que, en un sens théologique plus restreint, nous avons coutume d'appeler "grâce"» (*TfF*, p. 48. C'est nous qui soulignons) ; également p. 70, 74, 80. Le savoir originaire portant sur ce qu'est l'Être est *donné* en cet événement qu'est la transcendance.

évoluer vers une conception barthienne, infléchissant sensiblement l'intelligibilité transcendantale, ou plus exactement la soumettant à l'a priori inconditionnel du don qui la fonde en lui échappant dans le retrait constant de la distance, seul lieu où s'aborde le Mystère sacré : « Le fait qu'en cela l'accueil de l'autocommunication de Dieu doive être porté et soit porté par cette offre de Dieu lui-même, et donc le fait que l'accueil de la grâce soit une fois encore événement de la grâce elle-même, voilà qui se donne à connaître à partir de l'ultime relation existant entre la transcendance humaine, entendue comme connaissance et liberté, et le ce-à-partir-de-quoi et le ce-vers-quoi qui ouvrent justement et portent cette transcendance » (*TfF*, p. 142).

Le mouvement de Dieu à l'homme qui fonde la transcendance resterait pourtant suspecté par Balthasar, dans la mesure où le texte rahnérien envisage la manifestation libre de Dieu, comme d'ailleurs l'élévation et la grâce requises pour la saisie de ses mystères intimes, comme un achèvement de la structure créée de l'esprit. C'est bien là que se donne à comprendre la divergence, et non pas à partir du mouvement originel de Dieu à l'homme, là où Dieu n'est connu que par Dieu. Rahner y discerne un type de relation à Dieu différenciable et différent (*unterscheidbares-unterschiedenes*) de toute autre religion. La générosité fontale du don d'autocommunication comme achèvement de la transcendance ne parviendrait à rendre compte de la christologie que moyennant son intégration dans l'unité de ce mouvement. Or, pour Balthasar, le mouvement d'autotranscendance de la créature ne se déploie pas selon une ligne évolutive au terme de laquelle la christologie adviendrait comme l'achèvement désiré, c'est-à-dire interne au mouvement dynamique de l'esprit connaissant. Le *pro nobis* fait naître le désir de la créature, il provoque le ravissement.

La visibilité du *pro nobis* n'en exigera pas moins le passage à la conceptualité, référé à la conceptualité de la confession trinitaire ecclésiale, lieu d'ajustement et de discernement qui se présente au théologien comme objet incontournable, le croire appartenant intrinsèquement à l'ordre de l'objet théologique et de son statut épistémologique, la tension paradoxale qui unit analogie de l'être et analogie de la foi. L'esquisse de christologie trinitaire que nous tenterons de formuler au terme de la procédure analytique explicitera cet ordre précisément théologique du pensable.

DIEU COMME FONDEMENT DE L'ACCEPTATION DU DON : L'INTÉGRATION TRANSCENDANTALE ET ESCHATOLOGIQUE DE LA CÉSURE CHRISTOLOGIQUE

Nous énoncerons ici une proposition simple, et cependant fondamentale, sans laquelle c'est le concept même d'autocommunication qui deviendrait problématique. Nous pensons, en effet, qu'à aucun moment Rahner ne peut rigoureusement poser le concept central de son système anthropo-théologique en dehors de son intelligibilité trinitaire, ce qui suffit à garantir sa reconnaissance *a posteriori.* Cette affirmation de principe est constante chez Rahner, alors même que la médiation christologique n'apparaît pas immédiatement connexe à l'acte de la communication de soi de Dieu, encore une fois, *une communication à raison de son être même* [1].

Le concept d'autocommunication ne peut être posé que *a posteriori*. L'« immanence » authentique de la révélation, qui s'instaure dans l'horizon de l'esprit historique de l'homme, est un acte par lequel l'homme est orienté *par Dieu vers Dieu.* Dans ce sens, la connaissance de l'absolu immédiatement donnée à l'homme comme être de transcendance n'est pas tant la connais-

1. Voir *TfF*, p. 139 : « Le mot “autocommunication” veut réellement signifier que Dieu, en sa réalité la plus propre, se fait le constitutif le plus intérieur de l'homme lui-même. Il s'agit donc d'une autocommunication de Dieu *qui concerne son être* » et « Le christianisme ne peut qu'être une relation à Dieu différenciable et différente de toute autre religion, une relation qui dépasse radicalement toutes les autres, s'il est vrai qu'il est confession de ce rapport immédiat à Dieu qui laisse réellement Dieu être Dieu, précisément par l'autocommunication vraie de Dieu, lequel ne donne pas quelque chose de différent de lui, un quelconque don numineux et mystérieux, *mais se donne lui-même* » (p. 149).

sance du sujet comme tel, que celle même de Dieu qui connaît et ouvre pour l'homme l'espace d'une liberté appelée à reconnaître l'offre initiale du don de l'être divin (*omne ens est verum*), à travers l'« épreuve » de l'histoire, sa transcendance étant médiatisée nécessairement par l'histoire. En termes métaphysiques, l'acceptation du don initial se formulerait selon l'axiome ontologique suivant : *ens et bonum convertuntur*. « L'homme ne réalise donc pas sa dimension transcendantale de subjectivité de façon anhistorique, dans une expérience simplement intérieure portant sur une subjectivité qui demeure identique à elle-même. [...] Si, de fait, l'accomplissement de la transcendantalité advient historiquement, [...], l'histoire en fin de compte est l'histoire de la transcendantalité elle-même. [...] Nous partons du fait que la transcendance elle-même a une histoire, et que l'histoire est toujours elle-même l'événement de cette transcendance » (*TfF*, p. 165-166).

Mais quel est le statut de cette dimension historique, s'égale-t-il à l'objectivité phénoménale de la *Gestalt* chez Balthasar pour une saisie de la *Selbstmitteilung* ? Si l'Incarnation est déjà asymptotiquement accessible en dehors de l'histoire évangélique, quelle est la nature du rapport histoire-Incarnation, l'histoire est-elle en mesure de *déterminer* les conditions de possibilités transcendantales de l'entendement, l'événement possède-t-il encore une effective antécédence [1] ? Nous envisageons

1. On peut exprimer la difficulté sous l'angle proprement christologique. « La christologie n'est pas seulement l'anthropologie qui se transcende. [...] Au sens de la doctrine classique de l'analogie, on doit dire que malgré toute la similitude existant entre l'anthropologie et la christologie, si grande soit-elle, il subsiste une plus grande dissemblance. [...] Si [l']indéductibilité du contenu de l'événement du Christ n'est plus tenue, on doit alors nécessairement relativiser aussi le *Dass*, le fait "que" l'idée de Sauveur Absolu s'est justement réalisée en Jésus de Nazareth. Car, si l'indéductibilité ne réside que dans le *Dass* mais non plus dans le *Was* [...], on doit se demander avec H. U. von Balthasar si le don de l'ouverture radicale, que Rahner affirme du Christ, ne peuvent pas être dits aussi bien de Marie » (W. KASPER, *Jésus le Christ*, Paris, Éd. du Cerf, 1976, p. 74). Il est intéressant de noter que Rahner n'ignore pas la difficulté, puisqu'il l'évoque très explicitement. Cependant, Kasper opère ici une bien singulière réduction de la christologie rahnérienne, comme si cette dernière se dévelop-

évidemment ici le rapport de la christologie à l'affirmation rahnérienne d'une médiation de la transcendance par l'histoire, puisque la transcendance est conçue comme le « terme » d'un acte de révélation, une communication de Dieu à raison de son être.

Pour en revenir à l'acte de connaître, il est clair qu'il n'est pas réductible à la thématique qu'offre Balthasar. Pourtant, le dynamisme de l'intellect, chez Rahner, ne constitue pas une puissance pure du sujet, soustraite au mouvement réceptif de la *conversio ad phantasma*, immédiatement contemporaine de l'infinité de l'être, nous y avons déjà largement insisté. L'ouverture à l'infinité de l'être n'est pas une perception immédiate de l'*Esse Absolutum*, mais une « *visée* » de l'*Esse Absolutum*, moyennant la médiation de l'*esse commune* ou de l'être des étants, ou plus fondamentalement de l'acte d'être non subsistant. L'anticipation sur la totalité de l'être vise négativement l'Infini et suppose donc le maintien de la tension Infini-fini et non sa dissolution en un contenu de conscience, au sens de l'achèvement hégélien de la religion absolue, là où l'esprit fini devient conscient de son unité avec l'esprit infini.

Rahner pense en théologien, et le moment de Révélation, fût-il pensé en amont de son attestation historiquement saisissable, est

pait sur un plan purement horizontal. Le caractère définitif du lien de Jésus avec Dieu excède le plan créatural, en tant que ce lien pose une médiation qui appartient à la réalité de l'être même de Dieu, qui en est son apparition, achèvement du créé dans l'identité et la distinction sans mélange des natures. L'union selon l'hypostase possède bien ici un caractère distinctif absolu, fondement de sa dimension inclusive conçue comme étant l'achèvement du mouvement d'autotranscendance auquel est appelé tout homme : « Une réalité strictement finie est, comme telle et à soi seule, de par sa nature même, inapte à signifier (*bedeuten*) et à médiatiser (*vermitteln*) pour nous une communication insurpassable de Dieu. [...] Si Dieu se communique à nous dans une irréversible et définitive autocommunication, alors la réalité d'ordre créé par laquelle cela se produit ne peut pas se tenir purement et simplement dans la même distance par rapport à Dieu que les autres réalités d'ordre créé. Elle doit être la réalité de Dieu lui-même [...] » (K. RAHNER, « Jesus Christus, der Sinn und das Heil der Menschen », *SzT*, t. XV, p. 214).

reçu comme un nécessaire réalisé, et non comme une hypothèse philosophique.

On ne saurait mésinterpréter l'anthropologie transcendantale de Rahner comme si elle disqualifiait tout procès de révélation et entérinait implicitement un immanentisme subjectiviste des propositions théologiques. Que le concept de révélation, chez Rahner, ne soit pas connexe à l'événement christologique, qu'il l'englobe en le posant comme *moment* singulier d'un acte plus large, la volonté salvifique de Dieu en sa donation initiale et absolue et pour laquelle la christologie n'est pas originairement requise, cela est indéniable, et c'est ici que Balthasar se sépare de Rahner, alors même qu'il admet la légitimité d'une christologie inchoative et l'« extension » du concept de Révélation conçu comme *lumen increatum*. C'est en fait le concept même d'autocommunication originaire qui est refusé par Balthasar. Le maintien d'un tel concept rend claudicant le statut de la christologie en dissolvant l'évidence d'une figure absolue [1]. Dieu s'ouvre à raison de son être même, et la donation coïncide absolument et en dehors de toute mesure accomplie, présente ou espérée, à la figure qui s'atteste comme incarnation de Dieu. Pour Rahner, une telle coïncidence entre l'être de Dieu et sa manifestation christologique existe, mais conçue comme une dimension d'« historicité plénière » de l'*unique* [2] acte d'auto-Révélation de Dieu. Cet acte unique constitue la profondeur de la personne spirituelle, son surgissement créé qui coïncide avec l'être-révélé transcendantal de Dieu.

Ici, la pensée de Rahner atteint un certain degré de complexité, et il n'est pas simple de déterminer la position de la christologie à l'intérieur de l'unique processus d'autorévélation, par lequel Dieu se donne à la créature. On peut à tout le moins établir que pour Rahner, l'acte de communication originaire que

1. L'opération théologique tentée par Balthasar est plus que délicate, puisqu'il s'agit pour lui de poser le concept d'une figure absolue de manière rationnellement plausible (une problématique du consentement de la raison à travers l'évidence subjective et la doctrine kantienne de la perception), alors même qu'au terme toute prétention de la raison est rendue vaine.
2. *TfF*, p. 203.

Dieu fait de lui-même, l'offre gracieuse de son être divin, son extase communicative, ne coïncide pas avec un moment immédiatement saisissable. Le don d'autocommunication ouvre le champ d'une Promesse, l'être-révélé transcendantal de Dieu est corrélatif de la Promesse qu'il fait naître et qu'il déploie comme histoire de la liberté, c'est-à-dire la correspondance, la communion en laquelle le don préalable suscite victorieusement un don en retour, la victoire eschatologique d'une extase bilatérale, que porte et fonde la communication en grâce, le vouloir de Dieu, sa position d'être comme Amour subsistant. Le don lui-même n'est épuisé ni du côté de Dieu, ni du côté de la personne spirituelle qui n'a de position d'être qu'en ce don même. Le don initial fait naître une histoire, et *lui-même se fait histoire.* Ici est atteinte la césure christologique [1], perçue comme nécessaire réalisé, donc non purement déductible. L'initiative et le mouvement qui déploient cette possible histoire de la liberté est encore don de la grâce. Pour Rahner, l'automanifestation de Dieu en grâce, « antérieure » à la médiation christologique, possède *une dynamique ordonnée à sa propre objectivation* (p. 200) la « saisie » de l'être-révélé transcendantal ne pouvant être, du côté de la créature, que visée de l'*Esse Absolutum*, selon les ressources d'une transcendance négatrice du fini. La christologie dépasse alors nécessairement l'extériorité du pur prototype, elle devient aussi le lieu de la connaissance de Dieu, une figure qui dans les dimensions de l'objectivation catégoriale dévoile l'être-révélé transcendantal, lève le voile de l'obscurité transcendantale. Le libre inconnu se rend connaissable. Rahner ne méconnaît pas cette dimension essentielle de la christologie, accomplissement de la Promesse [2]. La christologie se comprend également selon

1. « Tout "transcendantal", comme tel, ne peut à lui seul être définitif, à moins qu'il ne soit déjà vision de Dieu, ou que l'accomplissement de la transcendantalité de l'homme puisse advenir en marge de l'histoire, il doit être aussi, d'un même mouvement, libre acceptation de la promesse que Dieu fait de lui-même, acceptation produite justement par cette promesse » (*ibid.*, p. 335).
2. Voir K. RAHNER, « Jesus Christus Sinn des Lebens », p. 222.

les termes de *commencement* et de *plénitude*, « *nouvelle* proximité du Royaume de Dieu advenue *seulement* avec Jésus [1] ».

La problématique christologique pourrait se formuler comme suit : la christologie rend-elle la communication de Dieu *plus absolue* que l'*absolu* de la communication originaire ? Si non, la christologie ne se réduit-elle pas à une causalité purement exemplaire, une symbolisation archétypique ? Si oui, la proposition émise précédemment n'est-elle pas une contradiction ?

Pour tenter d'élucider ce qui semblerait à première vue une contradiction, il est nécessaire de revenir sur une affirmation émise précédemment. La christologie, bien qu'événement factuel, se « transcende » en une intégration transcendantale d'intelligibilité. Il convient donc qu'elle soit asymptotiquement atteignable en dehors de l'histoire évangélique, ce qui suppose son intégration *a priori* dans le concept d'autocommunication, le déterminant ainsi dans son intelligibilité propre. Rahner conduit cette opération moyennant une christologie du *Logos,* effectivement malléable en vue d'une saisie intégrée au concept d'autocommunication dès l'origine.

Dieu n'est donateur en plénitude qu'en cet acte d'ouverture ou d'expression de soi offert à la créature, et ceci en sa constitution ontologique même. L'absolu de l'acte de donation, bien que pleinement intelligible et saisissable en une économie de la manifestation, est un don de soi de Dieu qui « fonde » la subjectivité spirituelle de la créature, qui la pose dans l'être en raison même de ce don d'origine, absolument offert et ouvrant pour la créature un chemin de reconnaissance, dans la liberté de l'accueil ou du refus. Il semble bien que ce don de Dieu à raison de son être même pose l'étant en un rapport de reconnaissance qui n'advient que moyennant une dynamique de la transcendance négatrice du fini, ce qui laisse le champ libre à la distance révérencieuse en laquelle s'ouvre l'absolu. Si Dieu se donne selon les profondeurs de son intériorité expressive et accueillante (Verbe-Esprit), l'étant créé qui est l'objet de cette infinie gratuité, qu'en perçoit-il originairement, existe-t-il un seuil de

1. *TfF*, p. 335 (c'est nous qui soulignons).

reconnaissance, un événement de type factuel, une médiation créée capable de signifier pour l'homme la vérité et l'effectivité du don en tant qu'absolu ? À l'absolu originaire du don de soi de Dieu correspond pour la créature une visée apophatique de l'*Esse Absolutum*.

L'autocommunication, bien qu'absolue, tendrait à l'achèvement, du côté de l'étant réceptif certes, du côté de Dieu se communiquant, dans quelle mesure ? Si l'être est connaître, il l'est d'après le degré selon lequel un étant est ou possède l'être, ce qui suffit pour Rahner à poser l'irréductible tension et distance qui travaillent le rapport de l'être et de la connaissance, et donc orientent la créature vers l'*Esse Absolutum* plus qu'elles ne lui permettraient de le saisir en immédiateté. C'est là, sans doute, une tension paradoxale, une réception de l'absolu qui devrait lever le doute sur la possible dérive d'une immédiate collusion entre l'être et la conscience [1], là où l'ouverture spirituelle absolue sur l'être rendrait vaine ou intégrerait déjà toute possible ouverture des profondeurs cachées du divin. L'ouverture extatique du divin se trouverait dépassée par l'étendue absolue de la transcendance naturelle de l'homme, l'*excessus* prévenant à partir de sa position finie toute possible ouverture de la Plénitude infinie. Rahner est parfaitement conscient de la dérive et ne peut la prévenir que grâce à une intelligibilité théologale de la constitution transcendantale de l'homme-esprit, une transcendantalité ouverte sur la totalité de l'être par un acte indérivable de toute puissance ou prétention du sujet connaissant, ni d'aucun concept omnicompréhensif qui scellerait l'unité consciente de l'esprit fini et de l'esprit infini sous la forme du savoir absolu.

1. « On affirme [...] l'existence d'un étant qui en tant que tel ne possède pas l'être dans une identité absolue et qui n'est donc pas non plus un moment interne d'une connaissance de la "conscience absolue". L'étant qui est l'identité absolue de l'être et du connaître lui seul est le "pur être", dans lequel est réalisé absolument tout ce que signifie le concept de l'être. Dans ce cas d'une identité absolue, il n'y a plus, pour lui, de question possible. Car l'étant qui est d'une manière absolue l'être même possède déjà *a priori*, dans une identité absolue et ainsi dans une pure luminosité, ce dont il devrait s'enquérir d'être » (*HéV*, p. 99-100) ; la citation a été quelque peu remaniée par J. B. METZ.

« La révélation ne serait ainsi rien d'autre que la noogénèse progressive de l'homme, suivant la loi interne de la nature même de l'homme. Dieu lui-même serait en soi toujours ouvert et manifeste. La révélation ne pourrait pas être l'acte libre de Dieu, puisque sa lumière serait déjà répandue partout et rayonnerait nécessairement dans tout homme » (*HéV*, p. 135).

S'agit-il ici d'une déficience propre à la créature, une infirmité toute redevable à son inscription contingente, laissant Dieu apparaître comme ténèbre lumineuse susceptible de signifier une progression dans le processus de noogénèse auquel s'identifie pour une part la sphère de la révélation ? L'homme en tant qu'esprit fini ne serait pas encore arrivé au bout de son cheminement spirituel, et Dieu demeurerait voilé quant au contenu positif de son infinité. C'est précisément là que nous percevons un espace pour l'achèvement christologique-trinitaire, dans le mouvement qui mène de Dieu à l'homme lorsqu'il prend forme sous les traits d'une figure historique, ce qui supposerait un *redoublement suréminent de l'absolu du don que Dieu fait de son être dans une communication qui coïncide avec le surgissement de l'étant créé* [1]. La christologie serait sauve, sa forme créée de médiation parce qu'elle relèverait de la réalité de Dieu lui-même ouvrant paradoxalement à l'*inattendu* d'une donation nouvelle de l'absolu, l'inattendu d'une re-donation de cet absolu du don qui énonce un existential permanent de l'homme, ce que Rahner appelle la constitution surnaturelle de la transcendantalité de l'homme. Notre position antérieure subirait alors un infléchissement critique. L'entière christologie de Rahner ne se développerait pas selon l'unique schème de la causalité exem-

1. Nous nous demandons si Rahner ne justifie pas la radicalité du don d'autocommunication, antérieurement à son redoublement christologique suréminent, dans le mouvement cognitif et aimant des processions intratrinitaires puissamment exprimé par saint Thomas : « *Cum Deus, intelligendo seipsum, omnia alia intelligat, oportet quod Verbum in Deo conceptum ex eo quod seipsum intelligit, sit etiam Verbum omnium rerum.* [...] *Cum Spiritus Sanctus procedat per modum amoris quo seipsum Deus amat ; eodem autem amore Deus se et alia propter suam bonitatem amat,manifestum est quod ad Spiritum Sanctum pertinet amor quo Deus nos amat* » (*Somme contre les Gentils*, livre IV, XIII-XXIII, 9).

plaire et finale, il y aurait place pour ce qu'on devrait appeler une causalité efficiente de la christologie. En Dieu, plénitude de communication immanente, le don ne s'épuise pas, et donc peut toujours nouvellement se donner, jusqu'à ce qu'il s'accomplisse irréversiblement, en un *absolu* de l'absolu du don qu'est Dieu, c'est-à-dire en Christ. C'est ici que joue pour Rahner la qualification unique de la destinée de Jésus, unicité qui s'intègre là encore dans la dynamique de la causalité finale, déploiement d'une christologie de la Promesse. « C'est seulement lorsqu'on aura établi que Dieu est *en soi* inaccessible à tout esprit (et non seulement à la structure effective de la connaissance de l'homme) qu'on pourra concevoir la possibilité d'une révélation de Dieu comme acte libre » (*TfF*, p. 148-149).

« NOMINATION » TRANSCENDANTALE DE DIEU ET ÉVÉNEMENT TRINITAIRE DE GRÂCE

L'une des difficultés à laquelle nous nous sommes heurtés en considérant le rapport du mouvement initial d'autocommunication et la césure christologique reposait précisément sur la position de la médiation christologique, en d'autres termes sur sa qualification unique. Si le mouvement originel d'ouverture du divin vers la créature doit être reconnu comme grâce absolue d'autocommunication, si la transcendance qu'est l'homme parce qu'« esprit dans le monde », à l'intérieur d'un processus inéluctable et constitutif d'historicité, est d'emblée sujet d'une *Offenbarung*, quel sera le statut de la christologie dans son rapport au mouvement initial de l'*Offenbarung transcendantale* ?

Il est clair que pour Rahner l'acte par lequel Dieu fait naître une histoire, c'est-à-dire pose l'autre que lui dans un mouvement de donation gracieuse et aimante, ne souffre et ne doit souffrir d'aucune superposition que viendrait corriger ultérieurement une somme de relations créées, une démultiplication subtile de dons gracieux par lesquels l'homme isolé dans sa nature pure s'ouvrirait aux sollicitations du surnaturel, mais d'un surnaturel surajouté, surfait. Les implications du concept d'autocommunication, tel que nous l'avons précédemment défini, ressortissent aux exigences d'un accès à la grâce d'autocommunication conçu comme ontologie de la puissance obédientielle à la révélation. En d'autre termes, l'acte de radicale et absolue ouverture à laquelle consent la plénitude infinie de l'absolu et la réalité contingente de « l'homme-esprit » constituent un seul et même moment d'affirmation [1], les deux dimensions ne pouvant s'expliciter logiquement et ontologiquement que dans un énoncé unique. La distinction de l'absolu et de l'acte par lequel l'absolu accorde au non-dieu une position finie et positive de réalité reste sauve bien entendu, alors même que l'acte divin ne peut être disjoint de l'être qui rend raison de cet acte, puisqu'ici aucune successivité n'est envisageable. Rahner envisage ici le rapport fondamental de dépendance qui caractérise la transcendantalité absolument illimitée de l'esprit humain orientée par l'absolu en direction de l'absolu. Ce rapport fontal de dépendance ne se laisse saisir que par l'acte qui fait apparaître cette situation fondamentale de l'existence humaine, par laquelle l'homme s'éprouve inéluctablement soustrait à lui-même, « le mystère se donnant à lui comme Absolu et tenant l'homme à distance en se différenciant de lui. C'est pourquoi il n'est pas davantage possible de former au sens propre un concept de Dieu et de se demander ensuite si quelque chose de ce genre est donné dans la réalité. Le concept, en son fondement originaire, et la réalité même, visée comme telle par ce concept, surgissent ou se dissimulent de concert » (*TfF*, p. 70).

Si l'homme est l'ouverture spirituelle absolue sur l'être, si en tout acte de connaissance s'exerce et se révèle un « moi » transcendantal qui « précède » l'appréhension des objets et des êtres, une sorte d'*intellectus archetypus*, un tel acte ne coïncide pas avec une autoconstitution du sujet comme tel. Si l'être et le *cogito* semblent entretenir des relations d'entre-appartenance immédiate, il ne s'agit pas tant d'une collusion par laquelle le *cogito* s'égalerait immédiatement à l'ordre de l'être, mais d'une

1. *TfF*, p. 70, 146.

ouverture anticipative du *cogito* en direction de l'être, une ouverture consentie et donnée avec la subjectivité spirituelle. En d'autres termes, pour que l'ouverture de la conscience en direction de l'infinité de l'être puisse être possible, il faut postuler une ouverture plus primordiale encore qui ouvre la subjectivité à plus qu'elle-même. C'est évidemment dans ce sens que Rahner postulera une immanence primordiale ou constitutive du mouvement de révélation.

L'ordre du surnaturel coïncide avec l'irruption de la conscience de soi, de la subjectivité. Or, la subjectivité ou « possession de soi [1] », ne peut « pas être » l'être dont elle s'enquiert, à moins de postuler une unité acquise de l'esprit fini et de l'esprit infini dans l'ordre plénier d'un savoir absolu. Une telle coïncidence clôt non seulement la béance qui sépare le divin du non-dieu, mais annule toute distance qui, dans le dépassement de la béance, pourrait signifier la reconnaissance positive d'une distance qui conjoint le divin et le non-divin dans une réciprocité de donation. C'est en quelque sorte le pari du théologien, l'objet qui qualifie et parfois disqualifie le théologien au regard du philosophe, pour qui le pas est indu.

1. *HéV*, p. 80-89. Pour Rahner, l'existence de l'homme consiste dans la compréhension de l'être, dans la possession de l'être qui suppose pour tout étant une variabilité dans l'acte conscient de se rapporter à l'être, un être qui coïncide avec le connaître. Mais en fait, il ne s'agit plus de rapporter l'homme à l'être, mais il faut que la compréhension de l'être soit rapportée à elle-même dans l'homme, où elle est depuis toujours donnée. L'être n'est pas quelque chose « à côté » ou « au-dessus » de l'étant, mais il est l'étant comme rapport à soi, comme luminosité pour soi. Par cette position progressive, c'est-à-dire qui suppose un degré ou des degrés d'actuation et de possession de l'être, l'étant participe à l'être en cette synthèse de sujet et d'objet de connaissance. Dieu lui-même ne peut être conçu comme l'« être » purement et simplement. Il est l'« étant » d'une absolue possession de soi, la Subjectivité absolue qui réalise l'infini et parfait rapport de luminosité et de connaissance pour soi. En ce sens, et nous y reviendrons, Rahner envisage la théologie trinitaire selon les ressources de l'*Ego* transcendantal, ce qui lui permettra d'établir une déductibilité transcendantale du mystère trinitaire à partir de sa compréhension de l'analogie de l'être comme capacité variable de possession de l'être, de correspondance à l'être. Voir également « Über den Begriff des Geheimnisses in der katholischen Theologie » (*SzT*, t. IV, p. 51-99).

L'identification du surnaturel selon la positivité d'un acte primordial qui ouvre le champ de conscience, qui dilate le « moi » dans une inéluctable orientation vers l'horizon de l'être comme tout, ne permet plus de lire cette tension constitutive selon une pure logique de la connaissance. La requête du surnaturel n'est pas fondée d'en bas sur l'expérience de l'incomplétude de la nature, elle est postulée d'en haut comme une conséquence logique du fait de la révélation aimante de Dieu. L'ouverture transcendantale de l'être à l'absolu est le milieu même où s'épanouit la grâce. Le conditionnement réciproque se pose ainsi comme suit : l'ouverture transcendantale à l'être est l'ouverture à l'infini, et l'ouverture à l'infini est le lieu de la révélation surnaturelle.

La question est de savoir si Rahner opère une réduction des deux ordres, celui de la conscience transcendantale comme telle et celui de la donation primordiale du divin. Certes, il n'en est rien, d'autant plus que, et faut-il le rappeler, Rahner raisonne en théologien accueillant l'irruption du surnaturel comme un nécessaire réalisé. La distinction opérée par Rahner concerne le statut possible, métaphysiquement accessible ou déductible, d'une révélation ontologique interprétée comme *potentia oboedientialis* à la révélation surnaturelle. C'est dans cet espace libre, dans cette distinction nécessaire, que prend place le concept de l'« existential surnaturel [1] ». Il constitue en quelque sorte l'outil qui garantit l'extase de Dieu vers l'homme et de l'homme vers Dieu, sans que les formes possibles d'un refus du créé de s'orienter en direction d'un infini aimant ne viennent altérer l'inéluctabilité du don primordial. « La transcendance de

1. Nous n'allons pas entrer dans l'analyse complexe du rapport nature et grâce chez Rahner, celui-ci distinguant la nature comme telle et l'essence concrète de l'homme pour fonder la légitimité du recours à l'existential surnaturel. Il convient que ce que Dieu désire pour l'homme appartienne à son essence concrète, comme constitutif interne de son essence concrète, en tant que cet homme se dépasse en direction de l'absolu. Le désir qui coïncide ici avec l'ordination à l'amour infini est surnaturel. Il appartient à l'essence de l'homme de « recevoir l'inattendu comme le plus intime et d'avoir le plus intime comme grâce » (« De la relation de la nature et de la grâce », *ÉT*, t. III, p. 27).

l'homme, dans l'ordre concret, est d'entrée de jeu voulue comme le champ d'une autocommunication » (*TfF*, p. 147).

Parce qu'il vient de Dieu, reconnaissance rendue pleinement intelligible dans l'acte historique d'une ouverture définitive du Dieu Saint en Jésus Christ, l'homme est sous le coup d'une révélation nécessaire dans l'ordre d'un accès métaphysique, alors que la révélation au sens théologique demeure libre. Mais cela signifie aussi que le caractère de « nécessité » reste librement déterminé par l'ouverture primordiale du divin.

Ce que Rahner appelle alors l'« existential surnaturel » demeure cette prédisposition, communiquée par Dieu dans l'existence de tout homme, à l'ouverture vers la transcendance absolue qu'est Dieu. Rahner semble vouloir dépasser l'abstraction du débat sur le rapport nature-surnaturel, le concept de nature n'étant précisément qu'un concept résiduel qui ne peut viser qu'à maintenir cette tension paradoxale qui polarise une existence concrète ouverte sur un horizon plus vaste que sa finitude. De ce fait, toute théologie de la nature pure demeure impossible, puisque nous nous mouvons toujours dans une économie de l'« existential surnaturel ». Cette position est partagée par Balthasar [1]. Il reste que le paradoxe de l'homme comme être posé dans la liberté ne saurait être affaibli par une conception erronée de l'« existential surnaturel ». Or, en toute hypothèse, cela ne tient pas à la formalité du concept, mais à ce qu'il dit ou entend dire de la relation de Dieu à l'homme, une relation expérimentée dans une liberté d'accueil qui déterminera la validité du concept. L'« existential surnaturel » assure le déploiement d'une histoire de la liberté spirituelle, une vocation surnaturelle, et la rigueur de cette possibilité est donnée dans l'irréductibilité d'une existence, reconnue comme le « drame » archétype d'un étant qui a consenti à se perdre dans « le secret absolu qu'est Dieu ». Le monde n'est plus seulement l'ouvrage qui se détache de Dieu, mais sa propre réalité, historiquement saisissable lorsque dans la figure de Jésus Dieu, le fondement originaire qu'on ne saurait

1. H. U. von Balthasar, *Karl Barth. Darstellung und Deutung seiner Theologie*, p. 278-335.

embrasser se manifeste comme celui qui « a en notre faveur un Logos, c'est-à-dire la possibilité d'un don de lui-même en histoire, tel qu'il est en lui-même, et que ce Dieu est la fidélité historique, et en ce sens le Vrai, le Logos » (*TfF*, p. 244).

Ainsi toute nomination transcendantale, toute thématique d'un possible « existential surnaturel » requiert la fragilité d'une histoire qui délivre le concept. Il faut donc rappeler avec insistance que le transcendantal, pour Rahner, n'est pas le présupposé kantien d'une origine non empirique des représentations *a priori* applicables aux objets de l'expérience et uniquement aux objets de l'expérience. Pour Kant, l'esprit se perçoit intuitivement non tel qu'il pourrait se représenter lui-même, mais suivant la manière dont il est intuitivement affecté, non tel qu'il est. L'intuition est toujours dérivée et non originaire. Or, pour Rahner, le transcendantal est le milieu de la différence ontologique inachevée, c'est-à-dire l'être en tant que luminosité communiquée à l'étant qui, plus il est en acte, plus il accueille l'être, plus il s'accueille dans une forme d'autotransparence et de ce fait est ouvert à la possible « expression » de « l'absolue possession de l'être » que réalise la plénitude trinitaire [1]. La corrélation être-« expression de soi » est donnée avec l'être même qui par principe doit pouvoir se manifester dans une parole « vraie » (*omne ens est verum*).

La « nécessité », interne au « processus » de révélation, relève d'un jugement *a posteriori*, tout entier redevable de l'*a priori*

1. « Toute opération et toute action, de la simple matière jusqu'à la vie intratrinitaire, ne sont que des variations de cet unique thème métaphysique, de cet unique sens de l'être : la possession de soi. Mais la possession de soi passe par une double phase : premièrement un efflux, une manifestation de l'essence en dehors de son fondement, une *emanatio*, et deuxièmement par une reprise-en-soi de cette essence extériorisée et pour ainsi dire révélée » (*HéV*, p. 97-98). Tout être, tout étant est essentiellement « symbolique » en ce qu'il ne se possède qu'en s'exprimant, qu'en s'extériorisant « dans l'autre ». L'étant est structurellement marqué par la pluralité, ce qui ne saurait être lu comme la seule dimension ou trace de son incoercible enfermement dans la finitude, la dissémination, la particularité. Le mouvement nécessaire et « pluriel » d'« expression de soi » appartient à la plénitude trinitaire de l'Être absolu de laquelle l'étant participe par la médiation communiquée de l'être.

ineffable de la communication de Dieu en direction du « non-divin », du vide du « non-divin » et qui n'est atteignable qu'en une « nomination » transcendantale de l'« Ineffable », du « Sans-Nom », du « Mystère » primordial et « silencieux », à laquelle tout homme accède inéluctablement de par son origine qui suit l'ordre et le rythme des processions intratrinitaires par lesquelles le divin se possède dans une plénitude absolue et suffisante. La révélation est ainsi primordialement, « l'histoire de cette relation transcendantale entre l'homme et Dieu, qui est donnée de manière surnaturelle par la communication que Dieu accorde de lui-même gratuitement, mais toujours irrésistiblement à tout esprit et qui déjà en elle-même doit être appelée à juste titre révélation [1] ».

Si l'être est l'objet possible d'une question et que l'homme peut s'enquérir de l'être en sa totalité, la luminosité interne de l'être se manifeste comme totalité, comme acte d'être. Mais cette luminosité de l'être pour l'homme n'est donnée qu'à travers cette expérience-limite transcendantale. Elle n'est pas identique à l'être comme tel, elle s'en différencie par l'acte d'une *participation* à l'être. L'expérience transcendantale, que l'on pourrait presque qualifier d'*intuitus originarius*, est donnée à elle-même sans provenir d'une quelconque puissance pure du sujet. Au fond de l'existence humaine s'accomplit toujours une affirmation du contingent, du non-nécessaire. Ce « jugement » procède d'un jugement d'existence, il relève d'une analytique existentiale. En effet, la participation à l'être, la position finie de réalité dépassent nécessairement toute compréhension statique. Elle requiert l'ordre de la volonté, l'ouverture sur l'être étant actualisée par la volonté comme moment interne de la connaissance, puisque l'être est connaître dans la mesure où seul devient conscient de la véritable infinité de l'être celui qui assume sa propre finitude. Par ce mouvement de transcendance qui illumine tout rapport conscient à soi, l'homme est en mesure de

1. K. RAHNER, « Bemerkungen zum Begriff der Offenbarung », *Offenbarung und Überlieferung*, coll. «Quaestiones disputatae», t. 25, Fribourg-Bâle-Vienne, Herder, 1965, p. 14.

s'affirmer comme posé dans l'existence, et ceci à travers l'expérience donnée de son « être-jeté », contingent, qui nécessairement est entraîné en direction d'une ultime possibilité, l'horizon de l'être infini (*HéV*, p. 151-158).

La luminosité de l'être est le milieu de la révélation, l'être est comme tel acte de révélation, acte de se dévoiler dans l'appropriation consciente de l'esprit qui opère le mouvement subjectif de la *reditio*, processus qui marque toute action, toute opération, de la simple matière à la vie intratrinitaire (*HéV*, p. 97). Ce mouvement d'autotranscendance primordiale reflue en direction du créé à partir de l'« absolue possession de soi » que réalise la vie intratrinitaire. Rahner ne peut poser l'*a priori* transcendantal qu'à partir de son « objectivité » de donation, le transcendantal s'identifiant à la détermination « expressive » de l'être. Le transcendantal médiatise la différence ontologique, il est l'être qui se révèle et se différencie dans la distance participative. Le sujet transcendantal ne s'autoconstitue pas sans l'extase « expressive » de l'être lumineux et vrai, l'être lumineux et bon. Il conviendrait de parler ici d'une « déhiscence » de la subjectivité transcendantale, certes antérieure à l'appréhension des objets, parce que contemporaine de l'ouverture à l'être, donnée à elle-même dans l'être, éveillée sans transition dans l'éclosion de l'être. On peut alors aisément comprendre que l'unité primordiale ainsi acquise constitue le présupposé primordial de la communication à l'homme du « pur être » par le « Verbe », c'est-à-dire ce mouvement corrélatif de l'être et de l'expression, de la communicabilité. « Pour que le *Logos* incarné puisse exprimer "dans le Verbe" ce qui est celé dans les profondeurs de la divinité, il faut que l'être des étants soit déjà *logos* » (*HéV*, p. 101-102).

L'acte pur d'être est lumière, il n'y a point d'obscurité en lui. Il est lumière en cette forme achevée d'une intériorité « expressive » et « aimante », dans la connaissance et l'amour. Le concept d'autocommunication atteint ici sa rigueur trinitaire, un concept qui, comme tel, ne peut être posé sans un horizon trinitaire. On peut évidemment s'interroger sur la médiation qui permet de poser le lien de l'être à l'intériorité trinitaire, en ce sens que le transcendantal viserait « nécessairement » l'absolu trinitaire. Bien entendu, une telle visée serait conditionnée du côté de l'absolu, et non du sujet connaissant. Si le mystère trinitaire semble ici englobé dans une logique transcendantale de la connaissance, ce n'est qu'en vertu d'un principe méthodique applicable *a posteriori* aux structures de la subjectivité transcendantale en tant qu'elle s'éprouve indivisiblement dans l'acte du connaître et de l'amour.

Mais si l'être-révélé transcendantal de Dieu est ordonné à sa propre objectivation, si en d'autres termes il ne peut que se déporter en direction d'une histoire en laquelle l'acte primordial de l'extraversion du divin atteint une proximité inouïe, c'est parce que l'offre advient pour des êtres qui ont une condition historique. Elle ne peut alors se réaliser de façon définitive, surprenante, que si elle devient effective dans le cadre d'une histoire. Transparence de l'être de Dieu, la communication qu'il nous fait de lui-même n'atteint sa vérité que dans le tissu concret d'une histoire, à travers un visage historique. Nous n'éluciderons pas encore les structures qui déterminent la communication de Dieu dans son rapport à un destinataire de caractère personnel. Nous renvoyons aux développements du chapitre V. L'essentiel, pour le moment, est de saisir l'intention théologique du concept d'autocommunication, son intention trinitaire immédiate. Dans cette ligne de pensée, « on peut d'ores et déjà voir dans la Trinité la source suprême et radicale de l'unité indéfinissable, originelle et désespérément mystérieuse, qui existe entre la dimension historique et la dimension transcendante de l'homme, sa transcendance s'accusant à travers le dynamisme de l'histoire, et le dynamisme de l'histoire étant à son tour polarisé par une finalité transcendante. Le Père, c'est l'origine indéfinissable et l'unité en qui tout prend sa source. Sa “Parole” n'est autre que sa propre expression projetée au cœur de l'histoire. Et quant à l'Esprit, il représente la tension de l'histoire vers une communion directe avec sa fin suprême qui est en même temps sa source première, le Père [1]. »

1. K. RAHNER, « Dieu Trinité fondement transcendant de l'histoire du Salut », *MS*, t. VI, p. 55.

DEUXIÈME PARTIE

« DRAMATIQUE TRINITAIRE » COMME LOGIQUE THÉOLOGIQUE (HANS URS VON BALTHASAR)

CHAPITRE III

DU « DRAME » INTRATRINITAIRE DE L'AMOUR AU « DRAME » EXTRATRINITAIRE DE LA RENCONTRE DIEU-MONDE (HANS URS VON BALTHASAR)

L'épreuve de la croix et la naissance d'une figure de la liberté

L'analyse menée au cours des premiers chapitres nous a permis d'établir sous forme d'axiome le pôle d'une convergence fondamentale et d'une divergence fondamentale des œuvres théologiques de Balthasar et de Rahner, et ceci sous le profil somme toute encore assez formel du rapport philosophie-théologie. Nous ne reviendrons pas sur les raisons épistémologiques d'un tel choix, surtout lorsque l'analyse de ce rapport présuppose l'ouverture théologique qui le détermine foncièrement. Cette ouverture ou cet *a priori* théologique informant l'espace métaphysique, ou en d'autres termes la quête du sens ultime de l'être, inclut, sous forme de pré-supposition inchoative, un procès de révélation advenant dès l'origine. L'être, comme fond non subsistant, recueilli en une radicale contingence que redouble l'expérience de tout étant, limité à l'intérieur d'une histoire de la douleur et de la contradiction, assure la permanence d'une énigme de la gratuité.

Dans cette vision globale, la croix, au terme de la destinée filiale, temporelle de Jésus, n'est pas extrinsèque au concept de Dieu, mais constitue le « lieu » même où le concept peut naître sans se transformer en une gnose rationnelle. La croix est un lieu de résistance, le concept doit s'y ajuster afin de laisser à la figure l'espace nécessaire à son déploiement, espace qui mène de la mort à la Résurrection et qui coïncide avec les dimensions intégrales de la *Gestalt* de révélation. Kénose et Gloire s'identifient alors en une unité supérieure, bien que la raison se meuve encore dans une perception contradictoire des termes, tant que n'est pas pleinement reconnue la lumière trinitaire en laquelle toute-puissance et non-puissance s'identifient. L'analogie esthétique, qui signifie l'expérience fondatrice de l'altérité, là où l'être, l'exister et l'existant sont redevables d'une unité fondatrice qui paradoxalement se caractérise comme plénitude différenciée, ne suffit pas à penser et à percevoir la jonction inattendue d'une *Gloire*, *Kabod* dans la figure d'un crucifié. Les canons de la beauté naturelle et cosmique subissent un étonnant renversement. L'analogie esthétique se redétermine à la lumière d'une beauté au-delà, d'un amour plus grand, le *quo maius trinitaire* en sa forme livrée, celle du Fils crucifié et difforme en qui l'analogie esthétique s'épuise sous la forme d'un amour livré à l'excès, le *Deus semper maior* [1].

Beauté et splendeur de Dieu ne se découvrent pas selon une pure déduction logique partant de la beauté qui nous apparaît. Le mouvement qui nous mène vers le Dieu toujours plus grand s'accomplit comme *theologia negativa* que seule rend possible une *theologia positiva*, l'esthétique unifiant les deux moments à partir du rayonnement de la Gloire divine incarnée. On ne peut préscinder éclat et rayonnement de la réalité solide, de la forme singulière en laquelle la Gloire extatique se pose et fonde une

1. « L'analogie esthétique déchiffrée [...] dans la seule expérience "naturelle" (humaine et cosmique) réapparaît, marquée d'un chiffre nouveau. Elle est transcendée, de l'extérieur d'elle-même, dans une inversion de soi impossible à inventer. Au lieu d'une saisie immédiate de l'amour "naturel", la kénose nous projette devant l'*Un-Gestalt* de Celui que nous avons nous-mêmes condamné et rejeté. [...] Le renversement est dans l'apparition paradoxale d'un jugement de miséricorde, suprême manifestation de l'*Amour*. La figure de soi repoussante, attire tous ceux qui, reconnaissant leur aveuglement, accèdent à la Lumière d'une *vérité* nouvelle [...] » (H. DANET, *Gloire et croix de Jésus Christ*, Desclée, Paris, 1987, p. 77).

histoire [1]. Mais nous sommes alors dans ce qui demeure sans analogue chez l'homme. L'art divin ne répond à aucun canon pré-établi, aucune mesure conceptuelle ou sensible, il apparaît comme *quo maius cogitari nequit* (*FdC*, p. 106-108). Et, si Balthasar recourt ici au concept d'évidence, ce n'est assurément pas dans l'intention de rendre rationnellement crédible le sens de l'apparition, mais de reporter l'intégralité du sens sur le fait, de « subordonner » la dimension gnoséologique à la rigueur déconcertante du fait, dans sa brutalité matérielle et sensible, et ici seul le concept d'évidence déjoue les tentatives intégratives de la raison et de la sensibilité. « La splendeur de la transfiguration chrétienne n'est pas moindre que la splendeur transfiguratrice du beau profane, mais elle unit l'éclat et le rayonnement à la réalité solide. [...] Comme Karl Barth l'a vu très justement, cette loi va jusqu'à inclure la croix, et tout ce qu'une esthétique profane (même réaliste) écarte comme intolérable, et cela non seulement selon la doctrine platonicienne de la beauté, qui a l'art d'utiliser les ombres et les contrastes, comme valeurs de style dans l'art, mais en allant jusqu'au fond de la laideur du péché et de l'enfer qui, par la descente de l'amour divin, sont intégrés dans cet art divin, sans analogue chez l'homme » (*FdC*, p. 103).

L'identification d'une telle Altérité radicale à laquelle conduit l'interrogation originelle sur le pourquoi ou la pré-appréhension de l'infinité de l'être n'est pas expérience de « dé-solation », au sens où le sol se déroberait, le sol du sens ou de l'origine comme sens, mais reconnaissance d'une plénitude originelle qui n'est recevable qu'à partir du mouvement d'achèvement théologique de la philosophie. Aussi avons-nous suffisamment insisté sur l'immédiate inclusion christologique du rapport philosophie-théologie, et chez Balthasar et chez Rahner, certes, est-il encore besoin de le rappeler, selon des perspectives notoirement différenciées.

1. « De même que nous ne pouvons jamais atteindre le Dieu vivant autrement que par son Fils incarné, mais qu'ainsi nous l'atteignons réellement — de même nous ne pouvons pas parler de la beauté de Dieu en faisant abstraction de la figure qu'il a revêtue et de son apparition dans l'histoire du salut » (*GC*, t. I, p. 103).

Sous forme d'axiome, on pourrait ici ressaisir, pour Balthasar et Rahner, la convergence formelle à laquelle nous avons abouti en esquissant très sommairement le rapport philosophie-théologie. L'interrogation philosophique originelle ouvre le fini à l'horizon de l'infini, ouverture que la médiation christologique de révélation achève et identifie comme infini positif de participation.

En d'autres termes, *le rapport Infini-fini est conçu comme rapport de communication fondant la reconnaissance d'une Liberté infinie dans l'amour et la possibilité d'une liberté finie-contingente posée en un rapport d'altérité jamais clos sur lui-même.* Une telle convergence formelle nous semble parfaitement établie à partir des analyses que nous avons entreprises et qui nécessiteront des vérifications ultérieures, notamment à partir de la position de la christologie.

La logique du rapport Dieu-histoire telle que nous avons tenté de la formuler précédemment requiert l'horizon trinitaire du pensable. La relation Dieu-créature est une possibilité que seul cet horizon de pensée est en mesure de poser adéquatement. C'est précisément cette articulation décisive qui occupera les analyses du présent chapitre, ce qui nous permettra de passer d'une problématique formelle du rapport Trinité-historicité à son moment proprement « dramatique », tel qu'il se donne dans l'épaisseur d'une destinée historique, archétype de toute destinée humaine engagée en une histoire des libertés. Dieu ne peut se communiquer à la créature que s'il est Trinité, et la créature ne peut subsister comme finie qu'à partir d'une « altérité essentielle » (*relations subsistentes*) qui « fonde » la sienne propre. Seule la « dramatique » christologique est apte à « relever » l'aporie philosophique non trinitaire de la relation Infini-fini. *L'extase trinitaire « ad intra » assure, en se donnant « ad extra », la permanence et l'altérité du fini*, sans que ce dernier doive se nier ou se fondre dans l'indétermination du divin. La rencontre d'une liberté finie et d'une Liberté infinie, comme histoire des libertés, n'est concevable que trinitairement.

Le chapitre III visera ainsi à établir le contenu théologique de cette articulation décisive, dont la christologie constitue l'ultime rigueur. L'analyse sera menée en deux temps, puisqu'il s'agira de la conduire successivement pour Balthasar et Rahner, et ceci à partir d'un concept clé, respectivement les catégories de « drame [1] » et d'« autocommunication » (*Selbstmitteilung Gottes*).

Afin que l'hypothèse d'une « convergence formelle » des deux œuvres théologiques ne reste pas lettre morte, saisissons-la selon le pôle christologique de son expression, en guise d'ouverture. Le paradigme Créateur-créature en lequel nous percevons la convergence sera pourtant frappé de déficience pour une saisie appropriée de la vérité christologique chez Balthasar. Ce qui s'énonce comme vrai pour la créature en cette relation constitutive est inapte à poser la singularité de la « figure » christologique. Elle ne s'épuise ni ne se donne seulement dans les limites d'un tel paradigme, elle l'excède pour que soit préservée son irréductible unicité. Ce pôle de la singularité, en christologie transcendantale, s'inversera au profit de celui de l'universalité des structures qui définissent l'être-homme. La christologie y apparaît alors comme une grandeur qui décide du rapport à soi de la créature en sa réalisation archétypique. Le *pro nobis* de la croix, épiphanie de la pro-existence constitutive des relations intratrinitaires, serait encore impensé. Rahner nous serait redevable d'une théologie de la croix, d'une théologie de la singularité de l'événement christologique.

C'est la christologie pensée à partir d'une dramatique trinitaire, ad intra et ad extra, *qui constituera pour Balthasar le point de résistance le plus tenace à une christologie de type transcendantal.*

Pourtant, si le paradigme Créateur-créature est « hors mesure » pour la perception de la singularité christologique, singularité que délivre le *pro nobis* de la croix, l'acte unique du Fils

1. Notre travail de recherche ne pourra analyser l'élément analogique préthéologique du concept de « drame », à travers son référent théâtral. Il convient d'ailleurs d'ajouter que l'intégration théologique du concept implique un déplacement de sens et d'action du terme, qui relève alors d'une autre dimension logique. La « dramatique » du théâtre répond certes à ce phénomène de « transposition » de l'existence dans les dimensions originelles et téléologiques de son être-là.

assumant tout le péché du monde, il n'est pas hors propos, et ce faisant, l'anthropologie n'atteint toute sa dimension que dans la christologie. « Pour que puisse se réaliser un tel accomplissement qui, effectivement, n'est possible que dans la liberté infinie, il faudrait non seulement que l'infini puisse accueillir, et même assumer en soi, le fini, mais encore que le fini soit capable en retour de recevoir l'infini [...] ce sera précisément le paradoxe christologique qui, sans mélange des libertés fait habiter la liberté infinie dans la liberté finie, et permet ainsi à la liberté finie de s'accomplir dans la liberté infinie, sans que ni l'une ni l'autre ne perde son identité » (*Dd*, t. II, vol. 1, p. 172-173).

LA RENCONTRE D'UNE LIBERTÉ INFINIE ET D'UNE LIBERTÉ FINIE : DE L'APORIE NON TRINITAIRE À UNE LOGIQUE TRINITAIRE DE LA RENCONTRE

Prétention conceptuelle d'une « Dramatique ».

L'une des assertions essentielles que nous avons formulée au cours du chapitre premier consistait à affirmer le primat de la « dramatique » pour tout accès à la vérité de l'ontologie.

La pensée de l'être comme similitude, parabole et ressemblance de Dieu est « *une conséquence intraphilosophique de l'illumination du principe divin dans la révélation biblique* » (*GC*, t. IV, vol. 2, p. 79). Seule la catégorie de dramatique est ultimement en mesure de délivrer la vérité plénière de cette affirmation, puisqu'en elle la distinction hypostatique Père-Fils, source de toutes différences et de distinctions créées, se donne comme achèvement du sens ultime de l'être.

L'espace d'un monde, la possibilité d'une liberté posée dans une radicale altérité n'adviennent qu'en cet *a priori* chrétien de la différence en Dieu de Dieu d'avec Dieu. La différence originelle est l'Être trinitaire qui, se donnant éternellement à lui-même, donne à la créature d'être pour elle-même et fonde le rapport des libertés en une réelle contrapposition. C'est ici que nous saisissons la dimension « protologique » de la christologie et de la catégorie de drame qui l'éclaire. Le « *drame* », comme nous le constaterons plus avant, s'il est un concept théologique, dépasse la notion de rapport conflictuel, de rapports de violence ou de déstructuration de l'être. Il signifie positivement la distance Dieu-monde vécue en une rencontre des libertés que dramatise une économie de péché. Mais pour qu'un tel rapport dramatique puisse exister, il faut qu'analogiquement l'« espace » d'un tel rapport existe en Dieu même, ce qui permettra à Balthasar de lancer l'audacieuse formulation d'un tel paradoxe : « Le drame trinitaire possède une durée éternelle : jamais le Père ne fut sans le Fils, jamais le Père et le Fils ne furent sans l'Esprit. Tout ce qui est temporel advient dans l'enveloppement de l'éternel événement [1]. »

Le « drame originaire » (*Ur-Drama*) que constitue pour lui-même l'éternel échange trinitaire, dans l'opposition des Personnes et leur identité essentielle, est une affirmation positive de plénitude originaire, et non une sorte de processus nécessaire d'extériorisation de soi, pour un Dieu en mal de se connaître. Toute affinité avec des tendances de type gnostique est ici irrecevable. « Une doctrine théologique des attributs de Dieu, qui ne découlerait pas d'une théologie du Dieu incarné, serait elle aussi incapable de montrer les dimensions réelles de la liberté divine et, par conséquent, le vrai rapport de Dieu à la liberté créée. Car c'est seulement dans leur rapport dramatique réciproque que se dévoile la nature de l'un et de l'autre, ainsi que cela devient évident par l'événement du Christ » (*Dd*, t. II, vol. 1, p. 168).

La catégorie de drame n'est pas externe à l'interrogation métaphysique originelle, cette dernière se donnant sous la forme de l'inquiétude, inquiétude qu' exacerbe l'expérience dialogique de la rencontre des êtres (*Theol.*, t. II, p. 40-57). On sait que Balthasar dessinera les lignes d'une métaphysique dialogique visant à dépasser une pure métaphysique de l'esprit qui, en dépit

1. *Dd*, t. III, p. 303. « Das trinitarische Drama hat ewiges Dauern : nie war der Vater ohne den Sohn, nie waren Vater und Sohn ohne den Geist. Alles Zeithafte ereignet sich im Umgriff des ewigen Geschehens » (*Theod.*, t. III, p. 304).

de sa très réelle fécondité, demeure déficiente quant à une saisie du Mystère trinitaire, d'où les réserves appuyées qu'émet Balthasar face à l'analogie psychologique augustinienne et à sa reprise spéculative par saint Thomas. La justesse de ces accès analogiques ne s'épargne pas les risques d'une dérive modaliste immanente, reconduisant l'aporie philosophique de l'infini pensé en terme d'autoposition.

Une liberté infinie peut-elle être assez libre pour donner lieu à une liberté finie qui à son tour puisse être libre en elle-même ? Cette interrogation fontale peut être reconduite en termes ontologiques, pourquoi y a-t-il à côté de l'être absolu de l'être relatif, et comment un tel être peut-il exister ? « Or cela n'est pas au pouvoir d'une pure *Idée* du Bien infini, car une liberté finie ne devrait jamais cesser de tendre vers elle et cependant, étant donné sa nature, elle ne parviendrait jamais à l'atteindre. Cela n'est pas davantage au pouvoir d'un Bien *réel* infini qui, pour qu'il soit infini, ne peut être conçu que séparé de toutes les finitudes : qu'on l'appelle la Pensée qui se pense elle-même, avec Aristote ; ou, avec Plotin, l'Un parfait dont la liberté est absolue, certes, mais ne se déploie qu'à l'intérieur d'elle-même : en effet l'Un est totalement tourné vers lui-même et en pure intériorité à soi-même ; il n'a aucune relation avec l'extérieur, ni avec d'autres que lui, mais il se réfère totalement à lui-même (*Ennéades,* VI, 8, 7). [...] Un tel Dieu, obstinément lui-même en sa liberté, ne peut *donner* la liberté » (*Dd*, t. II, vol. 1, p. 171-172).

On pourrait peut-être objecter à Balthasar que Plotin conçoit la perfection de l'Un comme source de la différence de l'être et des étants qui en dérivent. C'est parce que l'Un est surabondant qu'il produit une chose différente de lui, il est la « génération » de l'être et celui-ci son « premier-né » [1]. Mais Balthasar reste formel, ce qui fait défaut dans cette perspective, c'est l'idée d'un libre don de la liberté finie.

En effet, toute tentative philosophique de penser l'absolu ne peut y parvenir qu'au gré d'exclusions mutuelles, comme si le

1. PLOTIN, *Ennéades*, V, 2, 1.

principe d'une donation possible du premier terme, l'absolu infini, ne pouvait constituer à côté de lui ou à partir de lui une liberté finie, pensée et reconnue comme fin délibérée du mouvement de donation. L'absolu se pose en s'opposant. Il reste alors paradoxalement conçu dans l'horizon exclusif du fini auquel il s'oppose. De l'opposition à la négation, il n'y a qu'un pas. Certes, le meilleur de la réflexion philosophique aboutira à la reconnaissance d'un infini essentiellement libre dans l'auto-possession et la disposition de soi, soustrait à toute forme extrinsèque de détermination.

Pourtant, Balthasar ne cesse de pourchasser l'ambiguïté fondamentale de l'accès philosophique à l'absolu, quelles que soient les figures apparemment diversifiées en lesquelles il se donne. On peut saisir une sorte d'unification des perspectives à travers l'impossibilité foncière que porte l'absolu philosophiquement pensé, le fait de poser la différence comme telle au cœur de l'absolu [1]. Balthasar s'attache surtout à analyser les préfigurations d'une relation entre liberté finie et liberté infinie dans la philosophie de l'Antiquité. On peut d'ailleurs se demander si le terme générique de philosophie auquel il recourt ne s'épuise pas en cette sphère restreinte de la pensée. Il reste vrai que l'accès philosophique à l'absolu est ramené à une unité fondamentale de perception, à une approche synthétisable qui déterminerait globalement l'accès philosophique à la question de Dieu. C'est à travers une impossibilité que Balthasar saisit la formalité de cet accès.

Cette impossibilité n'est pourtant pas le propre d'un accès philosophique à l'absolu. Là encore, d'un seul tenant, le théologien repère l'impossibilité au cœur de l'approche religieuse du divin, judaïsme y compris. L'accès religieux extra-chrétien à l'absolu, faute d'un espace trinitaire de perception, ne peut reconnaître l'axiome que porte avec lui l'acte de la révélation, que l'« Autre » en Dieu soit pure position et positivité, et non la négation de l'Un ou son renversement. « Nous nous situons ici

1. G. SIEWERTH, *Der Thomismus als Identitätssystem*, Schulte, Bulmke, 2, 1961, p. 104.

au même point crucial que celui établi au centre de la Théodramatique, où il fut affirmé que l'"Autre" en Dieu est pure position et positivité et aucunement la négation de l'Un ou son renversement [...] la différence entre le Père et le Fils, qui n'est pas *l'autre* de Dieu, mais, comme l'Esprit, *l'Autre en* Dieu [1]. »

La positivité de l'« Autre » en Dieu devient une impossibilité plus grande encore à concevoir lorsqu'elle s'épuise littéralement en une figure finie. On ne peut reconnaître une telle positivité qu'à travers la figure incarnée du Verbe, un pas que mystique et philosophie s'accordent à ne pas franchir. « Ce que le christianisme a de caractéristique, c'est que l'on ne part pas du corporel sensible comme d'un donné religieux matériel sur lequel on pourrait entreprendre les abstractions nécessaires, mais qu'on en reste à la vision, à l'audition, au toucher, à la manducation de cette chair et de ce sang qui ont porté et ôté le péché du monde. De Valentin à Bultmann on a cherché à spiritualiser et à démythiser cette chair et ce sang » (*GC*, t. I, p. 265).

Liberté comme « figure ».

L'exil du Mystère trinitaire hors du champ de l'histoire sensible et dramatique, au profit d'une christologie par trop fonctionnelle et qui demeure un fait massif de l'histoire de la théologie et de la mystique chrétienne moderne, s'explique peut-être par le non-intégrable qu'est la positivité de l'« Autre », du devenir, de l'espace et du temps, de la corporéité. Ce non intégrable se nourrit d'une déficience trinitaire, il affecte et la pensée philosophique antique, et la mystique chrétienne tributaire de l'esthétique platonicienne, comme toute forme de mystique extrachrétienne. Le jugement de Balthasar est sévère à l'endroit de l'esthétique platonicienne (*GC*, t. I, p. 265-266).

1. « Wir stehen hier am gleichen Kreuzpunkt wie im Zentrum der Theodramatik, wo festgestellt wurde, dass "der Andere" in Gott reine Position und Positivität ist und keineswegs die Negation des Einen oder dessen "Umschlag" [...] der Differenz zwischen Vater und Sohn, der nicht *das* andere Gottes, sondern, wie der Geist, *der* Andere in Gott ist » (*Theol.*, t. II, p. 40).

L'univers des formes et des figures est trinitairement consacré, parce qu'en Dieu prévaut la positivité de l'« Autre ». Le Dieu trinité est *Gestalthaft*.

L'impossibilité dont nous avons parlé s'explicite alors selon une étonnante connivence philosophico-religieuse, à laquelle paradoxalement échappe le lien moniste et panthéistique, l'ébauche la plus positive de la religion et de la mystique philosophiques naturelles. « Entre l'amour personnel des êtres finis les uns envers les autres et l'amour ontologique pour le principe qui fonde tous les êtres finis, mais leur est aussi inconcevablement supérieur, on peut, dans le meilleur des cas, poser une sorte de lien moniste et panthéistique, qui doit aussi être considéré alors comme l'ébauche la plus positive de la religion et de la mystique philosophiques naturelles. Il est trop facile de dire comme chrétien que le panthéisme est faux, car on méconnaît alors que la doctrine chrétienne ne retombe pas au-dessous du panthéisme comme ébauche de système, mais doit réaliser le pas qui mène au-dessus de lui ; et ce pas qui ne peut naître que de la révélation libre de Dieu délivre la tentative panthéiste de sa contradiction interne » (*GC*, t. I, p. 163).

Le passage qui mène de l'« aporie » non trinitaire à la possibilité trinitaire de la rencontre infini-fini se problématise de la manière suivante : « Pour que le principe d'illumination qui est au cœur de la liberté finie, son indifférence à l'égard de tous les biens finis, ou comme on dit encore son aspiration absolue à l'inaccessible, ne soit dans sa tension ni réduit au supplice de Tantale, ni étouffé par les contraintes de la finitude, si son élan vers l'auto-réalisation doit demeurer libre et échapper à la loi d'airain d'une dialectique contraignante, il faut, au-dedans et au-dessus d'elle-même, une liberté infinie, en vertu de laquelle elle puisse se réaliser comme liberté finie » (*Dd*, t. II, vol. 1, p. 171).

L'unique « résolution » vient de la liberté infinie, en tant qu'elle ouvre à partir d'elle-même le passage que les structures de la liberté créée ne peuvent ni déduire ni revendiquer. Aucune puissance du sujet, aucun dynamisme de type transcendantal ne constituent pour eux-mêmes et en eux-mêmes une raison suffisante à l'ouverture d'un tel passage.

Cette liberté doit par essence, en tant qu'infinie, être assez libre pour donner naissance à une liberté finie, réciproquement libre en elle-même. Mais l'absolu qu'atteint la pensée philosophique est-il en mesure d'inclure en lui la possibilité d'une émergence de la liberté finie, comme autre que lui et « procédant » de lui ? Cela suppose que l'on puisse affirmer quelque chose de la liberté infinie en elle-même, impossibilité que recèle le concept même de raison lorsqu'il se réfère à l'absolu. Relativement à nous (*quoad nos*), l'absolu n'est pas connu de soi (*secundum se*). Il se donne et s'identifie moyennant le jeu contigent de relations de causalité, d'échanges symboliques, où s'entrecroisent formes de vie et formes de mort, là même où la pensée contemporaine prétend dénoncer des rêves mythiques de plénitude, de présence, de proximité, de vie sans mort [1].

À quoi peut aboutir une philosophie réfléchissant sur l'absolu comme cause de l'être, sinon à une convertibilité de l'être infini et de la possession infinie de soi par la connaissance et la volonté ? « La cause de la réalité totale (*totum esse*) du monde, dont la caractéristique est toutefois de ne subsister que dans des essences finies, ne saurait être ni la réalité totale de l'être

1. L'échange symbolique semble bien constituer la nouvelle forme de la rationalité, comme deuil de la rationalité. Ce deuil, dans la pensée contemporaine, recouvre une pluralité d'acceptions, et comment en serait-il autrement lorsque la pensée vit de l'absence de centre, excluant toute autorité référentielle ? La pensée de l'échange symbolique porte un coup fatal à la christologie, dans la mesure où la confession de foi ne peut pas ne pas reconnaître en Jésus-Christ le statut de référent historiquement donné, c'est-à-dire advenant à partir de Dieu se communiquant, référent que ne détermine rien d'autre que Lui-même se donnant. La théologie ne peut accepter la réduction anthropologique de la signification à la différence des signifiants, à leur opposition en un pur système de signes, sous peine d'effacer « l'autorité référentielle accordée à Jésus-Christ par le discours de foi. Le nom se trouverait dissocié de l'énoncé correspondant et le retrait du jugement entraînerait le deuil de l'être afférent. Connaître Jésus-Christ symboliquement serait peut-être saisir l'écart avec Bouddha ou encore laisser jouer en tous sens l'échange de ses deux signifiants. Une différence s'établirait là entre systèmes symboliques, ici de symbole à symbole. Elle se montrerait toujours indifférente à la vérité christologique de Jésus » (Y. Labbé, « La théologie et la philosophie entrecroisées, Révélation et langage », *RScPhTh*, 75, 1991, p. 190-191).

intramondain (puisqu'il ne subsiste pas en soi), ni la somme des êtres subsistants (puisque ceux-ci sont, chacun pour leur compte, finis et causés) : elle peut être seulement un Être infini qui, en tant que tel et sans intermédiaire, se connaît et dispose de soi comme sujet ; qui, par conséquent, est absolument libre de par soi, puisqu'il n'a ni limite, ni concurrence d'aucune part » (*Dd*, t. II, vol. 1, p. 220).

LOGIQUE DIVINE (AMOUR TRINITAIRE) COMME LOGIQUE CRÉÉE (INCARNATION), NÉCESSITÉ D'UNE LOGIQUE INTRATRINITAIRE

La forme d'une logique trinitaire.

Si Balthasar ménage une médiation dramatique entre l'esthétique et la logique, c'est à n'en pas douter à l'encontre d'une perception transcendantale d'un rapport d'immédiateté à Dieu. L'univers des formes, au sens le plus concret du terme, est requis comme un ordre précisément non « catégorial » dans l'acte de reconnaissance libre du Dieu qui se donne en s'ex-posant (*Selbstauslegung*). L'unité de l'être et de la manifestation est atteinte non pas antérieurement à la médiation christologique, mais en elle. Dans l'expérience transcendantale, l'unité d'être et de manifestation dans l'acte d'autocommunication ne requiert pas nécessairement la médiation christologique, substituée à une médiation plus originaire, la conscience de soi du sujet connaissant, universalisant immédiatement les formes offertes à la sensibilité et les portant à l'éclosion de l'Infini. La médiation originaire serait la capacité universalisante de l'intellect, une médiation donnée à elle-même par un acte gratuit de communication-révélation. Nous constaterons à ce propos que la christologie de Rahner se développe sous l'horizon d'une double causalité, exemplaire et finale, la causalité quasi formelle appartenant au concept anté-christologique d'autocommunication [1].

Par contre, pour Balthasar, l'acte de reconnaissance ne peut en fait jamais être pensé ou isolé comme une réalité psychique seulement immanente, mais uniquement comme le rayonnement d'un *lumen increatum*, d'une *gratia increata*, sans qu'il soit fait abstraction de l'incarnation de Dieu. La lumière de foi est intrinsèquement déterminée par son objet, la phénoménalité de l'objet, une phénoménalité entendue en son acception la plus étroite, la plus déterminée qui soit, le lieu des corps. « Si cette lumière et cette grâce sont de forme christique, ce qu'il y a de lumineux en elles est aussi déterminé par la figure objective, et des motifs d'intériorité religieuse ne permettent aucunement de dissocier cette synthèse posée par Dieu : ce que Dieu me dit intérieurement comme son Verbe illuminateur et surnaturalisant n'a pas par hasard, mais essentiellement, la figure que Jésus Christ a dans l'histoire publique, même si sa vérité comme figure objective ne devient visible qu'aux yeux de la foi. Il ne convient pas de dissocier le Christ objectif en une figure "phénoménale" purement extérieure et une lumière sans figure réservée à l'intériorité existentielle. Tout le mystère du christianisme, en quoi il se distingue radicalement de toute autre tentative religieuse, est que la figure, étant posée et ratifiée par Dieu, n'est pas en opposition avec la lumière infinie » (*GC*, t. I, p. 181).

L'expérience d'immédiateté à Dieu, selon les ressources d'une dynamique transcendantale de tendance foncière, est impuissante à dessiner antérieurement à son attestation les dimensions de la figure de révélation. Elle ne saurait même en porter le désir inchoatif d'accomplissement, comme si la christologie était interne aux dimensions de la subjectivité spirituelle. Mais là encore, la christologie transcendantale de Rahner ne se laisse pas purement et simplement ramener à l'univocité de cette position récusée par Balthasar. L'entre-appartenance de l'être et de la manifestation, du fond et de la forme de l'acte de révélation,

1. « Über die Eigenart des christlichen Gottesbegriffs, Selbstmitteilung Gottes » (*SzT*, t. XV, p. 185-194).

constitue, pour Rahner, le garde-fou à toute réduction mythologique de l'acte d'incarnation. Cependant, la collusion entre fond et forme de l'acte ne relève pas de la même préoccupation épistémologique. C'est à ce niveau qu'il faudra évaluer la divergence d'interprétation des deux théologiens. Le lien intrinsèque d'appartenance se détermine pour Balthasar selon un mouvement descendant, alors que chez Rahner il s'agit d'un mouvement ascendant d'intelligibilité. La christologie unifie les deux moments, symétriquement pour Rahner, asymétriquement chez Balthasar. Nous reviendrons sur ce point de clivage essentiel [1].

Avant de revenir à la logique qui fonde, sans que soit reproduit le schème de la pure causalité, Dieu cause nécessaire du monde, c'est la relation de conditionnement entre une double logique qui, chez Balthasar, est intéressante à relever.

La logique du rapport Dieu-histoire requiert comme nous l'avons vu un « espace » trinitaire d'échange, mais qui comme tel n'est identifiable qu'à partir d'une base économique de révélation, que l'on peut également dénommer logique interne

1. Le niveau épistémologique de la divergence entre Balthasar et Rahner quant à la relation Verbe-nature humaine, peut s'expliciter comme suit, en le saisissant selon le schème rahnérien : « *mettre en lumière un horizon transcendantal dans l'essence surnaturalisée de l'homme et de son histoire pour que puisse surgir l'idée de l'Homme-Dieu*, c'est-à-dire de comprendre l'essence de l'homme de telle sorte qu'elle soit *a priori* ordonnée, dans l'histoire du Salut, par sa réalité de fait (c'est-à-dire surnaturellement élevée et finalisée par la grâce), à un Sauveur absolu » (K. RAHNER, « Principes généraux de l'anthropologie et de la protologie dans le cadre de la théologie », *MS*, t. VI, p. 161). *A contrario*, on peut mettre en parallèle un texte de l'Esthétique : « (Le renvoi de la créature à l'infini) ne signifie pas non plus un pouvoir transcendantal [...] de connaissance et de tendance, qui finalement serait conçu et décrit comme une forme de *potentia naturalis.* [...] Il s'agit bien plutôt du fait que la raison naturelle finie est renvoyée à une liberté infinie, par qui elle se sait posée et devant laquelle elle doit demeurer dans une obéissance de base, au-delà de toute revendication, de tout désir et de toute saisie. Ainsi la Parole de Dieu atteint réellement la créature en son cœur le plus intime, non comme une réponse donnée à une question posée, réponse qui serait déjà adaptée et ordonnée à la question donnée au préalable — mais dans l'"indifférence" de base de l'*ecce ancilla* » (*GC*, t. I, p. 381).

de création, positivité de l'« Autre ». L'ordre différencié de la dramatique et des corps dans lequel apparaît la figure de révélation devient non seulement un espace où *se* dit le Verbe, mais un espace *qui* dit le Verbe, là où forme, phénoménalité et fond coïncident paradoxalement, dans la saisie unificatrice de la figure. Cette option christologique naît d'un double refus philosophique, celui de la pure pensée hors de la résistance de la mesure et des formes, comme celui d'une dualité sujet-objet, toutes deux incapables de recevoir la force d'intégration que porte en elle la figure de révélation, la coïncidence *lumen, species*. Objet et sujet (tension née de la différence ontologique être-étant) sont simultanément conçus à partir d'une source commune de production, intégration théologale de l'espace philosophique de pensée. Mais une telle intégration n'abolit pas l'ordre irréductible de la distinction, passage de l'*analogia entis* à l'*analogia entis christologique*, le moment de grâce comme ordre de la dissimilitude. *Balthasar parvient ainsi à reconduire un accès de type métaphysique à l'identification de l'Infini, tout en posant la singularité d'une figure de révélation comme médiation absolue de l'accès, oscillation typiquement balthasarienne entre phénoménologie de la perception et transcendance de l'extériorité, dont l'ultime rigueur nous semble de type dialectique, Deus sub contrario.*

L'ordre des corps et des données sensibles est apte à dire le Verbe, non seulement en le contenant mais en l'exprimant adéquatement, ce qui suppose une logique analogique interne à l'ordre du créé. Nous reviendrons sur les développements de ce rapport logique, en analysant la fonction médiatrice de l'ontologie selon une dynamique trinitaire de représentation, telle qu'elle s'explicite chez Balthasar. Là encore, la christologie ressortit à une dynamique de la création, bien qu'immédiatement incluse en un ordre des libertés ouvert sur la possibilité de la perte de la liberté créée. Ce point d'équilibre de la christologie balthasarienne nous semble précieux, précisément parce que place est faite à la dimension protologique de la christologie pensée comme lieu d'achèvement de la liberté créée, c'est-à-dire un processus d'achèvement aussi originaire que la contrapposition dramatique des libertés dans l'expérience du péché, le refus d'une communion réceptive [1].

La distance Père-Fils « parcourue » en humanité, et dramatiquement « dilatée » sous la forme de l'abandon pascal, là où l'Esprit de communion devient possibilité de la séparation consentie, est incluse originairement dans la distinction intratrinitaire des hypostases. Cette « structure » logique inclut simultanément, en dehors de toute perspective temporelle, une histoire humaine de la liberté, expression logique créée d'une logique intratrinitaire. Un être libre, distinct de Dieu, ne peut advenir qu'à partir de ce « jeu » originaire de la distinction (Père-Fils) dans l'amour (l'Esprit). « Nous ne disons pas que la "séparation" éternelle (*die ewige Trennung*) en Dieu serait de soi "tragique", ou que l'union active opérée par l'Esprit serait une "comédie" au sens d'une suppression de la tragédie. Nous ne disons pas non plus (en un sens hégélien) que le drame trinitaire aurait besoin, pour cesser d'être un pur jeu et une abstraction, pour devenir sérieux et concret, de passer par les contradictions du monde. Ce

1. La christologie balthasarienne comporte une affirmation d'une double médiation, rédemptrice et créationnelle. La jonction Verbe-humanité, focalisée dans l'affirmation du *pro nobis* de la croix, reporte le moment de la croix dans la « distance » originaire de la communion trinitaire, pôle de la condition éternelle de possibilité : « Le fait d'être donné à soi-même, préalable absolu de toute possibilité que le Fils soit livré au monde *(das Sich-Gegebensein, die absolute Voraus-Setzung jedes möglichen Geliefertwerdens an die Welt).* » Le *pro nobis* n'est pas purement et simplement réductible à une théologie de la satisfaction, qui, en son excès — ce qui n'infirme pas sa justesse —, trahit une déficience trinitaire. La polarisation christologique de type instrumental ne parvient pas à penser la croix à partir de sa condition de possibilité, le *pro nobis* éternel des relations intra-trinitaires, cette kénose de plénitude qui seule est en mesure d'atteindre la communion, l'essence divine saisie au niveau de ses opérations vitales. Nous souscrivons parfaitement à l'analyse judicieuse de Pierre GISEL : « Historiquement, la réduction du motif trinitaire à un simple "théisme" (Dieu comme pur principe et principe simple), réduction qui a tout particulièrement affecté le christianisme latin, va de pair, au niveau des réalités de l'homme et de la création, avec une focalisation correspondante sur le péché (et dès lors une sotériologie déséquilibrée) » (*Un salut inscrit en création, Création et Salut*, Bruxelles, Publication des facultés universitaires Saint-Louis, 1989, p. 135).

que nous voulons faire, c'est approcher le mystère en partant de deux méthodes : d'abord à partir de la théologie négative qui exclut comme mythologique toute implication nécessaire de Dieu dans le déroulement de l'histoire du monde ; et ensuite à partir du drame du monde, en posant qu'il doit trouver en Dieu les conditions de sa possibilité [1]. »

Balthasar établit ainsi une corrélation essentielle entre une histoire humaine où l'homme est engagé dans une sorte de lutte dramatique, focalisée dans la perte possible de sa liberté, et l'inclusion trinitaire de cette possibilité, positive (pôle christologique et archétypique de l'obéissance filiale) et négative (le « non » de la créature qui ne peut avoir d'autre espace d'existence que le « oui » englobant du Fils au Père dans l'Esprit de distanciation et d'unification dans l'amour). Un monde plein de risques ne peut être créé qu'au sein de la *processio* du Fils. Nous reviendrons ultérieurement sur cette délicate articulation, l'essence même du christianisme, le rapport esthétique par excellence, jonction, à même le lieu des corps et de la contingence, de l'Infini et du fini.

La *processio* du Fils constitue le contenu et la forme du rapport logique Dieu-monde. La catégorie unificatrice qui fait de ce rapport logique un rapport d'expression créé d'une logique incréée, est donnée dans l'acte de kénose, manifestation temporelle d'un processus de « désappropriation » *(Selbstenteignung* [2]) s'actuant sans temporalité ni mouvement successif (une saisie de l'essence trinitaire au niveau des opérations vitales auxquelles elle s'identifie). Ce processus inclut d'emblée la forme de la croix [3], pensée en termes théo/logiques [4]. La croix

1. *Dd*, t. III, p. 303 ; pour l'édition allemande, *Theod*, t. III, p. 304. La traduction française de ce tome pèche par minimalisme. Elle se caractérise par une atténuation des termes allemands. Ainsi, l'expression « ewige Trennung » est-elle traduite par « éternelle distinction », ce qui ne correspond pas à l'intention sotériologique de l'affirmation trinitaire.

2. *Dd*, t. III, p. 306 ; *Theod.*, t. III, p. 308.

3. « Si Jésus, “cet homme qui est en même temps Dieu... (a) aussi un rapport à Dieu comme à son partenaire, rapport qui est vécu d'une manière vivante et s'accomplit en des événements décisifs”, il se manifeste par là que les deux

concentre en elle tout le poids du « non » mondain à l'amour manifesté, les ténèbres de la négation appelant le jugement de la « colère », c'est-à-dire l'opposition essentielle que l'amour infini éprouve face au péché (*Dd*, t. III, p. 316, 324). La suite de nos analyses examinera ce qu'il suffit pour le moment de relever selon un niveau logique d'attestation. « Cet *éloignement infini* qui intègre en soi le mode de l'éloignement de Dieu qui est celui du pécheur sera toujours la révélation terrestre suprême de la diastase entre le Père et le Fils dans le Saint Esprit au sein de l'être éternel de Dieu » (*GC*, t. II, vol. 2, p. 182).

L'intériorité du rapport d'expression entre forme (phénoménalité de l'événement) et fond (le Père) que délivre la *Gestalt*, sourd précisément de la Logique intratrinitaire. Balthasar donne cependant une double dimension à l'intelligibilité du rapport, l'une correspondant à ce qu'il appelle l'évidence subjective, interne à une théologie de la foi, l'autre étant l'évidence objective, interne à l'articulation logique être-manifestation. La

aspects : l'être et le devenir du Verbe incarné, sont l'expression d'un être éternel qui, quoique n'étant pas devenir, est pourtant vie éternelle débordante et (super)-événement. Le caractère dramatique qui est un élément essentiel de la personne de Jésus n'affecte pas simplement tout entier le côté terrestre de son être, mais a ses racines ultimes dans la vie divine elle-même » (*GC*, t. II, vol. 2, p. 127). Balthasar fait ici référence aux travaux de B. WELTE, « Die Lehrformel von Nikaia und die abendländische Metaphysik », *Q.D.*, 51, 1970, p. 100-117 ; « Die Krisis der dogmatischen Christusaussagen », *Zeit und Geheimnis*, Fribourg, Herder, 1975, p. 292-318.

4. « La kénose reste toujours le mystère le plus essentiel de Dieu, par lequel il révèle et communique au monde son essence. Nous n'avons encore fait que cerner le mystère pour ainsi dire négativement, en excluant les extrêmes et en affirmant que la condition de possibilité de l'abandon de Jésus par le Père doit reposer sur la distance intratrinitaire absolue qui existe entre l'hypostase qui donne la divinité et l'hypostase qui la reçoit, cette distance *(Distanz)* étant confirmée et tenue ouverte par l'hypostase qui procède des deux autres, en même temps qu'elle les ramène à l'unité d'essence en tant que don commun et dernier » (*Dd*, t. III, p. 309). Là encore, la traduction française opte pour une atténuation du sens des termes allemands, *Distanz* étant traduit par le terme de distinction, lequel est trop uniformément employé puisqu'il est utilisé à propos de l'expression *ewige Trennung*. Comme tel, il est inapte à saisir l'entre-appartenance de l'être et de la forme de la manifestation, telle qu'elle est pensée chez Balthasar.

nécessité d'une figure objective de la révélation est requise en fonction de l'expérience de l'*a priori* divin tel qu'il se donne en un régime de révélation, c'est-à-dire là où la faculté subjective d'expérimenter trouve son fondement et sa justification dans un objet expérimentable. Elle ne peut se fonder hors de sa forme d'attestation, puisqu'elle demeure inapte à le mesurer selon les ressources de ses puissances cognitives. Nous retrouvons ici une structure essentielle à la compréhension du rapport logique Dieu-monde, structure dont nous avons déjà largement parlé au chapitre premier.

Dans l'acte de connaissance, au moment de la *conversio ad phantasma*, c'est la puissance de l'intellect comme tel qui parvient à « saisir » la lumière de l'être, une puissance « relative » à la donation de l'être comme acte originaire/épiphanique, alors que l'acte de conversion de l'homme vers le Christ requiert la puissance de l'objet en laquelle *lumen* et *species* coïncident. Le primat accordé à une conception transcendantale de la *capacitas entis* résorberait la phénoménalité de l'objet, ou la marginaliserait comme matériau de type catégorial.

Logique trinitaire et « esthétique ».

La pensée de la médiation absolue, ou de la figure absolue, telle que nous pensons pouvoir la recueillir chez Balthasar, constitue la raison d'être du recours à la catégorie d'esthétique [1] ou d'évidence objective. Poser la légitimité d'une figure absolue est une « opération » plus que délicate, la considération typologique et les problèmes exégétiques nourris par la méthode

1. « Dieu vient [...] pour rayonner, en se montrant, la Gloire de son Amour éternel et trinitaire, dans ce désintéressement, qui a le vrai Amour en commun avec la vraie Beauté. » *« Cet accès par l'Esthétique peut paraître inhabituel, arbitraire, il est néanmoins* [...] *le seul qui fasse droit à son objet. Lui seul est capable de recevoir la Divinité comme telle sous le regard, sans l'obscurcir d'avance par une relation téléologique au Cosmos (qui, imparfait, appelle l'achèvement divin) ou à l'homme (qui encore plus inachevable et perdu dans le péché exige un Sauveur) »* (H. U. von BALTHASAR, *Reschenschaft*, Einsiedeln, Johannes Verlag, 1965, p. 27-28).

historico-critique y répugnant à l'envi. Balthasar ne méconnaît pas la difficulté, il sait que si la figure est un concept recevable et perceptible, c'est précisément parce que comme figure elle est fondamentalement une forme, donc une figure du monde, un phénomène intra-mondain. La crédibilité que fonde la figure à partir d'elle-même requiert l'ordre des corps, et donc assume en elle l'ordre des représentations mythique, philosophique, religieuse, sans jamais ni s'y dissoudre ni s'y mesurer. Mais précisément, c'est bien l'ordre des corps et des formes qui attestent de l'unicité de la figure, puisque l'invisible qui constitue le seul « espace » pensable du divin se donne visiblement. La jonction ne fait qu'exacerber l'absolue singularité du phénomène : « Ce qui cause l'incertitude dans celui qui aperçoit, et finalement engendre une méconnaissance, ce n'est pas que l'objet soit invisible ; c'est bien plutôt le « pré-jugé » que la chose ne peut pas être telle qu'elle se présente ; et ceux qui se scandalisent sont ceux qui prétendent savoir mieux, et opposent à l'évidence objective leur opinion subjective » (*GC*, t. I, p. 432).

Un tel paradoxe médiateur à la fois inscrit la figure dans la multiplicité des signes et des objets, comme des représentations, et la retranche hors de la mesure des phénomènes, comme des représentations, le dieu grec pouvant, « *dans la pierre ou en vers — être l'apparition du divin, il ne l'amène jamais jusqu'à la vie humaine* ». Ce n'est qu'en un second temps que la mesure unique du Christ peut être qualitativement posée en terme de comparaison, puisqu'elle s'atteste comme mesure pour toutes les autres mesures humaines et terrestres [1]. Le seul mode d'insertion

1. « S'il se mesure lui-même (nulle autre solution n'entre en ligne de compte) c'est en mesurant un aspect de lui-même par un autre, pour prouver leur accord mutuel » (*GC*, t. I, p. 396). Nous nous sommes demandé si cette conception du phénomène christologique comme pure advenue-unicité ne pouvait pas trouver un écho dans l'image du monde que délivre la cosmologie contemporaine dans sa compréhension de la relation des phénomènes entre eux. D'autre part, si Balthasar admet l'insertion possible de la figure dans l'ordre des images du monde, des mythes et esquisses des religions, c'est toujours pour mieux saisir le singulier contraste qui oppose la figure à l'ordre de toutes les formes de

de la figure christologique dans l'espace des représentations mythiques et religieuses consiste en un rapport d'achèvement qui est jugement. La force du jugement se donne là encore contradictoirement, la « supra-figure » s'abîmant dans la douleur de la croix, lieu de la puissance propre à la figure trinitaire, la *Selbstenteignung*, « *ce n'est pas un drame humain couronné par une victoire divine, c'est le drame du désastre humain qui devient tout entier l'expression de l'amour éternel*[1]. » La figure

représentation. *En ce sens, la figure est achèvement en tant qu'elle se donne ou s'insère comme jugement.*

1. *GC*, t. I, p. 427. Un théologien comme Joseph Moingt, dans un article désormais classique, fait droit de manière suggestive au paradoxe de la manifestation christique de Dieu. En ce sens, la figure christologique, comme l'a parfaitement compris Balthasar, n'insère pas le Dieu qu'elle révèle dans l'espace d'une pure continuité avec la perception juive ou yahviste du divin, ni même bien sûr avec celle postérieure de la philosophie grecque et des attributs qui définissent le théisme. La figure trinitaire du Dieu de Jésus nourrit un rapport nécessairement conflictuel avec les représentations juive et grecque du divin, sans pour autant s'y opposer absolument, Jésus ouvrant le visage du Dieu Saint d'Israël à la catégorie de Père, filialement déterminée, puisque c'est bien du Dieu d'Abraham, d'Isaac et de Jacob dont il parle. Il le parle à l'intérieur même de son être-Fils, et donc ce Dieu devient ce qui demeurait encore caché. Comme Balthasar, Moingt recueille la nouveauté du Dieu révélé en ce lieu opaque qui récuse la quête angoissée et trop humaine des *rationabilia* que cherchent les Grecs et des *mirabilia* qu'attendent les juifs, l'abandon réciproque du Père au Fils, et du Fils au Père jusque dans la diastase négative de la mort endurée par le Fils Unique, le sujet d'existence même du Père : « [Le Père] renonce à prendre figure dans l'être-là, à se manifester dans la riche plénitude de sa substance, il se révèle comme le sujet qui est pure liberté, la liberté de se donner à l'autre, le jeu sublime de la vie et de la mort... » (« Montre-nous le Père », *Revue des sciences religieuses*, 65, 1977, p. 325). La dernière proposition nous semble cependant d'un usage trop peu précautionneux, d'autant plus que la nouveauté du Dieu chrétien a tendance à s'inféoder à la reprise hégélienne de l'absolue subjectivité, et en cela Moingt ne ferait que reprendre un schème trop humain d'identification du divin, c'est-à-dire qu'il substituerait au canon yahviste ou grec un autre canon d'interprétation. On ne saurait établir une connexion trop immédiate entre l'être de Dieu et la négativité de la mort, comme si cette dernière constituait le concept enfin adéquat pour dire la nouveauté de Dieu. On risque tout simplement de rationaliser le schème vie/mort, et de banaliser la croix, ou du moins de « sacraliser » subrepticement la douleur de la mort, en lui conférant une

est unique parce qu'elle est *dans* la chair, et non parce qu'elle est extraite de la chair, et c'est *dans* la chair et *par elle* qu'elle exprime la « *chose elle-même* », la plénitude de la communion trinitaire, l'*Eros* divin qui sort de lui-même. « C'est une évidence qui émane et rayonne du phénomène lui-même, et non celle qui a pour base la satisfaction des besoins du sujet. La figure que nous rencontrons dans l'histoire est elle-même convaincante, parce que la lumière au travers de laquelle elle se manifeste rayonne d'elle-même et prouve l'évidence qu'elle est telle, rayonnant de la chose elle-même » (*GC*, t. I, p. 392).

La perception de la figure christologique moyennant ce saut qualitatif infini dans l'ordre subjectif de la reconnaissance n'est pas sans poser de difficultés d'ordre exégétique. Balthasar en est lui-même conscient, et admet dans des œuvres plus récentes la nécessité de soumettre le concept intégrateur de figure (*Gestalt*) non seulement à la vérification historico-critique, mais encore à la classification typologique. L'unicité du Christ peut-elle résister à l'interprétation historico-critique, sans se dissoudre en une figure purement *a posteriori*, fruit d'un nécessaire processus de projection d'une communauté croyante disposant d'éléments disséminés dans le corps des écritures anciennes et de ses traditions de relecture, et parvenant, moyennant le destin particulier de Jésus de Nazareth, à l'unification des données en une figure nouvelle du prophète eschatologique ? Ce problème de méthode occupe une partie du volume II du second tome de *La Dramatique*. Se référant à Strauss et aux mouvements d'interprétation nés de la *Leben-Jesu-Forschung*, Balthasar consent à la limite dont est affectée l'intelligibilité de la figure, notamment dans les premiers volumes de *La Gloire et la Croix* : « Il est

conceptualité trinitaire immédiate, une tendance fautive qui marque à l'excès la théologie de Moltmann par exemple. Joseph Moingt l'admet parfaitement. En ce sens, sa théologie reste acceptable, eu égard au drame de l'abandon filial qui ne peut être une fin en soi, à moins de rendre insignifiant l'appel humain à la transfiguration. La mort n'est pas une nécessité pour un processus divin d'identification, bien qu'elle soit le lieu indépassable pour une ouverture mondaine des profondeurs trinitaires de l'Amour divin, « dans l'extrême faiblesse où le réduit l'extrémité de l'amour trinitaire » (*ibid.*, p. 326).

indubitable que la foi des premiers chrétiens a graduellement apporté au phénomène Jésus des pensées, des concepts, des titres de dignité, pour pouvoir mieux le comprendre d'elle-même et le communiquer à d'autres. La question décisive est donc la suivante : Par là, une figure originelle est-elle élucidée, reconnue dans sa signification, dégagée de son vrai contour — ou bien un noyau primitif relativement informe est-il successivement revêtu de formes qui produisent finalement une figure plausible ? » (*GC*, t. I, p. 50-51). Cette problématique de type historico-critique apparaît latéralement dans une œuvre bien antérieure et fondamentale quant à la compréhension de l'unicité irréductible de la figure, le tome premier de *Herrlichkeit* : « L'unicité de la figure de Jésus nous permet-elle de le laisser en dehors de la classification typologique ; celle-ci s'oppose-t-elle à son unicité ? » (*GC*, t. I, p. 419).

Le recours au concept de figure naît d'une exigence théologique que permet la lecture de l'Écriture. En effet, si une communion de nature et de personnalité n'existe pas entre Dieu et la créature, exigeant que la révélation la plus intime que Dieu fait de lui-même, toute spirituelle soit-elle, requière une figure, la médiation christologique, conçue elle aussi comme figure, n'advient pas comme point limite d'un Infini sans figure. Ce point est capital. « Ce qui apparaît ne se donne aucunement comme une manifestation de l'Un simple, mais comme le Dieu trinitaire se rendant visible et objet d'expérience, [...] la manifestation d'une *superfigure infiniment déterminée* » (*GC*, t. I, p. 365. C'est nous qui soulignons).

Autant le mouvement d'incarnation ne peut être conçu en un rapport de trop immédiate réciprocité avec l'homme, sous peine de dissoudre le lien dramatique d'une histoire des libertés donnée en un régime d'alliance et de loi (toutes dimensions qui échappent peut-être trop à une christologie de type transcendantal), autant son attestation « figurative » est interne à l'être de la manifestation, le pôle trinitaire, ce qui permet de récupérer latéralement l'intuition clé d'une christologie transcendantale, le rapport d'immédiate réciprocité entre la structure d'appel de la nature humaine et sa forme christologique d'accomplissement. C'est là aussi que le recours à l'*analogia entis* se fonde ou se dépasse en direction de la figure trinitaire, qualifiée d'*infiniment déterminée*. L'ordre des figures et des formes, des phénomènes et des objets, en leur irréductible multiplicité, ne se présente pas d'abord comme l'échec ou la contre-image de l'Un, l'espace laborieux où se donne à entendre la nostalgie de l'Un perdu, mais la « nostalgie » positive de la Trinité qui ne peut que consacrer la relation des phénomènes entre eux, sans que la multiplicité soit réduite à n'être que dégénérescence de l'Un.

On peut maintenant tenter de synthétiser les éléments qui donnent sens à la logique du rapport Dieu-histoire. Nous sommes partis d'une métaphysique de l'être, sans laquelle aucune identification de l'étant comme don irréductible n'est concevable. L'être qui accorde à une totalité du monde de participer à lui-même possède un *« mode propre de se néantiser »*, une indifférence de plénitude, la marque de sa non-subsistence. L'identification est ici plus négative que positive, puisqu'elle vit d'un geste de renvoi, l'espace laissé libre entre Dieu et l'*actus essendi*. « Le Dieu personnel ne s'oppose pas à l'homme comme un étant délimité à un autre étant [...], mais la profondeur personnelle et libre de l'être absolu qui se donne met en lumière pour la première fois le mystère de la création, la " quatrième différence ". Dieu n'est le Tout-Autre que comme le *Non-Aliud*, le Non-Autre » (*Dd*, t. IV, vol. 3, p. 380).

L'« espace » ou la distance rendue libre entre Dieu et l'être n'est pensable qu'au gré d'une reconnaissance trinitaire de l'au-delà de l'être, ce que Balthasar appelle la « quatrième différence », l'Altérité trinitaire comme *Non-Aliud*. On ne pourra alors appliquer rigoureusement la qualité de fondement de l'être, pour Dieu, qu'en ce processus originaire de paternité, filiation dans l'Esprit de pure charité. Ici, le fondement n'est pas réductible au schème connumérant de la pure causalité. En ce sens, parler de *fond sans fond* (*Abgrund*) est rigoureusement exact en une perspective métaphysique trinitairement pensée [1].

1. « L'objection du philosophe, d'après laquelle, avec l'apparition de la théologie chrétienne, on retombe de l'être dans l'étant, est vaine. L'être lui-même dévoile son visage le plus caché qui reçoit pour nous le nom de

Du procès onto-théologique aboutissant à la séparabilité de Dieu et de l'être, Balthasar nous permettrait de « reconquérir » l'axiome de la non-séparabilité de Dieu et de l'être, sans pourtant retomber dans une forme accréditée de métaphysique. L'effort de pensée qui caractérise la relation de Dieu à l'être n'advient pas en marge de la confession de foi, au contraire il ne vaut qu'à l'intérieur d'une cohérence théologale, et cesse lorsque la doctrine de l'être ne parvient plus à intégrer ce transfert d'intelligibilité, le mouvement qui va de l'*analogia entis* à l'*analogia fidei*.

Ce qui constituerait peut-être le dénominateur commun de la tradition métaphysique, en sa réception théologique, résiderait en cette forme jamais vraiment dépassée des courants néo-platoniciens, inaptes à penser l'objet de révélation jusqu'en sa rigueur incarnatoire, phénoménale, jusqu'en sa forme. Or, l'esthétique théologique est rigoureusement christologique, perception des « os » et de la « chair », perception non spiritualisable. « Ce sont précisément cette chair et ces os qui importent ; d'"esprit", il en existe assez dans toutes les autres religions et visions du monde. Ce que le christianisme a de caractéristique, c'est que l'on ne part pas du corporel sensible comme d'un donné religieux matériel sur lequel on pourrait entreprendre les abstractions nécessaires, mais qu'on en reste à la vision, à l'audition, au toucher, à la manducation de cette chair et de ce sang qui ont porté et ôté le péché du monde. De Valentin à Bultmann on a cherché à spiritualiser et à démythiser cette chair et ce sang » (*GC*, t. I, p. 265).

Ici, le jugement historique que porte Balthasar n'est pas sans sévérité à l'égard de toute une tradition mystique ayant subrepticement substitué à l'esthétique de la révélation une esthétique d'essence platonicienne. La théologie de la mystique chez Évagre d'une part, puis chez Augustin d'autre part, s'est employée à résorber la forme dans tout accès à la « vision », jetant

l'amour trinitaire et qui n'éclaire qu'avec ce mystère suprême l'autre mystère : pourquoi l'être en général existe-t-il et pourquoi se révèle-t-il à nous comme lumière, vérité et beauté ? » (*GC*, t. I, p. 133).

le discrédit sur les expériences de visions ou d'auditions ayant une forme sensible. Évagre, représentant d'une théorie origéniste extrême, considérera la forme déterminée comme le résultat d'une chute loin de la lumière originelle, apparentée à une illusion démoniaque. Il est donc meilleur de repousser les formes. Une telle règle se maintient jusqu'à saint Jean de la Croix en passant par saint Thomas et Eckhart [1]. Il est clair que le théologien situe la déficience de cette perspective dans l'insuffisance du report de l'économie « figurative » au niveau de ses raisons théologiques, uniquement et ultimement perceptibles en ce « jeu » des formes, que l'acte de résurrection n'abolit pas mais trans-*figure*. « *Tout* le mystère du christianisme, en quoi il se distingue radicalement de toute autre tentative religieuse, est que la figure, étant posée et ratifiée par Dieu, n'est pas en opposition avec la Lumière infinie. Bien qu'elle doive mourir comme *figure finie* et terrestre de même que tout ce qui est beau sur terre, elle ne s'évapore pas en une réalité sans forme, laissant derrière elle une nostalgie tragique infinie, mais ressuscite en Dieu *comme figure*, c'est-à-dire *comme la figure qui est devenue définitivement une, en Dieu Lui-même, avec la Parole et la Lumière divine* que Dieu a destinée et donnée au monde. [...] Par là le christianisme devient le principe débordant et inégalable de toute esthétique, il devient la religion esthétique par excellence » (*GC*, t. I, p. 181).

Cet « objectivisme » consiste à reconnaître le mouvement extatique de l'amour hors de lui-même, s'épuisant jusqu'en la forme du crucifié. Dieu qui devient homme pour mourir et ressusciter est l'unique Gloire qui paraisse de Dieu dans le monde, « *l'Eros divin qui sort de lui-même pour devenir homme et mourir sur la croix pour le monde* » (*GC*, t. I, p. 182).

1. « À voir les choses dans l'ensemble, le peu d'estime pour les visions bibliques sensibles dans toute la théologie mystique chrétienne reste un fait incontestable et effrayant. Après cette préhistoire, on ne doit pas s'étonner que la période d'élimination des images dans la foi chrétienne soit relayée par une période radicale de démythisation de toute expérience biblique sensible de Dieu » (*GC*, t. I, p. 266-267).

En ce sens, Balthasar substitue à une « économie platonicienne des signes symboliques » une « économie figurative ». À la réminiscence conceptuelle, il substitue le primat de la mémoire de la Révélation. Le donné de la Révélation apparaît alors indérivable d'un donné conceptuel, livré réflexivement à la pensée par réminiscence. À ce propos, on peut se demander si une telle impossibilité ne constitue pas l'impiété à laquelle se livre, pour Balthasar, une christologie transcendantale, qui serait le primat du donné réflexif (l'acte de connaître) envisagé selon une forme révisée de réminiscence. L'Idée de l'Homme-Dieu se détacherait de sa forme « catégoriale »-phénoménale, comme l'ombre de ce qui se tient au-delà. « La figure de révélation, quel que soit l'élan dont on la pense animée, est plus qu'une économie platonicienne de signes symboliques, qui, au-delà d'eux-mêmes, indiquent le spirituel [...]. La modalité que l'image expressive de Dieu acquiert à cause du péché du monde : *son caractère de mise en demeure et de scandale, ne supprime pas son caractère de révélation et donc d'expression*, mais le suppose jusqu'en ce qu'elle a d'extrême ; elle est jusque dans les décombres de l'image de la vie éternelle, sur la croix, dans tout le paradoxe et au-delà de tout paradoxe : révélation, et même révélation renforcée, révélation suprême, expression suprême, par elle-même, de cette vie éternelle. À ce degré suprême, ce qui apparaît, ce n'est pas seulement ce que Dieu est : amour. Il apparaît aussi que, en révélant son amour dans la chair et le sang et en les sacrifiant pour la vie du monde, Dieu s'est engagé d'une manière insurpassable et sans retour possible. Pour quiconque a pu déchiffrer l'image du Fils ensanglanté sur la croix, la persistance de cet engagement dans l'Eucharistie ne saurait constituer une surprise. [...] Tout cela est inclus dans l'acte de Dieu s'engageant lui-même et — avec une liberté divine, mais aussi avec une *logique divine — produisant dans sa création un corps de révélation* de sa splendeur » (*GC*, t. I, p. 371-372. C'est nous qui soulignons).

On perçoit mieux à présent la pertinence du concept d'esthétique, seul capable de signifier adéquatement l'apparente contradiction dans laquelle se meut la « figure », attestation de la Gloire divine en une forme passant par la négativité de la mort, l'éclat de la beauté soumis à une perception kénotique si peu en contradiction avec l'être divin, qu'elle en constitue paradoxalement la révélation suprême.

La plausibilité du *Deus sub contrario species* ne peut appartenir qu'à une logique intratrinitaire, là où puissance et non-puissance correspondent au mouvement substantiel qui donne sens à la « relationalité » intradivine, pour laquelle, comme nous le verrons plus avant, le concept de kénose ne peut être disqualifié.

Le concept d'esthétique inaugure une « économie figurative » capable donc d'intégrer les dimensions les plus extrêmes de la forme, la laideur et la difformité du crucifié en lesquelles brille la Gloire de la puissance formatrice-résurrectionnelle de Dieu, passage qui mène du « choc » violent (*Wucht*) de la croix, à celui d'une *Wucht* de Gloire [1].

Une telle « économie figurative » fonde chez Balthasar une métaphysique de l'être dont la dimension théologale est immédiate, moyennant l'*a priori* du fait révélé, c'est-à-dire la double dimension qu'inclut l'*analogia entis christologique* : le drame sotériologique comme accès à sa possibilité ontologique, le « *topos* » du Fils, menant de la « distance » subsistente intratrinitaire à la « diastase » kénotique d'abandon, Dieu portant la privation de Dieu. La double dimension que livre la force intégrative de la « figure » dessine le lieu de la Gloire jusque dans la métaphysique, c'est-à-dire la perception initiale de la non-subsistence de l'*actus essendi*. Le motif sotériologique est connexe à la dimension théologale de la différence ontologique, deux moments non réductibles l'un à l'autre mais relevant d'une même économie du don [2]. « Dans la différence ontologique

1. H. U. von BALTHASAR, *Herrlichkeit*, t. III, vol. 2, p. 150, 187, 193-194, 224, 240. Voir « Theologie der drei Tage », *MS*, vol. III, 2.

2. La théologie de la croix n'est pas immédiatement connexe à une médiation de type créationnel, ce qui serait la réduire à une dynamique transcendantale d'accomplissement. Elle ne représente pas l'archétype de l'être-homme qui ne parviendrait à se posséder lui-même que moyennant une volonté de sortir de soi, jusque dans la capacité à consentir à la mort comme forme ultime de cette dynamique d'altérité. La croix est œuvre de l'Unique portant le péché du

s'ouvre, comme nous l'avons vu, un mystère irréductible de plénitude et de néant, et par là une vanité irrévocable de toute existence, qui ne peut découvrir qu'à travers cette vanité [*Umsonst*] la gratuité [*Umsonst*] de l'être absolu. Si l'homme est vain [*vergeblich*], on peut lui pardonner [*vergeben*], il peut donc être pardonné. Et c'est alors seulement qu'il pourra s'entretenir avec la Parole absolue elle-même : "comme nous pardonnons aussi... » (*GC*, t. IV, vol. 3, p. 405).

Le mystère de l'être découvre originellement à l'étant l'*Umsonst* d'une « kénose » de plénitude, qu'ultimement la christologie révélera, exhibera en une figure qui pardonne en aimant, jusque dans l'abîme et le silence du samedi saint, là où la distance filiale se mue en *Trennung* salvifique, le « non » de la créature pécheresse vécu à l'intérieur du « oui » surabondant de la distance filiale (*Theod*, t. III, p. 303 : *die sohnliche Danksagung für das gleichwesentliche Gottsein*).

LOGIQUE TRINITAIRE COMME PLÉNITUDE ET GRATUITÉ ABSOLUES : L'OFFRE D'UNE RELATION D'ALLIANCE

Le primat de l'objet de révélation.

Il n'est pas aisé de saisir le moment ou l'élément unificateur de la pensée de Balthasar. Le concept même de figure ne répond à aucune définition stricte, puisqu'il concentre en lui la structure paradoxale que délivre l'économie chrétienne de la manifestation. Il n'est sans doute pas inutile de rappeler qu'il demeure un concept complexe. Il tente de rendre compte de dimensions apparemment contradictoires, dont la possible unification requiert une forme donnée de savoir, ou plus exactement de

monde, et dans ce sens elle répugne à une logique transcendantale de l'imitation ou de l'archétype.

consentement, une *gratia increata* qui suscite la lumière de la foi. Ainsi l'*analogia entis* chez Balthasar exige-t-elle une forme nécessairement transposée d'intelligibilité au point de s'identifier à la figure de révélation comme telle. Cette identification de l'*analogia entis* à la personne du Fils incarné possède une double dimension, objective-phénoménale, subjective-existentielle. L'abord « ontologique » de cette figure, c'est-à-dire à l'intérieur de ses propres modes d'exposition, relève, semble-t-il, d'un accès de type phénoménologique. Face à l'« apparaître » du phénomène, seule une « raison esthétique » est opératoire, une intuition et un rapport de connaissance qui se laissent surprendre.

Cette double dimension s'unifie dans le concept de figure, *Gestalt*, rayonnement de la Gloire divine incarnée, le moment de révélation qui nous fait posséder l'Infini dans la figure finie, le moment de coïncidence des contraires. Une *analogia entis* purement philosophique, surtout si elle se restreint à son acception d'analogie d'attribution ne peut rendre compte des dimensions nouvelles et inattendues de l'*analogia entis christologique* qui se déploie en une double dimension, la forme plastique d'un corps crucifié, seul espace accrédité au rayonnement de la Gloire intratrinitaire, et l'*analogia*, la correspondance (*Entsprechung-Stimmigkeit-proportionalitas*) d'une existence livrée en pure réceptivité à l'amour qui procède du Père, réciprocité archétypique d'une *Fides* dont l'épure ne peut être que christologique. Le concept d'analogie esthétique est entièrement au service de l'unicité-singularité de la figure de Jésus.

Nous y avions déjà beaucoup insisté, kénose et Gloire s'identifient en une unité supérieure bien que la raison se meuve encore dans une perception contradictoire des termes, et ceci tant que n'est pas pleinement reconnue la lumière trinitaire en laquelle Toute-puissance et non-puissance s'identifient. Pour être plus exact encore, il conviendrait d'ajouter que le concept d'*analogia entis* n'est pas dissociable chez Balthasar de sa dynamique traditionnelle bien que très vite nous assistions à une redétermination du concept sous l'influence décisive de l'apport à la fois luthérien et barthien du *Deus sub contrario* et de l'*auctoritas Dei revelantis* [1].

Cette double dimension dessine les proportions qui émanent de la figure de révélation et qui ne font qu'accentuer la préférence balthasarienne pour une Transcendance de l'extériorité déployant à partir de sa plénitude une relation de participation. L'évidence subjective elle-même, nous l'avons vu précédemment, est traversée par ce mouvement qui va de Dieu à l'homme. La lumière de foi nécessite une dynamique spirituelle d'extraversion vers l'objet de révélation, non pas conçu selon le mode transcendantal a-thématique d'une présence-à-soi de la subjectivité spirituelle, mais selon sa forme « plastique » de figure historique. La lumière de foi provient de l'objet qui se manifeste au sujet et l'attire au-dessus de lui-même dans la sphère de l'objet. Une telle tension est constitutive des dimensions propres à la figure de révélation, dont les mesures mondaines qui l'accueillent et lui donnent forme restent cependant inaptes à la mesurer, tant les éléments qui la composent

1. « L'instant mondain, dont le caractère fugitif met en si vif relief la non-éternité de l'existence terrestre, devient à la fois le lieu et l'instrument dont se sert l'éternité pour témoigner de son intensité impérissable. C'est précisément parce que, derrière l'instant éphémère veille l'éternité impérissable, que l'éphémère est si émouvant, si précieux et en même temps si exigeant. Ainsi la gravité et l'urgence de l'instant se rattachent immédiatement — sans passer par on ne sait quel "farniente" arcadien d'un ciel idéal — à l'immédiateté nue de la liberté divine. Et comme celle-ci tient dans ses mains la mesure de la créature et la lui assigne dans la situation, d'une manière toujours originale et révélatrice — et comme la créature en outre doit reconnaître dans cette vérité toujours nouvelle, qui lui est assignée, la véritable mesure d'elle même — l'"instant" (*Kairos*) enlève sans cesse l'être fini au-dessus de lui-même et lui présente une exigence qui, par rapport à une immanence tendant à se reposer en elle-même, lui apparaît toujours plus haute. Tout ce que la volonté divine propose ainsi semble une exigence excessive (*Überforderung*) à la créature tout occupée d'elle-même et de son vouloir terrestre ; mais cette exigence n'existe que dans la mesure où l'idée immanente qui définit l'être se trouve portée au-dessus d'elle-même, haussée vers l'idée transcendante située en Dieu » (*PlV*, p. 232). C'est aussi dans ce contexte que Balthasar pense la relation de distinction réelle entre l'*esse* et l'*essentia*, l'essence et l'existence (*distinctio realis inter essentiam et esse*).

semblent déjouer les proportions que lui assigne le jugement de raison. Ontologiquement, il convient de postuler une prépondérance entitative de Dieu dans le cœur et l'esprit de l'homme, empêchant ainsi la foi de s'établir sur la base d'un *desiderium naturale intellectus*, d'un postulat de la raison [1].

Mais alors la relation d'Alliance que présuppose la rencontre d'une Liberté infinie et d'une liberté finie n'est-elle pas grevée d'un déséquilibre accentuant le caractère claudicant de la légitime et effective disproportion des termes constituant le rapport d'Alliance ? Qu'en est-il de cette liberté finie dans son acte de s'en remettre à Dieu, puisque lui est soustraite toute orientation transcendantale qui dessinerait en elle une connivence native qu'il conviendrait de conjuguer à une nécessaire requête d'autonomie, d'autonomie créatrice par exemple ? Nous savons quelle fécondité l'*Ansatz* transcendantal de la théologie rahnérienne a su trouver en cette requête d'autonomie de la subjectivité transcendantale, pour ne pas interroger la pensée de Balthasar. L'exigence d'autonomie constitue-t-elle le non-intégrable de la pensée chez Balthasar, ou alors procède-t-elle d'une autre forme d'accès, antérieure à la thématique kantienne, parce que cette dernière n'aurait pas engendré un rapport proportionné des termes de la relation d'Alliance ? C'est assurément en cette direction qu'il convient de situer l'allergie balthasarienne à l'exigence d'autonomie du sujet, telle qu'elle prend corps dans la philosophie post-cartésienne, là où le sujet s'égale à l'être par l'assurance de soi, plus que par le « cela est » antique, tourné vers l'objet. Avec Descartes, le « je » de la philosophie moderne se pense accédant à l'être par le biais du « je suis » du sujet pensant, une réciprocité assurément fautive pour Balthasar, fautive à terme, l'anthropocentrisme idéaliste ayant ou supprimé les dimensions de l'objet de révélation, la plénitude trinitaire relevant de l'anthropomorphisme dogmatique (Kant), ou les

1. « Ce n'est pas nous qui exigeons la grâce en vertu de notre dynamisme, c'est elle qui nous appelle et nous désapproprie. Sa prépondérance en nous est ce qui nous oblige, c'est aussi ce qui donne à Dieu en nous l'autorité absolue. L'*auctoritas Dei revelantis*, considérée dans ce premier aspect, fondamental, est la révélation de Dieu s'attestant elle-même en nous » (*GC*, t. I, p. 136).

ayant intégrées pour mieux les dissoudre en un processus historique d'identification de soi, la plénitude trinitaire conçue comme carence native (Hegel) s'achevant sous la forme du savoir absolu dont Dieu ne semble plus possesseur, peut-être, ni même actant.

Avec Rahner et Balthasar, on traverse nécessairement tous les débats de la philosophie occidentale, ils sont comme le point de cristallisation de tant de ramifications, y compris des débats les plus récents de la théologie contemporaine, d'ailleurs ils les ont engendrés pour une part non négligeable.

En dépit d'un rejet partiel du primat transcendantal d'une *capacitas entis* de l'intellect, Balthasar infléchit la position « théomonique » d'une transcendance de l'extériorité qui énerverait malencontreusement le rapport d'Alliance, l'*analogia* en laquelle se fonde l'identification, et de la plénitude trinitaire et de la dignité de la personne spirituelle. Il existe donc une voie médiane portée par l'expérience vécue de l'*analogia entis*, identifiée ici à la figure christologique se déployant dans les dimensions créées de la temporalité et d'une histoire de la liberté, sans lesquelles c'est le concept même de correspondance, de *proportionalitas* qui n'aurait aucun sens. Balthasar exige un passage en deçà de la philosophie post-cartésienne afin de favoriser l'idée de la disponibilité et de l'ouverture permettant à l'homme de se laisser configurer aux espaces ouverts à partir de la plénitude trinitaire, qui nécessairement ouvre le chemin de la donation en la suscitant par participation. L'épure en sera christologique, indice d'une possible réconciliation avec la christologie transcendantale de Rahner.

Dans les dimensions de la créature finie, le Christ s'égale, dans la correspondance obéissante, à l'amour du Père qui, dans la sphère de la temporalité, engendre une existence humaine-filiale qui est appelée à faire retour au Père, à s'égaler en une *fides archétypique* à ce qu'il est antérieurement à tout procès de temporalité. C'est aussi dans ce contexte que Balthasar introduit la notion d'*analogia personalitatis* qui, à l'instar des intuitions de la christologie transcendantale, déploie l'heureuse proportion de la relation d'Alliance, qu'elle soit donnée en une communication de grâce qui précède la médiation christologique, ou qu'elle ne se donne qu'en elle, absolument. Le clivage entre Balthasar et Rahner nous semble pourtant s'amenuiser.

L'*analogia personalitatis* ouvre le champ propre aux dimensions de la Liberté incréée et créée, au-delà de l'opposition entre autonomie et hétéronomie, la dignité de la créature ne résidant pas tant en sa nature qu'en sa qualité de personne *proportionnée* à la Personnalité infinie [1], une analogie qui, fidèle à l'*Einfaltung* de la figure de révélation, devra se redéterminer à partir de la forme incarnée en laquelle l'absolue personnalité se révélera. La continuité est ici nécessairement brisée. « Ici le mystère de l'*analogia personalitatis*, qui heurte si violemment notre pensée délicate, élève encore une fois la tête. Et pourtant ce mystère n'est que la forme aiguë dans son application à la créature spirituelle, du mystère de l'*analogia entis*. En tant que personnes, nous dépendons à tel point de ce que nous ne pouvons nommer autrement que la personnalité de Dieu, que plus nous sommes des personnes, plus aussi nous participons à sa liberté. Et par conséquent nous devenons d'autant plus autonomes, que nous lui sommes plus subordonnés, d'autant plus libres que nous participons davantage à sa loi, d'autant plus unifiés et solitaires que nous participons davantage à son unité et à sa solitude sans pareilles [2]. »

La médiation de l'*analogia* parcourt tous les degrés d'être, travaille toutes les formes de l'étant, toutes les particularisations des essences finies qui participent à l'être non subsistant, afin de ménager la nécessaire distance en laquelle le champ d'une rencontre des libertés puisse advenir. Pour cela, il faut que soit préservée la plénitude transcendantale de l'être, dans la différence salutaire entre la réalité et l'essence, l'*esse* et l'*essentia*. Nous reviendrons sur cette structure analogique capitale, que Balthasar appelle l'« *a priori* théologique de la Beauté », là où

1. Sur la distinction émise par Balthasar entre sujet spirituel et personne, voir *Dd*, t. II, vol. 2, p. 176. Le sujet spirituel au sein d'une même espèce est appelé à devenir personne, le concept étant ici reporté de sa position philosophique à une qualification théologique affectée par un coefficient d'unicité. L'élévation du sujet spirituel en une personne est donc surnaturelle.
2. *Dieu et l'homme d'aujourd'hui*, p. 228-229.

bonum, *verum*, *pulchrum* en tant qu'attributs transcendantaux de l'être dépassent les limites des essences finies et sont coextensifs à l'être. Le théologien triomphe alors, et de l'oubli de l'être et de l'étant puisque ce dernier ne peut être pensé comme étant que s'il participe à « la réalité qui maintient auprès d'elle tout le réel, le pénètre et cependant le dépasse comme dans l'indifférence ». Cette infinie positivité-vanité de la créature requiert une logique trinitaire de plénitude qui libère l'être, et l'étant qui y participe. L'indifférence de l'être, de l'*actus essendi, energeia, processus*, se recueille en un mouvement nécessairement dialectique, plénitude absolue, « irréalité » absolue, car l'être n'est pas une instance hypostasiée (système des émanations), il advient à lui-même dans l'étant et s'en distancie afin que la différence ontologique ménage une autre distance, celle qui va de l'*esse* à Dieu, distance que ne franchit que Dieu en sa donation, puisqu'il la parcourt.

On retrouve ici une intuition néo-platonicienne à laquelle Balthasar est sensible, il sait aussi qu'elle est recueillie par saint Thomas dans la distinction qu'il établit entre Dieu et la dimension transcendantale de l'*esse* [1]. Dieu n'est rien de ce dont il est le Principe, il serait, selon les mots justes de Stanislas Breton, le « Néant par excès [2] », à la fois soustrait infiniment et participé, en l'être qu'il donne et qui se distingue de lui. Cette structure en « ne pas », ces seuils de la négation mettent en lumière le mystère de la création, ce que Balthasar appelle la *quatrième différence*. Dieu n'est le Tout-Autre que comme le *Non-Aliud*, le Non-Autre. Le Dieu personnel ne s'oppose pas à l'homme comme un étant délimité à un autre étant. La prédication qui prétend concerner l'absolu est niée en son mouvement d'affir-

1. *GC*, t. IV, vol. 2, p. 72.

2. « Le principe néo-platonicien, à l'inverse de ce qu'on attendrait de lui, donne ce qu'il n'est pas et ce qu'il n'a pas, puisqu'il est au-delà de l'être et de l'avoir. [...] Autrement dit, plus s'épure l'Origine comme "Néant par excès" qui exclut toute catégorie ontologique (attributs, idées ou affections) et plus s'affirme, dans une authentique position de soi par soi, en l'essence de son être, l'efficace créatrice d'une liberté » (Stanislas BRETON, *De Rome à Paris, Itinéraire philosophique*, Paris, Desclée de Brouwer, 1992, p. 158).

mation, ce dernier coïncidant avec une énonciation de Dieu à partir de lui-même, selon ce qu'il donne antérieurement à toute saisie, conceptuelle ou sensible. Ce mouvement indéductible d'antériorité déterminera le mode de réception de la figure personnelle du *Logos*. La distance de Dieu à l'*esse*, de l'*esse* à l'étant, « *dénote donc le mouvement positif de l'absolu qui, par la mise en distance, se désapproprie extatiquement de Lui-même pour que l'homme se reçoive lui-même extatiquement en différence. [...] La distance apparaît alors comme la désappropriation même par laquelle Dieu crée* [1]. »

Médiation de l'être et structure d'Alliance.

La distance que scelle la différence ontologique ne fige ni l'être ni l'étant en une irréductible clôture, puisque l'étant n'a de position d'être qu'en un procès de réception, et l'être lui-même comme pure « disponibilité » se distancie de Celui qui le donne, « Dieu produisant tout *par l'être* ». La créature rencontre l'*esse* à chaque fois que celui-ci parvient à subsister (*Gestalthaftigkeit des Wesens*). La distance instruit l'ordre de l'être et de l'étant par les seuils de la négativité, là où la créature se reconnaît donnée à elle-même et s'éprouve libérée en direction d'une plénitude. Mais pour que l'être ne soit pas dépouillé de sa plénitude transcendantale, il ne doit pas s'identifier avec Dieu au point de signifier sans autre le processus divin du monde.

C'est en cette différenciation que l'*ipsum esse* advient comme *similitudo divinae bonitatis* [2] (*GC*, t. IV, vol. 3, p. 396). La métaphysique de l'*esse* se lit comme le reflet philosophique de la libre Gloire du Dieu vivant de la Bible. Balthasar magnifie ainsi l'apport décisif de Thomas d'Aquin quand il reconnaît dans l'être le symbole de Dieu, tout en maintenant la distance de Dieu à l'*esse*, la quatrième différence. La négation qui marque l'être du monde ne permet aucune identification de l'*actus essendi* et de l'*ipsum Esse Subsistens*. « *Qui voudrait mourir pour l'être* »,

1. J.-L. MARION, *L'Idole et la Distance*, Grasset, 1989, p. 199.
2. THOMAS d'AQUIN, *De Veritate*, 22.2 ad.2.

répète le théologien, visant manifestement Heidegger (*GC*, t. IV, vol. 3, p. 396) ? En réduisant toute différence à celle de l'être et de l'étant, Heidegger méconnaît le secret de la véritable différence, celle que parcourt le Dieu qui vient et dont l'être rend gloire.

Ces seuils de la « négativité » dans une dynamique de la participation, dans la créature l'essence (*Sosein*) *ne coïncide pas* avec son existence (*Dasein*), répondent à une logique trinitaire de la donation, qui en elle-même inclut la différence. Ce qui n'est accessible qu'à partir de l'action « dramatique » qui conjoint l'être de Dieu et le devenir des hommes, là où la tripersonnalité de Dieu se rapporte au jeu du monde, constitue la raison transcendantale et ontologique de la distinction métaphysique de l'être et de Dieu dont l'expression se retrouve dans la distinction réelle de l'essence et de l'existence [1]. « Le "néant" à partir duquel le monde a été fait ne peut être cherché ailleurs que dans la liberté infinie elle-même, c'est-à-dire dans ces espaces du "créable" ouverts par la toute-puissance divine, et plus profondément encore par la réceptivité trinitaire des hypostases. Sans

1. Parler ici de « non-coïncidence » est vraisemblablement plus juste que de parler de distinction réelle. L'ouvrage, si fécond, d'Étienne Gilson sur *L'Être et l'Essence*, reproduit une conférence du philosophe qui éveille l'attention des commentateurs. H. U. von Balthasar pourrait bien n'avoir pas manqué l'intention de Thomas d'Aquin qui évite précisément de juxtaposer l'*esse* et l'*ens*, ou plus exactement ici l'*essentia* et l'*existentia*. Thomas parlerait plus ordinairement de « composition » plutôt que de « distinction ». Certes, cette composition est appelée réelle, mais en ce sens qu'il peut y avoir union et composition entre des parties qui n'existent jamais à part. Ainsi, la nature de la chose (*essentia*) créée est en état de possibilité par rapport à son être. L'essence n'est pas à proprement parler quelque *chose* d'autre, qui en latin serait *res,* mais *aliquid,* qui n'est pas *aliqua res*. Thomas ne prône ici aucun réalisme chosiste : « Ce que Thomas d'Aquin soutient, et fort peu avec lui, est que dans la substance actuellement existante, posée dans la réalité par sa cause, l'être s'ajoute au composé de forme et de matière pour en faire un étant. Cette notion proprement thomiste de l'*esse*, être, cause interne de la substance réelle, qui en fait un *ens*, étant, et pour cela compose avec la quiddité, ou essence, présuppose la présence à l'esprit de la notion première de l'être comme tel, *ipsum esse, ipsum purum esse* » (Étienne GILSON, *L'Être et l'Essence*, Paris, Vrin, 1987, p. 385).

aucun doute, la *négativité* au plan de la créature, c'est-à-dire le fait qu'elle n'est pas Dieu, qu'elle ne peut se poser elle-même, n'est pas du tout identique au “ne pas” intratrinitaire ; cependant ce dernier constitue la raison la plus profonde pour que la *négativité* de la créature ne rompe pas l'analogie de l'être entre la créature et Dieu. Bref, la distance infinie du monde à Dieu se fonde dans l'autre distance, archétypique celle-là, qui s'inscrit entre Dieu et Dieu » (*Dd*, t. II, vol. 1, p. 230. C'est nous qui soulignons).

Seule une liberté infinie qui ne se déploie en elle qu'en ces opérations vitales et substantielles de réciprocité, là où les espaces de liberté en Dieu résultent du don mutuel des hypostases et de la réception de la nature à partir de la première, peut donner lieu à une liberté finie. Cela n'est pas au pouvoir d'une pure *Idée* du Bien infini ou d'un Bien *réel* infini. Dans l'un des cas de figure, la liberté finie resterait enfermée dans sa finitude native, sans pouvoir atteindre l'Idée, alors que dans le second, l'on en resterait à un concept limite d'une ontologie naturelle, Dieu conçu comme *principium et finis mundi*, séparé de toutes les finitudes, même en sa version plotinienne d'Un parfait dont la liberté est infinie. Cette Liberté infinie ne se déploie qu'à l'intérieur d'elle-même, en une plénitude « enstatique » à laquelle il manque la dimension trinitaire qui seule conjugue « l'être-pour-soi » et « l'être-pour-l'autre ». « L'être-pour-soi » s'identifie à « l'être-pour-l'autre » comme sa forme d'être purement et simplement. Il conviendrait de préciser cette assertion en posant l'identité de « l'être-pour-soi » comme identité de « l'être-*par*-l'autre ». Cette forme essentielle qu'accueille en lui le divin libère la créature en direction de Dieu dans le dépassement de la pure tension asymptotique ou de l'inévitable dissolution de la forme finie qui, dans sa volonté de s'égaler à l'Infini, ne peut que s'y perdre. Paradoxalement parce qu'elle recèle rigoureusement du « non-être », la créature finie, en sa « vanité » même (*Umsonst*) peut s'entretenir avec la parole absolue elle-même. L'action théo-dramatique parcourt ainsi tout le champ du créé, elle informe tous les niveaux d'être, elle les englobe en une structure originelle d'Alliance, d'une part par la médiation de l'être qui la supporte, et d'autre part par une économie de la figure du divin qui non seulement accomplit la médiation ontologique, mais la dépasse dans la dissemblance toujours plus grande de l'*expression* de la figure défigurée, une « figure de dissimulation », donc de jugement [1]. L'homme ne ménage aucun séjour susceptible d'accueillir le divin, il ne peut de lui-même fixer les formes, les temps et les lieux en lesquels le divin consentira à se donner, non par pur arbitraire, mais selon la condition requise du côté de l'homme et que seul le divin est capable de mesurer. La venue de Dieu vers l'homme est jugement, œuvre de discernement, révélation des profondeurs du mal d'autant plus profonde qu'elle ne peut advenir qu'à la lumière d'un amour qui paradoxalement rend possible l'intensité du « non » opposé à l'amour. La séduction de l'*eros* qui appartient encore à l'*analogia entis* exige un dépassement vers l'*Agapè* qui infléchit la séduction en la reportant dans l'ordre de la liberté qui choisit : « Dieu aime ceux qui ne l'aiment pas, se manifeste à ceux qui s'en détournent, d'autant *plus* qu'ils s'en détournent *plus* [2]. »

L'insondabilité de l'amour, au-delà de l'*eros*, se révèle comme *Charis*, *Agapè*, une générosité qui touche l'étant dès son surgissement, puisqu'elle est son surgissement même. L'action théo-dramatique est donc coextensive à une métaphysique de l'être, mais elle ne peut s'y donner que secrètement, inchoati-

1. La relation d'Alliance chez Balthasar est coextensive à la relation de création sans qu'elle ne s'identifie purement et simplement à cette dernière. C'est là assurément une distance de la théologie balthasarienne à l'égard de sa source d'inspiration barthienne. La positivité de l'*analogia entis* exige une distinction entre l'ordre de la création et l'ordre de l'Alliance, ou plus exactement une compréhension de la relation d'Alliance qui empêche d'instrumentaliser l'économie de la manifestation. L'acte divin de réconciliation et de jugement-justification coïncide avec l'ordre des raisons intradivines, le lieu mondain où Dieu se rend gloire, c'est-à-dire se donne en s'offrant, puisque tel est le mouvement divin. Le péché conçu comme « non » opposé à l'amour qui réconcilie ouvre d'autant plus intensément qu'il est intense et fermé en sa déraison le « oui » surabondant de l'amour. C'est en ce « oui » que le « non » est rendu possible, la liberté infinie créant de par sa nature la possibilité d'une distance qui se dilate à la mesure même de l'infinité de l'amour qui l'inclut.
2. J.-L. Marion, *L'Idole et la Distance*, p. 274.

vement, dans des signes mondainement déchiffrables, l'espace à l'intérieur duquel la créature ne peut rien exiger. Le sujet humain est entraîné dans un dépassement déclenché par une mesure de participation qui échappe à ses prises. Ainsi la dimension esthétique de l'*analogia entis*, recueillie dans les formes et les figures intramondaines, ne possède qu'une valence révélatrice oblique. Elle demeure encore de l'ordre de la trace, du *vestigium*. Il faut attendre l'« heure » de Jésus, l'« auto-ouverture staurologique de Dieu », le point asymptotique qui déchiffre l'énigme de l'être [1] et qualifie protologiquement la christologie. Cette structuration, en dépit d'une intelligibilité sotériologique propre, n'est pas sans lien avec ce que dit Rahner du mouvement qu'implique la christologie réalisée dans l'ordre global du créé. Pourtant, la qualification protologique de la christologie, selon qu'on la considère chez Balthasar ou Rahner, est déterminée, soit du côté de Dieu, soit du côté de l'homme. La divergence nous semble appartenir au modèle trinitaire qui donne naissance à la christologie, le modèle balthasarien se dissociant radicalement d'une problématique de l'*Ego* transcendantal dans la perception même du Mystère Trinitaire, au profit d'une revalorisation de l'*analogia fidei*. Nous reviendrons ultérieurement sur cette question capitale.

Tout en s'inspirant de la démarche néoplatonicienne d'une coopération mystique entre l'homme et Dieu, Balthasar tente d'ouvrir cette dernière à une compréhension plus décisivement trinitaire. Il se situe au confluent des courants nyssénien et augustinien qui, partant de Plotin, ont transposé le schéma philosophique de l'Un et du multiple dans la relation vivante de

1. « [L'] acte divin qui fait procéder le Fils en tant que deuxième possibilité de partager et d'être l'unique nature divine, est l'instauration d'une distance absolue, infinie, au sein de laquelle toutes les autres distances concevables, telles qu'elles peuvent surgir au sein du monde fini, sans exclure le péché, sont comprises et embrassées. Dans l'amour du Père il y a un renoncement absolu à être Dieu pour soi seul, un abandon de l'être-Dieu et, en ce sens, un a-théisme divin, celui de l'amour bien évidemment, que l'on ne doit en aucune manière confondre avec l'athéisme intramondain, mais qui pourtant fonde sa possibilité, tout en le surmontant » (*GC*, t. III, p. 300).

la Liberté infinie et de la liberté finie. Cette opération n'est concevable qu'à partir d'une théologie trinitaire en sa forme pneumatologique, seule en mesure de conjoindre extatiquement « théonomie » et « *autexousion* » (*Dd*, t. II, vol. 1, p. 198). La doctrine néo-testamentaire de l'Esprit est donc seule apte à relever l'aporie philosophique de la tension vers l'absolu, en tant qu'elle demeure exclusivement ou tension asymptotique, ou réintégration du multiple dans la sphère exclusive de l'Un. L'Esprit conçu comme pure Charité en ce mouvement extatique de sortie de soi libère la liberté finie en la haussant à la participation de la liberté infinie, une participation qui suppose préalablement un achèvement acquis de la Liberté finie en sa forme propre. Le moment logique de l'argument requiert la forme trinitaire de la Liberté infinie, une forme qui n'appartient pas au « *desiderium naturale* » ou à la *capacitas entis* de l'intellect. Ces dynamismes de la connaissance ne peuvent exiger à partir de l'insatisfaction d'une position d'être leur forme d'achèvement. L'infléchissement de la tension asymptotique advient dans les dimensions mêmes de la position d'être finie qui caractérise la créature, l'ouverture de soi à laquelle consent la Liberté infinie.

La liberté en laquelle l'Infini décide que le monde existe n'est pas différente par rapport à celle selon laquelle il veut éternellement être ce qu'il est. « *Potentia generandi et creandi est una et eadem potentia* » (saint Thomas, *De Pot.* 2, 6). La réceptivité trinitaire des hypostases est le véritable monde des Idées qui régit toute histoire, mais une « idéalité » à la fois donnée et exprimée adéquatement dans les dimensions de l'historicité, là où le sens n'est pas séparable de l'épaisseur figurative du fait. L'adéquation n'annule pourtant pas la *maior dissimilitudo*, puisque l'expression figurative, l'existence historique du *Logos*, se concentre *expressivement* dans l'*Un-Gestalt* de la forme crucifiée du divin, la *krisis* de la croix, là où la Gloire se donne selon sa démesure. Si Balthasar professe une légitimité de l'*analogia entis,* il n'en exige pas moins sa subordination à une rigoureuse théo-logique, c'est-à-dire à un ordre des raisons qui échappe à ce que l'homme peut dire ou exiger de Dieu. La théo-logique ressortit ici à la ratio trinitaire ou, si l'on préfère, à la reconnaissance d'une Liberté infinie qui se possède parfaitement elle-même et peut ainsi s'ouvrir en dévoilant ses infinies possibilités.

Le dévoilement intelligible de la structure analogique suppose l'*a posteriori* christologique, l'action théodramatique qui consacre le christianisme comme principe inégalable de toute esthétique et ceci non pas tant dans la magnificence des formes qu'exalte l'*eros*, ni dans le dépassement idéal des données sensibles, mais dans l'opacité cruciale de la figure du Serviteur livré. En face de l'« esthétisme » gnostique se déploie l'étonnante affirmation d'une incarnation définitive de Dieu dans l'homme. L'expérience esthétique unit la figure individuelle la plus concrète possible et la signification la plus universelle possible. L'épiphanie du mystère de l'être advient en cette figure individuelle.

Si Balthasar est en mesure de justifier une christologie de la figure absolue, il ne peut y parvenir qu'au gré d'une analogie esthétique non pas tant redevable des structures d'un monde à déchiffrer que de la crédibilité interne que porte avec elle la figure de révélation. C'est donc dans les dimensions du phénomène que la logique trinitaire s'atteste comme plénitude et gratuité absolues [1]. Le rapport de la figure sensible à l'absolu qui en elle se donne surgit paradoxalement comme le plus expressif possible, le plus adéquatement proportionné à l'essence de la manifestation, sans d'ailleurs s'y confondre. Nous croyons que le rapport doit être qualifié d'ontologique. « *Tout* le mystère du christianisme, en quoi il se distingue radicalement de toute autre tentative religieuse, est que la figure, étant posée et ratifiée par Dieu, n'est pas en opposition avec la Lumière infinie. Bien qu'elle doive mourir comme *figure finie* et terrestre de même que tout ce qui est beau sur terre, elle ne s'évapore pas en une réalité sans forme, laissant derrière elle une nostalgie tragique infinie,

1. Le passage clé de cette structure logique s'exprime avec force dans un extrait du volume premier de l'*Esthétique*. Nous croyons que cette structure constitue l'originalité propre à la compréhension balthasarienne de l'analogie. H. U. von Balthasar, *GC*, t. I, p. 181-182. Également p. 25, 103, 127, 130, 142, 197, 198 ; *Theol.*, t. II, p. 201.

mais ressuscite en Dieu *comme figure*, c'est-à-dire *comme la figure qui est devenue définitivement une, en Dieu lui-même, avec la Parole et la Lumière divine* que Dieu a destinée et donnée au monde. [...] Par là, le christianisme devient le principe débordant et inégalable de toute esthétique, il devient *la religion esthétique par excellence* » (*GC*, t. I, p. 181. C'est nous qui soulignons).

La logique trinitaire du rapport Dieu-histoire s'oppose ainsi par nécessité christologique à tout actualisme eschatologique qui dissout les formes en conceptualisant l'incarnation de Dieu dans le dépassement de son moment mythologique. Le texte précité nous apparaît comme étant l'expression décisive de la Logique théologique de Balthasar. En cela, il nous paraît plus proche qu'on ne le soupçonnerait d'une pensée post-critique. Balthasar rompt incontestablement « l'enceinte enchantée de la conscience de soi [1] » en brisant le privilège ostentatoire de la réflexion conceptuelle. À l'instar de Paul Ricœur, le théologien nous rappelle peut-être que le « *Cogito* est à l'intérieur de l'être et non l'inverse » (p. 303).

Balthasar convie son lecteur à un dépassement de la compréhension kantienne de la distinction phénomènes-noumènes, cette dernière se privant de penser et d'accueillir les dimensions propres à l'Objet de révélation, comme il convie à un dépassement de la réintégration hégélienne de l'Objet de révélation dans la sphère de la subjectivité consciente. L'Objet de révélation, qu'il soit qualifié d'« anthropomorphisme dogmatique » ou d'« objet pour la conscience [2] », est « subsumé » dans la sphère de l'Idée. Assurément, pour Balthasar, la dette contractée à l'égard de la philosophie grecque ne cesse de travailler telle une « conscience malheureuse » l'appréhension philosophique du divin. L'action (*Handlung*) théodramatique, l'insertion du divin dans la sphère de la temporalité, requiert un mode nouveau du pensable, celui que délivre avec elle la figure de révélation.

1. P. Ricœur, *The Rule of Metaphor*, Toronto, 1977, p. 303.
2. Hegel, *Vorlesungen über Religionsphilosophie*, t. I, Naples, Bibliopolis, 1978, p. 63.

Balthasar ramène les problématiques philosophiques à un dénominateur commun, au risque de les simplifier à outrance, ces dernières restent confinées dans un schéma oppositionnel hérité de la problématique grecque de la relation de l'Un et du multiple. La théologie chrétienne elle-même n'échappe pas à la séduction du schéma dans la forme d'une « théologie négative » philosophique, où par-delà toutes les affirmations analogues sur Dieu, son essence reste cachée, inatteignable. Or, la logique trinitaire de l'amour se porte comme par essence vers le créé, son incompréhensibilité s'accueille comme figure.

La légitimité d'une théologie négative relève de la théologie révélée : « *Il est venu chez les siens, et les siens ne l'ont pas reçu* » (Jn 1, 11). L'incompréhensibilité de Dieu ne relève pas d'un déficit du savoir, d'une déficience inhérente au « pouvoir » du sujet transcendantal de l'entendement, mais d'une « détermination positive de la connaissance de foi » caractérisée par le *fait* que Dieu « *apparaît* » jusqu'à l'extrême (*GC*, t. I, p. 389). Le *quo maius cogitari nequit* advient dans l'opacité d'une chair qui, en livrant le Verbe, le soustrait plus encore à toute possible emprise. C'est là que la parole devient d'autant plus expressive qu'elle se tait et fait place à la vision, « *ils verront Celui qu'ils ont transpercé* » (Jn 19, 37). Le ravissement persiste sous l'emprise de la lumière de foi, l'ajustement auquel configure l'Esprit d'infinie Charité, « *paradoxe où l'humiliation et la méconnaissance deviennent l'écrin et le théâtre de l'agapè (Esprit) du Père pour le Fils, et du Fils pour le Père* [1] ».

1. J.-L. Marion, *L'Idole et la Distance*, p. 273.

CHAPITRE IV

LOGIQUE TRINITAIRE DE L'AMOUR ET STRUCTURE ANALOGIQUE : ACTION THÉODRAMATIQUE ET CENTRALITÉ DE LA FIGURE FINIE DE RÉVÉLATION

L'« apparition » de l'Amour trinitaire

Nous ne savons pas quels furent les liens de connivence intellectuelle que Balthasar put entretenir avec le philosophe Franz Rosenzweig. En parcourant le second volume de la *Logique divine*, le nom du philosophe est mentionné parmi les « dialogiciens » (*Die Dialogiker*), qualifiés par le théologien comme ceux qui ont tenté d'établir une théologique où Dieu, « dans sa gracieuse révélation de soi est, à l'intérieur de l'interhumain (*Zwischenmenschlichen*), la vérité, en tant qu'ultime fondement du vrai qui se vérifie entre le je et le tu » (*Theol.*, t. II, p. 45). Plus près de nous, un penseur comme Emmanuel Lévinas a su recueillir avec une force conceptuelle inégalée ce passage éthique qui conduit de l'« ontothéologie » à une dramatique de l'« Autre », cet « Autre » conçu comme « seule optique » légitime du divin. Dieu n'est pas atteignable par la médiation de l'être, ce Neutre ontologique, mais par le « visage » de l'« autre homme », une transcendance positive qui paradoxalement prive la pensée et l'action de toute dérivation de l'« Autre » vers soi, pour soi. Toutes les tentatives monistes sont ici récusées comme néfastes, parce que faisant violence au réel et instaurant idéalement la négation de la mort, de toutes formes de mort, là où paradoxalement l'homme coïncide avec la vérité de son être.

Ce n'est pourtant pas tant dans cette direction qu'il faut chercher l'influence qu'a dû exercer la pensée de Rosenzweig sur Balthasar. Les analyses de la *Logique divine* conduisent à une reformulation de la légitimité d'une théologie négative, non pas en partant d'un concept abstrait de Dieu, mais dans les limites d'une « figure » de dissimulation où Dieu « apparaît » jusqu'à l'extrême, et pour cette raison, se donne en une inconcevabilité plus grande encore. C'est précisément à travers ce mouvement qui va de Dieu à l'homme, là où le divin déborde des frontières de sa vie propre, que nous reconnaissons une influence décisive de Rosenzweig.

La parenté d'analyse est frappante. Le phénomène religieux, mythique, sapientiel ou conceptuel semble répondre d'une impossibilité, celle de maintenir l'homme comme cet autre que Dieu rencontre. La théologie négative elle-même, dans sa volonté de soustraire Dieu à toute forme de déterminations positives, exacerbe ultimement l'opposition des termes jusqu'à la dissolution salutaire de l'un d'eux. « Le non-savoir comme fin et résultat de notre savoir est la pensée fondamentale de la théologie négative, qui a désagrégé et éliminé les affirmations a priori sur les "attributs" de Dieu, jusqu'à ce qu'il ne subsiste plus que le ne-pas de tous ces attributs comme essence de Dieu : on ne pouvait donc plus déterminer Dieu autrement que par sa nature totalement indéterminable. Cette voie qui conduit d'un "quelque chose" préalable au néant, et au terme de laquelle athéisme et mystique peuvent se tendre la main, nous ne l'empruntons pas. [...] Notre visée n'est pas négative, c'est, au contraire, un concept absolument positif [1]. »

Ce concept « positif » fonde une autre « analogie » du divin, redevable d'un mouvement « vital » de révélation qui permet à l'homme de reconnaître *une venue de Dieu vers lui*. Le mouvement mystique et sapientiel de l'accès au divin s'inverse. L'épure néo-platonicienne de l'accès mystique à Dieu qui se caractérise schématiquement par un travail « *hiérarchique* » de

1. Fr. ROSENZWEIG, *L'Étoile de la Rédemption*, Paris, Éd. du Seuil, 1982, p. 34.

purification, de réintégration des émanations vers l'Un absolu, suppose une progressive « abstraction » de la matière, de ses dimensions sensibles, corporelles, imaginatives et enfin conceptuelles. L'accès « incarnatoire » au divin, par la médiation christologique absolue, sans que soit révoquée toute théologie négative mais au contraire requise en raison de la parole de la croix, résiste. Il ne parvient pas à s'assimiler à ces voies (*Theol.*, t. II, p. 101). Ces dernières manquent deux choses : la venue de Dieu hors de lui-même, et la dimension « incarnatoire » (*inkarnatorisch*) de l'« *Apparition* » (p. 102). Elles manquent le moment révélé d'une logique analogique, l'*analogia* conçue ici comme « *correspondance* », extase bilatérale, où l'homme se sait positivement interpellé dans l'amour et la liberté. L'« analogie participative » conjoint l'homme et Dieu à travers une effective « sortie de soi » des deux « termes » de la relation.

Balthasar reste ici en dialogue étroit avec Plotin. Si ce dernier concède aux âmes une liberté de « retour » qui se meut vers l'Un, il n'offre aucune voie de création, ce qui rend caduque l'analogie. Cette liberté, dans la différence entre Dieu et l'homme, n'est pas réellement illuminée en un sens métaphysique (p. 99). La priorité du « silence » dans lequel se retranche jalousement l'absolu, est dépassée dans le phénomène chrétien de la parole, ce dépassement ne coïncidant pas avec son effacement, mais avec sa manifestation surabondante. Le « silence » qui marque la profondeur des êtres et des choses s'ouvre positivement, par amour, à l'autre que lui.

Balthasar, à l'instar de Rosenzweig, établit une césure radicale entre le phénomène biblique fondamental de la révélation et toute forme de mystique extra-révélationnelle, le concept de révélation s'appliquant exclusivement à la pensée d'une possible proximité de Dieu à l'homme telle qu'elle s'est exprimée dans le judéo-christianisme, bien que Rosenzweig lise dans la médiation filiale chrétienne une régression au stade du paganisme qui désire être environné de « dieux humains [1] ». « L'Antiquité est

1. « C'est seulement en tenant la main du Fils que le chrétien ose comparaître devant le Père : c'est seulement par le Fils qu'il croit pouvoir parvenir au Père.

parvenue jusqu'au monisme de Dieu, mais pas au-delà ; le monde et l'homme doivent devenir la nature de Dieu, se laisser diviniser, mais Dieu ne s'abaisse pas jusqu'à eux ; il ne s'offre pas, n'aime pas, il ne doit pas aimer. Il garde en effet pour soi sa *physis*. Et reste donc ce qu'il est : le métaphysique » (*Theol.*, p. 53).

Alors que Rosenzweig lira dans la « dualité » chrétienne Père-Fils une persévérance du lien moniste et oppositionnel, le théologien y verra au contraire le « *topos* » de l'offrande de soi du divin, offrande de soi qui coïncide avec l'être du divin. Seule une logique trinitaire peut conduire la pensée vers ce seuil, la conduisant d'autant mieux qu'elle s'est donnée dans les dimensions mêmes de l'histoire. « Le caractère unique de la figure du Christ consiste en ce qu'elle est l'identité du mythe et de la réalité historique, ce qui au premier abord semble équivaloir à désenchanter les “dieux de la Grèce”, mais en revanche plonge la réalité (à laquelle s'ajoute maintenant la réalité eschatologique) dans l'éclat de la gloire divine » (*GC*, t. I, p. 426).

Ce que les courants mystiques et philosophiques semblent incapables de penser advient dans une figure de révélation, une liberté infinie qui sort de soi et donne la liberté, tel est ce que Balthasar entend d'abord par structure analogique. L'*analogia libertatis* se meut dans le monde de l'homme, et avant qu'elle ne soit le fait de l'homme, elle est le fait de Dieu lui-même, l'*analogia entis christologique*. L'analogie requiert l'action théodramatique, ou ce que Balthasar appelle une « christologie d'en bas », qui voit dans l'homme Jésus la « correspondance » (*die Entsprechung*), l'« expression » (*der Ausdruck*), l'« image »

Si le Fils n'était pas un homme, il ne serait d'aucune utilité au chrétien. Il ne peut s'imaginer que Dieu même, le Dieu Saint, puisse s'abaisser jusqu'à lui, comme il le réclame, s'il ne devient lui-même homme. La part indélébile de paganisme présente au cœur de tout chrétien vient là au jour. Le païen désire être environné de dieux humains, il ne lui suffit pas d'être homme lui-même : il faut encore que Dieu soit un homme. La vitalité que précisément le vrai Dieu a en commun avec les dieux des païens ne devient crédible aux yeux du chrétien que lorsqu'elle prend chair dans une personne spécifique, à la fois divine et humaine » (F. ROSENZWEIG, p. 413).

(*das Bild/ana*) « de Celui qui est à voir », le Père (*Theol.*, t. II, p. 285). Cette structure analogique christologique constitue la source première de l'esthétique chrétienne, le *Logos* est *ce* qu'il exprime, mais il n'est pas *celui* qu'il exprime, à savoir le Père.

En guise de proposition synthétique, l'on pourrait qualifier l'analogie balthasarienne d'« analogie katalogique » (*Theol.,* t.II, p. 286). Pour Balthasar, l'esthétique et la dramatique se rejoignent en un point d'*intégration* (condition d'« expression » du niveau logique), les contours d'une « *figure* » qui constitue d'autant plus l'achèvement du principe esthétique qu'elle se dramatise dans l'expérience de la *missio* du Fils, épiphanie des relations intratrinitaires. L'achèvement du principe esthétique coïncide avec l'*Un-Gestalt* de l'amour crucifié, il nécessite l'acte (*Handlung*) surabondant (*quo maius)* de la dramatique, qui seule est proportionnée à la logique de Gloire qui se donne. Le paradoxe de l'*Un-Gestalt*, achèvement du principe esthétique, est au service de cet amour dont rien de plus grand ne peut être pensé. La kénose, ou l'*analogia kénotique,* qui est ici une *analogia libertatis,* constitue le concept le moins inadéquat, l'action proportionnée à la « figuration » de l'éternel « désintéressement » (*Selbstenteignung*) de soi qui polarise le divin comme éternel « Échange » (*commercium*) trinitaire.

De cette structuration découlent deux principes fondamentaux. D'abord si Dieu n'avait pas lui-même une « figure », aucune « figure » ne pourrait jamais prendre naissance entre lui et l'homme (*finiti ad infinitum nulla proportio*). D'autre part, en cet acte de manifestation, nous sommes au-delà de toute nécessité, nous nous mouvons dans la liberté du don de soi-même et de l'état de don, « qui doit être et rester le mystère éternel révélé à lui-même. Toutes les réponses qui invoquent un devoir-être sont toujours dépassées par l'éternel émerveillement du pouvoir-être » (*GC*, t. I, p. 518).

Tout cela est inclus dans l'acte de Dieu s'engageant lui-même. Seule une logique divine trinitaire peut faire que Dieu, dans son infinie liberté, puisse produire dans sa création un « *corps de révélation de sa splendeur* » (*GC*, t. I, p. 372).

Aussi, la modalité tragique que l'« image expressive » de Dieu va acquérir en raison d'une économie de péché ne supprimera pas son caractère révélationnel. Elle demeurera, jusqu'en ces décombres de l'image défigurée de la vie éternelle, révélation et même révélation renforcée (*GC*, t. I, p. 370).

Nous rejoignons ainsi l'ample analyse menée par De Schrijver [1], consacrée à l'analogie de l'être chez Balthasar. L'*analogia entis* n'est en rien réductible à la relation générale de « ressemblance » entre la créature et le Créateur. L'usage du concept ne vise pas seulement à fonder la positivité et la dignité de la créature en face de Dieu. Ces deux approches ont été privilégiés dans les essais de Werner Löser et M. Lochbrunner [2], l'être créé acquérant sa dignité en tant qu'il est « reflet » et « image » de Dieu. Or, pour Balthasar, cette positivité requiert une mise en œuvre, un moment dramatique coextensif de celui en lequel elle peut se déployer en histoire de la liberté, marquée par une irréductible singularité, mais une singularité qui ne confère à la subjectivité spirituelle aucune possibilité de repli dans l'intériorité mystique. La communion inter-subjective peut seule qualifier l'individu comme personne, à l'image de la qualification trinitaire du divin. Le « procès » d'altérité parcourt tous les niveaux du créé, il en est la « forme », et c'est dans cette optique qu'il convient de considérer les éléments d'ontologie trinitaire que livre Balthasar. Pour que la créature devienne « image expressive » de Dieu, ce qui suppose un lien de réciprocité entre l'abandon de l'homme et la volonté trinitaire d'incarnation, elle doit consentir à un rapport de « correspondance » (*Stimmigkeit*), à une « sortie de soi », à la dimension extatique de l'Être dont elle participe et qui l'élève au-delà d'elle-même.

Conscient de l'importance de cette structure analogique de la pensée balthasarienne, nous ne pouvons cependant nous atteler à

1. G. De Schrijver, *Le Merveilleux Accord de l'homme et de Dieu. Étude de l'analogie de l'être chez Hans Urs von Balthasar*, Leuven University Press, p. 48 s.
2. W. Löser, *Im Geiste des Origenes. Hans Urs von Balthasar als Interpret der Kirchenväter*, Francfort, 1976 ; M. Lochbrunner, « Analogia caritatis. Darstellung und Deutung der Theologie Hans Urs von Balthasars », *Freiburger theologische Studien*, 120, 1981 ; « L'événement du Christ transpose l'analogie de l'être en une analogie d'amour » (*ibid.*, p. 292).

en dégager les dimensions anthropologiques. Notre point de vue vise à saisir le plus précisément possible la dimension logique du rapport Dieu-histoire, en sachant qu'une telle dimension écarte toute tentative d'unification en une forme achevée de savoir. Elle n'est pas une grandeur abstraite, elle se déploie et coïncide avec les dimensions d'une figure finie indépassable. Or, cette structure logique n'est pas assez considérée dans les études consacrées à la pensée de Balthasar. Pourtant, c'est là que semble résider sa force propre.

Dans ce sens, l'analogie de l'être n'épouse pas la tendance platonicienne de l'*eros* ascendant, tendance qui consiste à se dégager de toute incarnation pour s'élever au beau en soi. Nous y avons déjà longuement insisté. Le fini ne doit pas périr pour devenir spirituel et infini. Les accents dialectiques de la théologie balthasarienne s'expriment non sans exclusive, ils trahissent à tout le moins la dette barthienne de la pensée de Balthasar. Il faut choisir entre le mythe et la révélation. L'*auctoritas Dei revelantis* délivre le moment logique de toute compréhension purement « existentiale », le dernier avatar du processus « libéral » de démythologisation. Il coïnciderait avec la dissolution de la « figure » sensible au profit de l'intériorité transcendantale identifiée ici à la *capacitas entis* de l'intellect. L'opposition ou la réticence de Balthasar à l'égard de Rahner s'inscrit donc bien en deçà de l'apport proprement rahnérien. Balthasar vise les lectures « platoniciennes » de l'objet de révélation, objet « intériorisé » et « désincarné » dans les dimensions de la réminiscence conceptuelle. Les textes abondent pour dénoncer une insupportable collusion.

L'objet advient comme support provisoire d'un moment supérieur de conscientisation ou d'unification de la conscience de soi et de l'absolu. Qu'il soit de type kantien ou hégélien, le processus d'« assimilation » de l'objet de révélation rend impossible sa perception précisément comme « figure ». Une telle critique ne touche évidemment que latéralement l'intégration transcendantale de la césure christologique. Rahner lui-même pense trop étroitement le rapport d'« expression » entre le *Logos* et l'humanité pour qu'il soit soupçonné de ne pas faire droit aux dimensions figuratives qui déterminent positivement la rencontre de Dieu et de l'homme. Balthasar le reconnaît, et rend hommage à Rahner dans le second volume de la *Theologik* (p. 258). Nous y reviendrons ultérieurement. Mais plus que cela, Balthasar consent à penser les dimensions figuratives de l'« Apparition » de l'Amour trinitaire dans l'ordre déjà donné des figures du monde, la différence créée des étants. En d'autres termes, il ne répugne pas à insérer l'absolue singularité de la figure de révélation dans la chaîne des êtres et des choses qui secrètement l'appellent, bien que cet élément de continuité soit davantage redevable d'une ontologie trinitaire, cadre général à l'intérieur duquel aura lieu un événement singulier, « le fait qu'une personne finie bien déterminée consente à se laisser modeler tellement par la volonté divine que sa "correspondance avec Dieu" pourra prêter "forme" et "figure" à l'épanchement de l'amour divin dans l'histoire humaine [1] ».

En effet, si l'Homme-Dieu doit former avec l'histoire humaine une figure d'ensemble authentique, et être compréhensible dans cette figure, cette unité ne peut se faire que dans une histoire qualifiée. L'histoire avec laquelle il peut former une figure doit être détachée de l'histoire générale. Israël constitue ainsi l'élément incontournable, l'horizon singulier sans lequel la qualification unique de la figure d'achèvement ne saurait être perceptible.

Il nous faut cependant établir l'« extension » qu'implique la figure de révélation dans le champ du créé, en amont de son attestation, ou plus exactement de son auto-compréhension, puisqu'elle porte en elle la « supra-mesure » qui assure sa crédibilité. L'attestation figurative doit être ici évaluée selon la position qu'elle occupe dans son rapport à la médiation « cosmologique » et « anthropologique ». Nous pourrons alors constater que Balthasar n'inscrit pas la figure de révélation en un procès de pure advenue, délié de toute appartenance à l'ordre déjà donné des médiations. Une pure transcendance de l'extériorité conduirait immanquablement la théologie en deçà de sa mesure spécifique, l'affirmation d'une incarnation définitive de

1. G. De SCHRIJVER, p. 50.

Dieu dans l'histoire. Si Dieu s'exprime dans la langue de l'homme, s'il s'approprie un corps parlant et agissant, c'est que ce rapport est de stricte « expressivité » pour le Dieu qui s'atteste.

Une telle intériorité du rapport d'expression ne repose pourtant pas sur une sorte de continuité entre l'ordre cosmologique et anthropologique de la contingence et l'insertion de la figure de révélation dans les dimensions du fini. C'est le « choc » (*Wucht*) de cette rencontre qui qualifie « expressivement » l'inattendu de la venue de Dieu vers l'homme. Paradoxalement, l'« expression » que Dieu se donne dans l'histoire est d'autant plus intense, donc « expressive », qu'elle advient à partir d'un rapport originel de dissemblance qui soustrait Dieu à toute possible saisie, qu'elle soit conceptuelle ou sensible.

Le rapport d'« expression » est ici nécessairement dialectique, Balthasar recourant au principe luthérien du *Deus sub contrario*. La croix coïncide ici avec l'aurore décisive de l'esthétique divine qui n'est autre que l'*Agapè* intratrinitaire, l'élan périchorétique du « *commercium* » trinitaire.

Parler de structure analogique dans la pensée du théologien, c'est tenir en mémoire la déficience que recèle l'*analogia entis*, qui plus qu'un rapport de continuité énonce un rapport de dissemblance, une oscillation entre dévoilement et voilement. Le paradoxe de la figure de révélation consiste dans l'« *absence de figure* » qui devient un mode de sa gloire, parce que c'est un mode de son « *aimer jusqu'à la fin* ». Il faut découvrir dans ce qui est défiguré le mystère de la *superfigure* (*GC*, t. I, p. 388). En son unicité, elle est rigoureusement sans analogie et ne peut être reconnue qu'à partir de l'assentiment spirituel qui « exproprie » le sujet croyant vers l'Objet à voir, « la révélation s'attestant elle-même en nous » (p. 136).

MÉTAPHYSIQUE DE L'ÊTRE DANS L'HORIZON DU « DRAME » THÉOLOGIQUE : DIFFÉRENCE TRINITAIRE ET DIFFÉRENCE DE L'ÊTRE (« *DAS WERDEN DER WELT GRÜNDET IN DEM ÜBERWERDEN DES INNERGOTTLICHEN GESCHEHENS* [1] »).

Dévoilement du sens de l'être.

L'insertion de la figure de révélation dans le monde épouse l'ordre sensible des corps et la forme humaine d'une liberté historicisée. La structure analogique qui rend possible l'accès à cette figure inattendue, où Dieu s'ouvre à l'homme, doit répondre, pour Balthasar, d'une double dimension, celle d'un accord de la figure avec les dimensions dans lesquelles elle s'exprime en plénitude, et qui pourtant ne lui sont pas réductibles purement et simplement, et celle d'une discontinuité, le *hiatus* que produit l'insertion de l'amour trinitaire dans les dimensions d'une figure sensible, charnelle.

Au moment même où Balthasar affirme une pleine historicisation de Dieu par l'événement de l'incarnation, il ne fait qu'exacerber, par cette jonction même, l'incompréhensibilité de Dieu [2], en substituant cependant au concept néoplatonicien de théologie négative celui de théologie négative relevant de la théologie révélée. C'est parce que Dieu « apparaît » (*Theol.*, t. II, p. 67) qu'il est le Dieu inaccessible, dont rien de plus grand ne se puisse penser. Le *quo maius* n'exige pas le dépassement de la sphère sensible, il la requiert comme le milieu proportionné à la saisie de la démesure même de l'Amour qui se livre, parce qu'il se livre kénotiquement dans la différence de l'être des créatures.

Le lieu de la Gloire requiert l'ordre différent de l'être des créatures, sans lequel la venue de Dieu resterait prisonnière du

1. *Theod.*, t. IV, p. 70.
2. C'est cette discontinuité comme forme proportionnée à la manifestation de la Gloire divine qui n'est plus respectée dans la continuité transcendantale de l'ouverture illimitée de la transcendance de l'esprit connaissant. L'homme, par la médiation immédiate de la conscience transcendantale, devient dans ses aspirations existentielles et sa structure ontologique, ce qui nécessairement surgit lorsque Dieu décide de se révéler, de sortir de soi. C'est ici que le *quo maius* de la discontinuité est dangeureusement menacé.

schéma philosophique de la relation de l'Un et du multiple, qui peut-être constitue l'origine lointaine et résiduelle du « crépuscule des dieux ».

Or, pour le théologien, une théo-logique, « en laquelle la logique de Dieu devient dans des formes déterminées logique créée, ne peut être que trinitaire » (*Théol.,* p. 33). L'altérité des créatures, leur différence même répond analogiquement de la différence qui marque constitutivement l'infini. Un Dieu suprême et unipersonnel, l'Un absolu, ne peut être appréhendé que dans l'effacement des différences et de la multiplicité. Comme le concède Ghislain Lafont, même si un sens métaphysique affiné permet de dépasser cette apparence, « il reste que la création vient à point pour rompre, d'une certaine manière, l'isolement de l'Unique [1] ». Mais en l'absence de détermination trinitaire du divin, philosophies et religions n'ont-elles pas réduit l'ordre du « créé », en pénétrant spéculativement le rapport Dieu-monde, à la coïncidence émanatiste et indistincte du divin et de l'humain, ou à la dégénérescence de la chute pour le seul ordre du créé ?

Si l'absolu se « détermine » comme l'Un soustrait à toute relation avec le multiple, la pluralité, c'est-à-dire toute forme d'être à la manière du monde, qu'elle soit matérielle ou spirituelle, alors cet absolu n'est atteignable que moyennant la dissolution de la forme finie de l'être. Ceci vaut pour toute mystique religieuse extra-biblique. « Ce qui est l'“autre” de l'Un doit disparaître, puisque comme autre il n'est qu'illusion, sinon à tout le moins être déchu. Ainsi dans un système comme celui de Hegel, dans lequel l'“autre” n'est qu'un moment de la plénitude de l'Un-divin, un tel moment devra finalement être absorbé, dévoré dans l'unité (*hineinverschlungen-aufgefressen*). L'être singulier doit être prêt à disparaître dans l'universel » (*GC*, t. II, p. 111).

Balthasar vise non seulement les formes de la mystique qui appelle au dépassement du multiple conçu comme dégénérescence de l'Un ou du Tout, mais aussi l'abstraction et la neutralité

1. G. LAFONT, *Peut-on connaître Dieu en Jésus Christ ?*, PARIS, Éd. du Cerf, 1969, p. 292.

de l'Être qui ne fait que jouer le rôle d'instance réconciliatrice des particularités qui disséminent et dilapident l'ordre du Tout. Au-delà du degré d'abstraction que comporte le jugement philosophique, Balthasar ouvre la pensée à une reconnaissance positive de l'ordre des choses, une positivité qui, à la fois, s'établit en un rapport de continuité entre le monde et Dieu, le moment esthétique coïncidant avec l'apparition des « formes », sans que la « dramatisation » du rapport ne vienne à être niée comme moment explicable. La logique du don qui devient la forme achevée de la pensée ne peut qu'ouvrir la médiation de l'être à un acte de communication lui-même redevable d'une dimension contingente. L'être des étants se détache en permanence sur un horizon de « non-être » (*Grundlosigkeit*), dans la fragilité des « formes » en lesquelles il vient à subsister (*Gelassenheit*). Toute tentative d'essentialisation rationaliste de l'être manque l'énigme du « non-être », celle de l'*épekeina* qui garantit à la pensée sa possible ouverture théologique, vers l'au-delà de l'être, la quatrième différence.

Si la logique de la créature n'est pas étrangère à la logique de Dieu, cela signifie que le rapport de continuité ne requiert pas le dépassement de la contingence créée au profit de son effacement. Une telle « opération » mystique rendrait vaine l'« apparition » de la figure du divin, c'est-à-dire qu'elle l'empêcherait précisément d'*apparaître* comme figure de révélation. Ainsi, pour Balthasar, la médiation métaphysique de l'être ne peut surgir qu'à partir du « drame originaire » (*Ur-Drama-Ur-Kenosis*) de l'Amour intratrinitaire. L'horizon définitif de sens de la distance entre la créature et le créateur provient de la « relation intratrinitaire entre le Père et le Fils (dans l'unité de l'Esprit) [1] », communiquée par Dieu au monde et en laquelle le « non-identique trouve sa coïncidence et pourtant demeure maintenu en sa propriété » (*GC*, t. III, p. 21).

Pour Balthasar le sens de l'être est donc situé dans l'amour, c'est-à-dire dans la création, l'oubli des tentatives hégélienne et

1. H. U. von BALTHASAR, *Karl Barth, Darstellung und Deutung seiner Theologie*, p. 297.

heideggérienne. Si Heidegger se tient « auprès du mysterium de la différence immanente au monde » (*GC*, t. IV, vol. 3, p. 193), il n'en confond pas moins l'acte d'être et l'acte subsistant divin. S'accuse ici la filiation plotinienne de la pensée du théologien, celle de l'Un sans l'être, ou au-delà de l'être, conjuguée à la différence thomiste de l'*esse* et de l'*ens*. C'est en fait cette distinction réelle qui donne sa profondeur divine à l'*épistrophé* plotinienne. L'être est rapporté à l'Un comme sa similitude, cette dernière en atteste la Gloire. L'oubli de la distinction réelle entre *esse* et *essentia* manque alors inévitablement « la caractéristique de ce qui est non-absolu [...], en termes chrétiens, du caractère de créature » (p. 191).

La négation qui marque l'être du monde, recueillie dans la non-identité de l'être et des formes essentielles, constitue l'espace ouvert en direction de l'amour « sans-fond ». Le *Grundlosigkeit* qui affecte l'être du monde est l'écho, la nostalgie positive du *grundlose Liebe* qui marque l'apparition de l'être, de l'être non subsistant. Cette ouverture originaire du mystère de l'être exige du côté de la créature une *Gelassenheit* qui fasse originairement coïncider *analogia entis* et *analogia libertatis*. C'est précisément dans ce sens que la disponibilité de l'esprit fini au mystère de l'être fournit le présupposé métaphysique à l'événement central de la Révélation, l'abandon de Jésus sur la croix (la *Gelassenheit* du Fils que livre le Père), et de la foi, l'archétype christologique et marial de l'obéissance aimante.

Le mouvement trinitaire d'engendrement, qui n'est accessible pour l'homme qu'à la croix, « informe » les niveaux d'être du créé, sans que ceux-ci, et par eux-mêmes, ne décident, selon leur position finie de réalité, du mode de communication et de réception de la logique trinitaire, une logique qui ne se révèle qu'*indirectement* par la médiation de l'être. Une telle médiation, précisément, livre l'être comme éternellement plus que lui-même, donc non susceptible d'une apparition définitive. Il est en suspens, marqué d'une promesse qui le livre en le révélant inépuisable, une promesse qui « informe » la structure de tout étant dans la non-coïncidence du *Sein* et du *Sosein*. « La beauté n'est pas autre chose que le rayonnement direct du fond de l'être en tant que dénué de tout fondement. [...] Ce qui éveille la joie esthétique, ce n'est pas seulement la correspondance entre l'essence et l'apparition, mais la certitude absolument incompréhensible que l'essence apparaît réellement dans l'apparition (qui n'est pourtant pas l'essence), et qu'elle y apparaît comme un être qui est éternellement plus que lui-même » (*PlV*, p. 212).

À propos du concept d'« analogia entis » : la mesure d'une divergence (Balthasar-Rahner).

Au cours du chapitre premier, nous avons laissé entendre qu'une certaine correspondance pouvait être admise entre le *Vorgriff auf das Sein* de Rahner, et l'attitude d'étonnement du *thaumazein* balthasarien. La luminosité de l'être s'impose comme premier moment de la pensée, l'accès ouvert d'emblée à la transcendance. Balthasar et Rahner s'entendent sur la dimension épiphanique de la médiation de l'être, et tous deux nous semblent redevables de l'apport heideggérien de la différence ontologique, où l'homme, dans la concrétude inquiète du *Dasein*, rend gloire à l'être, qui n'advient que dans la distance qui le révèle différent.

Le débat, conflictuel assurément, porte sur le « lieu » où se révèle l'être, sur le statut de la médiation de l'être et de sa dimension épiphanique dans la perception du divin. C'est le « lieu » même où il se recueille comme ouverture vers Dieu qui sépare Balthasar de Rahner, puisque ce « lieu » initial décidera du champ en lequel adviendra la médiation christologique.

L'interrogation que Balthasar adresse à Plotin peut parfaitement être posée pour Rahner. La médiation de la conscience transcendantale qui « possède » l'infinité de l'être ne fait-elle pas de la rencontre avec Dieu une rencontre de l'esprit avec lui-même ? L'interrogation, qui pour Plotin demeure ouverte, constituerait la « décision européenne » d'une philosophie de l'identité qui inévitablement manquera la différence épiphanique de l'être et de la « raison d'être » de l'être. Or, le primat du dynamisme de l'intellect ouvert à l'infinité de l'être, sans le passage médiat des êtres de l'expérience, puisque Rahner postule une constitution pré-empirique du « moi » dans l'ordre de l'être, condition *a priori* de toute connaissance singulière, risque de « résoudre » l'imprévisibilité d'une ouverture du « fond » de l'être à *ce qui n'est jamais en dehors de l'horizon dans lequel l'homme connaît « ses » objets.*

Le champ christologique appartient ainsi nécessairement à la sphère de l'intériorité transcendantale, puisque l'être est essentiellement connaissable en tant qu'il se communique dans son infinité et rend l'homme apte à la « saisie » immédiate de l'*Esse Absolutum*. Cette constitution que l'homme affirme implicitement, préalable à toute connaissance, condition de toute action, lui permet de vivre sa vie dans une constante extension-de-soi vers l'absolu, dans une ouverture sur Dieu, *qu'il n'ouvre pas de lui-même*. Cette ultime précision suffira d'ailleurs à lever tout soupçon à propos de Rahner, l'intériorité transcendantale étant coextensive d'un événement de grâce dont la forme appartient à une plénitude intratrinitaire de communication de soi qui pose l'être comme *logos*, luminosité, « dicibilité ».

Le conflit Balthasar-Rahner à propos du statut de la médiation de l'être se charge ici d'un malentendu, ou peut-être du côté de Balthasar d'une fin de non-recevoir. Si, pour Balthasar, l'ouverture transcendantale spirituelle absolue sur l'être inféode tout être imaginable sous le pouvoir de cette ouverture transcendantale, pour Rahner, elle est ce qui ne limite pas *a priori* les possibilités et l'ampleur d'une révélation. La transcendance vers l'être n'anticipe pas sur le contenu d'une révélation possible, puisque l'ouverture transcendantale n'atteint que l'*obscurité essentielle* de l'être infini quant à sa positivité.

Au-delà du malentendu, Balthasar estimera inopérantes pour la christologie les conséquences qu'auraient pu fournir la dimension apophatique de l'ouverture illimitée sur l'être. Elles n'ont pas fourni à la christologie les présupposés ontologiques et épistémologiques indispensables à la constitution et à l'« individuation » de sa singularité absolue. La christologie se voit ainsi intégrée au champ plus vaste de la volonté salvifique universelle de Dieu, *déjà communiquée* par la médiation originaire de l'être. Dans l'ordre de la liberté qui, par nécessité d'essence, médiatise historiquement l'événement de l'acceptation ou du refus de l'offre d'autocommunication, la figure du Christ advient comme relation réussie.

Pour en rester à la thématique philosophique, l'on peut ajouter que l'évidence originaire qui se pose comme apparition de l'être, pour Balthasar, doit passer nécessairement à travers la médiation de la finitude et de la sensibilité, là où le monde est conçu comme « champ expressif, symbolique (*Ausdrucksfeld-Gleichnis*) de Dieu ». Cette révélation voilée de l'évidence épiphanique de l'être est inhérente à la *Staunen* et à la *ratio* du *Dasein*. Cette condition d'« étonnement » initial et initiatique ouvre un espace suffisant et requis pour le déploiement de l'apparition singulière et de soi inatteignable d'une incarnation de la Gloire qui donne l'être, en s'en distanciant. Les conditions d'une réception de l'absolue singularité de la figure de révélation ne sont pas assurées en christologie transcendantale.

Il n'existe donc pas, pour Balthasar, de connaissance immédiate de Dieu, donc d'ouverture transcendantale illimitée sur l'être, de cognoscibilité immédiate de l'être par le biais d'une médiation noétique immédiate. La raison esthétique n'est pas la raison transcendantale. Certes, la visée de l'*Esse Absolutum*, chez Rahner, atteint l'absolu en tant qu'elle le vise plus qu'elle ne le saisit, et la nuance est ici d'importance. La luminosité de l'être n'est telle que dans *l'horizon insaisissable* d'un rapport ou d'une relation à la conscience transcendantale ouverte à partir de l'absolu. « Par conséquent, si nous connaissons l'infinité de Dieu uniquement dans la transcendance négatrice du fini, elle semble être suffisamment inconnue dans son propre Soi, non manifeste et close, pour qu'une nouvelle ouverture de l'Infini lui-même ait un sens, et pour qu'il y ait encore matière à révélation » (*HéV*, p. 139).

Le maintien de l'énigme de l'être, donc l'affirmation de sa différence à l'égard de l'étant, n'est pas dissociable d'une affirmation sur l'intériorité réciproque de l'être et de l'étant, médiatisée par la conscience de l'homme. Le lieu de l'être est donné dans la conscience. L'étant qui questionne doit « être » l'être dans la mesure où il est lui-même l'objet de sa compréhension. Inversement, l'étant ne peut « pas être » l'être puisqu'il ne coïncide pas avec sa possession immédiate. C'est là que Rahner introduit une conception de l'*analogia entis* qui ne recouvre pas la dimension ontique, contingente, sensible de la réalité mondaine. L'*analogia entis* est comprise comme « possession de l'être » (*Seinshabe*) dans l'ordre de la conscience de soi, une conscience de soi qui inclut un processus d'actuation, de degré de présence à soi. On pourrait tenter d'en donner une définition : *la faculté de connaître, le degré de présence-à-soi, c'est-à-dire de luminosité interne pour soi, sont proportionnés au degré de faculté d'être, au mode selon lequel l'être advient à l'étant, ou selon lequel un étant participe à l'être, et ceci en dépit ou plus exactement à partir du non-être qu'il recèle.*

Le concept d'*analogie* de l'être indique la différenciation de l'être et de l'étant conçue comme processus, genèse de la conscience de soi. L'être n'est pas quelque chose « à côté » ou « au-dessus » de l'étant, mais il est l'étant comme rapport à soi, c'est-à-dire ce par quoi l'étant est lumineux pour soi [1]. L'intériorité transcendantale « précède », dans l'ordre du « moi », le domaine des données sensibles [2] (quelque chose de réel ne peut nous rencontrer que dans la connaissance qui s'identifie ici à l'acte de la transcendance), ce qui laisse ouverte la question portant sur la réductibilité ou la différence de l'être et de la conscience chez Rahner. La compréhension de l'être est un concept *analogue* dans la *variabilité d'une participation à l'être* pour les étants singuliers.

On peut alors comprendre le *lien transcendantal analogue* qu'établit Rahner entre le degré de « possession-de-soi » de la créature *consciente* et la vie trinitaire immanente. Ce point est capital. Le sens de l'être est la « possession-de-soi », ou la « présence-à-soi » (*Bei-sich-sein*), la *subjectivité.* Ce processus comporte deux phases, celle d'une extériorisation de soi, par la médiation de la pensée et de l'agir, et celle d'un retour à soi, inconcevable en dehors de la médiation de l'« autre » que soi.

1. On comprend dès lors que Dieu ne doit pas être conçu simplement comme l'être, mais comme le pur être d'une absolue « possession de l'être », et ainsi comme rapport à soi, dans l'acte infini du connaître et de l'amour. *Par là est d'emblée et transcendantalement visée la plénitude trinitaire du divin.*

2. « Le savoir originaire portant sur ce qu'est l'Être est donné ici dans cet événement qu'est la transcendance, *et n'est pas tiré d'un étant singulier et de sa rencontre* » (*TfF*, p. 83) (c'est nous qui soulignons).

L'être se possède soi-même dans son rapport constitutif à l'autre, dans son « expression » de soi. La subjectivité est d'emblée intersubjective.

La distance de l'être des créatures et de l'être de l'« absolue » « possession-de-soi » qu'est Dieu advient alors dans la tension d'une *non-possession* absolue de l'être pour la créature. Le degré de *participation* à l'être, pour la créature, est nécessairement proportionné à sa différence créée, comme telle indépassable, bien qu'ouverte à une tâche d'achèvement interne. Ce détour explicatif doit nous permettre de mesurer la divergence de compréhension du concept d'analogie de l'être chez Balthasar et Rahner.

Si l'*analogia entis*, pour Balthasar, est d'abord expérience fondatrice d'altérité, elle correspond à un mouvement de l'être qui dans l'esprit fini se pose ou s'interprète soi-même (*sich selber auslegend*). Cette auto-interprétation de l'être vers le sujet, capable de la *reditio completa in seipsum*, advient comme miracle d'une donation-apparition de l'être circonscrite dans la sphère contingente des signes et des formes mondaines. L'ouverture extatique de l'esprit fini qui coïncide ici avec la raison esthétique à laquelle est subordonnée la raison transcendantale [1] ne saurait constituer, à partir de sa propre puissance, ce qu'il en est de l'apparition de l'être.

1. « J'ai essayé de construire une philosophie et une théologie à partir non pas d'un Être abstrait, mais de l'Être tel qu'il se rencontre concrètement dans ses attributs (non catégoriaux mais transcendantaux). Et puisque les transcendantaux traversent tout l'être, ils doivent être intérieurs les uns aux autres : ce qui est vraiment vrai est aussi vraiment bon et beau et un. Un être apparaît, il a une épiphanie ; en cela il est beau et nous émerveille. En apparaissant, il se donne, il se livre à nous : il est bon. Et en se livrant, il se dit, il se dévoile lui-même : il est vrai » (H. U. von Balthasar, « Essai de résumer ma pensée », *Revue des deux mondes*, octobre 1988, p. 94-106). Le monde circonscrit des phénomènes est frappé d'une irréductible positivité qu'une anthropologie de type dynamique-transcendantal risque de manquer en la réduisant à un matériau catégorial d'objectivation pour la conscience de soi. Le miracle de la donation inépuisable de l'être ne possède plus aucun champ de déploiement et risque l'identification de l'être et de la conscience, ce qui constituerait la ruine de la raison esthétique, et donc l'impossibilité conceptuelle de poser l'absolue singularité de la figure de révélation.

Le processus d'auto-interprétation de l'être dans le sujet ne requiert que la passivité réceptive de l'intellect conjuguée à la perception sensible des formes qui s'offrent à la sensibilité. La reconnaissance et l'accueil de l'« évidence originaire » se comprennent précisément comme « l'être qui *se comprend et se mesure* soi-même dans l'acte de la conscience de soi par laquelle l'être est totalement révélé [1] ».

Les conséquences christologiques qu'implique le primat de la « raison esthétique » permettent d'abord de prévenir toute impossibilité conceptuelle d'une absolue singularité de la figure de révélation. Aucune prédisposition ou précompréhension conceptuelle ou pratique fournie par le sujet ne peut constituer la mesure à laquelle nécessairement s'ajustera une possible ouverture de l'absolu. Or, pour Balthasar, une christologie de type transcendantal ne parvient que difficilement à accueillir la dimension narrative de l'être de Jésus, en d'autres termes sa qualification sotériologique unique. Elle aura nécessairement tendance à réduire ou à intégrer l'ordre singulier de la narrativité dans celui d'une expérience transcendantale donnée comme fait de la raison, ou encore dans le cadre plus existentiel d'une économie du désir, dans une perspective anthropologique.

Les qualifications « prophétique », « messianique », « sacrificielle » et « filiale » de la figure christologique doivent s'interpréter selon l'« amont » transcendantal qui seul garantit leur exemption mythologique [2]. La théologie de la résurrection que propose Rahner relèverait trop exclusivement d'une christologie transcendantale de l'espérance, conçue selon une base anthropologique et déductive [3] (nous verrons pourtant que l'espérance

1. H. U. von BALTHASAR, *Wahrheit. Wahrheit der Welt*, t. I, Einsiedeln, 1951, p. 295.

2. Nous reviendrons sur la qualification unique de la figure du Christ chez Rahner, notamment dans son rapport constitutif à l'Écriture. Voir K. RAHNER, *TfF*, p. 337-339.

3. « L'expérience transcendantale d'attente de la propre résurrection, expérience que l'on peut atteindre de par l'essence de l'homme, est l'horizon intelligible au sein duquel seulement peut être attendu et expérimenté quelque chose comme une Résurrection de Jésus » (*ibid.*, p. 307).

transcendantale de la résurrection, chez Rahner, procède des raisons spirituelles qui s'identifient à l'achèvement eschatologique de la *potentia oboedientialis*), qui en Jésus atteindrait ce que l'homme cherche comme par nécessité d'essence. *Certes, Rahner ne prétend pas poser* a priori *la* modalité *concrète historique de réalisation du mystère christologique. On ne saurait d'ailleurs lui reprocher de ne le pouvoir. La rencontre avec le* fait *de la Résurrection, quelle que soit la médiation qui livre le fait, libère en l'homme qui y consent l'attente de résurrection qu'appelle sa chair de finitude.* La structuration logique transcendantale qui s'appuie sur l'axiome d'une convertibilité de l'être et de la conscience (*TfF,* p. 339) manquerait le moment dramatique d'une *Théo*-logique, qui récuse tout préalable humain au séjour divin. Le seul moment transcendantal qu'admet Balthasar est tout entier donné dans les limites d'une raison esthétique, ce qu'on pourrait appeler une « *esthétique transcendantale de l'expression* [1] », l'ouverture extatique de l'esprit vers la manifestation de l'être dans les phénomènes, reconnaissance inchoative, indirecte du mystère de l'absolu, et ceci toujours à partir de l'« inanité » (*Umsonst*) des étants. Balthasar se démarque également de l'unilatéralité d'une théologie dialectique de la parole, incapable elle aussi, mais dans des proportions différentes, de poser *les conditions suffisantes sans lesquelles la rigueur esthétique du phénomène chrétien risque d'être dissoute dans l'au-delà de la représentation.* « On n'a pas le droit de sauter le degré de la création pour s'occuper uniquement de la révélation de grâce par la parole, plus élevée et pour cela censément plus importante. C'est d'abord comme créature que l'homme apprend à reconnaître comme son Seigneur le Dieu toujours plus grand et, du fait même, toujours plus caché. Ce rapport unique entre le voile et le dévoilement est inscrit dans son être même. [...] Dieu ne peut apparaître à sa connaissance et à son amour qu'en se retirant d'autant plus, en tant que cause libre de tout, à toute

1. Nous empruntons cette expression à Roberto VIGNOLO (*H. U. von Balthasar, Estetica e singolarità*, IPL, Milan, 1982).

perception au sein de l'objet fini et de la structure spirituelle finie » (*GC*, t. I, p. 379-380).

L'analogie de l'être est travaillée par l'action théodramatique, elle n'en est pas le présupposé, mais dès l'origine du créé, la conséquence. La mesure de l'être du monde se trouve en Dieu. Elle ne peut ni être devinée, déduite ou calculée sur la base trop étroite d'une mesure terrestre déjà connue, transcendantalement constituée. La mesure divine qui se révèle dans la profondeur non subsistante de l'être ne peut être accueillie qu'en une constante et nouvelle ouverture vers le Dieu plus grand. Ainsi s'accomplit l'analogie de la vérité comme participation et révélation.

On peut alors qualifier l'analogie balthasarienne d'analogie d'« en haut », puisqu'elle n'appartient pas *structurellement* aux possibilités transcendantales de l'être (Balthasar admettrait éventuellement un niveau heuristique dans la visée transcendantale). Toute réflexion sur les possibilités d'une connaissance de l'être requiert l'événement (*Ereignis*) d'une manifestation-communication de l'être qui reste circonscrite dans le champ fini des êtres de l'expérience, la contingence comme lieu initial d'une perception de la gratuité. Nous retrouvons l'un des axiomes formulés au chapitre premier, il n'y a de mystère de l'être qu'à partir de l'éternel échange intratrinitaire, à partir de ce qui « n'a pas à être », mais qui se donne et fait jouer le don jusque dans les structures et les formes de l'être.

Pour Balthasar, philosophiquement, l'acte par lequel la personne finie s'en remet à la lumière infinie de l'être peut être une reconnaissance « infinie » du Mystère primordial (« l'évidence originaire »), donc inchoativement de l'espace trinitaire. Le mystère de l'être découvre originellement à l'étant l'*Umsonst* d'une kénose de plénitude, qu'ultimement la christologie extériorisera, posera en une « figure » finie, engendrée et donnée à partir du mouvement kénotique de plénitude qu'est l'Infini trinitaire.

Le Dieu Trinité et la positivité de l'« Autre ».

Balthasar ne se contente pas de rendre manifeste, à partir de ses propres mesures, une figure de révélation, mais il érige cette figure centrale et unique comme norme de compréhension du réel comme tel. Signifiant et réalisant l'unité du divin et de l'humain, la figure concrète de Jésus Christ non seulement achève le mouvement de l'histoire polarisé par la communion de libertés, mais aussi la nature comme telle, c'est-à-dire tous les niveaux d'être. On peut alors formuler une interrogation à l'endroit d'une visée christologique aussi systématique.

En d'autres termes, le « christocentrisme » balthasarien se pense-t-il comme « catégorie » génératrice d'une vision totale du monde, d'une forme christique d'ontologie comme phénomène achevé de sens, accomplissement d'une ontologie naturelle ? Le « référent » singulier chrétien, la personne du Christ, dans la jonction qui unit temporalité et éternité, fournirait alors le « premier principe » d'une forme inédite, bien que totale, d'ontologie. Il nous semble difficile de répondre à ces interrogations, d'autant plus que la visée de la théologie balthasarienne n'est pas de type systématique. Balthasar ne cesse d'être en débat avec Hegel qui, dans une saisie exclusivement conceptuelle de la Trinité, n'a pas su conserver son caractère événementiel.

Or, la dimension événementielle de la venue vers l'homme du Dieu Trinité interdit toute mise en forme conceptuelle qui intégrerait esthétiquement et logiquement la prévenance événementielle et dramatique de l'ouverture du Dieu Trinité. Certes, Balthasar pense le réel en métaphysicien, mais en cela il nous semble plus redevable aux courants mystiques néo-platoniciens et à l'intuition heideggérienne de la différence ontologique, qu'à l'apport moderne de la néo-scolastique. L'être n'est pas une catégorie omnicompréhensive, applicable uniformément à l'ordre différent des créatures et suréminemment à l'Être (*esse*) pur. « Le premier geste de la philosophie n'étant pas l'étonnement mais la description, ou bien, si c'est l'étonnement, c'est très vite le besoin de trouver à la question inattendue de l'existence de l'être, une réponse tirée du domaine de son essence » (*GC*, t. IV, vol. 3, p. 369).

Nous ne revenons pas sur l'intuition métaphysique centrale de la quatrième différence, la distance de l'Être à Dieu, qui constitue l'impensé de la métaphysique, un impensé qui, à mesure qu'il se révèle, plus il conserve sa qualification d'impensable. La *Gloire* divine (*fond sans fond*, *grundlose*) est précisément cet « au-delà » de l'Être que rien ne peut atteindre si ce n'est par l'accès qu'il ménage en s'ouvrant kénotiquement à l'homme. Balthasar maintient et dépasse ainsi la *distinctio realis* thomiste. Par la différence ontologique, le regard aperçoit et la différence entre Dieu et le monde, et celle de Dieu à l'être, distance qui renvoie à une liberté suprême qui ne peut avoir ni l'être ni l'étant particulier.

En cela, Balthasar ne veut pas signifier l'indépendance ontologique de Dieu, l'absoudre de tout lien à l'être, le « rien » où cesse toute détermination, mais il entend maintenir en cette distance la liberté subsistante de l'être absolu. Par-delà la différence ontologique entre l'être et l'étant surgit comme en excès la « différence théologique », la distance de l'étant créé à Dieu, que redouble la distance de l'être non subsistant à Dieu au-delà de l'être. L'indifférence de plénitude de l'être (*Interesselosigkeit-Grundlosigkeit*) surgit du désintéressement (*Interesselosigkeit*) qui constitue l'espace trinitaire de l'indifférence. Le *pulchrum* philosophique (l'irruption de l'être comme beauté) renvoie au *Kabod* de la transcendance en sa manifestation d'amour, l'espace trinitaire.

Nous avons parlé d'un *« transfert » ontologique des dimensions de la figure finie*, « transfert » qui constitue la réappropriation d'une ontologie minimale chez Balthasar. Le lieu où la Gloire qui sous-tend le miracle d'apparition de l'être se dévoile est donné dans une figure finie de révélation, d'expression de la Gloire, le Verbe incarné. Or cette figure s'insère dans le champ d'extension des niveaux d'être qui composent la figure globale du monde. Elle devient une forme déterminée, à côté d'autres formes, elle se dissimule dans la multiplicité des formes, et ce mouvement d'insertion consacre la positivité des formes multiples, qui n'est plus dissémination mais prodigalité. L'expérience fondatrice d'altérité, dans la saisie de la pluralité des phénomènes, signifie une « nostalgie » positive de la Trinité, puisque l'étant participe à l'être qui, de soi et dans son « inanité » même (*Umsonst-Vergeblichkeit*), fait signe vers la différence trinitaire qui prodigue l'être sous la « forme » d'une pluralité des essences qui y prennent part. Nous retrouvons ici l'apport thomiste de la *distinctio realis* [1].

La différence de l'un et de l'autre en Dieu, qui ne s'ouvre que par la médiation de la figure finie de révélation, représente une « positivité » en un sens absolu et non plus problématisable. Un Dieu sans la différence des hypostases n'est plus le Dieu que la révélation connaît : l'*Agapè*. La pluralité des formes créées répond alors d'une logique ou d'une ontologie de la différence qui n'est pas pure dissémination et ne se recueille pas conceptuellement en une logique des modalités, là où la différence est le signe de la béance et de la facticité d'un monde, c'est-à-dire de son « non-sens » (sans origine en avant et sans finalité à espérer, sans direction assignable).

Seule une logique trinitaire est en mesure de dépasser une double aporie, celle de la dissémination qui frappe d'incohérence le multiple en le privant de toute position à partir d'un phénomène de sens (la parole de création et de rédemption), ou celle de la réintégration unitaire du multiple dans l'espace sans altérité de l'Un, ce qui arrive comme par nécessité dans toute mystique extra-biblique. L'ordre différencié des corps est la contrepartie négative de la position de soi d'un absolu non relatif. Nous pensons que l'ontologie balthasarienne des formes relève d'une pensée pré-ontologique du don, en constituant l'achèvement théologique de la perception philosophique de l'absolu *principium et finis mundi*.

1. « Toute essence limitée (*essentia*) prend part à l'être réel (à l'*actus essendi*), mais aucune d'elles n'est identique à cet être, et toutes les essences limitées prises ensemble ne l'épuisent pas. Ce mystère est appelé par Thomas “distinction réelle”. Cette structure ontologique spécifique de la créature a évidemment quelque chose à voir avec la différence en Dieu entre l'essence identique commune des personnes et les propriétés qui les distinguent, bien que la distinction réelle caractérise la réalité créée dans son inéliminable altérité à l'égard de Dieu » (*Theod H.*, t. IV, p. 59).

Le théologien veut dépasser une double clôture, celle du monde sur soi et celle, corrélative, du repli de l'absolu. Balthasar sait que la philosophie contemporaine répugne à « identifier » tout phénomène contraignant de sens, surtout s'il prétend dépasser ce que l'homme est en mesure de fournir comme effets de sens à l'intérieur de son monde. La seule transcendance admissible relèverait de la « contrainte » éthique, ou de la rationalité éthique, ce qui laisserait à la raison le statut d'une trace diffuse de la Transcendance. Il n'y a pas de « dehors absolu », l'impensé est dans la pensée. Il suffit d'évoquer une publication récente de philosophie en France, pour mesurer ce report de la Transcendance dans l'immanence, la « position d'immanence » qui « reste l'instauration philosophique pure, mais en même temps elle n'est supportée qu'à petites doses, elle est sévèrement contrôlée et encadrée par les exigences d'une transcendance émanative et surtout créatrice [1] ».

La revendication d'immanence, qui n'a de sens qu'en s'opposant à l'extériorité de la transcendance, n'est-elle pas le fruit inavoué d'une forme de transcendance qui exclut pour elle-même toute figure d'immanence ? Le repli de l'absolu, dans ses qualifications d'absolue perfection et d'absolue possession de soi, auquel seul le concept de causalité viendrait apporter un semblant d'ouverture sur l'autre que soi, porterait en lui la genèse d'une rupture prévisible, l'éloignement de l'immanence pour cause de transcendance séparée. Or l'impensé de la transcendance de l'absolu ne réside-t-il pas dans l'absence de la figure trinitaire, dans l'absence d'une transcendance qui n'a pas exclu pour elle-même une figure d'immanence ? Cette corrélation entre immanence transcendante et transcendance immanente n'est donnée qu'à travers la logique trinitaire du divin, dans la « compromission » mondaine du divin, la dissimulation « figurative » du divin en Jésus Christ. Il faudrait ici faire appel aux dimensions de cette figure, sa convivialité humaine, son enracinement affectif, conscientiel, ses actes de puissance et sa

1. G. DELEUZE, F. GUATTARI, *Qu'est-ce-que la philosophie ?*, Paris, Éd. de Minuit, 1991, p. 47.

sollicitude pour les corps de souffrance, sa maîtrise sur les forces déstructurantes, sa relation d'amour au Père et l'achèvement pascal de sa destinée qui révèle en « préexistence » ce qui fut perçu comme « proexistence ».

L'Action théodramatique libère ainsi la Transcendance en direction de l'immanence, ce que ne peut penser la philosophie. Au-delà de l'abîme de la dissemblance entre Dieu et l'homme, la forme trinitaire du divin vient jeter un impensable pont : « Si dans l'identité de Dieu il y a l'Autre, qui n'est autre que l'image du Père et ainsi l'archétype de tout le créé, si en cette identité se trouve l'Esprit, l'amour libre et exubérant de l'Un et de l'Autre, alors l'autre de la création, orienté selon le modèle de l'Autre divin — et son être en général, qui se doit à la libéralité intradivine — , est projeté en un rapport positif avec Dieu, un rapport dont aucune autre religion non chrétienne ne peut rêver (judaïsme et islam y compris), déjà que là où Dieu (comme Yahvé et Allah) ne peut être que l'Un, toute explication pour un autre devient introuvable : là où l'on a pensé philosophiquement (ce qui n'est jamais sérieusement arrivé dans le judaïsme et l'Islam), le monde comme autre et comme multiple il ne pouvait être pensé que comme chute de l'Un en sa bienheureuse Unité » (*Theol.*, t. II, p. 165-166).

L'affirmation abrupte d'une ontologie trinitaire pèche ici incontestablement par excès de réductibilité des systèmes religieux et philosophiques. Balthasar ne tient aucun compte de la pluralité des approches et préjuge de l'impossibilité structurelle que recèlent les systèmes religieux-philosophiques, dans leur capacité de penser et de rendre effectif le mouvement de réciprocité qui conjoint l'absolu et l'homme en quête de sa trace. Nous renviendrons critiquement sur l'excès même que constitue une ontologie trinitaire exclusiviste.

On peut être étonné par l'amalgame opéré ici par Balthasar. Comment peut-il réduire à un dénominateur commun la perception juive et islamique de l'acte de création, sans compter que ces deux perspectives semblent elles-mêmes, selon Balthasar, s'intégrer en un tout plus vaste, d'essence philosophique, et qui serait l'inévitable Unité d'opposition ou d'absorption du divin à l'égard du non-divin ? Si le jugement de Balthasar s'exerce à l'endroit des modèles philosophiques de théodicées, ou des modèles mythologiques de théogonies, ou encore des modèles sapientiaux d'hégémonie qualitative de l'absolu, on peut comprendre que la nouveauté trinitaire s'insère comme « crise » des représentations, puisque dans le Christ, l'ordre de la « chair » devient l'accès indépassable du divin trinitaire. Nous avons insisté sur cette donnée qui constitue l'une des lignes de force de la logique théologique de Balthasar.

Mais de là à réduire plus ou moins explicitement la théologie vétérotestamentaire de l'acte créateur à l'ordre de la représentation philosophique ou religieuse commune, c'est étonnant. Balthasar ne risque-t-il pas de professer à son corps défendant la tentative de Marcion, et par le fait même, d'apporter de l'eau au moulin de ses « détracteurs », ceux qui dénotent chez lui de singulières tendances gnostiques ?

Le théologien peut-il ne pas discerner et mettre en lumière les chemins bibliques d'une révélation trinitaire et recueillir dans la Parole et l'Esprit de Yahwé l'appartenance judaïque à la Révélation trinitaire ? Il nous paraît impensable de pratiquer la césure balthasarienne entre le Dieu créateur de l'ancienne Alliance, plus ou moins assimilé à l'ordre habituel de la représentation religieuse universelle, et une redétermination du concept de création dans la Nouvelle Alliance, qui coïnciderait avec l'événement de cette nouveauté comme tel.

On peut admettre que la figure du Christ produise une illumination ou un dévoilement de la nature spécifique de la parole et de l'esprit qui ouvrent le monde de Dieu à l'histoire des hommes, dans une relation d'Alliance. L'identification qu'opère l'ultime christologie néotestamentaire entre le Fils Jésus et la Parole-*logos* de Dieu n'est pas de pure rupture avec le statut de la parole de Yahwé, elle en est davantage le dévoilement inattendu. Et parce qu'elle est *logos*, elle ne récuse pas les modes extra-bibliques de représentations religieuses ou philosophiques, elle s'y donne déjà comme « en creux ». Balthasar le dira par ailleurs, et sous un autre mode, « pourquoi les mythes ne seraient-ils pas le pressentiment, la perception en creux de ce qui doit se passer effectivement dans l'histoire, alors que rien ne permet de le prévoir par ailleurs [1] ? »

La réappropriation trinitaire d'une ontologie marque d'abord la positivité du réel, un réel qui n'est plus seulement en lien avec l'univers surnaturel de la faute, de la rédemption, finalisé par une destination surnaturelle qui jetait le soupçon sur l'ordre de la chair. C'est l'épaisseur du réel comme tel qui est intégré à l'univers de la révélation et du salut et qui est inclus positivement dans un mouvement d'*« exitus »* et *« reditus »* qui s'identifie à l'histoire humaine d'une liberté, achevée dans l'acte de consentir à l'ouverture d'une transcendance d'amour qui se livre. L'obéissance de base de la créature est précisément donnée dans l'étonnement initial que suscite la positivité du réel et son énigme même, l'expérience fondatrice d'altérité.

Le sens de l'être appartient ainsi à l'amour, qui devient le « transcendantal absolu », au-delà de l'être, une affirmation qui surgit déjà à l'horizon de l'*épékeina tès ousias* platonicienne et qui fait signe vers la Trinité comme un horizon conceptuel limite qui laisse à l'éros divin toute initiative dans le mouvement de sortie de soi. La rigueur conceptuelle d'une telle pensée de Dieu ne sera donnée que dans l'action théodramatique révélatrice de la « supramobilité » de l'éternité divine, par la médiation d'une absolue positivité de l'Autre en Dieu. « Jésus ne parle pas de Dieu en général mais nous montre le Père et nous donne l'Esprit Saint —, et nous devons nous faire une image en ce qui concerne l'*être et l'essence* de Dieu à partir du rapport trinitaire de Jésus à Dieu. Un tel rapport se manifeste dans l'histoire en devenir de Jésus comme un éternel devenir [*das sich in der geschehenden Geschichte Jesu selber als ein ewiges Geschehen offenbart*] » (*Theod.*, t. IV, p. 58).

Balthasar, à ce propos, émettra d'insistantes réserves à l'égard des modèles analogiques redevables des structures de l'esprit

1. H. U. von BALTHASAR, *Les Grands Textes sur le Christ. Anthologie de textes christologiques*, publiés sous la direction de J. Doré, Paris, Desclée, 1991, p. 93. Reprise de *In der Fülle des Glaubens*, Herder, 1980.

humain dans l'accès à la vie trinitaire [1]. Saisir la Trinité comme processus psychologique d'autoconnaissance, n'est-ce pas ouvrir la voie à une régression « préthéologique » de l'absolu reposant à l'intérieur de lui-même dans une forme indéterminée, sans figure, de l'absolu non relatif, qu'il soit de type plotinien ou qu'il soit perçu comme le Grand Tout, la totalité de l'être où cessent toutes déterminations ? Si l'absolu est le tout de l'être, s'il concentre tout l'être, comment peut-il donner part à l'être sans que lui-même cesse d'être le tout de l'être [2] ? La solution « pré-théologique » ne peut consentir qu'à deux possibilités, le panthéisme ou l'émanatisme, réservant la rigueur du concept de création à la forme trinitaire du divin qui inclut l'« Autre » comme moment essentiel du rapport à soi.

Dans un « avènement » à soi infini, la connaissance de soi du Père, qui ne précède pas la génération du Fils, à moins d'établir que le Père se connaît et se possède « antérieurement » à l'acte de génération en tant qu'il a l'essence divine, est donnée à elle-même *dans* la génération du Fils, qui lui-même se doit *(verdankt)* sans cesse au Père, et non à la divinité qui serait féconde dans le Père, comme premier terme sur lequel se détacheraient les distinctions hypostatiques. Balthasar veut éviter l'écueil récurrent de la *quaternitas,* qu'il lit comme la résultante inévitable d'une considération de l'essence qui persiste de manière immobile à côté des processions. Le dépassement trinitaire de l'absolu reste entravé aussi longtemps que prévaut une focalisation « pré-théologique » sur l'Un non relatif, qui d'une manière ou d'une autre constitue l'essence vraie, sans forme, sans figure, impalpable. Or, selon l'ouverture dramatique de Dieu vers l'homme, l'essence vraie est le *don absolu de soi* comme incarnation, rédemption et échange éternel trinitaire. La substance subsiste comme être donné à soi-même, « l'*être inépuisable en peine de donner de soi* [3] ».

1. *Theol.*, t. II, p. 119-138, 144-151.
2. *Ibid.,* p. 111.
3. C. BRUAIRE, « Réminiscence du concept et mémoire de la révélation », dans: *Pour une philosophie chrétienne,* Lethielleux, 1983, p. 152.

L'« impensable extériorisation de soi du Père » (*die unvordenkliche Selbstentäusserung*) vers le Fils se doit (*verdankt*) à un amour qui « mentalement » (*gedanklich*) se porte au-delà de l'être et de la connaissance de soi. Balthasar reprend ici à son compte les intuitions de Gustav Siewerth, qu'il cite abondamment [1]. « L'amour est dans ce sens plus ample que l'être lui-même, il est le "transcendantal absolument", qui réassume la réalité de l'être, de la vérité et de la bonté », l'amour est la « profondeur de l'être bon qui embrasse l'existence comme l'être vrai. Ainsi le bon est-il plus transcendantal que l'être et le vrai, et dans ce sens il est l'excès de l'ultime profondeur de l'être même, qui comme *bonum* parvient à la vérité de son essence » (*Theol.*, t. II, p. 162).

Le dessaisissement de soi du Père dans le Fils n'est pas la connaissance, mais l'amour sans fond (*grundlose Liebe*), qui fait de l'amour le « transcendantal absolument » (*Theol.,* t. II, p. 163).

CROIX ET TRINITÉ : DOULEUR ET ACCOMPLISSEMENT DE LA LIBERTÉ

La liberté dans le champ de l'être.

Si Balthasar opère une réappropriation de l'ontologie comme « lecture » du réel, une « herméneutique » du réel, elle n'est jamais préalable ou constituée en dehors de l'agir théodramatique, ni même d'ailleurs en dehors de l'agir inter-humain où l'homme est aux prises avec une histoire de la liberté, une quête de l'origine dès l'éveil « infantile » à la conscience de soi par l'autre. L'histoire comme telle est alors inséparable d'une dramatique, il n'y a d'histoire que dans l'horizon maintenu d'une dramatique, c'est-à-dire d'un espace où la contingence, ne serait-ce que celle du futur, n'est pas engloutie dans un préalable

1. G. Siewerth, *Metaphysik der Kindheit*, Einsiedeln, Johannes Verlag, 1957 ; *Der Thomismus als Identitätssystem*, Francfort, 1961.

rationnel qui mettrait en mouvement l'ordre des choses. C'est précisément l'absence de dramatique qui, pour Balthasar, rend insupportable le système hégélien. Le déploiement de l'absolu, ou de l'idée, subordonne l'histoire au processus interne aux exigences de l'idée, là où la contingence, le *factum* historique est dépassé en direction de la détermination de l'Idée.

Tout ce qui relèverait de la décision historique, d'une histoire ouverte par la médiation personnelle de libertés, de sujets historiques, est rabaissé au rang des *Zufälle*, des contingences, dont la philosophie ne doit pas s'occuper. Hegel substituerait à une authentique Dramatique une pure phénoménologie du passé à contempler, le présent n'étant que le résultat nécessaire d'une antériorité déjà fixée. La déficience hégélienne serait d'ailleurs redevable de sa doctrine trinitaire, une Trinité identifiée à l'idée qui, nécessairement, doit s'expliciter en un processus historique, médiateur de la conscience de soi de l'idée. La Trinité est une carence originelle, non une plénitude, l'excès d'une plénitude native, qui se donne à partir de sa béatitude originelle et qui donne à l'histoire une consistance propre, une altérité, ouvrant l'histoire des hommes à un avenir inédit, celui-même qu'implique l'existence de libertés créées, existentialité se déployant selon un double pôle, celle de la reconnaissance faite par la liberté qu'elle est donnée à elle-même, et l'obligation pour cette liberté de laisser de l'espace, dans le champ de l'être, pour d'autres libertés innombrables.

La pensée de Balthasar révèle ici une étonnante nouveauté, alors même que très souvent elle est perçue comme une variante théologique d'une esthétique déliée du drame de l'existence humaine, de l'obscurité inhérente à l'ordre opaque de la temporalité, où la liberté se cherche et se construit. La théologie balthasarienne, en posant au préalable l'évidence d'une figure objective de la révélation, reproduit-elle le schéma dialectique d'obligation que porte la révélation sans condition de la parole de vérité ? L'homme est-il face à un *factum* d'évidence à contempler, en dehors de toute exigence procédant des conditions de l'histoire et du temps, qui marquent sa liberté d'homme ? La réponse, pour Balthasar, nous ne pouvons la trouver qu'à partir de l'action dramatique de la Trinité dans l'histoire. Or, un agir suppose nécessairement un « espace » qui rende possible son déploiement, donc des « termes », ou des « sujets » qui médiatisent cet agir, ou plus exactement qui en deviennent les bénéficiaires, les acteurs. Si la Trinité ne parvient à la connaissance de l'homme qu'à travers son agir, cela suppose que soit maintenue la positivité de l'agir réciproque de l'homme, et plus que sa positivité, son « statut » de condition de possibilité de l'agir Trinitaire.

Or, seul l'achèvement théologique de la pensée est en mesure de dépasser l'ordre philosophique inavoué de la nécessité qui intègre la liberté, ou dans la pure contingence empirique, une *Geworfenheit* plus proche de la nécessité que de la liberté, ou dans une logique idéaliste qui explique le drame humain déjà joué, une histoire passée qui est intelligible en tant qu'elle est arrivée à sa fin. L'homme n'a qu'à contempler l'ordre nécessaire des choses. Si Balthasar semble réintroduire théologiquement un mode similaire de pensée, à travers l'évidence d'une figure objective de révélation, nous croyons au contraire qu'il s'en démarque radicalement.

Là encore, il faut revenir à l'agir dramatique de la Trinité dans l'histoire. À l'origine du sens est posé un infini ouvert à l'intérieur duquel existent des espaces infinis de liberté, de réceptivité à l'Autre que soi, dans la nouveauté jamais démentie du rapport à soi. Le don de soi qui circule à l'origine du sens est une plénitude, une générosité fontale, c'est pourquoi la figure d'expression qu'elle prendra doit être qualifiée d'évidence objective, Dieu étant l'« infinie Subjectivité [1] », l'infinie positivité. Le dépassement théologique de la nécessité, qu'elle soit empirique ou conceptuelle, suppose la reconnaissance d'un au-delà de l'être qui surgisse comme pure gratuité, donc *pure évidence*, pure liberté. La plénitude trinitaire qui pose l'Autre du monde dans la liberté ouvre une histoire vraie de la liberté, celle du consentement ou du repli dans les puissances internes de

1. « Si Dieu est l'infiniment Libre, qui invente un monde et le crée librement ; si de plus, il est le Dieu Trine qui devient homme en Jésus-Christ, alors il y a déjà trois raisons connexes pour que la révélation de Dieu ait une figure objective » (*GC*, t. I, p. 363).

l'individu. Pour Balthasar, l'enfermement de la liberté finie (*autarkia*) produit une régression philosophique au concept de nécessité, et la violence déstructurante de négations intrahumaines d'autres libertés finies. La reconnaissance du don de l'être force au respect de toutes formes d'altérité, ceci parce que le théologien reconnaît à l'origine de la pensée non une pauvreté d'abstraction, ou une pure béance empirique, factuelle, mais une « pauvreté de l'amour » (*Theol.*, t. II, p. 23 : *eine Armut der Liebe*), « l'être inépuisable en peine de donner de soi ».

C'est dans l'obscurité même de son histoire que l'homme fait alors le pari d'une Plénitude d'être qui circule à l'origine du sens, l'acte décisionnel du *thaumazein*. Pourtant, cette évidence originaire peut prendre l'allure d'un rationalisme inversé, ou d'un positivisme de la foi pure qui coïnciderait avec la contingence de la Révélation, déliée de toute mesure intrahumaine, qu'elle soit prévision ou déduction. Mais alors la négation de tout rapport, fût-il transcendantal, c'est-à-dire minimal, surtout s'il se pose lui-même comme événement de grâce, ne rend-elle pas la figure « inopérante », c'est-à-dire achevée dans une évidence propre et retranchée dans des canons de perception qui supposent un corps d'initiés, une élite capable de discerner l'au-delà du phénomène, la profondeur voilée du *factum* ?

N'y a-t-il pas chez Balthasar une affirmation trop abrupte de la différence chrétienne, maintenue comme différence « béante », comme transcendance de l'extériorité, alors que chez Rahner, cette affirmation, bien moins abrupte en raison de l'inclusion transcendantale, se dissimulera comme chiffre du monde, de l'homme et de son histoire ? La figure du monde se déploie sous la prépondérance toujours déjà donnée de la différence chrétienne qui travaille les degrés d'être, les différences perceptibles à l'intérieur du créé (Balthasar), ou tout rapport conscient à soi (intériorité transcendantale), le processus historico-cosmique du mouvement d'autotranscendance (Rahner). Tout n'est-il pas vu en fait à partir de l'absolu, qu'il se révèle indirectement à travers la différence ontologique ou immédiatement dans la différence ontologique même, la variante qui séparerait Balthasar de Rahner ?

Ces interrogations ne peuvent être esquivées, elles ont été formulées à l'endroit des deux théologiens, ce qui suppose une gêne identique face à leurs efforts louables de « systématisation ». L'affirmation de la *major dissimilitudo*, dans le rapport de Dieu à l'homme, ne devient-il pas du côté du théologien une saisie conceptuelle de fait, capable de délivrer un système d'explication du monde sous le profil métaphysique d'une ontologie, immédiatement indexée sur la différence trinitaire ? « Le Tout-Autre s'est comme laissé définitivement tiré au clair ; l'au-delà de tout nom paraît bien s'être lié à jamais et intégralement aux mots d'une histoire de salut. Rémanences hégéliennes malgré tout [1] ? »

On ne peut échapper à l'impression de malaise que traduit le jugement pré-cité, et pourtant il risque d'occulter la part « post-critique » de la théologie balthasarienne, celle qui a fait le deuil d'une perception du réel dans le champ intégrateur, constructiviste de la conscience de soi, l'enceinte enchantée de la conscience de soi. Certes, Balthasar renoue avec une perception métaphysique du réel, il opte pour le passage de l'analyse phénoménologique à l'affirmation métaphysique, mais en prenant le soin d'« intercaler » entre esthétique et logique une *dramatique*, et non seulement une dramatique formelle, mais une dramatique de l'agir, sous la lumière d'une figure de révélation, d'un *drame archétype* éprouvé dans une histoire singulière, donc irréductible à mon histoire de la liberté, mais dont le théologien poserait une « interférence » avec les autres drames particuliers, et qui équivaudrait à toutes les autres interférences possibles. L'être du Christ ouvrirait à une économie du temps qui conjoindrait l'être-homme et l'Altérité de Dieu comme tâche humaine de décision et de croissance, selon le double pôle d'une reconnaissance de l'être comme don et de son corrélat, l'obligation de laisser de l'espace, dans le champ de l'être, pour d'autres libertés innombrables.

1. R. MENGUS : « L'"épilogue" de Hans Urs von Balthasar (1905-1988) », *RSR*, 1988, p. 261.

Le drame archétype est christologique, Balthasar lui reconnaissant le statut d'achèvement [1] d'un « processus » d'humanisation. Mais c'est davantage dans l'histoire concrète de Jésus de Nazareth, c'est-à-dire dans la trame d'une existence effectivement jouée et dans le rapport nécessairement contingent, parce qu'historique, que l'homme peut avoir avec elle, que nous est donné l'archétype d'une existence libre, ou d'une liberté à faire, la « décisionnalité ». C'est dans ce sens que nous comprenons l'élément dramatique de la personne de Jésus, archétype, parce que cet élément n'affecte pas seulement le côté terrestre de son être, mais qu'il a ses racines ultimes dans la vie trinitaire elle-même. Si le théologien se place du côté de l'absolu, il le rejoint à travers une histoire de sa venue, nécessairement singulière et non déliée du drame de l'existence humaine, *en y produisant une illumination trinitaire*. On peut d'ores et déjà saisir cette structuration dans un texte christologique capital : « La liberté finie, se possédant tout en se devant à un autre, doit en même temps se dépasser vers son achèvement dans l'espace infini de liberté de son principe et de sa fin, espace dans lequel elle est en même temps auprès de Dieu et auprès d'elle-même. Si cela est vrai de toute liberté créée, c'est vrai en un sens suréminent de l'Homme-Dieu, dont la liberté finie provient tellement de la liberté infinie qu'elle se dépasse depuis toujours parfaitement vers elle. [...] Dans sa vie terrestre, ce n'est pas avec "Dieu" (trinitaire), mais avec son Père que Jésus de Nazareth est en rapport et en dialogue. Il n'exécute pas le décret salutaire du Dieu trinitaire, mais reçoit sa mission du Père par le Saint Esprit et il s'est de façon immémoriale depuis toujours décidé et offert pour cette mission. [...] Parce que Jésus ne contemple pas le Père

1. « Par là la dramatique immanente à la détermination formelle de la nature humaine apparaît clairement : tandis que le passage du principe d'Adam au principe du Christ est une nécessité inscrite dans la constitution de la nature de l'homme — aussi bien en raison de sa transcendance qui le porte à se dépasser que de son incapacité à se fonder en lui-même —, la ratification de ce passage reste confiée à la liberté créée. (La Liberté absolue) [...] a depuis toujours ouvert à la liberté finie l'espace dans lequel elle peut s'achever elle-même : en *Christôi* » (*Dd*, t. II, vol. 2, p. 29).

dans la *visio beatifica*, mais que la mission du Père lui est présentée par le Saint Esprit, ce qui fait qu'il ne perçoit immédiatement que sa mission, la situation de tentation est pour lui possible. [...] En aucune manière Jésus en tant qu'homme n'obéit à lui-même en tant que Dieu ; il n'obéit pas non plus à la Trinité, mais comme Fils dans le Saint Esprit au Père » (*Dd*, t. II, vol. 2, p. 159, 181).

Par la médiation d'un principe de narrativité, Balthasar, bien qu'il réintroduise une ontologie « dramatique », plus proche d'ailleurs de l'*analogia caritatis* (pensée pré-ontologique du don) que d'une *analogia entis*, ne veut pas expliquer conceptuellement le christianisme en le débarrassant de sa « gangue » historique, contingente, ce qui signifierait la ruine de toute possibilité d'une fondation logique de la *dramatique*. Balthasar maintient la base « symbolique » du fait chrétien, l'insertion de la figure dans le jeu des signes et des symboles du monde, toujours à déchiffrer dans un acte décisionnel [1].

L'on ne peut alors reprocher au théologien de se placer du côté de l'absolu, puisqu'il l'accueille dans l'acte, historiquement saisissable, de sa venue vers l'homme, une « livraison » qui d'ailleurs n'exténue pas la *major dissimilitudo*, mais non pas dans le « retranchement » de l'absolu hors du jeu mondain, mais précisément *dans* le jeu qui traduit l'être de Dieu « dans le quotidien le plus dissemblable, et donc presque interchangeable, dans la relativité désespérante d'un individu perdu dans la masse [...]. Si "l'homme" devient vraiment le langage de Dieu, ce n'est pas en forçant sa nature à tendre au surhumain, en cherchant à surprendre, à être plus grand, plus éclatant, plus célèbre et plus étonnant que tous les autres ; c'est en devenant homme comme tout le monde, parce qu'il doit être pour tout le monde, et se caractériser justement dans sa banalité, comme l'Unique » (*GC*, t. I, p. 186). L'interférence du drame christologique-archétype avec tous les autres drames humains n'est reconnaissable qu'à partir d'une confession de l'identification de Dieu lui-même

1. Jeffrey KAY, « Hans Urs von Balthasar, théologien postcritique ? », *Concilium*, 161, 1981, p. 141-148.

avec la destinée de Jésus de Nazareth, là où le théologien a l'audace d'affirmer que la souffrance exprimée atteint les profondeurs du divin, dans le dépassement du rapport formel « préthéologique » entre la liberté finie et la liberté infinie, c'est-à-dire la condition de créature en tant que telle. Les paroles du théologien, ici, supposent au moins le spectacle d'un monde dans sa positivité et ses contradictions, un mode de son agir dans la communauté des hommes, non pas le « pourvoyeur de sens » qui comble et sature toutes les absences, mais celui qui, dans leur béance douloureuse, regarde vers « *Celui qu'ils [nous] ont transpercé* » (Jn 19, 37). « Nous avons montré [...] que la brisure entre le Père et le Fils dépasse à ce moment toutes les distances qui écartent de Dieu les pécheurs. *Mais il est impossible de se représenter cette réalité sans la vivre* ; des expériences qui s'en rapprochent quelque peu ont été accordées à certaines âmes élues, qui furent introduites de plus près dans le mystère de la rédemption, *et certainement s'y trouvent aussi tous les humiliés et les offensés du monde, tous les opprimés, les captifs et les victimes de la torture* » (*Dd*, t. III, p. 464. C'est nous qui soulignons).

Les victimes sont celles qui n'ont pu trouver, dans le champ de l'être, l'espace qui revenait à leur dignité, leur altérité, Balthasar ne l'oublie pas. Un tel degré de négation, qui n'est pas la monstrueuse conceptualisation de la « négativité » (*Dd*, t. III, p. 127 : « *insinuant dans l'esprit que tout ce qui existe est fait pour l'anéantissement, que la négativité est créatrice et constitue proprement l'essence la plus intime de l'esprit* »), dépasse le « défaut » structurel de la finitude, il surgit comme mystère d'iniquité [1].

1. « Avec les attitudes classiques accompagnant l'énigme de la mort, nous n'avons pas encore rejoint les ultimes tensions du drame de l'existence. Par-delà s'étend le domaine de toutes les atrocités et de tous les gestes démoniaques qui submergent la scène du monde avec l'invasion quasi souveraine du mal [...]. Chacun sait que les forces du mal ne sont pas étrangères à sa propre existence, ni purement extérieures [...] ; dès lors chacun partage une solidarité incompréhensible avec les puissances et les super-puissances du néant [...] » (*Dd.*, t.III, p. 120).

La distance Père-Fils comme acte d'abandon (correspondance-diastase) : la croix, lieu d'intelligibilité du concept de « drame » étendu à l'épreuve de l'histoire.

Appliquer au « drame » une qualification conceptuelle, c'est courir le risque d'en faire une détermination nécessaire dans le déroulement de l'histoire, et parvenir, suprême tentation, à établir une réciprocité entre les formes chaotiques que recèle le réel et une raison qui agirait sous mode de justification, comme puissance de mystification. Lorsque Balthasar pense ontologiquement le réel, il sait que l'ombre séduisante de Hegel est prête à s'emparer de la force conceptuelle, paradoxale, que livre la détermination trinitaire du divin, l'unité acquise de la nature divine et de la nature humaine. L'homme ne peut parvenir à cette forme réconciliée de son être distendu, déchiré, que s'il se dégage de sa condition native qui le pousse vers le bas, la vie naturelle, instinctive, animale, pré-réflexive.

Le propre d'un esprit singulier consiste dans la « possession » de la raison universelle, la jonction entre vie divine et vie humaine, c'est-à-dire le double mouvement de perte de soi dans l'autre, perte de l'« innocence » primitive. Elle est animale, enchaînée par l'arbitraire et l'esclavage des passions, immergée dans le monde, alors que l'effort de réflexion fait prendre conscience à l'homme de sa libre pensée. « Le moi est en rapport immédiat avec la volonté naturelle, avec le monde, et se trouve en même temps repoussé de lui. C'est la douleur infinie, la souffrance du monde [1]. » Le paradigme trinitaire trouve ici sa justification. Il libère l'homme de sa « conscience malheureuse », celle qui conjoint un mal structurel et un mal volontaire, celui du désir de s'emparer à partir de soi de la raison universelle, l'esprit personnel et divinisé. « Le Christ ne peut être homme et Dieu, Fils de l'homme et Fils de Dieu, que si la médiation de l'Esprit universalise et divinise le corps et le monde, le corps du Christ et le monde naturel où il reste inséré, supprimant l'impuissance de l'esprit humain, pour que transpa-

1. HEGEL, *Vorlesungen über die Philosophie der Religion. Die absolute Religion*, Lasson (éd.), t. XIV, von Meiner Verlag, Leipzig, 1829, p. 112.

raisse dans ce corps naturel un esprit personnel et divinisé, universalisé [1]. » C'est la seule manière de réconcilier l'homme et la nature.

Si ces pages lumineuses de Claude Bruaire ouvrent la philosophie de Hegel à plus que de la nécessité, elles lui donnent cependant une allure « gnostique », tout en la restituant à son humus religieux, sa dimension initiatique et mystique. La « conscience malheureuse », la douleur du monde, la « diastase » de l'homme et de son monde, de l'homme et de Dieu adviennent comme un « gémissement » de l'être fini irréconcilié. Mais Balthasar, en recueillant le « drame » humano-divin plus loin que sa modalité « réparatrice » de rédemption pour le péché, ne peut suivre Hegel lorsque ce dernier conjoint le divin et l'humain parce que tous deux sont affectés d'une carence originelle, l'emprisonnement dans l'abstraction, la non-détermination, le « rien » (la nature divine), ou le champ pré-réflexif de la nature et de ses passions (la nature humaine).

Lorsque l'idéalisme pense la liberté de l'esprit, il ne parvient pas à s'extraire d'une conception de cette dernière comme détermination d'un processus inéluctable, même s'il semble s'orienter vers l'irruption d'une Gloire qui s'atteste à partir d'elle-même — on aura reconnu la tentative heideggérienne —, mais elle aura tôt fait de sombrer dans le « neutre ontologique », sacrifiant une « dramatique de l'Autre » au profit de la neutralité ontologique.

Il manque à toutes ces tentatives l'horizon trinitaire d'une plénitude qui récuse, et l'autarcie de l'absolu indéterminé, et sa pure évanescence dans un processus neutre d'identification de soi. Une Trinité ouverte récuse tous les monismes réconciliateurs, afin que ni la plénitude ouverte, ni l'Autre de la plénitude ne se perdent, mais qu'ils se gagnent en se perdant l'un dans l'autre, et l'un pour l'autre. Cette idée peut paraître trop contraignante, ou pécher par excès de réciprocité lorsqu'on se place du côté de l'absolu. Pourtant, Balthasar tient à ce que la

1. C. Bruaire, *Logique et religion chrétienne dans la philosophie de Hegel*, Paris, Éd. du Seuil, 1964, p. 127.

perte possible de l'homme se répercute dans les « espaces infinis de liberté » de la vie trinitaire. « S'il est vrai que l'un en Dieu s'approprie la souffrance jusqu'à l'abandon de Dieu et la reconnaît comme la sienne, alors ce n'est évidemment pas comme quelque chose d'étranger à Dieu, qui ne le toucherait pas intérieurement ; c'est comme quelque chose qui advient au plus profond de sa personne divine, dans la mesure où — pour le dire encore une fois — sa *missio* par le Père est une modalité de sa *processio* à partir du Père » (*Dd*, t. II, vol. 2, p. 181).

Qu'il s'agisse de l'état « primitif » de non-coïncidence à soi (Hegel), ou du « Neutre ontologique », le mal et la mort restent « intégrés » dans l'espace contraignant de la nécessité, espace qui en fait n'est ouvert sur nulle rédemption, précisément parce que les forces du mal ne se laissent pas « juger » à partir de la croix, l'acte qui les dévoile comme « mystère d'iniquité », opposition croissante à l'amour livré. Balthasar tient à ce dépassement du mal conçu sous le mode de la fatalité, même s'il peut susciter une attitude humaine de liberté, de maîtrise dans la décision de l'affronter « les yeux ouverts ». « Un instant encore, regardons ensemble les rives familières, les objets que sans nulle doute nous ne reverrons plus... Tâchons d'entrer dans la mort les yeux ouverts [1]... » Nous touchons là un point délicat de la sotériologie balthasarienne, celui de l'opposition « libre » à l'amour déversé de Dieu, là où il sera souvent malaisé de savoir « dans quelle mesure la menace vient de puissances neutres, et dans quelle mesure s'y cache une liberté qui les manipule. [...] Existe-t-il réellement derrière les puissances de destruction, une liberté inclinée au mal? » (*Dd*, t. III, p. 120).

La liberté ne serait que chimère si elle ne portait pas en elle la possibilité d'une réfutation mortelle de l'amour, une réfutation mortelle qui, pour Jésus, devient dans son expérience d'être-homme la confrontation avec l'« essence » du péché, son ultime possibilité qui coïncide avec la perte de la liberté. Jésus est en quelque sorte livré à ce qui pour l'homme deviendrait un horizon de perte irrémédiable. Le maintien du concept de « substitution »

1. M. Yourcenar, *Mémoires d'Hadrien*, Gallimard, 1974, p. 302.

ne peut d'ailleurs se comprendre qu'à partir de la relation de confrontation entre Jésus et l'« essence » du péché, sa réalité nue, absolue en tant qu'il l'expérimente dans sa possible « définitivité ».

Ces affirmations, pour Balthasar, procèdent de deux horizons indissociables, sa propre qualification de témoin d'une expérience mystique, et la mise en conceptualité théologique de l'expérience reçue. Nous n'allons pas ici tenter d'élucider les liens du théologien avec Adrienne von Speyr, nous en resterons au plan logique et conceptuel qui demeure greffé sur la réception d'une expérience mystique unique. Si Jésus est confronté à l'« essence » du péché, il faut affirmer une identification de la *visio mortis* à l'enfer comme tel, ultime et définitive possibilité que recèle l'« essence » de la liberté, le non opposé à l'amour livré de la plénitude trinitaire, une plénitude qui constitue le « milieu », le *topos* du surgissement de l'étant créé libre. S'en séparer, c'est irrévocablement se perdre dans l'absence de *topos*, le vide, le néant de Dieu et de soi. L'état d'identification à la *poena damni* consiste pour Jésus à entrer dans les ultimes possibilités d'un refus mondain à l'amour, sans que cela signifie pour lui un quelconque assentiment humain à la logique du refus. La décision ou le consentement à la logique de la négation ne pourrait avoir qu'une dimension définitive et contredirait formellement l'exemption pour Jésus de la condition pécheresse.

Jésus est ici face à la « substructure cachée de l'existence pécheresse », l'état de séparation d'avec Dieu, la « privation » de la Gloire. La « substructure » sur laquelle repose l'événement total de l'Incarnation, la volonté d'obéissance éternelle et trinitaire du Fils, est située face à la « substructure » de l'essence du mal et du malin, donc la « rigueur » que le mal énonce à partir de sa propre « logique » [1]. Comme mystère d'iniquité, il est plus que le fait des hommes, son extension est de type cosmique et revêt des traits paradoxaux de « personnalisation », on devrait d'ailleurs parler de traits contradictoires, inversés.

1. *GC*, t. III, vol. 2, p. 199-200, 213-214.

L'ampleur de la négation opposée à l'Amour trinitaire n'est alors concevable qu'à partir d'une logique trinitaire pour laquelle la kénose reste le mystère le plus essentiel, le concept « approprié ». Nous procéderons ici en deux temps, l'un visant à élucider la *ratio trinitaire d'une dramatique historique médiatisée par les potentialités que recèle la liberté*, l'autre consacré aux déterminations proprement trinitaires, c'est-à-dire leur mise en conceptualité, indissociables d'une dramatique de l'Autre, en Dieu et de Dieu.

La *ratio* trinitaire d'une dramatique historique repose sur la *diastase* ou *distance Père-Fils* qui polarise le divin comme éternel et dynamique échange. Cette « structuration » trinitaire originelle qui n'est ouverte pour nous qu'à partir de la relation de Jésus au Père, et qui suppose vérifiée la qualification unique de cette correspondance filiale à travers l'établissement d'un concept théopragmatique de *missio*, constitue une première kénose, ou plus exactement suppose une « kénose » originelle (*Ur-Kenosis*). On pourra légitimement s'interroger sur l'utilisation « absolue » des catégories kénotiques dans la théologie de Balthasar. N'y a-t-il pas là peut-être un manque de probité intellectuelle, un excès de la « représentation » dans le report trop immédiat de la kénose économique dans l'ordre des relations intratrinitaires ? Balthasar risque la confusion des deux ordres à travers une analogie sacrificielle exclusive.

Le monde ne peut alors avoir d'autre « lieu » qu'au sein de la « différence des hypostases » (*innerhalb der Differenz der Hypostasen*). Aussi, la possibilité de son éloignement coupable de l'éternel échange ne peut se « résoudre » qu'en ce lieu, qui ici passe de la *ratio* à son effectivité christologique, l'abandon mortel de Jésus par le Père, une diastase qui, dans le temps des hommes, produit une illumination trinitaire. Le temps de Jésus est marqué d'une densité trinitaire unique, puisque remettant l'Esprit, il s'achève dans l'invocation pure de la nomination paternelle. La condition de possibilité de l'abandon de Jésus par le Père doit alors reposer sur la *distance intratrinitaire absolue* qui existe entre l'hypostase qui fait don de la divinité et celle qui redonne le don en le recevant eucharistiquement (*die sohnliche Danksagung*), une distance (*Distanz*) tenue ouverte par l'« espace » jamais saturé que suppose la véritable distance et qui, en Dieu, est l'œuvre de l'Esprit. Nous retrouvons une idée chère à la théologie trinitaire de Balthasar, les « espaces infinis de liberté » qui polarisent le divin comme éternel « avènement-événement » trinitaire (*das ewige trinitarische Geschehen*).

La relation d'opposition des Personnes, dans la Trinité ouverte (l'Esprit), est l'« espace » où la distance d'impiété que constitue le péché peut être dépassée et transfigurée dans la distance filiale de l'invocation eucharistique. La distance salutaire Père-Fils, comme relation de surabondance, étend le concept de drame à l'épreuve de l'histoire, un concept qui, loin de signifier une lecture trop univoquement rédemptionnelle du mouvement de l'histoire, l'institue comme « procès » de filiation, à l'image du Fils dans le temps et au-delà de toute temporalité et mouvement successif (*Theod.*, t. III, p. 303 : *das nicht zeitlich-prozessuale Urdrama Gottes*).

Il en résulte alors deux choses, deux dimensions indissociables qui doivent nécessairement corriger l'unilatéralisme d'une lecture de la croix comme seule mort au péché, privant la croix de sa dimension figurative, c'est-à-dire de son « expressivité esthétique ». Dans son fait brutal et injuste, la croix garde une dimension épiphanique, d'autant plus épiphanique qu'elle est dans son fait de laideur, figure de dissimulation, « correspondance » dans le temps des hommes à la « kénose originaire », le mouvement trinitaire de l'éternel « désintéressement » (*Selbstenteignung*) des personnes.

Jésus devient alors l'objet de la « colère » divine (seconde dimension) qui n'est autre que la détermination absolue de Dieu de s'opposer à la logique inversée du mal. Mais là encore, seule la figure trinitaire de cette révélation d'amour en Jésus Christ nous permet de saisir la nécessité de poser ce lien entre l'amour et la colère (*Dd*, t. III, p. 316). L'enfer comme tel naît à l'intérieur de la distance intratrinitaire, il devient une possibilité à partir de l'illumination trinitaire. La distance bienheureuse Père-Fils se mue en « brisure », et dépasse toutes les distances qui écartent de Dieu les pécheurs. « La colère divine l'atteint en lieu et place des multitudes, et du même coup Dieu le brise comme sous le choc de la foudre et le disperse au milieu des multitudes. Par là, il suscite, dans l'Esprit-Saint, l'eucharistie du Fils, laquelle seule achève vraiment son incarnation. Elle se réalise du fait que le monde éloigné de Dieu, mais réellement inséré dans la relation intradivine, paraît engendrer une contradiction en Dieu lui-même » (*Dd*, t. III, p. 323-324).

La possibilité du péché des hommes surgit de l'intérieur même de la différence trinitaire (second temps), une affirmation qu'il faut manier avec toutes les précautions requises. La relation du Fils au Père dans la Trinité n'est évidemment qu'un mouvement eucharistique de « redondance » du don qui ici coïncide avec la kénose originaire par laquelle le Père se donne au Fils (*Sich-gegebensein*). Mais c'est précisément parce que ce mouvement est habité par la distance, l'« espacement » infini d'un acte de liberté, que l'inversion maléfique de la distance en autopossession peut advenir du côté de la liberté finie. Dieu ne crée pas le mal, le mal naît paradoxalement là où le Fils est posé dans un mouvement d'action de grâces qui vainc le mal dès son surgissement comme pur possible. « Dans l'"exinanition" (*Entleerung*) du cœur paternel par la génération du Fils, tout drame concevable qui puisse se jouer entre Dieu et un monde quelconque est déjà inscrit et assumé *(miteinbeschlossen, überholt)*. Nous l'avons dit : le monde, quel que soit son état, ne peut subsister qu'au sein de la différence du Père et du Fils avec la différence unifiante de l'Esprit. Le drame trinitaire est éternel : jamais le Père ne fut sans le Fils, jamais le Père et le Fils ne furent sans l'Esprit. Tout ce qui est temporel se produit dans l'enveloppement de l'événement éternel *(des ewigen Geschehens)* [1]. »

1. *Dd*, t. III, p. 302-303. La traduction française faite par Givord et Dumont ne respecte pas l'exactitude des termes employés par Balthasar. Les nuances apportées par le théologien sont réduites à l'emploi d'un terme générique minimal pour dire la relation de distinction des hypostases, alors que Balthasar veut maintenir le report trinitaire de la catégorie de drame pour signifier ce qu'il en est de la distance intratrinitaire, *« Ur-Drama, Ur-Kenosis, Ewige Trennung in Gott, Trinitarische Drama, das ewige Geschehen, gesamttrinitarische kenose »*.

Le « non » possible de la créature ne peut avoir d'autre espace d'existence que le « oui » englobant du Fils au Père dans l'Esprit puisqu'il est le refus de la participation (*analogia*) à l'autonomie du Fils en tant que reçue. Ici, la négation se mue en mensonge, violence exercée sur soi, acte de décréation. Paradoxalement, celui-ci ne subsiste que par la grâce de la vérité, « correspondance » au don de soi du Père qui est le temps du Fils dirigé vers l'invocation pure. « Le refus de la créature est alors, au sein de cet épanchement divin, comme un nœud de crispation, mais que le flux de l'amour a déjà depuis toujours emporté » (*Dd*, t. III, p. 305-306). C'est là précisément que le rapport de la Trinité immanente à la Trinité économique se fait « dialectique ». Nous verrons que, contrairement à la problématique rahnérienne, le rapport de la Trinité absolue à celui de son agir dans l'histoire implique un seuil de discontinuité, c'est-à-dire pour la Trinité un rapport à soi qui n'exclut pas une dimension de « nouveauté ». Balthasar fait droit ici à la médiation christologique du rapport plus que ne le fait Rahner, c'est-à-dire une médiation christologique qui pour la Trinité ne se positionne pas en rapport de stricte continuité mais ouvre paradoxalement pour la plénitude trinitaire une détermination de soi qui inclut analogiquement une relation « nouvelle ». Nous verrons ultérieurement que la relation entre Trinité absolue et Trinité dans l'histoire, pour Balthasar, ressortit à un rapport de correspondance médiate, alors que pour Rahner elle relève davantage d'un rapport de correspondance immédiate. En cela, nous ne disons pas grossièrement que Rahner dissout la Trinité absolue dans une Trinité historique. Une telle critique non seulement est exagérée mais nous paraît rigoureusement inexacte puisque Rahner distingue parfaitement les niveaux d'affirmation, la Trinité absolue relevant pour lui du niveau de la *ratio essendi*.

L'élément de discontinuité du rapport, ontologiquement appuyé sur une *ratio* Trinitaire constituée d'« espaces infinis de liberté », est lié, pour Balthasar, à la condition de « devenir » qui affecte nécessairement l'être-homme du Fils engagé dans une histoire, une historicité réelle et non fictive. Elle implique alors des étapes de croissance, une coïncidence ou « correspondance » filiale qui marque pour Jésus une insertion dans la discontinuité des éléments du temps, le franchissement de seuils et d'épreuves qui le qualifient précisément filialement. De l'attente de l'« Heure » à sa réalisation, puis à son achèvement résurrectionnel, Jésus ouvre la Trinité à un rapport à soi qui doit être distingué, au moins logiquement, de l'éternel rapport à soi immanent. Certes, cette proposition doit être discutée, voire réfutée, puisque Dieu ne passe pas d'une puissance à un acte. Il reste que Dieu entre *lui-même* en rapport avec la créature, « *et ce rapport donne à ses relations internes un aspect nouveau ; aspect à vrai dire non purement extérieur, comme si ce rapport à l'extérieur ne le concernait pas réellement, mais tel que le nouveau rapport à la nature créée, qui est unie hypostatiquement au Fils, met en lumière l'une des possibilités infinies qui se trouvent dans la vie éternelle de Dieu* » (*Theod.,* t. IV, n. 54, p. 69).

Le moment christologique de l'abandon crucial que vit Jésus et en lequel se concentre l'action théodramatique libère la transcendance en direction de l'immanence et exerce l'œuvre de jugement sans laquelle elle resterait retranchée dans l'« espace » clos de sa propre béatitude. La Trinité n'est pas lettre morte pour l'homme, elle n'est pas d'abord mystère qui fait face et exige la contemplation, elle *se révèle* en tant qu'elle *agit pour* l'homme et son monde. Ainsi son agir est-il son être même, le mode de sa connaissance, là où précisément la connaissance n'est pas subordonnée à l'agir mais lui est strictement coextensive. L'agir théodramatique accomplit ainsi l'acte initial du *thaumazein* philosophique dans l'achèvement et la transformation du ravissement en consentement, à l'image archétype du Fils qui meurt d'amour pour le Père. « Nous avons déjà dit que la mort de Jésus dans l'obéissance était une mort au péché dont il est la victime ; *mais c'est aussi et plus profondément* une mort à Dieu qui l'abandonne. Et rien n'interdit de comprendre cette mort du Fils par obéissance comme une mort d'amour pour le Père, pour l'exécution de sa volonté jusqu'à l'extrême. Donc finalement *c'est l'expression humaine d'une mort commune d'amour en un sens trinitaire éminent,* où celui qui abandonne est tout aussi atteint (dans sa vie éternelle) que l'abandonné : effet d'amour à la fois de rejet et d'absence qu'ils vivent en commun dans le Saint-Esprit » (*Dd*, t. III, p. 465. C'est nous qui soulignons).

Le concept de « figure objective » de révélation compris dans l'horizon d'une logique trinitaire : légitimation d'une christologie de l'absolue singularité.

Cette courte section ne sera que conclusive. Elle visera essentiellement à ressaisir quelques éléments déterminants acquis lors des analyses menées précédemment. Nous revenons ici sur un axiome dégagé dans le chapitre III. Le concept de « figure objective » doit s'entendre selon son acception la plus élémentaire. Il s'agit d'une forme plastique qui apparaît, un corps irréductible à l'ordre de mes représentations. L'accès philosophique qui convient le mieux à l'apparition relève de la forme kantienne de l'esthétique, une doctrine de la perception dans l'ordre des phénomènes sensibles. Balthasar, certes, ne propose pas une démarche phénoménologique inversée qui isolerait l'objet qui se présente de tout contenu de conscience, de tout vécu de conscience pour celui qui voit, qui perçoit l'objet. De longues analyses sur l'évidence subjective précèdent la considération de l'objet comme tel.

Le vécu de conscience pour l'étant qui perçoit l'apparition (*Erscheinung*) suppose bien sûr la lumière de foi, donnée avec l'objet, accordée à l'objet et à celui qui en perçoit la forme, ceci par la médiation de l'*interior instinctus et attractus doctrinae*, l'*inspiratio interna et experimentum.* C'est peut-être là que le système balthasarien fait le plus difficulté. Qu'entend-il exactement par « apparition », surtout s'il donne à ce terme la qualification restrictive d'une forme plastique, solide, celle qu'assurément une théologie chrétienne ne peut dissoudre en pur symbole ou chiffre existentiel ? Dans l'espace qui dure et qui nous sépare de l'« apparition », c'est-à-dire de la perception de la figure finie, quelle est, pour Balthasar, la médiation de la figure qui conserve pour l'homme une sorte de permanence de l'« apparition » sans laquelle la figure aurait été de fait dépassée ?

La médiation dont nous parlons ici concerne le temps actuel des hommes, un temps qui positionne nécessairement la figure du Christ « derrière » nous, comme événement de l'histoire. Peut-on conserver le concept d'« apparition » pour une figure qui appartient au passé, le concept doit-il et peut-il être maintenu comme tel ? Le risque des concepts balthasariens c'est qu'ils nous placent très immédiatement en spectateurs d'une scène qui s'est jouée dans un temps coïncidant avec une césure décisive que tout homme est en mesure de rejoindre à partir des moments particularisés et disséminés de sa propre histoire. La figure ne se déploie pas tant vers l'« avant », elle convoque vers un centre qui n'est ni l'« arrière » ni l'« avant ». C'est peut-être la dimension eschatologique de la figure du Christ qui demeure encore à penser chez Balthasar, une dimension eschatologique qui déploie cette figure vers l'« avant » d'une histoire inédite, encore à vivre pour l'homme et qui laisserait à cet homme le temps de « correspondre » au temps du Christ, le temps contemporain du Christ.

Il nous est impossible d'analyser l'ecclésiologie balthasarienne. Ce que nous avançons ici n'est qu'une hypothèse à vérifier. Cette ecclésiologie n'est-elle pas aussi trop vite indexée sur les dimensions d'une figure du passé comme prolongement immédiat d'une figure d'évidence ? L'ecclésiologie eucharistique assurerait sans faille la permanence d'une figure qui apparaît. Balthasar semble reporter très immédiatement l'ordre contingent où apparaît la figure du Christ à un moment déterminé de l'histoire sur la continuité eucharistique et sacramentelle de cette figure. Cette opération ne risque-t-elle pas d'aboutir à des identifications trop sommaires, trop abruptes, pour lesquelles l'homme devrait faire preuve d'une logique paradoxale de perception poussée à l'excès ? Invoquer le péché de l'homme comme unique raison de son aveuglement n'y suffit plus.

La figure d'évidence qui relève du primat de la « raison esthétique » et aucunement transcendantale advient comme une figure de dissimulation parce que Dieu s'y donne et s'y révèle selon le mouvement de sa propre Gloire. Cette « auto-explicitation » fait coïncider la *species* au *lumen* que produit l'illumination de l'Esprit. Là encore, on pourrait formuler une question simple à l'endroit d'une telle christophanie. La *species* « cruciforme » de la figure rayonne-t-elle au point de susciter, à partir de sa vision, l'adhésion de foi et comment peut alors se renouveler dans le temps de l'absence de la figure sensible cette même confession de foi ? Si la figure de révélation relève de la « raison esthétique » qui implique perception et ravissement sous la lumière de foi, ou l'*a priori théologique*, comment se fera le passage pour ceux qui précisément n'ont pas vu la figure ? Quelles sont les médiations qui assurent maintenant l'ordre même de la vision ? C'est peut-être bien cet espace de la discontinuité qui peut interroger une focalisation excessive sur une figure de l'absolue singularité par la médiation d'une raison esthétique qui ne peut se suffire à elle-même.

Nous reprendrons bien évidemment ces interrogations en les mesurant aux présupposés d'une christologie transcendantale. Pour le moment, nous nous contenterons de reprendre sous forme de résultat acquis le moment logique qui préside à une christologie de la figure objective. Il relève d'une Logique Trinitaire de la *subalternatio in actu primo revelationis*. C'est presque trivialité que de le rappeler, cela suppose un mouvement de Dieu à l'homme par lequel le divin s'« explicite » par rien moins que lui-même dans ce qui de soi semble ne pouvoir le contenir. Si Balthasar recourt au concept d'évidence objective, ce n'est pas dans l'intention de rendre rationnellement crédible le sens de l'apparition, mais de reporter l'intégralité du sens sur le fait, de « subordonner » la dimension gnoséologique à la rigueur déconcertante du fait, dans sa plasticité matérielle et sensible. La qualification figurative a ceci d'étonnant qu'elle se reporte sous mode de continuité sur l'Église conçue comme corps figuratif, relais de la figure donnée à un moment déterminé de l'espace et du temps. L'intuition comme telle doit être retenue, mais le mode de continuité que lui donne le théologien nous semble déficient parce que le concept même qui tente de justifier cette continuité reste trop attaché à une doctrine de la perception relevant d'une raison esthétique dont on a peine à voir l'opérativité dans l'expérience, une expérience qui n'est plus contemporaine de la figure sensible.

Enfin, chez Balthasar, l'homme serait-il condamné à accueillir un mystère qui n'a d'intelligibilité et d'évidence qu'à partir de lui-même, devant lequel aucun questionnement humain ne pourrait constituer un accès comme de l'intérieur, une participation qui travaillerait le désir de l'homme connaissant et aimant antérieurement à l'apparition du mystère ?

On peut évidemment s'interroger sur le statut des médiations en lesquelles se donne la figure de révélation d'autant plus qu'elles semblent se distancer de toutes formes qui dériveraient de la liberté d'un sujet. Les médiations qui donnent corps à la figure appartiennent ou au registre d'une métaphysique de l'être conçue comme manifestation permanente d'une Gloire à déchiffrer dans l'échelle des êtres, ou à celui d'une liberté, certes historicisée et temporalisée, mais déjà perçue et toujours perçue à partir d'une coïncidence unique, celle de l'achèvement christologique, immédiatement dérivé de la position du *Logos*-Fils dans sa relation intratrinitaire au Père.

La participation de la liberté finie relève alors plus fondamentalement de l'achèvement eschatologique, et l'histoire présente de cette liberté finie est envisagée en son terme plus qu'en son déploiement existentiel. Ce n'est pas tant le Christ qui participe du drame de la liberté finie, que l'homme qui est appelé à coïncider à une forme achevée de liberté qui s'est déployée sous ses yeux, et ceci sous la forme exclusive d'une communion immédiate à Dieu telle qu'elle existe à l'intérieur de la relation exclusive du Fils au Père.

Le monde des sens : vers la « chair phénoménologique ».

À l'instar de Heidegger, Balthasar lit la perte progressive de la différence de l'être dans le destin d'une métaphysique qui ne pouvait que déboucher sur l'achèvement idéaliste de la perte ou de la dissolution de l'être, et corrélativement de l'unicité des êtres en tant qu'ils sont personnes. *Le* mysterium *de l'être maintient un processus d'origine qui ne permet pas d'épuiser sous forme de maîtrise ce que l'homme reçoit.* La donabilité originelle que préserve le *mysterium*, et à laquelle Heidegger fut encore sensible, constitue le gage d'une non-dissolution des choses dans un tout maîtrisable, connu par l'esprit qui s'en empare en s'y sacrifiant. Le sacrifice de l'esprit est le piège auquel le conduit la fascination d'une maîtrise des choses. Ne reste que le Tout, ou le savoir absolu. La conclusion théorique a produit les systèmes pratiques dans lesquels la personne se dissout au profit de l'être générique, de la cause, de l'État. Tout système identitaire reproduit de manière immanente la violence d'une Transcendance inversée, sans nom, sans visage, c'est pourquoi l'on ne peut en rester à l'intuition de Heidegger qui fait de l'Être une *physis* sans visage, là où le don se retranche dans l'anonymat d'une fascination tyrannique.

La relation à l'Être est le « laisser » chez Heidegger. Le philosophe reste proche d'une raison esthétique, et la différence pourrait franchir le pas qui la mènerait hors d'elle, plus loin que sa structure interne et finalement indépassable. Or, ce pas, Heidegger ne l'a pas franchi. Certes, la liberté du *Dasein* est l'attention et l'obéissance à la voix de l'Être, cette *Inständigkeit* à l'Être. Balthasar note que le philosophe évite le mot *geistig* en lui préférant *geistlich*, « l'esprit flamboyant qui souffle à partir de l'Être et provoque l'effroi » (*Dd*, t. III, p. 186).

Le rapport de l'Être se révélant à l'être-là est pensé en catégories bibliques, sous la forme de la Gloire ou de la *doxa*, mais une telle *kabod-doxa* est loin de se rapporter à la liberté majestueuse et souveraine du Dieu de l'Alliance. En d'autres termes, Heidegger lui non plus ne parvient pas à sortir de l'*identitas entis*, parce qu'il pense l'acte d'être en le dotant des catégories qui conviennent à l'acte subsistant. Or, chez Heidegger, l'Être révèle sa finitude infini dans l'être-là jeté. Cette *physis* fataliste, certes plus respectueuse de l'énigme de l'Être, ne permet guère de dépasser une logique de l'identité. Cette dernière produit la différence et l'englobe en même temps. Pourtant, Heidegger ne clôt pas totalement la différence. Balthasar reconnaît ici un mérite essentiel à la philosophie heideggérienne, et c'est pour cela qu'il ne la range pas du côté des essais dyonisiaques et idéalistes du rapport transcendental au divin, rapport conçu à partir des structures du sujet qui a intégré l'être comme esprit.

Heidegger tient le cours de la pensée auprès de la chose, auprès du *mysterium* de la différence immanente. « Là où l'analogie immanente d'être entre *actus essendi* et *essentia* ne s'approfondit pas en analogie transcendentale d'être entre Dieu et le monde, elle se supprime elle-même en se transformant en identité » (*Dd*, t. III, p. 193).

L'intégration de l'être comme esprit repose finalement sur un principe d'identité, et les seuils qui ménagent les distances entre les choses et les êtres ne sont plus respectés. Il manque ainsi un espace qui permette à l'homme d'entrevoir Dieu dans sa différence, à partir des différences qui jaillissent du cœur même de la réalité. Les étants ne sont pas le tout de l'être.

Les conséquences christologiques de l'accès ainsi déterminé à l'être sont importantes. D'abord parce que Dieu se sert de la médiation de la créature pour s'y exprimer en devenant homme. Ainsi s'est-il créé un corps sensible, et cela peut constituer un obstacle pour une mystique ascendante, tendue vers la contemplation immédiate, abstraction faite de tout élément sensible. Or il est impensable de sauter en quelque sorte par-dessus le degré de la création, comme si ce saut allait rendre superflu, voire dépassable, une christologie circonscrite dans l'ordre des phénomènes, donc du monde sensible.

La tension vers l'être tout court, appelée « foi » dans la philosophie de l'Antiquité tardive, chez Philon, Plotin, Proclus, Denys, Maxime le Confesseur, reste différente de la lumière de foi qui jaillit non du cœur de l'ouverture extatique de l'esprit vers la lumière de l'être, mais de l'objet fini d'une figure circonscrite dans la sphère du monde sensible. Ce phénomène de reconversion de l'esprit en direction du « bas » est la condition d'une réception par l'esprit du *quo maius cogitari nequit*.

Balthasar introduit à ce propos dans le volume premier de *Herrlichkeit* une distinction capitale (*GC*, t. I, p. 149). Les faits et gestes qui ponctuent l'entrée de Dieu sur la scène de l'histoire appartiennent à des représentations où les éléments de vision ne sont pas purement et simplement symbolisés sous la forme de signes. L'acte entre et s'intègre en une histoire réelle, non immédiatement transposé sous la catégorie du signe dominant l'axe d'un récit purement fictif ou recomposé. Tout semble dit pour faire croire qu'il en était bien ainsi. L'entrée de Dieu en scène sous le mode du récit ne peut décemment évacuer la question de la nature de ces événements, de leur inscription historique, de la vérité d'une relation entre le Dieu des Pères et son peuple. La reconstruction qui appartient à la production du récit, le « raconter » comme tel, ouvre par le fait même à l'intelligence de l'événement, conçu comme pure projection imaginative, ou acte d'un éveil communautaire à la présence d'un être se révélant dans une histoire unique, c'est-à-dire créant l'événement, le suscitant. Il dépasse alors la pure intériorité de l'être s'éveillant à la présence d'un Autre, et se lit alors comme l'histoire des « interventions » de Dieu au bénéfice de son peuple. Tout événement devient révélation, théophanie, et la « voix » même de Dieu se fait entendre. La prise de parole du divin appartient à deux modes, ou celui indirect du prophète qui s'en fait l'écho, alors que lui-même s'y éveilla préalablement dans l'intimité d'une écoute, ou celui d'une relation qui semble encore appartenir à la scène de l'histoire bien que se situant à la limite de deux ordres de réalité, la parole sans visage par laquelle Dieu converse avec l'un du peuple. La relation de Moïse à Dieu est ici exemplaire.

Le théologien Balthasar n'hésitera pas à écarter l'inadéquation du terme « signe » pour qualifier l'histoire des relations de Dieu à son peuple. Elles sont « figures », c'est-à-dire qu'elles ne sont pas posées comme l'*a posteriori* d'une synthèse des signes réalisée par la puissance synthétique propre au dynamisme subjectif fût-il porté d'ailleurs par la grâce. S'il ne refuse pas une puissance active et constructive qui lit l'événement de révélation en l'intériorisant, il affirme qu'il convient que la disposition constituée par la lumière intérieure soit ordonnée à la figure objective de la révélation, donc à une très réelle entrée en scène de Dieu dans le drame de l'histoire et qui particularise le destin d'Israël en le rendant ouvert sur l'universalité du don accompli dans la figure du Christ.

L'interprétation des récits bibliques rejoint là encore la question du sens de l'être. Les figures ne sont pas un simple matériel d'images, mais sont traversées par une consistance qui ne permet plus de les détacher de leur caractère d'événements pour les universaliser en archétypes vides de figures, c'est-à-dire vides d'un phénomène qui y correspond et qui dans ses formes historiques *laisse à l'être un authentique caractère de révélation* (*GC,* t. I, p. 121 : *ohne dem Sein als solchem einen echten Offenbarungscharakter zu lassen*).

Les phénomènes sensibles ainsi décrits ne peuvent plus appartenir à une économie platonicienne de signes symboliques [1] sur lesquels s'exercerait la puissance synthétique de l'intellect, ou plus simplement de l'esprit intériorisant les « signes ». Cette qualité de l'esprit, pour Balthasar, est purement constructive puisqu'elle tend à se ramener à un acte de l'intelligence. D'une manière ou d'une autre, c'est l'abstraction d'une essence des choses qui est visée à travers la particularité des phénomènes, et ceux-ci sont les médiations qui permettent le processus de synthétisation. Le traitement de l'histoire du Salut selon ces termes ne saurait, en toute logique, s'arrêter devant la « figure » de Jésus. Pourquoi ne pas interpréter l'histoire de cet homme selon la catégorie du « signe » telle que nous l'avons définie ? La puissance synthétique de l'intellect, attachée à une prépondérance de l'esprit dans la compréhension de l'homme, pourrait en tirer les conséquences qui s'imposent, et qui permettraient une universalisation plus aisée de la « figure » du Christ.

C'est peut-être là que nous pouvons saisir ce qui sépare Balthasar de Rahner, en nous fondant sur leur théologie de l'histoire. Le programme balthasarien d'une théologie de l'histoire repose sur l'impossibilité native d'une connaissance du tout. L'homme ne peut lire et voir immédiatement le tout en lui-même, il ne peut le pressentir qu'en « fragments » *(das Ganze im Fragment)*. Il est donc impensable de postuler une corrélation immédiate entre l'histoire de la révélation et l'histoire-une de l'humanité, au sens où la première non seulement s'égalerait à la seconde, mais lui serait strictement coextensive. Le processus d'universalisation de l'histoire fait de cette

1. *GC,* p. 371, 379-380, 405 (ce dernier passage témoigne de la rigueur trinitaire de l'affirmation).

dernière une catégorie qui laisse son essence dissimulée, ou sous-jacente.

On ne peut, pour comprendre la « figure », revendiquer une rationalité générale, même si l'on dit que la rationalité générale vient à expression dans cette figure-là et non dans une autre. Le cœur du débat Balthasar-Rahner est bien là. Comment faut-il rapporter le sens universel de l'histoire à la particularité d'une existence sise au cœur de cette histoire, dans une corrélation fondamentale et originaire, ou dans l'écart et la brèche qu'elle signifie dans cette histoire qui ne la mesure pas, tout en y renvoyant inchoativement ? L'on peut concéder à Balthasar qu'il admet ce résidu de christologie transcendantale, du bout des lèvres certes. Sans doute ne l'appellerait-il pas christologie transcendantale. Pourtant — et l'on est en droit ici de reprendre un vocabulaire balthasarien —, Rahner apporte une contribution originale à une « esthétique » christologique. Si chez Balthasar la christologie est focalisée sur la figure, conçue comme forme, et forme plastique que traverse et dynamise une invisibilité d'essence, de « fond », chez Rahner l'esthétique de la figure épouse la forme humaine d'une liberté spirituelle qui s'insère et s'étend dans la continuité du temps qui médiatise les libertés humaines, et les mène en Christ à leur achèvement désiré.

Mais il y a bien une esthétique, puisqu'une telle liberté archétype devient une forme visible, et non une « livrée » sous laquelle se dissimulerait un Dieu passant sur la terre. Ainsi, pour Rahner, le rapport transcendantal à l'être, qui positivement est ouvert à partir de Dieu, ne peut être reconnu comme une grâce d'autocommunication sans la christologie réalisée. Et si Rahner prétend que l'homme cherche l'Homme-Dieu, il ne dit pas qu'il le cherche selon la manière dont de fait cette figure existera. Il le cherche sans le trouver, et sans pouvoir le trouver. Ainsi Rahner n'oublie-t-il pas le rapport esthétique qui convient à la christologie. Jésus est un corps plus qu'une Raison du monde, il est une âme plus qu'une idée projetée, il est une liberté de mouvement plus qu'une image statique, il est une destinée plus qu'une réminiscence.

Le chemin esthétique balthasarien résiste cependant. Pour ce dernier, une christologie transcendantale est rigoureusement impossible puisqu'elle situe les conditions de réception de la « figure » au niveau d'un *Ego* pré-empirique, ce qui radicalise les possibilités cognitives d'accès au divin. Finalement, Balthasar craint que l'on ne saisisse le mystère « comme » concept, et que le mouvement d'extraversion vers l'absolu, interne aux principes d'être et d'opérations de la subjectivité, ou de l'homme-esprit, ne soit frappé par la nécessité de nature. Si cette crainte devait être formulée à l'endroit de Rahner, elle nous paraîtrait illégitime puisque l'ensemble de la théologie transcendantale rahnérienne se construit selon la méthode proprement théologique de la *reductio in mysterium*. Pour Rahner, en effet, le philosophe est en quelque sorte un crypto-théologien. Le théologien allemand nous semble ici très proche des analyses menées par Erich Przywara dans *Analogia entis*. Est posée par rapport à la théologie l'autonomie de la raison et de la philosophie, selon un véritable *duplex ordo cognitionis*, et en elle, la possibilité d'une autotranscendance qu'inscrit le mouvement de révélation tel qu'il s'exprime dans l'attitude filiale de l'*Intellectus Sui* du *logos* dans la vie intratrinitaire [1]. Balthasar s'inspira assurément des analyses de Przywara pour penser le rapport philosophie-théologie, même s'il s'en sépara à propos d'un schéma jugé trop dyonisiaque et dialectique [2]. Là encore, Balthasar manifeste une volonté tenace de ne pas faire de l'absolu celui qui échappe au moment où il se révèle, dans une sorte de dialectique de la contradiction et de l'opposition. Le *Deus absconditus* balthasarien est porté par la christologie de l'*Un-Gestalt*, donc dans la positivité d'une chair donnée sous les traits d'un amour qui dans sa violente expression cruciforme demande à être reconnu.

Dans la dynamique transcendantale, la théologie dite naturelle semble foncièrement dépassée dans une connaturalité de l'esprit connaissant avec la radicalité du don divin de soi, y compris et insurpassablement dans la forme achevée de la christologie.

1. E. PRZYWARA, *Analogia entis*, Paris, PUF, 1990, p. 83-84.
2. H. U. von BALTHASAR, « Erich Przywara », L. Zimny (éd.), *Erich Przywara. Sein Schrifttum*, Einsiedeln, 1963, p. 17.

Cette « forme » est en quelque sorte préformée et revendiquée par les attentes de la subjectivité. Or l'archétype qui est sorti de Dieu ne peut, par définition, être extrait des profondeurs de l'homme par aucune analyse. L'expérience psychologique doit faire place d'emblée à une « expérience dogmatique [1] ». Si Balthasar ne nie point la dimension inchoative, indirecte, de l'expérience dogmatique, il la comprend comme mouvement d'extraversion fondamentale produit par l'illumination de l'Esprit qui ne fait pas nombre avec les dimensions propres au dynamisme de la subjectivité. Cet *a priori* théologique vise à dépasser une intégration cognitive et connaturelle du discours intérieur de l'Esprit, proche d'une dialectique hégélienne entre l'esprit fini et l'esprit infini.

L'impossibilité transcendantale d'une déduction de la figure christologique reporte le mouvement de la connaissance dans la sphère des objets finis, là où se constitue le seul rapport possible de l'homme à Dieu, sans que le rapport ne soit déjà positivement identifiable au don par lequel Dieu consent à venir de lui-même vers l'homme. Si la « figure » du divin est inattendue, il faut que son entrée en scène permette de rassembler les éléments qui, dans l'expérience d'une certaine connaturalité de la nature et de la surnature, échappent à ce lien initial et initiatique de correspondance. L'*analogia entis* se dépasse en direction de l'*analogia fidei*. La synthèse de ces éléments, qui n'appartiennent qu'au mode d'être de la « figure » et sont apportées avec elle, dans le mouvement extatique de sa venue, est lisible à la croix. Elle concentre en elle la radicalisation du paradoxe de la donation du divin pour l'homme.

Elle énonce la fin de toute esthétique terrestre, et l'aurore décisive de l'esthétique divine (« *Ist das Kreuz das radikale Ende jeder weltlichen Ästhetik, so ist gerade dieses Ende der entscheidende Aufgang der göttlichen Ästhetik* »). Le monde des sens, le monde de l'homme accueille la « figure » du divin non pas en marge de sa condition, mais selon les contradictions de cette condition, gage d'une possible rédemption de l'homme et

1. *Ibid.*, p. 195.

de son monde. « L'esthétique terrestre ne peut pas exclure le facteur du laid, la brisure tragique, le démoniaque, mais doit le surmonter, et même que toute esthétique qui s'efforce simplement d'ignorer ce côté nocturne, peut être *a priori* ignorée elle-même parce qu'elle n'est qu'un esthéticisme. Non seulement toute forme belle est limitée et menacée, et cela fait partie du phénomène, mais il faut en dire autant de la brisure elle-même, parce que c'est seulement en elle qu'apparaît réellement le sens de la promesse eschatologique qui réside dans le beau. Si nous rappelons ceci, ce n'est pas pour réduire la croix et la kénose de Dieu à la mesure et aux lois d'une esthétique naturelle ; c'est que la figure de l'existence radicalement pécheresse et placée pourtant sous le signe de l'espérance d'une rédemption est déjà mystérieusement relative, au-delà d'elle-même, à la figure du Rédempteur qui, de son côté, assume les modalités de l'existence déchue, pour les transformer par la souffrance rédemptrice [1] ».

S'il en est ainsi, le processus « naturel » du rapport de l'homme à Dieu ne peut prétendre dessiner de l'intérieur de lui-même la figure de rédemption, il en est négativement empêché.

Mais il y a aussi une autre raison. Qu'en est-il de la « chair » du Verbe comme lieu ou épiphanie du divin ? L'accès à la Trinité selon la « chair » ou le corps du Verbe nous semble constituer l'accès et l'apport proprement balthasariens à la détermination trinitaire du divin. La théologie, et la christologie en particulier, a-t-elle jamais eu une réelle estime pour le corps du Verbe? Elle en éprouva beaucoup pour l'âme du Verbe, ses dispositions intérieures informées par une grâce habituelle créée. Le corps n'est souvent lu que négativement, signe d'un abaissement presque indécent pour le divin. Assurément, Balthasar rompt avec ce schème de pensée. Il porte un jugement sévère sur une grande partie de la tradition théologique, ruineuse du principe esthétique parce qu'ayant par trop manqué une révélation selon la chair, la « chair phénoménologique » devrait-on dire, qui ne recouvre pas ce que nous avons dit en parlant préalablement de

1. H. U. von BALTHASAR, « Erich Przywara », p. 389.

christologie phénoménologique. Cette dernière peut se passer de l'esthétique d'une chair, pour plonger dans la profondeur nue de l'idéal christique, délivré de la contingence d'une condition, apte à signifier alors sa rationalité sise à l'intersection du désir et de la raison.

C'est aussi la raison pour laquelle Balthasar privilégie la corrélation esthétique-dramatique pour parvenir à l'élucidation proprement logique de l'extraversion ou de la communication de Dieu. La « chair phénoménologique » est une donnée, un corps dans l'histoire, unique et semblable aux autres, et dans le commun d'une existence l'inouï de ce qui vient du Non-Autre. La tension visibilité-invisibilité est donnée dans la forme même de cette existence, celle que des témoins ont *vue*, de leurs yeux de chair, témoins initiés à la connaissance du Verbe de vie dans une temporalité unique. « *Ce qui était dès le commencement, ce que nous avons entendu, ce que nous avons vu de nos yeux...* » (1 Jn 1, 1). Être transporté, c'est l'origine du christianisme (p. 28 : *Hingerissen werden aber ist der Ursprung des Christentums*).

Questions ouvertes.

Une figure du monde qui surprend, à laquelle on ne s'attendait pas, suffit-elle à garantir au discours christologique une force de persuasion, force-t-elle nécessairement au ravissement (*Entrücktwerden*), et quelles sont effectivement, pour toute la durée de l'histoire, les conditions de sa « vision » (*Erblicken*) ou de sa réception ? Balthasar ne s'est sans doute qu'insuffisamment attelé à ces interrogations, peut-être ne correspondent-elles pas aux conditions de réception de la figure, elles en fausseraient ou en interdiraient l'accès. Pourtant elles demeurent, en raison même des difficultés auxquelles nous acculent les concepts balthasariens. Si les mesures de l'existence échouent dans la mise en perspective d'une figure du divin que l'homme attend, qu'il désire, qu'il refoule, qu'il s'interdit de nommer ou qu'il identifie comme processus d'aliénation, cette figure risque fort de ne pas l'intéresser, puisqu'elle semble disqualifier dès l'abord l'intérêt humain pour Dieu. Notre propos est presque trivial, sans doute oublieux de ce que Balthasar célèbre comme *quo maius cogitari nequit*, l'amour trinitaire en éternelle sortie de soi, mais ne met-il pas le doigt sur une unilatéralité qui risque de desservir cet amour même ?

Bien sur, Balthasar réfute la position dialectique, celle qui consisterait à grossir le trait de la chute pour mieux magnifier la gratuité tout extrinsèque du Salut. Il réfute aussi la continuité « dialectique » qui lie dans la tension et la dissemblance le fini et son besoin d'absolu. Ces modèles restent trop sourds à une approche doxologique de l'Amour trinitaire. Ils en font un système d'explicitation de l'absolu puisqu'en lui se trouvent réunies les conditions ontologiques de son extraversion. L'évidence « symbolique » de la figure relève d'une « beauté » que l'expérience même de sa laideur, à la croix, ne fait que renforcer. Le transcendantal « beau » est peut-être là hors propos, car il fait trop peu cas de la violence des comportements, des choix d'existence, des complicités qui mènent Jésus à la mort. Le transcendantal « beau », détermination originelle de l'être, risque de consacrer pour le coup « esthétiquement » ce qui relève du mal, du meurtre, de la violence. La catégorie pèche par staticité, par continuité ontologique, alors que dans l'expérience de la mort de Jésus la fin de toute esthétique terrestre est aussi la fin de toute esthétique divine, à moins que l'on ne vienne à professer un docétisme christologique qui s'ignore et une réfutation de toute dimension politique à la mort de Jésus. La mise en scène n'est pas que théophanique, car elle pourrait donner l'impression que Dieu exhibe là sa splendeur inattendue. La croix doit garder aussi sa facticité, son inattendu « pour » Dieu, même si l'expression est assurément maladroite, peut-être même inexacte. En disant cela nous voulons rejoindre l'existence de Jésus, le jeu de sa liberté humanisée, certes depuis toujours convertie à Dieu parce qu'unie selon l'être à sa liberté filiale distincte, dans l'unique liberté divine et trinitaire.

Il est vrai que Balthasar n'a pas oublié le drame de la liberté filiale de l'Unique, qui le rend proche de nos propres combats, solidaire de nos tâtonnements et des obscurités qui rendent parfois opaque le dialogue des libertés dans la relation d'Alliance à laquelle l'homme consent. Pourtant, la « kénose » qui cristallise la relation au Père pour Jésus souffre peut-être d'un excès de continuité ou de report entre la condition humaine du Fils qui nous le montre frère des hommes, et son rapport éternel au Père qui rend raison de notre espérance. Le rapport esthétique n'est pas qu'une forme, il doit être liberté, liberté de choix. C'est peut-être dans cette direction qu'il conviendrait d'évaluer ce que nous avons écrit sur l'apport rahnérien à une esthétique christologique. Non pas que la liberté fasse défaut à Jésus dans la christologie balthasarienne de la figure, mais cette liberté est filialement unique, et tellement unique qu'elle s'engage dans les possibles ultimes qui la retranchent de toute imitation possible, de toute suite. L'abîme du Samedi Saint est là pour nous le rappeler.

TROISIÈME PARTIE

DÉTERMINATIONS TRANSCENDANTALES DE L'AGIR HISTORIQUE DU DIEU TRINITÉ DANS LA PENSÉE DE KARL RAHNER

CHAPITRE V

LE « LOGOS EST DEVENU HOMME » : LA COMPRÉHENSION RAHNÉRIENNE DE L'INCARNATION OU LE CŒUR DU DIFFÉREND BALTHASAR-RAHNER

La relation théologie-anthropologie : l'homme, possible altérité de l'« expression de soi » de Dieu

En passant de Balthasar à Rahner nous changeons de logique théologique même si des éléments que l'on peut qualifier de « formels » semblent réduire la distance des œuvres.

La *subalternatio in actu primo revelationis* balthasarienne délie la figure de révélation de toute « présomption » anthropologique, de tout rapport transcendantal. S'il peut exister une légitimité de l'intégration transcendantale de l'événement de grâce qui dise le processus de révélation, elle est encore de l'ordre d'une grâce dévoilée à la connaissance *a posteriori* de l'homme. L'objet de révélation est originaire dans l'ordre de la connaissance. On pourrait se risquer à dire que l'objet détermine l'accès transcendantal, il est la condition *a priori* du rapport intuitif et intellectif de l'entendement. Une telle proposition nous semble rendre compte de ce que Balthasar appelle l'évidence subjective. Bien entendu, il conviendrait de s'expliquer sur ce que Rahner entend par objet de révélation. On peut penser qu'il s'agit de l'acte d'autocommunication coextensif à l'histoire totale, à l'unique histoire de la révélation conçue comme rapport transcendantal de l'homme à Dieu, ouvert par Dieu dans l'acte primordial de se donner. Or, ici précisément, l'objet dont il est question ne recouvre pas ce que Balthasar entend par objet de révélation, cette dernière proposition n'étant opératoire qu'à partir d'une incarnation de la Gloire divine dans une figure déterminée.

L'accès qui convient à l'objet ne peut être de type transcendantal, il relève davantage d'une phénoménologie de la perception. Nous avons pu constater que pour le théologien Balthasar il n'y a rien à voir derrière le phénomène. Tout est donné en lui et n'advient qu'à son propos. Dans l'évidence subjective, la visée du phénomène, sa perception à laquelle succède son « intuition [1] » (*Anschauung*), n'est pas de l'ordre de la connaissance transcendantale, du rapport « constructiviste », mais du donné catégorial, en tant que donné précisément, le phénomène reçu comme donation sans qu'il y ait à chercher un au-delà du phénomène. Il semble bien que l'évidence objective, corrélative de l'évidence subjective, chez Balthasar, ressortisse à cette problématique phénoménologique. La structure d'intentionnalité de la conscience témoigne ainsi de l'« irréductibilité » du phé-

1. Nous reprenons ici un vocabulaire appartenant à la phénoménologie. Il peut paraître impropre à signifier l'intention philosophique de Balthasar. En effet, il nous paraît difficile de classer Balthasar dans le courant phénoménologique, même si de fortes intuitions semblent indiquer une filiation de type phénoménologique. La prégnance de l'élément conscientiel, le « moi transcendantal », le « moi pur », sont autant de catégories qui restent inconnues à la pensée balthasarienne. Le phénomène qui se dévoile au terme de la « réduction » surgit comme « essence », alors que le phénomène christique se dévoile dans une immédiateté de la « chair » portée par le « fond » (le Père, ou l'Être comme *Agapè*), qui la qualifie comme figure expressive. Balthasar fait coïncider la « chair » à l'Être, le lieu qui dit l'Être, le lieu de l'Être. Mais ce faisant, il maintient la différence ontologique, ou l'ordre de la « distinctio realis ». L'« intuition » serait ici l'entrée dans la connaissance de la figure, une connaissance que le phénomène apporte avec lui, selon les mesures à partir desquelles il se déploie dans une harmonie d'évidence, perceptible en son agir et dans la force d'effacement qui, par la résurrection, le rend contemporain de tous les temps. Mais c'est peut-être ce statut nouveau du Christ et de son rapport à l'homme qui reste problématique chez Balthasar. Le maintien du concept d'évidence objective et d'« apparition » est problématique par lui-même. Comment la figure peut-elle parvenir, selon quels modes, quelles médiations ?

nomène par rapport à la conscience. La difficulté, cependant, c'est que Balthasar oscille entre une métaphysique de l'être fondée sur la distinction réelle de l'être et de l'essence, donc d'un au-delà du phénomène, d'un « excès » de la manifestation, d'un « fond » subsistant qui coïncide avec l'absolue possession de l'être qu'est Dieu, et une démarche phénoménologique dont semble redevable la christologie de l'évidence objective de la figure de révélation, déliée d'une logique de la connaissance pré-compréhensive ou transcendantale.

Mais cela signifie aussi le refus balthasarien à l'endroit de la thématique kantienne des conditions *a priori* de la connaissance qui aboutira à une refondation de la métaphysique, moyennant la distinction apophatique du noumène et du phénomène. Balthasar y lira pourtant une insupportable contradiction, celle de la toute-puissance de la liberté qui délimite le champ du savoir selon une *auto*-critique de la raison. L'identification de l'être à l'objectivité du jugement par le truchement d'une connaissance transcendantale aboutit, pour Balthasar, à l'apriorité du *cogito* sur l'objet. Au pouvoir de la subjectivité déterminant comment les choses sont connues, il préférera l'obscurité de l'apparition qui maintient l'objet dans la distance pré-réflexive qui déjoue les tentatives intégratives de l'entendement.

La refondation kantienne de la métaphysique ne serait que le prolongement de la thématique platonicienne et néo-platonicienne de l'idée et de la réminiscence conceptuelle réduisant l'objet au rang de signe symbolique dépassable. L'objet est manqué dans sa qualification figurative, et l'expérience d'altérité de l'analogie esthétique risque de succomber à ce qu'a produit de moins bon la philosophie hégélienne, l'objet sensible dépassé dans la conscience de soi. Il va de soi que nous ne réduisons pas la refondation kantienne de la métaphysique et la dialectique platonicienne de l'Idée et du phénomène. Kant de ce point de vue est l'anti-Platon, si l'on peut se permettre cet écart de langage. La connaissance de l'Idée comme domaine du vrai, domaine des essences, est une entreprise vouée à l'échec pour Kant. Le noumène qui n'est pas réductible à l'Idée ne s'égale en rien à l'être, il est purement inconnaissable.

La question est alors de savoir si Rahner est effectivement redevable de la critique balthasarienne, si lui-même finalement manque l'objet, s'il se tient dans l'oubli de l'objet. Le chapitre II a élaboré des éléments de réponse importants en dégageant la « négativité » qui traverse en quelque sorte la transcendance, transcendance qui est le fait de l'homme purement et simplement en tant qu'il est esprit dans le monde, esprit conjoint à la matière indissolublement. La structure anticipatrice de l'ouverture illimitée de l'homme-esprit vers l'être n'advient à elle-même qu'à partir de sa position d'être dans l'ordre de la contingence, et qui alors ne peut saisir la luminosité de l'être qu'obscurément. L'anticipation transcendantale affirme de l'être sa problématicité, dans le mouvement d'une transcendance négatrice du fini [1]. La positivité de l'être illimité ne peut devenir l'objet de notre réflexion qu'en ce retrait constant qui « négativise » son appréhension par l'esprit. L'étendue de l'anticipation affirme implicitement ce qui peut se situer dans cette étendue anticipatrice comme objet possible.

C'est là qu'intervient le cercle d'un conditionnement réciproque qui scelle le mouvement de la connaissance et lui confère une dimension résolument extatique, de l'objet au sujet et du sujet vers l'objet. L'anticipation et son étendue ne peuvent être connues, ni d'ailleurs affirmées comme nécessaires et effectives pour toute connaissance, si ce n'est dans une saisie *a posteriori* d'un étant réel dont elles sont la condition [2]. Toute connaissance objective suppose l'apport d'un sujet connaissant, ou en d'autres termes, un horizon transcendantal qui rende l'objet intelligible.

L'objet comme tel possède toujours une dimension transcendantale que je ne peux rejoindre que par l'intuition, donc à partir de mon propre être tel qu'il se construit dans ma conscience sans que jamais ma conscience ne puisse constituer le monde. La circularité de la *conversio ad phantasma* et le mouvement subjectif de la « présence-à-soi » ou *reditio* sont en quelque sorte

1. *HéV*, p. 132-133, 136-137.
2. *Ibid.*, p. 113-124.

donné dans l'acte ou la position qui constitue le moi transcendantal [1]. C'est dans ce sens qu'il faut comprendre l'une des assertions de la métaphysique rahnérienne. Tout étant est un objet possible de connaissance, car l'être de l'étant est « compréhensibilité », l'être et le connaître formant une unité originaire. Chez Rahner, l'être est réductible au connaître, il est luminosité pour soi, en proportion du degré d'être selon lequel un étant participe à l'être malgré et contre ce qu'il recèle de non-être. C'est là que Rahner envisage la différence ontologique conçue comme tension dans la variabilité de la participation à l'être qui, encore une fois, ne s'ajoute pas de l'extérieur au processus du connaître. Il y a donc chez Rahner une convertibilité de l'être et de la conscience. Cet axiome déterminera incontestablement la compréhension trinitaire de l'être divin et ouvrira l'horizon conceptuel nécessaire à la fondation d'une christologie transcendantale [2].

L'interférence des moments anthropologique et théologique est donnée dans une logique transcendantale qui dépasse le strict domaine de la conclusion philosophique puisque l'interférence est de fait déterminée par l'objet de révélation recueilli comme un « nécessaire réalisé ». Rahner raisonne bien entendu en théologien, ce qui devrait d'ailleurs lever l'ambiguïté sur les présupposés kantiens d'une démarche qui reste originairement de type théologal. C'est la contemplation d'un objet donné qui fera naître la possibilité d'une interrogation philosophique, c'est l'ordre logique d'un procès de révélation qui appellera la mise en

1. La « *conversio ad phantasmata* » implique le dépassement de l'« *abstractio* » qui déploie le champ anticipatif de l'être, réciprocité de la sensibilité réceptive et de l'intellect actif à l'intérieur de tout acte de connaissance. Une telle dialectique n'est pas sans rappeler l'acte intuitif de la phénoménologie dans son retour aux choses elles-mêmes qui dénote un au-delà de la chose, un *excessus*, l'affirmation d'un caractère illimité de la quiddité.

2. « L'être et le connaître forment une unité originaire, c'est-à-dire qu'à l'essence de l'être des étants appartient la relation cognitive à soi-même ; et à l'inverse : le connaître qui appartient à la constitution de l'essence de l'être est la présence à soi de l'être. Le connaître est, dans son concept originaire, possession de soi, et un étant se possède soi-même en proportion de son être » (*HéV*, p. 82).

conceptualité, conçue chez Rahner selon l'exigence de la communicabilité du mystère ineffable.

La démarche philosophique est requise en raison de l'immanence de l'être-révélé transcendantal dans les dimensions d'une histoire, à travers l'éveil à soi de toute conscience, c'est-à-dire de toute transcendance qui qualifie l'homme comme esprit. Cette dernière assertion ne peut être que rétroactive. Elle constitue un jugement a posteriori même si, dans l'ordre logique de la connaissance, elle précède la césure historiquement saisissable de l'être-révélé transcendantal, le moment irréversible de la médiation christologique. C'est à partir de l'événement singulier de l'Incarnation qu'est donnée au théologien la possibilité de remonter en deçà de la factualité de l'événement pour en dégager, à partir de sa propre structure, les dimensions transcendantales, celles qui énoncent pour toute saisie de l'essence de l'homme un caractère de « nécessité » sans lequel aucune saisie plénière de l'être-homme n'est envisageable.

Nous revenons ici sur un point important de la démarche logique de Rahner. Le transcendantal n'est pas réductible au présupposé kantien d'une conscience de l'origine non empirique des « représentations » *a priori* qui peuvent tout de même se rapporter *a priori* à des objets de l'expérience. Le transcendantal est l'être en tant que « possession-de-soi » du sujet dans sa participation à l'être, l'être en indéfinie croissance vers l'*Esse Absolutum*, l'infini donné au cœur de la réalité et qui s'explicite en tout acte fini de connaissance comme mystère impliqué de l'être infini. « L'anticipation (*Vorgriff*) transcende vers Dieu : non pas qu'elle vise immédiatement Dieu de telle sorte qu'elle représente l'être absolu dans son propre Soi, immédiatement comme objet, qu'elle le manifeste immédiatement dans son Soi. L'anticipation transcende vers l'être absolu en ce sens que, dans l'étendue fondamentalement illimitée de l'anticipation, est toujours et fondamentalement impliquée l'affirmation d'un être absolu [1] ».

1. *HéV,* p. 120.

La question de l'être est donc intimement articulée à celle de l'absolu en coïncidant à la formulation transcendantale de l'interrogation sur la destinée de l'homme. Nous atteignons ainsi ce que Rahner entend en posant l'interférence des moments anthropologique et théologique. Philosophiquement, la méthode transcendantale se caractérise selon une dynamique binaire : « La *réduction* qui met entre parenthèses l'ordre objectif des phénomènes et met en évidence le résidu a-thématique qui en rend possible l'interprétation ; puis la *déduction* qui, prenant appui sur l'horizon eidétique ainsi manifesté, fait retour vers les phénomènes pour en dévoiler leur sens profond [1]. »

L'activité cognitive se dépasse elle-même en se posant immédiatement comme acte de la liberté du sujet, engagement du sujet dans son rapport au monde, décision du sujet dans tout acte de connaissance. Cette détermination de la liberté spirituelle est identique au concept de création qui, conjoignant esprit et matière, opère un retour au centre de type anthropocentrique. L'homme n'est finalement pas un élément dans un cosmos de choses, « soumis au système de coordonnées de concepts ontiques », mais le sujet, la liberté subjective de laquelle dépend tout le destin du cosmos. Toute signification cosmologique d'une histoire de la rédemption requiert pour Rahner le moment le plus unificateur de l'intégration matière-esprit, une intégration donnée dans l'homme, esprit incarné. Il faut donc tenter de comprendre l'homme comme l'étant dans lequel la « tendance fondamentale de la matière à se trouver elle-même dans l'esprit parvient, par autotranscendance, à sa percée définitive » (*TfF*, p. 208).

L'essence de l'homme qui réalise l'unité de l'esprit et de la matière le qualifie comme être en devenir, par mode de réduction au sens phénoménologique du terme, puisque l'homme est en quelque sorte délié de toute particularisation qui le réduirait, au sens propre, à la successivité des objets. Le concept même d'histoire ou d'historicité requiert la conjonction esprit-matière

1. J.-P. RESWEBER, « La relation de l'homme à Dieu selon K. Rahner et M. Blondel », *RSR*, 1972, vol. 46, p. 25.

qui se cristallise dans l'acte d'être homme identifié à l'autotranscendance de la matière vivante. La matière se trouve ainsi médiatisée par la conscience de soi de toute subjectivité spirituelle, et menée à son but. L'autotranscendance du cosmos advient dans l'homme qui concentre en lui, à un moment déterminé de l'évolution, la tension que dessine la différence ontologique, mouvement d'un devenir vers une possession plénière et « participée » à l'être.

L'histoire du cosmos et l'histoire de la liberté humaine forment ce tout orienté vers l'accomplissement dans la forme achevée qu'appelle l'histoire de la transcendance. « Au fond de l'existence, au sein même de la transcendance vers l'être, s'accomplit l'acte (nécessaire) de la volonté. Pour l'existence, l'ouverture sur l'être est actualisée par la volonté comme moment interne de la connaissance même » (*HéV*, p. 156).

L'*analogia entis* est identiquement une *analogia libertatis*, milieu de la transcendance de « l'esprit dans le monde ». La différence ontologique est ainsi médiatisée par toute activité cognitive en ouvrant toute particularisation objective à l'immédiateté d'un infini vers lequel l'objet fait signe, à partir de la « négativité » que recèle l'ordre de la finitude.

On comprend dès lors que toute proposition de théologie dogmatique devra et pourra s'intégrer dans l'ordre du « Tout transcendantal », ou de l'« englobant transcendantal », afin que l'homme puisse énoncer, dans la continuité, ce qui de Dieu rend saisissable, pour le sujet, la possession achevée de son essence.

En posant ainsi la nécessité d'un horizon transcendantal dans la perception ou l'« intuition » du réel (*Anschauung*), Rahner hérite de la distinction kantienne « connaissance-pensée », en la restituant à un ordre proprement théologique du pensable, dans la distinction « connaissance-réalité ». Dieu et l'homme ne sont pas deux grandeurs objectivables qui ne seraient liées entre elles qu'à travers une réalité de fait, c'est-à-dire dans une saisie purement empirique que viendrait justifier le concept central d'incarnation dans une théologie positive de la révélation. Les deux affirmations de l'homme et de Dieu doivent être tenues ensemble dans l'ordre même de la connaissance, dans l'acte qui pose la subjectivité comme appartenance à soi qui est son

« être-là fondamental » (*Grundbefindlichkeit*). L'être-personne signifie ainsi la possession-de-soi d'un sujet (*Selbstbesitz*) dans une dépendance consciente et libre par rapport au Tout. La transcendance ne concerne donc pas ici la dimension thématique d'une transcendance, objectivement représentée ou conceptuellement médiatisée, mais l'ouverture *a priori* du sujet à l'être en général. La transcendance est donc toujours en deçà de l'homme, elle lui est donnée comme la condition originelle qui le rend apte à percevoir et à connaître, elle appartient à l'ordre d'un *intellectus archetypus*, avec l'idée de « derrière la tête ».

En cela, Rahner nous semble plus proche, dans sa démarche philosophique, de l'« intuition » husserlienne que des catégories *a priori* de l'entendement chez Kant. Rahner ne retient que la formalité du discours kantien sans qu'il puisse à aucun moment renoncer à *l'inclusion transcendantale discontinue de l'objet de révélation*. Le rapport transcendantal-catégorial ne vaut pour l'objet de révélation que dans la mesure où le niveau transcendantal ressortit à un concept limite, à une a-perception limite qui ne coïncide pas avec l'objet singulier de révélation. Cet élément de discontinuité dépasse la distinction phénomène-noumène en laissant à l'objet singulier la capacité de déterminer « en amont » le dynamisme de l'intellect. La problématique transcendantale ne suppose pas que le contenu matérial de l'objet énoncé puisse être déduit intégralement des conditions transcendantales de sa connaissance dans le sujet, c'est presque trivialité que de le rappeler.

On devrait ajouter que l'horizon transcendantal n'est pas purement et simplement une structure a priori, une base ontologique, mais qu'il se rapproche de l'intuition heideggerienne de la différence ontologique, là où l'étant renvoie à la différence de l'être à partir de sa mondanité, dans les dimensions révélatrices-existentiales de l'inquiétude, de l'angoisse, de l'« être-pour-la-mort ». Le transcendantal se donne lorsque l'homme se trouve exposé, dans l'inquiétude, la crainte et l'espérance, à la quotidienneté disséminée de son monde (*der Vielfalt seiner Altagswelt*). Et pourtant, il demeure vrai que cette transcendance reste hors d'atteinte de la réflexion métaphysique, c'est-à-dire de toute constitution sous forme de discours réflexif, parce que précisément elle se donne comme une expérience qui transit les objets singuliers du monde, qui advient à leur propos, dans leur insignifiance même.

L'opération tentée par Rahner consiste à combiner la démarche transcendantale et la démarche existentiale heideggérienne [1], en laissant à l'espace symbolique des signes mondains leur consistance pré-réflexive, dans le maintien d'une différence ou « négativité » qui relie le *cogito* à l'être. L'intégration de l'apport heideggérien devrait permettre de « dé-subjectiviser » la compréhension rahnérienne de l'analogie de l'être en direction d'une véritable théo-logique de la Gloire s'attestant à partir d'elle-même, même si la dimension existentiale de l'être-au-monde reste encore en deçà de tout véritable dépassement vers l'au-delà de la différence ontologique. On aura reconnu la critique de Balthasar à l'endroit de Heidegger. Ce dernier est oublieux de tout procès de création.

Pour une saisie de l'irréductibilité des logiques théologiques de Rahner et de Balthasar, nous rappelons ici un résultat obtenu au chapitre IV. Le débat porte sur le « lieu » où se révèle l'être, parce qu'un tel « espace » décidera nécessairement des dimensions dont sera affectée la figure christologique de révélation. Si nous nous en tenons à la différence ontologique, on doit d'abord admettre qu'elle constitue, et pour Rahner et pour Balthasar, cette « fissure » ouverte sur l'absolu, mais en tant que cet absolu se révèle directement, anticipativement dans la différence ontologique même (Rahner), ou indirectement à travers la différence ontologique qui ne peut s'appréhender qu'en l'espace contingent des êtres de l'expérience, des formes offertes à la sensibilité, des choses et des êtres sans que soit accordée à la *capacitas entis* de l'intellect une structure anticipative de type existential ou ontologique.

La prépondérance d'une analytique existentiale chez Rahner, nécessairement corrélative à l'*Ansatz* transcendantale, ne semble

1. G. VASS, *The Mystery of Man and the Fondations of a Theological System*, *Understanding Karl Rahner*, vol. 2, Londres, Heythrop Monographs, 1985, p. 77-78.

alors qu'insuffisamment répondre de la singularité catégoriale de l'objet révélé, en restant inféodée aux présupposés d'une théologie existentiale basée sur le possible continuum qui lierait l'expression de la conscience de soi et son archétype. La christologie ne dépasserait guère le concept limite de l'*Idea Christi*. Certes, Rahner ne peut se résoudre à l'alternative existentiale. La reconnaissance qui consiste à poser le lien de continuité entre le concept déductible-transcendantal de « Sauveur absolu » et la personne historiquement saisissable de Jésus de Nazareth ne répond plus d'une logique de la déductibilité. Il faut affirmer que la continuité est brisée, l'événement ne pouvant précisément être dépassé, comme moment fini, dans l'ordre d'une logique purement existentiale, ou au profit d'un système de signes symboliques qui déterminent une socialité de l'échange. L'excès de l'événement, dans la jonction incarnatoire de l'infini et du fini, offre la médiation christologique comme césure et singularité au-delà de tout rapport transcendantal de pré-connaissance, ou de connaissance originaire. La suite de nos analyses tentera d'appréhender la thématique rahnérienne d'une christologie de la singularité et de l'exact positionnement de cette dernière par rapport à la christologie transcendantale-limite.

L'EFFECTUATION TRINITAIRE DU DON D'AUTOCOMMUNICATION

Regard sur les « déplacements » d'une théologie.

Il y a un événement plus originel que l'englobant transcendantal, un événement qui produit à partir de lui-même tout rapport transcendantal de connaissance, qui le rend possible et qui ne le pose que dans le dynamisme limite du possible, donc de ce qui doit encore ou peut encore advenir. L'ouverture spirituelle absolue sur l'être est donnée dans l'acte d'un *dévoilement* de l'être, préalable à l'acte de connaissance, ou plus exactement le constituant comme tel sans que l'acte du connaître s'égale à l'être dans l'adéquation d'un savoir. La grâce d'autocommunication surgit-elle ainsi comme le « transcendantal absolu », la qualification de l'être comme amour subsistant, plénitude préontologique de l'*Agapè* trinitaire. Ainsi l'homme, pure ouverture sur absolument tout, est simultanément constitué et orienté vers un ultime mouvement d'origine qui porte tous les mouvements et toutes les expériences singulières (*eine letzte Überwegung alle einzelnen Bewegungen und Erfahrungen* [1]). Il est donc présupposé, et il ne peut en être autrement, que la préappréhension ne trouve pas son fondement dans le néant, le néant ne pouvant mouvoir, ne pouvant attirer vers l'horizon d'espérance que l'être dévoile comme trace. C'est d'ailleurs parce que l'être se dévoile comme trace que l'expérience corrélative de l'absence et du silence est rendue possible et que l'homme n'est pas indemne d'une perception « négative » de l'être dans un rapport d'altération plus que d'altérité. La seconde expérience apporte d'elle-même une légitimité de l'analogie de l'être qui ne clôt pas le réel dans une ontologie du savoir mais lui confère, dans son rapport à l'homme, une positivité de reconnaissance.

Nous reviendrons sur les déficiences de l'analytique existentiale chez Rahner, elles sont trop évidentes. Mais le traitement de l'histoire dans la catégorie omnicompréhensive du rapport transcendantal-catégorial ne souffre pas d'une pure considération an-historique. Rahner reste sensible aux « intuitions » existentielles qui, dans leur épaisseur même, trahissent une ontologie historique du sens que l'homme éprouve dans l'obscurité de son existence. Mais cet homme-là semble trop livré à lui-même, dans cette survalorisation du *cogito* ou de l'*Ego* transcendantal. N'est-il que le spectateur inquiet d'une histoire qui médiatisera sa transcendance, ce qui suppose son « antécédence » an-historique ou pré-empirique ? Qu'en est-il de l'histoire contingente avec la somme de ses disséminations, de ses échecs, de ses tentatives, de ses conditionnements, de ses relations communautaires, de sa socialité, de ses mythes, de ses rapports de violence,

1. K. Rahner, *Grundkurs des Glaubens*, p. 44.

de ses luttes ? Le *continuum* transcendantal ne fait-il pas la part trop belle à l'« enceinte enchantée de la conscience de soi » ? On ne peut pas ne pas souscrire à la justesse de l'interrogation de J. B. Metz, qui dénote dans le concept d'expérience de la théologie transcendantale le « biffage » des contradictions et antagonismes sociaux à partir desquels l'expérience historique se déroule dans la souffrance et qui constituent le sujet historique. Les conditions de la connaissance ne se transforment-elles pas nécessairement dans les conditions d'une histoire, n'est-il pas impossible de les mettre à jour réflexivement [1] ?

L'unique histoire de la Révélation conçue comme attirance vers Dieu, condition et terme de toute connaissance ou intuition pour l'homme-sujet, ne risque-t-elle pas d'emboîter le pas à la forme ontothéologique du discours conçu sous le profil omnicompréhensif de l'être, en substituant à ce dernier le concept de subjectivité transcendantale omnicompréhensive ? Même l'intention de saint Thomas nous semble moins systématique, plus nourrie de la complexité du réel. Rahner resterait-il trop tributaire d'une phénoménologie de l'esprit à laquelle il manquerait une « dramatique », non pas tant d'ailleurs philosophique que théologique ?

Ces interrogations ont été souvent exprimées à l'endroit de la théologie de Rahner, tant la logique de la connaissance semble constituer un *intuitus originarius* qui polarise l'objet révélé comme moment de la conscience de soi. Le mouvement d'autotranscendance active semble privilégier ce qui dans l'histoire échappe à l'échec, à la perte possible de soi, aux dissociations qui affectent l'être dans une sorte de non-coïncidence à soi. Même les développements de Rahner sur l'inquiétude et l'angoisse, sur l'horizon inéluctable de la mort, restent subordonnés à une analytique existentiale positive qui requiert un degré de coïncidence à soi dans l'acte de s'égaler à la réception consciente de l'être.

1. J. B. Metz, *La Foi dans l'histoire et dans la société, Essai de théologie fondamentale pratique*, Paris, 1979, p. 82-88.

Rahner est incontestablement plus sensible à une problématique de l'accomplissement et du mouvement d'origine qui polarise l'expérience chrétienne comme promesse et transfiguration, le mouvement extatique d'autocommunication libre et pardonnante ouvrant l'histoire à un mouvement de correspondance inéluctable dans l'acceptation ou le refus de l'amour donné. L'expérience de la mort est alors le lieu ou le non-lieu d'une « définitivité » de l'existence. La mort fonctionne un peu comme l'« existential » absolu, on pourrait presque parler à son endroit de « transcendantal » absolument, là où le mouvement d'existence se concentre selon le degré de présence-à-soi que réalise l'étant. Plus l'étant s'actue lui-même dans la possession consciente de l'être, plus il est lui-même, plus il se réalise, plus il accomplit positivement pour lui-même le mouvement d'autotranscendance. La christologie elle-même se donne dans les proportions ou les variabilités du rapport de dépendance et de reconnaissance à l'égard de la « provenance » qui meut toutes choses, la souveraine liberté d'un Dieu désirant se donner.

Nous levons là encore une interrogation. Qui décide du degré de participation à l'être, tous les hommes peuvent-ils, à partir de leurs conditions d'existence, parvenir à l'accomplissement requis ? N'y a-t-il pas inéluctablement des défauts de variabilité dans la participation et l'accueil de l'être qui sont redevables, non pas d'un refus conscient de la coïncidence à soi, mais de l'impossibilité dans laquelle des êtres sont immergés en raison de conditions d'existence précaires, d'affections psychiques et corporelles, d'angoisses et d'expérience du vide, autant de blessures qui ne peuvent décemment se hausser au rang d'« existentiaux [1] » ? Peut-on englober ces expériences déstructurantes

1. Rahner n'est évidemment pas dupe de la difficulté et du risque sélectif que comporte le mouvement d'autotranscendance. L'homme est d'abord l'objet d'une autocommunication libre et pardonnante de Dieu. Si l'acte d'ouverture des profondeurs du divin saisit l'homme, c'est d'abord un homme marqué par l'expérience négative de la faute, du péché conçu comme requérant nécessairement l'ordre de la liberté, une liberté comme faculté du définitif. Ce monde, tel qu'il nous est donné et tel que nous le portons à réalisation, inclut dès l'origine l'horizon transcendantal d'une liberté contemporaine de l'acte par

qui affectent négativement le mouvement d'autotranscendance, dans une perspective d'« autotranscendance du cosmos dans l'homme » ? La conscience de soi ne jouit d'aucune position insulaire qui marquerait une subordination duelle d'une matière infraconsciente appelée à se transcender dans et par l'esprit conscient (*TfF*, p. 214).

Nous laissons ces interrogations en suspens pour le moment. Le mouvement d'autotranscendance, chez Rahner, n'est évidemment pas un principe sélectif qui laisserait en marge de l'histoire des existences déchues, blessées. Le mouvement d'autotranscendance est tout entier polarisé par l'espérance effective qu'a fait naître la résurrection du Christ conçue comme rédemption gracieuse de l'homme et de son monde, un monde déterminé par l'expérience douloureuse et contraignante de la faute, de la clôture coupable sur soi, qu'elle soit d'ailleurs redevable de la violence qu'exerce autrui sur les êtres et les choses, de ma responsabilité de créature spirituelle, ou du mystère d'iniquité qui se retranche dans l'obscurité d'une origine insaisissable-transcendantale (*TfF*, p. 109-137). La résurrection comme plénitude d'être coïncide avec ce que Rahner appelle l'« espérance transcendantale » de la résurrection ou le mouvement d'autotranscendance qui, bien que force intérieure au fini en quête de dépassement, ne peut pas être saisi comme constitutif de l'essence du fini. Le mouvement est don de l'être, don en vue d'une participation à la plénitude d'être, don qui est un mouvement d'achèvement et de rédemption que postule une histoire de

lequel le Dieu libre pose et porte l'histoire des libertés, dans l'inclusion du cosmos lui-même. Dans ses conditions concrètes d'existence, l'homme n'échappe point à l'alternative de l'acceptation ou du refus de l'offre de pardon qui déploie la liberté dans le sens du bien. En tout acte où il se pose lui-même, où il se fait et prend possession de son existence, là même sans doute où cette possibilité lui est soustraite en raison de la violence d'autrui ou d'un mal qu'il n'a pas choisi et qui affecte douloureusement son existence, il exerce encore sa liberté d'être, de créature spirituelle, là même où on lui en enlève le droit ou la possibilté. On peut alors dire qu'il n'y a pas d'existence qui resterait en marge du don pardonnant et transfigurant que constitue l'ouverture aimante du Dieu de vie. Assurément, le mouvement d'autotranscendance n'est pas un principe sélectif.

la et *des* libertés [1]. Il s'agit donc bien d'une histoire, faite indissolublement de matière et d'esprit, de corps et d'âme, une histoire qui est donnée par Dieu comme l'« autre » de son amour, de sa générosité. C'est en cette différenciation fondamentale que l'acte d'autocommunication peut être reconnu comme gracieux. Si l'homme est être historique, « esprit incarné », c'est en raison d'un amour qui le veut et le crée « autre », un acte qui, de la *potentia generandi* à la *potentia creandi* sourd de la donation de soi que réalise le Dieu Trinité.

Nous sommes bien conscient de saisir l'intention globale d'une pensée qui fait preuve d'une maturation et de déplacements. Ceux-ci apparaîtront plus décisifs dans le traitement de la figure singulière et irréductible de l'événement d'incarnation. Rahner passe incontestablement d'une christologie « réflexive » centrée sur le mouvement achevé d'autotranscendance (*Selbsttranzendenz*) qu'est l'union hypostatique [2] à une christologie de la singularité indéductible de l'événement de grâce comme événement sacramentel de Salut [3] sans sacrifier pour autant à la plausibilité transcendantale de l'*Idea Christi.* Cette plausibilité reste cependant tout entière orientée vers l'archétype christologique d'un visage unique, en qui est donnée la juste mesure de ce que l'homme peut connaître de Dieu. La « mesure » du véritable rapport avec Dieu exigeait l'unicité d'un visage, l'unicité imprévisible d'une destinée historique (*TfF,* p. 340). Rahner confessera lui-même, dans un article paru en 1981, qu'il était, dans sa jeunesse, un lecteur plus assidu des écrits pauliniens que de la littérature synoptique. Il y décelait plus immédiatement cette « Raison du monde », la grande « Idée du Christ », alors que les synoptiques mettaient en scène la singularité d'une existence presque banale ou, à tout le moins, non « purifiée » de schèmes ou de représentations mythologiques. Rahner fut-il séduit ou contraint de reconnaître la nécessaire

1. *SzT,* XV, « Das christliche Verständnis der Erlösung », p. 236-264.
2. « Inkarnation », *SM, p.* 835-838.
3. *SzT,* XV, « Versöhnung und Stellvertretung », p. 257-264.

entreprise de « démythologisation » à laquelle s'était employée Bultmann ? Sans doute.

Pourtant, le travail d'interprétation entrepris par Rahner ne se résoudra pas à dissoudre la singularité de l'événement que constitue la figure du Galiléen. Les déplacements opérés par Rahner sont ici d'importance. Dans des écrits de maturité, et notamment au soir de sa vie, Rahner pressent que la force même de l'événement d'autocommunication, auquel toutes les propositions théologiques restent subordonnées, requiert l'inattendu d'un visage, la jonction inouïe d'une entrée de l'absolu dans les limites d'une histoire [1]. Le passage à une intelligibilité nouvelle du concept de *Selbstmitteilung* semble acquis. Nous constaterons que l'élément sotériologique lui-même se déplacera du mouvement évolutif d'autotranscendance vers l'événement crucial et rédempteur de l'offrande de soi du Fils. Rahner abandonnera-t-il la perception transcendantale pour consentir au miracle de la pure advenue du phénomène christologique ? Loin s'en faut. L'exemption mythologique du phénomène requiert la plausibilité d'une connaissance transcendantale du phénomène, d'une relation ou d'une dynamique de pré-connaissance qui ouvre le sujet à l'attente du phénomène, dans toute la discontinuité qui travaille le rapport du transcendantal-limite à la phénoménalité du catégorial. Cette ouverture native est toujours l'acte porté par le « *Pneuma* de Sainteté [2] » auquel Rahner identifie le concept d'autocommunication. C'est dans ce sens que nous parlons d'une possible perception transcendantale de l'Absolu trinitaire comme événement de grâce.

Une telle structuration appartient il est vrai à des écrits plus récents de la théologie rahnérienne. Le concept même d'autocommunication est plus proche d'une perception barthienne que d'une logique transcendantale de la connaissance. L'essai de synthèse du *Grundkurs des Glaubens* l'atteste. Les écrits antérieurs restent incontestablement plus orientés par l'englobant transcendantal. Étant donné la manière dont Rahner thématise la

1. K. Rahner, « Über die Liebe zu Jesus », *Entschluss*, 36, 1981, p. 3-18.
2. K. Rahner, *TfF*, p. 164.

divine communication de soi dans sa célèbre esquisse de théologie trinitaire, on voit mal comment l'analyse de l'anthropologie transcendantale ne déboucherait pas nécessairement sur la connaissance du Mystère trinitaire.

Dans ce sens, il n'est pas sûr que la « Trinité de l'économie du salut » soit d'abord la *manifestation* de Jésus-Christ, une épiphanie qui constitue l'acte révélé qui ouvre à la requête spéculative. Il existe une implication fondamentale du Mystère trinitaire dans le mystère de la communication primordiale du divin, de l'Être pur. Or, Rahner semble formel sur ce point, du moins dans des écrits qui appartiennent à une période plus reculée, de la matière à la vie intratrinitaire prévaut un mouvement de coïncidence à soi « identique », ou analogiquement « identique » : la « possession de l'être », la participation actuée à l'être, la « subjectivité ».

Le processus ontologique qui polarise le degré variable de participation à l'être, dans l'échelle des êtres, s'effectue selon deux dimensions parfaitement distinctes et coextensives, la connaissance et l'amour. Ces deux dimensions énoncent une « correspondance » dans la divine communication de soi, deux dimensions perçues comme la réalisation humaine du *verum* et du *bonum*, qualifications transcendantales de l'être participé. La déduction s'opère alors comme suit : « Connaissance et amour expriment donc, dans leur dualité indivise, la réalité de l'homme. Dès lors Dieu, s'il se donne lui-même à l'homme, ne peut le faire qu'à travers la communication de la vérité absolue, et donc de l'amour absolu envers l'homme [1]. »

Il se trouve que la collusion ainsi établie entre le dégagement des structures anthropologiques transcendantales qui permettraient de saisir l'homme selon son essence inaliénable et permanente, et le mode « nécessaire » de la communication de soi de Dieu, subit un profond déplacement dans les œuvres plus récentes. L'élément de discontinuité est manifestement plus prégnant. Le mode d'insertion de Dieu dans l'histoire advient

1. K. RAHNER, « Dieu Trinité fondement transcendant de l'histoire du Salut », *MS*, VI, p. 106. Le texte allemand parut en 1967.

davantage selon les dimensions pneumatologiques d'une venue de l'ineffable [1] qui, de fait, *se* donne selon son être même, *lui-même* dans une histoire singulière. La « trinité de l'économie du salut » épouse la figure d'une manifestation, l'élément transcendantal ne se positionnant plus selon le modèle possible de la déductibilité des modes « nécessaires » de la communication de Dieu. Dans un ouvrage de synthèse comme le *Grundkurs des Glaubens*, la corrélativité « connaissance-amour » ne se retrouve plus comme moment transcendantal d'une saisie et d'une ouverture du Dieu Trinité. Ce passage est important à relever. On sent également une intégration plus décisive des données scripturaires, une Trinité plus « narrative », de laquelle naîtra la mise en conceptualité, certes toujours dans le cercle « réflexif » d'une unité indivise entre transcendantalité et historicité.

Essai sur la « structuration » du rapport de Dieu à l'homme : Trinité et existence.

Bien qu'il opère de réels déplacements dans sa manière de penser le rapport de Dieu à l'homme, Rahner estimera toujours nécessaire le recours à la perspective transcendantale, en d'autres termes à une anthropologie transcendantale. C'est parce que l'inaccessibilité du Dieu sans origine se communique à l'homme dans le Christ et par l'Esprit, que nous parlons de « Trinité de l'économie ». Le lien entre l'humanité et le Verbe de Dieu, lien qui doit dépasser le rapport extrinsèque de fonction-

1. « Dans la mesure où, sous la forme du salut qui nous divinise, il est entré au centre le plus intime de l'existence d'un homme singulier, nous le nommons réellement et en vérité "Pneuma de Sainteté", "Esprit Saint". Dans la mesure justement où ce même Dieu, dans l'historicité concrète de notre existence, est lui-même présent pour nous en Jésus-Christ — lui-même et non un représentant — nous le nommons *Logos*, ou le Fils purement et simplement. Dans la mesure justement où ce Dieu qui se produit près de nous comme Esprit et comme *Logos* est toujours l'ineffable, le mystère sacré, le fondement et l'origine incompréhensible de sa venue dans le Fils et l'Esprit, et dans la mesure où il se maintient comme tel, nous le nommons le Dieu un, le Père » (*TfF,* p. 161).

nalité, est à la fois atteignable en dehors et du dedans de l'histoire évangélique.

Cette double structuration, ou ce double accès, ne se superposent pas selon deux moments absoluments irréductibles. Ils sont deux moments qui de fait se conditionnent selon un mouvement discontinu, bien que selon leur essence ils demeurent un acte identique, un acte qui vient à partir du mouvement primordial d'une donation de Dieu, coïncidant avec le surgissement d'un être créé. La légitimité d'une anthropologie transcendantale n'est envisageable qu'à partir de l'*a priori* révélé et reconnu d'un acte primordial d'une donation de l'absolu, recueillie dans la différence ontologique. Nous revenons ici sur un axiome qui clôt la lecture théologique de la différence ontologique chez Rahner : si l'être est essentiellement l'unité primordiale qui le relie au connaître, s'il est luminosité interne, processus de connaissance et de possession de soi, l'être des étants participe lui aussi à ce processus vital. Ainsi, pour que le *logos incarné* puisse exprimer « dans le verbe » ce qui est celé dans les profondeurs de la divinité, il convient que l'être des étants soit *logos*.

On ne peut alors rendre compte de l'incarnation à partir d'une connaissance préalable de la nature humaine conçue comme grandeur isolable. Rahner ne peut se passer de la christologie pour construire une anthropologie transcendantale. La possible saisie de l'essence de l'homme n'est précisément plus isolable, elle ne relève pas d'une anthropologie purement régionale. La nature de l'homme vient à expression lorsque et parce que le *logos* sort des profondeurs de la divinité et consent à s'exprimer (*sich ausdrücken*). Entre le Verbe et son humanité, il n'y a pas seulement le rapport de fait entre deux grandeurs qui pourraient être pensées de manière isolable, en sorte que l'on puisse avoir une idée de la nature humaine du Christ et ensuite l'idée de l'union selon l'hypostase. La nature se tient ici comme puissance ouverte en direction d'un acte, le *logos* lui-même qui vient exister dans le monde et qui accomplit, dans l'achèvement, ce que la nature recèle de puissance en direction de l'acte qui la définit foncièrement (*ÉT*, t. I, p. 160).

La description transcendantale de l'homme constitue alors une opération qui ne peut s'extraire du donné christologique, du donné en tant qu'il dépasse le concept limite-transcendantal de l'« Idée du Christ ». Il faut que Dieu se soit donné dans une existence singulière pour que la réflexion transcendantale devienne légitime, même si l'homme est inéluctablement ouvert à la possible expression de soi du divin vers lequel il tend. Est alors atteinte une réelle « anticipation » transcendantale en direction du Mystère trinitaire. « La nature humaine est une réalité sur laquelle peut s'exercer la connaissance et la puissance divines. Comment cela ? En ce sens que le *Logos* est, par définition, l'exprimable, au point de pouvoir trouver son expression jusque dans une réalité qui n'est pas Dieu ; et c'est cela que nous entendons en disant qu'il est la Parole du Père, la Parole dans laquelle le Père peut s'exprimer, et même, par une démarche libre, sortir de sa divinité en s'extériorisant dans quelque chose qui n'est pas Dieu [...]. La nature humaine est [...] dans sa source profonde, le symbole constitutif réel du *Logos* lui-même, si bien qu'à voir le fond des choses, au plan métaphysique, on peut et on doit dire que ce qui rend possible l'homme, c'est la possibilité qu'a le Verbe de sortir de lui-même pour s'exprimer dans une créature [1]. »

L'humanité du *Logos* ne peut être pensée en elle-même différente du *Logos*, que dans la mesure où elle lui est unie. La question que l'on est en droit de poser à Rahner pourrait se formuler alors comme suit : si Dieu sort de lui-même, il ne peut apparaître qu'un lien de présence qui l'unisse à l'être-homme, puisque ce dernier n'est tel qu'en vertu d'une possible extériorisation du divin. Tout homme peut et doit être défini au niveau de sa puissance obédientielle à l'acte d'incarnation. Comme Dieu a effectivement pris la décision de créer et que l'homme existe, celui-ci ne pourrait-il pas de fait retrouver, par sa réflexion, la « forme » de l'économie de manifestation ? De cette « forme », qui d'ailleurs ne peut advenir que selon deux dimen-

1. K. Rahner, « Dieu Trinité fondement transcendant de l'histoire du Salut », *MS,* p. 40.

sions indivises qui épousent des éléments « stables » d'une saisie de l'essence de l'homme, ne peut-il pas remonter en direction de l'être-trinitaire, de sa « forme » permanente ? Cette possibilité-limite lui serait donnée à partir d'une analyse transcendantale de sa propre structure.

Tout laisse à penser qu'une telle probabilité n'est pas saugrenue mais revêt un caractère de « nécessité » transcendantale. *Il faut alors que la « nécessité » se dépasse sans cesse en direction d'une gratuité qui rende raison du don, accueilli comme un fait et non comme une structure.* Ce point nous paraît capital. La réalité de l'homme qui se conçoit comme « puissance d'appel » est posée comme voulue telle par le Dieu qui s'exprime et s'accueille en la plénitude de son être-Dieu. On pourrait être insatisfait au regard du type de conditionnement que postule Rahner dans la compréhension du rapport entre le *fait* de l'acte d'autocommunication et l'intégration transcendantale du fait. L'acte de sortie de soi du divin est un « possible inéluctable », puisque l'homme existe *de fait*. Le conditionnement transcendantal suppose la relation de deux faits, l'existence de l'homme conçue comme mystère ou « puissance d'appel », l'acte de communication de Dieu comme possibilité réalisée. Le fait de l'existence de l'être-homme suffit à pouvoir admettre rétroactivement le constitutif transcendantal d'un don de Dieu qui projette l'étant dans l'existence, une existence extatiquement tournée en direction de l'Absolu.

En aucun cas, le fait ou l'objet que constitue l'acte primordial de donation de Dieu ne sont exigés à partir d'une transcendance reposant à l'intérieur d'elle-même. La transcendance est d'emblée le fruit de l'acte initial d'inhabitation du *Pneuma* divin. Toute forme de déductibilité est entièrement subordonnée à une réalisation de fait par laquelle Dieu s'est communiqué sous le double signe de l'histoire et de la transcendance, de la vérité comme histoire, de l'esprit comme amour (pôle du consentement filial, de la reconnaissance du champ anticipatif de l'être comme don communiqué). La vérité est constituée par le don de l'être divin qui s'atteste dans une histoire singulière, qui devient histoire, l'histoire constitutive de la « transcendance historique ». C'est toujours et inéluctablement dans l'unité différenciée de l'histoire et de la transcendance qu'il faut chercher la source de l'orientation congénitale de notre être vers Dieu. L'histoire est ici le lieu de la vérité du don de Dieu, d'une offre fidèle qui surgit d'une extase originelle et qui prend une consistance définitive dans le tissu concret de l'histoire.

Il faut à tout prix faire droit à la dimension apophatique qui traverse le don primordial d'autocommunication, et qui comme tel constitue l'histoire. Le don de l'être divin ouvre l'esprit de l'homme à une promesse d'avenir qui coïncide avec la « redondance » filiale, communionnelle du don reçu. Le don déploie la transcendance vers l'avant d'un avenir sans lequel il ne serait pas possible de penser une histoire de la liberté. Le don initial n'est jamais une saisie, mais un « se-laisser-saisir » qui dispose de l'être créé et l'ordonne à une possible communion avec sa source première. La christologie prend place en cet intervalle, là où le don s'historicise dans la singularité d'une existence qui conjoint définitivement histoire et transcendance, au-delà de la tension ou de l'impossible coïncidence qui marque l'inévitable « clôture » de la finitude, et qui exerce un véritable discernement des esprits puisqu'il énonce la juste mesure du rapport aimant à Dieu (*TfF*, p. 184). Cette « clôture » se manifeste comme tension, désir, inachèvement, et de ce fait se dépasse par le mouvement d'une transcendance ouverte sur l'avenir absolu de Dieu.

Si le mouvement n'était polarisé que par la transcendance inachevée, sans qu'il parvienne à être reconnu comme moment intérieur de l'histoire, comme élément de cette histoire, l'homme resterait enfermé dans les limites d'une finitude à laquelle il ne peut se résoudre. La promesse d'un avenir absolu n'est l'irruption ou la possibilité d'un amour que dans le tissu d'une histoire qui rende le don à portée de l'homme, le milieu où le don a cessé de fuir vers l'avant pour se donner là où l'homme est en mesure de le reconnaître comme sien, donné pour lui.

Il est donc clair que, pour Rahner, le processus de donation du don, qui est ici l'acte par lequel Dieu veut se donner à l'homme, est plus vaste que la césure christologique. L'homme, d'emblée, est voulu dans une économie du don qui coïncide avec la totalité de l'histoire, une économie du don qui s'étale dans l'histoire à partir d'un commencement et sous les traits d'une offre, puis s'atteste comme amour en suscitant l'acceptation du don reconnu et confessé comme fidélité irréversible, irréitérable — c'est pourquoi elle doit être qualifiée de vérité — dans l'inattendu d'un *visage* jamais réductible purement et simplement à la forme transcendantale d'une perception de la communication de Dieu, sous la dimension inéluctable de la vérité absolue [1]. L'être-révélé transcendantal de Dieu est ordonné à sa propre objectivation, il tend vers sa réalisation dans une histoire, pour des sujets historiques, libres et personnels. Cette tension est déterminée non seulement par l'acte libre et primordial de la donation de Dieu, c'est-à-dire de l'« immédiateté transcendantale » communiquée dans et avec tout acte subjectif de connaissance (immanence de l'autodonation de Dieu), mais selon le mode nécessaire par lequel Dieu *est* et se rapporte infiniment à lui-même, la *ratio* trinitaire.

L'appréhension transcendantale-limite signifie que l'offre que Dieu fait de lui-même au monde, si elle est véritable pour des êtres qui ont une condition historique, ne peut se réaliser en vérité que dans le tissu concret d'une histoire. Elle est vérité dans la mesure où elle consent à s'historiciser à un moment déterminé de l'histoire, ce qui suppose une non-homogénéité des moments et des événements qui qualifient l'histoire. Pourtant, le traitement uniforme de l'histoire chez Rahner ne cesse d'étonner. Les seuils et les ruptures qu'elle comporte semblent tout entier redevables d'une analytique existentiale qui intériorise et médiatise les conditions concrètes et les formes plurielles que livrent déterminations et traditions culturelles, sociales, religieuses (*TfF*, p. 182-197). Ces déterminations semblent toujours n'être que les supports catégoriaux d'une unique constitution transcendantale de l'histoire. La logique de la connaissance semble l'emporter sur les conditions effectives qui la déterminent et ne la rendent point homogène. D'autre part, Rahner postule une sorte de concentration de la relation « histoire-transcendance » qui coïnciderait avec une période relativement

1. K. RAHNER, « Dieu Trinité fondement transcendant de l'histoire du Salut », *MS,* p. 107.

courte et circonscrite dans le déroulement global d'une évolution de l'histoire, ou plus exactement d'une émergence de l'homme ayant acquis un moment d'unité nécessaire entre le domaine d'une nature pré-réflexive et l'emprise de l'esprit comme tel qui constitue l'existence hominisée (*TfF,* p. 196). L'histoire comprend donc une période décisive, une qualification instauratrice qui opère le passage menant du rapport transcendantal se mouvant vers le but à la césure instauratrice d'une histoire parvenue à la possibilité de son achèvement, « l'être-Homme-Dieu de l'humanité dans l'unique Homme-Dieu, Jésus-Christ » (*TfF,* p. 197).

LE MOMENT SINGULIER DE L'INCARNATION, PLÉRÔME D'UNE RENCONTRE DIVINO-HUMAINE DE CONNAISSANCE ET D'AMOUR

La visée de l'Homme-Dieu : compréhension transcendantale de l'union hypostatique.

Contrairement à Balthasar, Rahner conçoit l'union de l'humain et du divin en Christ selon une perspective dynamique-transcendantale laquelle, dans un premier temps, n'est pas ce qui nous différencie de la destinée de Jésus comme telle. Nous allons tenter de clarifier cette donnée, qui comporte d'ailleurs une double dimension, celle d'une « continuité transcendantale » et d'une « discontinuité événementielle ». Le même événement doit être saisi à l'intérieur de cette tension constitutive. La « continuité transcendantale » énonce une christologie de l'accomplissement de l'être-homme, alors que la « discontinuité événementielle » maintient l'indérivable du donné révélé, l'impossibilité de faire coïncider la singularité du visage de Jésus de Nazareth et l'ouverture possible pour tout homme en direction du désir de l'« Homme-Dieu ». Cette structuration est une donnée qui traverse toute l'œuvre du théologien allemand, c'est la raison pour laquelle nous resterons très en retrait par rapport aux craintes d'une anthropologisation de la christologie chez Rahner. Il est vrai que les œuvres ultimes font plus encore droit à la contingence du visage de Jésus et à l'unicité de sa destinée, conçue à la fois comme unicité salvifique-rédemptionnelle et unicité révélatrice. L'union selon l'hypostase est alors vraiment ce qui différencie Jésus de nous, exacerbant l'inouï de la donation initiale de Dieu en la particularisant dans une histoire, une destinée, un corps irréductible à l'ordre de mes représentations.

Mais il reste vrai que Rahner ne considère pas l'union hypostatique en tant qu'elle est une perte, non une perte purement « positive » à travers une ontologie du symbole (la nécessaire médiation de l'« autre » comme moment constitutif de l'appartenance à soi [1]*), mais un anéantissement qui recèle des forces décréatives comme expérience du mal et altération de l'être.* La relation hypostatique appartient à l'ordre de la relation achevée, de l'autotranscendance réussie. Que le Fils ait consenti à l'anéantissement obscur et douloureux d'un « moindre-être », et même à la possibilité du « non-être » (ce que Balthasar développera avec quelque excès dans la *visio mortis*), dans la perte de soi comme négation ou éloignement de la Source qui donne l'être, semble une perspective sensiblement étrangère à la christologie rahnérienne, contrairement à la perspective adoptée par Balthasar.

En disant cela, nous n'insinuons pas que le Christ, pour Balthasar, consentirait à un « moindre-être » qui relèverait d'une décision existentielle et quasi peccamineuse. Il n'en demeure pas moins que le Christ est identifié à une « chair de péché », qu'il partage les conséquences qui affectent l'existence spirituelle et corporelle de l'homme pécheur, et que de fait l'abandon qu'il éprouve ressortit à une forme douloureuse de « moindre-être » qu'il consent à assumer et qui signifie pour l'homme une possibilité de perte de soi. Ainsi la forme kénotique du Christ n'est-elle pas uniquement une forme positive de perte de soi conçue comme processus nécessaire de reconnaissance de l'Autre que soi. L'archétype christologique de cette relation « kénotique-constitutive » appartiendrait à la positivité du Mys-

1. *SzT*, t. IV, p. 275-311.

tère trinitaire, qui analogiquement comporte un mouvement infini de pure relativité à l'Autre comme appartenance à soi. Une telle perspective n'est certes pas absente de la théologie balthasarienne, mais le concept de kénose est aussi la traduction d'une expérience-limite à laquelle consent le Fils livré par le Père, c'est-à-dire cette condition qui n'est pas le fruit ou la conséquence d'une décision du Fils à l'encontre du Père, mais une volonté trinitaire d'entrer dans la déraison d'un « non » pécheur opposé à l'amour trinitaire, amour que l'Esprit réalise dans la rencontre divine polarisée par la relation Père-Fils.

Mais là encore, contrairement à bien des idées reçues, la théologie de Rahner, dès les années 1950-1960, ne reste pas inféodée à une pure théologie de l'Incarnation qui constituerait le mouvement inéluctable de l'accomplissement de l'essence de l'homme, une essence d'ailleurs trop abstraite. Rahner ne cesse d'insister sur la dimension singulière et irréductible de l'humanité de Jésus, une humanité insubstituable, une humanité qui coïncide avec les limites et les contradictions qui affectent une « chair de péché » sans laquelle l'homme, enfermé dans des forces décréatives, ne saurait trouver de salut. Le *Logos* doit entrer dans la particularité d'une existence qui précisément ne relève pas seulement d'une humanité achevée, mais d'une humanité semblable à la nôtre (*ÉT*, t. III, p. 175-176), c'est-à-dire altérée, blessée, alors même que le mode christique de vivre un rapport humain à soi demeure polarisé par la perfection de l'obéissance aimante, par la perfection d'une communion immédiate au Père, dans l'obscurité d'une condition d'homme que traduit et produit l'entrée dans une « chair de péché ». En ce sens, il est clair que l'humanité du Christ relève de la perfection: il est l'homme parfait, ce que nous ne sommes pas. On pourra retenir ici le jugement lumineux de Paul Tillich : « Dans une vie personnelle l'image de l'humanité essentielle (véritable) s'est manifestée dans les conditions de notre existence, sans être vaincue par elles [1]. »

1. P. TILLICH, *L'Existence et le Christ*, Genève, L'Âge d'homme, 1980, p. 117.

Cette perfection ne peut cependant signifier une quelconque « sur-humanité ». Balthasar et Rahner se rejoignent parfaitement sur ce point (*GC*, t. I, p. 276), c'est la raison pour laquelle tous deux tenteront de proposer un dépassement de la théorie thomiste de la vision béatifique, tout en en reprenant la justesse de fond, c'est-à-dire l'« immédiateté » du rapport filial au Père qui constitue l'unique acte d'être du *logos* humanisé.

Si l'humanité du *Logos* est vraiment l'*ex*-istence de Dieu, si par elle-même cette existence est apte à manifester l'être-Dieu de Dieu, elle ne peut entretenir avec ce Dieu qu'un rapport de stricte appartenance, un rapport qui reflue sur l'être-homme de l'homme et qui le qualifie comme homme dans la mesure où il est uni à Dieu, où il est voulu comme l'« autre » que Dieu. Il ne peut être l'« autre » de Dieu que dans la mesure où il provient de l'acte par lequel Dieu s'exprime lui-même en son intériorité. Dieu *se* dit lui-même lorsqu'il s'*ex*-tériorise (*sich entaüßert)*, lorsqu'il se fait connaître comme l'amour, une « autodiction » (*Selbstaussage*) qui coïncide à son être trinitaire [1].

La logique qui pose l'homme dans l'existence et qui le rend apte à symboliser dans les dimensions du temps l'être-Dieu de Dieu relève d'une logique trinitaire. Ainsi la possibilité de ce qu'existent des hommes se fonde dans cette possibilité plus grande de ce que Dieu s'énonce lui-même dans le *Logos*, un *Logos* qui devient créature. Nous retrouvons ici l'extension christologique d'une intuition qui relève d'analyses de type métaphysique menées dans *Hörer des Wortes*. « Pour que le *Logos* incarné puisse exprimer "dans le verbe" ce qui est celé dans les profondeurs de la divinité, il faut que l'être des étants soit déjà *logos* » (*HéV*, p. 101-102).

L'homme advient ainsi comme la possible altérité de l'extériorisation de soi du divin, Rahner se démarquant évidemment de la perspective hégélienne pour laquelle ce moment d'unification relève d'une nécessaire aliénation sans laquelle il n'est

1. « L'autodiction immanente de Dieu dans sa plénitude éternelle est condition de l'autodiction de Dieu hors de lui et à partir de lui et celle-ci révèle justement celle-là en identité » (*TfF*, p. 252).

pas d'identification possible de soi. L'humain fini, particulier, devient le moment ou la phase de la prise de possession du divin pour lui-même et dans l'affranchissement de lui-même, c'est-à-dire de son abstraction native, de son indétermination, sa phase présubjective.

La section suivante traitera précisément de la figure singulière de Jésus de Nazareth, de sa particularité, de sa forme transitoire, dans son rapport à un possible accès transcendantal à l'idée de l'« Homme-Dieu ». Nous saisirons alors plus exactement les dimensions que Rahner entend recueillir de cette « forme » contingente qu'est l'humanité de Jésus de Nazareth. Elle doit demeurer, dans sa forme plastique et son inscription finie, le moment « nécessaire », « inéluctable » de l'accès au divin tel qu'il fût ouvert pour l'homme en christianisme [1]. Cette articulation est essentielle pour comprendre l'exacte intention de la christologie rahnérienne, et sans doute la raison d'une possible fondation d'un rapport transcendantal à la figure de l'« Homme-Dieu ».

Le rapport que Dieu entretient avec l'humanité de Jésus, dans son acte de se communiquer en direction de l'homme, ouvrira le champ de la réflexion anthropologique à un « inattendu réflexif », si l'on peut s'exprimer de la sorte. En d'autres termes, c'est parce que Dieu fut reconnu se donnant dans les dimensions d'une histoire à travers la destinée insubstituable de Jésus de Nazareth, que l'homme peut expérimenter à partir de sa propre histoire, de sa propre condition, ce qu'il en est de lui-même s'il ne se dérobe pas à l'extension que produit toute *réflexion* sur la particularité de l'existence de Jésus de Nazareth. *La particularité de cette existence se dépasse sans cesse en direction d'une solidarité « ontologique » ou « transcendantale » qui rend légitime une appréhension de l'humain comme « essence » et d'une christologie comme « archétype »*. Nous atteignons ici ce que Rahner entend par christologie transcendantale.

1. « Die ewige Bedeutung der Menschheit Jesu für unser Gottesverhältnis », *SzT*, t. III.

Mais cette appréhension de l'humain au niveau formel de son essence relève davantage de la concrétude de sa nature, c'est-à-dire de son être historique, de sa nature marquée de corporéité, un être de chair et de sang dont la transcendance se déploie à partir de cette condition faite de fragilité, une transcendance qui ne se superpose pas à la matérialité de l'être mais qui transit l'être-matière dans une positivité-une de l'être total. Il reste vrai cependant que les premiers écrits de Rahner semblent plus focalisés sur la dimension formelle ou abstraite de l'être-homme, saisi au niveau de son essence plus qu'à celui de la concrétude de sa nature. Les développements plus récents font une place plus conséquente à la particularité d'un être-homme dont toute définition formelle semble des plus aléatoires, Rahner se contentant parfois de préférer aux longues analyses d'antan la commodité toute spirituelle de la catégorie de « mystère » pour définir l'homme, l'indéfinissable.

On pourrait dire que Rahner lit positivement les phénomènes « projectifs » qui caractérisent l'existence de l'homme, c'est-à-dire le fait incontournable d'une ouverture de l'homme vers un au-delà de lui-même et la plausibilité conjointe d'une Transcendance créatrice qui libère l'homme en direction d'un achèvement désiré, quoiqu'asymptotiquement inatteignable. La christologie transcendantale appartient alors conséquemment et uniquement à la sphère de ce point de fuite en avant, et nullement au mode singulier et inattendu qui marque la cessation d'une tension désespérée en direction du point de fuite (*ÉT,* t. I, p. 164).

Si l'élément de discontinuité qui existe entre christologie transcendantale et christologie réalisée ne doit pas être minimisé, la concrétude de l'humanité de Jésus doit simultanément demeurer le « dénominateur commun » qui rend compte de la validité de la distinction ainsi établie (*TfF*, p. 236). La christologie transcendantale ne peut pas se passer d'une considération de l'humain tel qu'il se donne dans une existence historiquement et socialement saisissable. C'est peut-être là un point de la christologie de Rahner qui nous semble peu mis en lumière.

Rahner ne recourt pas à une conception idéelle ou abstraite de l'humain pour fonder une christologie transcendantale. Il faut que la personne du Christ ait de fait déployé, dans le tissu d'une histoire, des actes humains archétypes, et concrètement identifiables, pour qu'une interférence universalisable de ces actes puisse advenir et concerner l'« essence » de l'homme comme telle. Il restera à élucider le pourquoi d'une telle interférence puisqu'elle prétend s'instaurer à partir d'une existence historiquement limitée, inéluctablement particularisée. Rahner sait parfaitement qu'il devra répondre de l'unicité du Christ à l'intérieur de son système de pensée [1], lequel récuse jusqu'à un certain point une sotériologie de la satisfaction plus commode pour légitimer la nécessité de l'unicité de cette existence. Nous savons que Balthasar dénoncera ici l'impossibilité à laquelle Rahner est acculé, ce dernier ne pouvant penser de manière satisfaisante une christologie de la médiation, sinon en l'affaiblissant dans une médiation de type « symbolique », qui chez Rahner dépasse une simple « socialité de l'échange », ou une causalité « morale-exemplaire ». Nous n'allons pas entrer ici dans une analyse de la « causalité symbolique » chez Rahner. Il suffit d'en retenir un élément important pour l'exacte détermination d'une christologie de la médiation, qui toujours suppose le dépassement de la christologie transcendantale-limite.

Il nous semble que Rahner se rapproche de la théorie « physique » de l'Incarnation, un acte divin d'historicisation qui englobe de par son insertion même la totalité disséminée des existences particulières dans une unité fondamentale. Si l'union hypostatique subsiste au-delà de la croix, si l'humanité du Verbe n'est pas déposée ni dissoute par le mouvement transfigurant et eschatologique de la résurrection, elle doit être l'expression adéquate, le « symbole réel » du *Logos* en tant qu'expression de Dieu dans sa plénitude. Nulle relation d'extériorité entre ces deux grandeurs, mais une intériorité d'expression qui qualifie « symboliquement » l'humain.

Cette « intériorité d'expression », cette « symbolicité » qui circule de Dieu vers l'homme et de l'homme vers Dieu, et qui

1. *TfF*, p. 240 : « Est ici présupposée la conviction anti-individualiste que, compte tenu de l'unité du monde et de l'histoire du côté de Dieu et de celui du monde, un tel destin "singulier" a une signification "exemplaire" pour le monde en général ».

n'est autre qu'une théologie de l'« image de Dieu », de l'*analogia*, ne peut concevoir le rapport d'expression entre le Verbe et son humanité *(Abbild-Aussage)* de manière accidentelle, mais essentielle, en tant précisément que la relation est ici « sacramentelle », *signe* manifestant la *réalité* d'une donation irréversible, parce que devenue élément de l'histoire [1]. Le « Christ réel » est le « sacrement primordial [2] », le « symbole réel » (*SzT*, t. IV, p. 292-293) de la volonté salvifique universelle de Dieu, de l'« expression de soi » du Père comme Amour se projetant efficacement dans l'histoire parce que l'humanité est une, et parce que le *Logos* est devenu un élément de cette humanité une. « Puisque le *Logos* est homme, une nature humaine se trouve, en vertu de l'union hypostatique, divinisée en elle-même par la "grâce sanctifiante " qui résulte nécessairement de cette union. Cette nature communie directement à Dieu dans la vision et dans l'amour. Parce que l'homme Jésus est membre de l'humanité une, celle-ci est, en lui et par lui, appelée à une fin surnaturelle. [...] En dépit du péché, Dieu maintient cet appel adressé à toute l'humanité à cause du Christ qui, dans son être et dans son œuvre — la mort sur la croix — est membre de l'humanité une [3]. »

L'humanité répond d'une unité foncière de « nature », d'une codétermination des libertés, d'une interaction de l'esprit et de la matière, d'une solidarité inéluctable de tous les éléments qui tissent l'ordre différencié des choses et des êtres. Rahner envisage certainement d'une manière neuve le concept même de « nature », en le déterminant davantage à travers l'historicité des relations qu'entretiennent des libertés. Le concept d'« autotranscendance » semble rendre compte de ce que Rahner entend par

1. « Par "symbole essentiel" (ou symbole interne d'une réalité), on entend ici cette manifestation spatio-temporelle, tangible dans l'histoire, par où une essence se révèle, et, en se révélant, devient présente tout en posant cette manifestation réellement distincte d'elle-même. [...] Il s'agit d'un rapport causal interne et réciproque : ce qui se manifeste se pose dans son essence et son existence propres *dans l'acte même* où il se révèle dans une manifestation (distincte de lui) » (K. RAHNER, *Église et sacrements*, Desclée de Brouwer, 1970, p. 52-53).

2. *Ibid.*, p. 31.

3. K. RAHNER, *Église et sacrements*, p. 15.

« nature », l'histoire à faire de sujets engagés dans une quête de liberté, un « procès » d'« *analogia* » (correspondance) en direction d'un Dieu qui meut l'histoire des êtres et des choses. Il s'agit pour Rahner d'une donnée ontologique qui considère l'être comme esprit, non comme esprit désincarné, mais ne pouvant s'accomplir que dans le tissu concret d'une histoire où les libertés se rencontrent et exercent par le fait même une mutuelle efficience de l'une en direction de l'autre. L'histoire comme telle est saisissable comme « Tout » intelligible, ce qui poussera Rahner à l'envisager parfois plus comme catégorie relevant d'une analytique existentiale dont les traits existentiels sont immédiatement universalisables pour une saisie de l'être-homme ou pour la fondation d'une ontologie de l'esprit.

Nous avons déjà manifesté des réserves à l'égard d'une analytique déliée des circonstances et des déterminations qui ne permettent pas de saisir l'histoire comme tout homogène. Les lieux et les destinées, les époques et les événements, les décisions et les contingences, la codétermination de facteurs extrinsèques à l'ordre de la décision humaine, et ceux intrinsèques aux volontés personnelles et collectives ne peuvent manifestement parvenir à une uniformisation de l'histoire comme analytique existentiale, même si des manifestations de l'humain peuvent être reconnues comme universalisables.

Nous ne contestons pas ici une saisie de l'« essence » de l'homme, mais le mode selon lequel cette saisie traite de l'histoire concrète en laquelle elle peut être recueillie. Tout semble mouvement de conscience, plus ou moins actué selon le déploiement ou l'intensité du déploiement des subjectivités. L'histoire devient ainsi un matériau sur lequel se détachent et s'extériorisent les niveaux d'expérience transcendantale, jusqu'à ce que Dieu lui-même consente à poser dans l'histoire une « grandeur » unique, une relation qui mesure le juste rapport de l'homme à Dieu, dans l'unité enfin acquise du transcendantal et du catégorial. Cette rencontre coïncide, comme nous l'avons dit, avec la cessation de la tension indéfinie vers l'absolu. Ce traitement de l'histoire sous le concept omnicompréhensif d'autocommunication est-il opératoire lorsque l'histoire livre avec elle ruptures et seuils, et lorsque Dieu lui même est reconnu prendre part à cette histoire dans une aire déterminée, une histoire qui coïncide avec le destin d'un petit peuple marqué par des usages, des pratiques et une réception du Nom divin qui tendent à séparer Israël des « nations » ? Nous laissons pour le moment cette question ouverte.

Mais l'argument du théologien ne relève pas uniquement d'une donnée de type « onto-logique », mais aussi d'une constante biblique qui lie narrativement les destinées dans la trame et la successivité des générations, les fils assumant les choix et les actes des pères, et ceci dès l'« origine ». Une telle solidarité suppose une « communion » fondamentale de l'humain dans la multiplicité de ses membres, une solidarité qui, bien qu'historique et « ethnique » dans le cas d'Israël, se transcende en direction d'une solidarité qui lie toutes les destinées.

Le traitement que réserve Rahner à la particularité d'Israël peut étonner. L'élection qui caractérise le peuple ayant reçu la Promesse d'un avenir messianique semble relever d'une conscience transcendantale plus vive, Rahner radicalisant l'expérience dans la figure du prophète. De plus, Israël ne signifie pas en sa particularité le lieu où se donne la révélation. Il n'y a pas une histoire de la révélation qui serait circonscrite dans les limites d'un peuple particulier, même si Dieu a consenti à produire une parole particulière pour Israël. On peut alors se demander si le concept même d'autocommunication, étendu à toute l'histoire comme unique histoire de la révélation, ne risque pas de rendre insignifiante l'histoire particulière d'Israël. Comment justifier encore de cette particularité « élective », comment rendre compte du lien particulier de Jésus à l'histoire particularisée de ce peuple dépositaire d'une Promesse manifestée de manière unique ? Certes, Rahner répondra que cette manifestation constitue déjà un moment catégorial particularisé de l'unique mouvement d'autocommunication coextensif de tous les moments de l'histoire. Mais pourquoi ce mouvement d'autocommunication concerne-t-il Israël ? ne relève-t-il que d'un moment catégorial ? Rahner peut-il justifier de cette destinée singulière en affirmant que l'homme parviendrait à une césure dans le mouvement global d'autotranscendance qui caractérise l'unification progressive de la matière et de l'esprit ? Cette vision « totale » de l'histoire où l'être est esprit nous semble problématique, tant elle uniformise les moments de l'histoire en une sorte de progression inéluctable, évolutive, où les éléments disparates s'intègrent transcendantalement.

Il paraît cependant clair que Rahner pense l'histoire selon l'axiome ontologique d'une convertibilité de l'être et de l'esprit, ou de l'être et de la conscience, ce qui le pousse, peut-être malgré lui, à envisager l'histoire comme histoire de l'esprit, histoire progressive d'une venue à soi de l'esprit. En cela, Rahner trahit sa dette hégélienne et s'inscrit simultanément dans le courant qui a vu naître toute la fécondité des théologies de la foi (*GC,* t. I, p. 125) soucieuses de réfléchir l'acte de foi comme puissance active de jugement et de synthèse. Ces tentatives furent déjà le signe positif d'un dépassement des alternatives ravageuses auxquelles semblait acculer la « critique historique ». Dans le champ de la théologie, les conséquences ne se firent pas attendre. Les figures devront être dépassées dans une « économie » du signe, seul résidu acceptable de la figure, cette dernière étant assimilée à l'ordre du mythe pré-réflexif. La réintégration transcendantale ou conscientielle des figures bibliques et historiques de la révélation manquera l'originalité du témoignage de Dieu dans l'histoire, en le subordonnant à ce qui de l'homme est exigé comme soutenable à l'intérieur de ses facultés cognitives et expérimentales.

Le rapport de la figure « esthétique » à la lumière de grâce : le conflit des interprétations.

Nous touchons ici au point de clivage qui sépare Balthasar de Rahner. La conception de l'histoire chez ce dernier, qui affirme une prépondérance omnicompréhensive de l'esprit, ne peut laisser à toute figure du divin que le champ d'une manifestation délimitée par la structure d'appel qui rend raison de l'existence de l'homme comme subjectivité spirituelle. Le connaître est coextensif à l'être, par conséquent il ne peut souffrir de contradiction à l'égard de l'être. Tout au plus doit-on affirmer une distance qui travaille le connaître dans sa relation à l'être dont il se distingue, sans d'ailleurs que la différence ontologique, chez Rahner, soit explicitée de manière vraiment satisfaisante.

La relation de l'être et du connaître rend raison de l'intériorité transcendantale, qui affirme une immanence « conscientielle » ou « cognitive » de l'acte de révélation. Certes, cet acte n'est pas déduit par le sujet humain fini, il est reçu comme le don qui précisément forme l'être de l'étant. Il peut alors être déduit à partir d'une connaissance que le sujet exerce sur lui-même et les objets qui l'entourent. L'homme s'éprouve comme donné à lui-même, orienté congénitalement vers le désir d'une connaissance et d'une possession du don, sans que le désir ontologique, et non purement psychologique, soit identifiable dans une saisie de type conceptuel ou sensible. Dieu reste positivement l'inconnaissable. Donc la puissance du dynamisme subjectif reste portée par la grâce.

Pour Balthasar, ces affirmations sont insuffisantes. Elles restent soumises à une accentuation excessive de la lumière de grâce thomiste [1], subjective et existentielle. Le théologien suisse ne s'en prend pas qu'à Rahner. Celui-ci appartient à la filiation des théologiens qui ont tenté de déplacer la position occupée par l'objet de révélation dans sa relation à l'activité de la raison et de la volonté, que ces déterminations se recueillent dans une philosophie de l'action, comme chez Blondel, ou dans une anthropologie transcendantale. L'affirmation d'une ouverture dynamique de l'esprit sur la plénitude de l'être ne justifie pas une conception de l'acte de foi qui tirerait sa rationalité centrale d'une activité de la raison seule. La rationalité ne prend naissance que dans l'acte même de foi. Un tel dynamisme ne peut jouer qu'au sein de l'orientation totale de l'homme vers Dieu. Cet ensemble existentiel exige l'ordre prévenant de la grâce d'orientation : « C'est la grâce qui convertit l'homme à cette marche existentielle vers Dieu et l'en rend capable pour donner à celui qui est ainsi mis en route le sens de Dieu et de sa révélation dans l'histoire : la lumière interne de foi et la

1. P. ROUSSELOT, « Les yeux de la foi », *RSR*, I, Paris, 1919.

révélation historique externe se rencontrent, se reconnaissent et se confirment mutuellement » (*GC*, t. I, p. 148).

Il importe donc que l'acte de foi soit simultanément acte du connaître comme tel. En d'autres termes, et nous trouvons ici à propos de Rousselot le germe de la critique que Balthasar reproduira à l'endroit de la théologie rahnérienne, la synthèse active des signes de la révélation et la lumière qui la rend possible s'inscrivent réellement dans l'*appetitus entis* naturel. Ce qui est aperçu dans le Christ doit être déchiffré et compris sur la ligne dynamique de la réalisation de soi de l'esprit tendant vers Dieu comme il est en lui-même. Il en va en quelque sorte de même pour Rahner. L'esprit est cette puissance active de synthèse, une ouverture sur l'être que ménage le *Pneuma* divin en offrande originelle de soi. L'esprit va au réel en ayant toujours déjà dépassé, dans l'acte du connaître, toutes les formes sensibles ou conceptuelles en les universalisant. Mais contrairement à Rousselot, pour Rahner, l'interprétation des « signes » ou des objets en tant qu'ils signifient une révélation surnaturelle de Dieu dans l'histoire n'exige pas une lumière seconde de grâce octroyée comme un don supérieur de vision ou d'intuition spirituelle. La médiation surnaturelle appartient à la dimension cognitive de l'étant comme tel, et n'est pas un moment second pour voir et comprendre les faits comme signes de la révélation. La distinction établie par Balthasar entre l'*a priori religieux* et l'*a priori théologique* est évidemment inutile. Il faut d'ailleurs ajouter que ce second *a priori* dépasse l'assentiment de foi suscité par l'« apparaître » de Dieu dans une figure de l'histoire. Cette lumière et plénitude vitale interne de Dieu se révélant s'étend à la totalité des êtres en tant qu'ils sont ordonnés à la vision de Dieu. Balthasar consent que des éléments de grâce puissent ainsi pénétrer ce qu'il appelle l'*a priori religieux*, un *a priori* qui vaut pour toute analogie de l'être (*GC*, t. I, p. 141).

Les consentements du théologien à cette « compartimentation » des actes et des effets de grâce semblent énoncés du bout des lèvres. On pourrait peut-être ici dénoter un accord de fond entre Balthasar et Rahner, celui-ci n'ayant pas fait l'objet de déclarations communes, car il semble tomber sous le sens. La grâce n'est pas de l'ordre d'une économie des signes ou des effets qui ponctueraient, tels des pas de danse posés au rythme d'avancées et de retraits, l'histoire d'un Dieu qui se donnant se retire, et laisse l'homme enfermé dans un désir inassouvi de vision. Balthasar et Rahner semblent craindre la justesse de la critique projective, là où l'homme exerce encore sa volonté de puissance, la transpose sur un Dieu qui, plus il met en scène ce jeu de la proximité et de l'éloignement, exerce sa puissance de transcendant. On aura tôt fait de le prendre à son propre jeu en désertant l'espace illusoire d'un transcendant tyrannique, l'« obscure parole » sur la « mort de Dieu » retentira peut-être alors d'un cri de victoire désespérée, la libération d'un transcendant qui se joue de l'homme et d'un homme qui se joue de lui-même.

C'est parce que le transcendant est une « figure » qui se place devant l'homme, que la transcendance n'est plus un jeu illusoire, mais un drame qui blesse l'existence d'un être, par une parole qui le déloge du plan d'immanence, celui où l'homme se projette en direction de lui-même et ne peut que se retrouver en un double narcissique, puisqu'il semble avoir biffé l'espérance du transcendant, l'espérance d'une rencontre salutaire avec l'« autre » plus que l'« autre » puisqu'il est *« Non Aliud »*. Pour Balthasar, une telle rencontre advient dans les dimensions de l'histoire de l'homme, une histoire où les contingences ne sont pas absorbées par la tyrannie du transcendant, ou de quelque forme dérivée d'un transcendant qui se pense sous la forme de l'Un ou du Soi, ou même de l'être. Balthasar vise ici toute forme autarcique d'autoposition, c'est-à-dire la mise en demeure de l'analogie.

Balthasar plaide pour une pensée de la reconnaissance, une pensée analogique qui, des signes et symboles différenciés que l'homme éprouve selon une expérience nécessaire d'altérité, l'ouvre à la saisie possible d'autres figures à venir, sans que de lui-même, ni d'aucune puissance active de synthèse des signes, il compose la configuration de ces figures à venir. Mais cela ne l'empêche nullement d'unifier les signes différenciés dans une analogie de l'être, percevant le réel dans la lumière d'un Mystère primordial sans lequel l'expérience d'altérité serait rendue vaine. L'unité du mythe et de l'histoire ne s'atteint qu'à travers l'ordre solide, phénoménal d'une figure historique (*GC*, t. I, p. 145, 425-426). Le mythe, c'est la passion esthético-religieuse, le phénomène projectif de la puissance imaginative qui crée les figures et les rend disponibles et intelligibles pour l'homme. Cette requête, quoique inchoative, reste marquée par l'ambiguïté du phénomène de projection, sans figure identifiable, sans mesure capable de discerner le juste rapport qu'il énonce, ou la fausse mesure qui s'en dégage, ce qu'un théologien comme Rahner appellerait le rôle de « discernement des esprits » qu'exerce la figure de Jésus de Nazareth pour toute forme valide du juste rapport de l'homme à Dieu.

Nous sommes-nous éloignés de Rahner, alors que ce chapitre lui est plus particulièrement consacré ? Nous tenons à la circularité des œuvres analysées, d'autant plus que les points d'accord que lesdites œuvres font surgir, peut-être à leur corps défendant, supposent ce point de contact, l'immédiate confrontation. Rahner, pour des motifs différents, redoute lui aussi une « catégorialisation » pré-chrétienne de la grâce, qu'il lit somme toute comme une trace résiduelle de mythologie qui ne parvient que difficilement à conjoindre la superposition des ordres naturel et surnaturel. Cette structure duelle, à elle seule, en dit long sur la puissance imaginative de l'esprit créateur de mythes, environné de dieux, et laissant à l'homme contemporain le sentiment d'une insupportable extrapolation, d'une désertion de son existence par les dieux eux-mêmes. Ce n'est que si l'existence de l'homme dessine de l'intérieur, dans une saisie de soi qui ne déserte pas l'espace de l'être qui est assigné à l'homme comme son monde, et qu'il peut appréhender en tout acte contingent de connaissance et d'intuition, cette « figure » pensable de l'Homme-Dieu, qu'elle peut être reçue comme énonçant le juste rapport de l'homme à l'Infini. Ce temps second appartient tout entier à l'ordre de la reconnaissance dans les limites d'une histoire, donc d'un « visage ». La relation de l'homme à Dieu inclut et doit alors inclure la puissance active de synthèse qui lie les phénomènes entre eux dans l'unité d'une appréhension, qui n'est autre que le rapport analogique à l'être, à l'infinité de l'être comme horizon-limite et « nécessaire ». Supposer un mouvement infini des contingences, une démultiplication ou reduplication infinie des phénomènes, c'est inéluctablement orienter la pensée vers l'impossibilité d'un infini, ou l'absoluité du fini, ce que l'homme peut identifier comme une légitime contradiction (*TfF*, p. 239). Il faut bien entendre que le rapport de la figure de révélation à la lumière de grâce reste, chez Rahner, une articulation différenciée, puisque l'homme doit pouvoir vérifier *dans son monde* si le rapport réussi de l'homme à Dieu est une grandeur qui se dit dans l'histoire, dont l'homme est de fait en mesure de prendre connaissance, et de reconnaître en cette figure particulière ce qu'il énonce de lui-même lorsqu'il prend position sur son être-homme. Le mode selon lequel se réalise concrètement cette prise de position appartient à une triple dimension qui affecte l'existence humaine. Lorsque Rahner tente d'« appliquer » les ressources d'une christologie transcendantale, il semble contraint de recourir à des *expériences limites* dont l'opérativité se situe aux « confins » de l'existence. L'analytique existentiale, à laquelle se réduit l'historicité de l'être-homme, suppose un degré peu commun de réflexion pour pouvoir se concrétiser dans l'existence.

On pourrait d'ailleurs se demander si cet homme concerné par une « christologie en recherche » n'est pas contraint d'atteindre l'Homme-Dieu dans des expériences ultimes (*TfF,* p. 239, 305, 330-332) qui sont le lot d'existences d'exception, sans compter le fait qu'elles requièrent un mouvement de retour à soi de type cognitif qui semble parfois s'identifier à une démarche qui ne concerne que l'intellect, conçu comme acte réflexif, donc comme jugement second, synthèse théorique du jugement. Rahner fait-il droit ici à d'autres dimensions de l'existence, à sa pleine historicité, au mouvement des passions, des conditionnements sociaux, des rapports de force et de violence, de la destitution de l'homme comme sujet dans le mouvement post-critique de sa réintégration dans l'ordre opaque des objets disséquables ? Nous verrons ultérieurement le contenu des « applications » d'une christologie transcendantale lorsqu'elle se déploie à partir de l'existence d'un être historique. D'ores et déjà, on peut indiquer que c'est dans une triple direction que l'homme cherche l'« Homme-Dieu », l'appel à l'amour absolu du prochain, qui conjoint l'« Homme-Dieu » dans tout acte d'amour visant authentiquement un individu concret, l'appel à la disponibilité à mourir, qui déplace la causalité sotériologique en direction d'une unicité d'un rapport à la « perte de soi » comme mode possible de tout rapport à sa propre mort, et enfin l'appel à l'espérance de l'avenir, qui ouvre à partir de la figure de l'« Homme-Dieu » une possible transfiguration de l'histoire ordonnée à l'immédiateté d'un rapport à Dieu. « Le temps devient folie s'il ne peut s'accomplir. Que l'on puisse continuer éternellement serait l'enfer d'un non-sens et du vide. Aucun instant n'aurait de poids, parce qu'on pourrait tout ajourner et repousser dans un plus tard qui jamais ne manquera. L'on ne pourrait échapper à rien, et du coup tout irait au vide de l'insignifiance absolue. Si donc quelqu'un s'en va, rien ne devrait aller davantage de soi. Mais quand le mourant s'en va, ce qui est propre ne peut-il pas être transformé, ne peut-il pas demeurer en étant soustrait à l'espace-temps physique, parce que dès toujours il fut plus que le simple jeu des “ particules élémentaires ” de la physique et de la biochimie, parce qu'il fut amour, fidélité, peut-être aussi pure bassesse et choses semblables, qui adviennent dans cet espace-temps, mais ne trouvent pas en lui accom-plissement ? » (*TfF*, p. 304-305).

Rahner professe ici une christologie de l'accomplissement, de l'accomplissement du temps qui reporte prospectivement la figure de l'« Homme-Dieu » au terme des destinées, comme d'ailleurs à l'origine de ces dernières, en tant qu'il les propulse dans un mouvement historique de décision éthique, puisque dès l'origine, l'homme cherche l'« Homme-Dieu ». Une telle christologie ne manque pas de grandeur, ni d'appuis dans l'expérience. Rahner lui-même consent au caractère limite de cette entreprise théologique. La question que l'on peut formuler à son endroit peut être de deux natures. La médiation des Écritures constitue-t-elle un rapport ou un fondement d'obligation pour cette christologie, ou cette anthropologie, celle de l'« homme archétype » ? Exige-t-elle, en soi, de la part de l'homme qui s'y rapporte, un report constant dans son histoire personnelle, c'est-à-dire instaure-t-elle un rapport croyant de communion, médiatisé par une existence sacramentelle, la nécessité d'une confession ecclésiale et sociale, l'identification du Nom de Jésus et la tâche coextensive d'une annonce du Nom comme parole de Salut ? Nous sommes conscient de l'importance des questions, tout en sachant que l'œuvre de Rahner n'émet à leurs sujets que des réponses demeurées partielles. En effet, les contributions de Rahner sont toujours de facture limitée. Il s'est refusé à produire de grandes synthèses, préférant l'actualité et l'urgence de la communication théologique, cette dernière se posant dans une rigueur conceptuelle inégalée. Il faut faire droit à la puissance de la réflexion conceptuelle chez Rahner, une puissance qui lui fut reconnue par Balthasar lui-même. Cependant, bien des questions furent laissées en suspens, et les infléchissements consentis par le théologien, objet de concessions plus que de véritables intégrations dans la systématicité de sa pensée théologique.

Nous ne nous sommes pas éloignés de la problématique posée dans cette section. La discussion engagée par Balthasar avec les théologiens modernes de l'acte de foi, dans lesquels il range des penseurs comme Rousselot, Blondel, touche de très près le conflit qu'il nourrira à l'égard de Rahner. La synthèse active des signes, des symboles, ou même des structures de l'action ou de la pensée ne parvient qu'insuffisamment à laisser à la figure de révélation l'espace qu'elle investira pour se déployer. Le déploiement inattendu de la figure tient d'ailleurs à un double facteur, un double point d'origine et d'insertion qui récuse tout aménagement préalable d'un « séjour divin ».

À la synthèse active du jugement ou de la puissance interne de l'acte de foi qui combine raison et lumière de grâce, Balthasar préfère la synthèse objective de la figure qui, de l'origine à son insertion dans l'histoire, reste soustraite à toute forme de puissance projective, positivement comme fait de la raison ou de la forme de l'intellect, ou négativement comme point limite de la structure narcissique de l'être. Le recours balthasarien à la dimension narrative du récit évangélique joue le rôle d'une « contrainte conceptuelle », le récit du déploiement de la figure exigeant l'écoute, catégorie qui l'emporte sur celle de la production [1].

À l'écoute correspondrait la fondation d'une raison dite « esthétique », alors que la catégorie de production avaliserait une raison de type transcendantal ou « constructiviste ». La raison « esthétique » naît d'une priorité de l'« écoute » sur la production, la conversion à l'écoute produisant un juste rapport de soi à soi, et de soi à Dieu dans une existence réconciliée, « analogique » parce que rapportée au pôle qui conçoit l'existence de l'homme comme tâche de personnalisation filiale. Nous n'allons pas nous attacher à décrire l'anthropologie balthasarienne, ce serait l'objet d'une autre thèse. Il suffit que nous saisissions bien la raison d'une défiance à l'égard d'une raison de type constructiviste, ou polarisée sur sa capacité interne de synthèse ou de production.

L'écoute ou le consentement que produit la figure de révélation, en sa médiation immédiate, l'existence et le déploiement de la figure dans une histoire déterminée, ou encore en sa médiation médiate, l'absence de la figure dans une histoire particularisée « après » la résurrection, ou plus exactement sa présence dans le mouvement conjoint où elle est désormais soustraite à toute visibilité charnelle, empirique, livre une vérité que seul le récit écouté est capable de produire. On pourrait ici établir un parallèle avec la psychanalyse. La parole malade, qu'elle soit d'ailleurs identifiable comme telle, ou qu'elle relève de la forme qui affecte toute parole transmise dans l'inadéquation qu'elle suggère entre le réel nommé ou les sujets qui communiquent et restent toujours « autres », présente en creux la visée authentique de la parole : communication, vérité, témoignage. « Même s'il

1. G. Lafont, *Dieu, le temps et l'être*, Paris, Éd. du Cerf, 1986, p. 131-142: « S'il s'agit de retrouver une hétéronomie sur le plan temporel, celle-ci ne peut se manifester qu'à une *écoute* : l'homme ne peut pas se donner ses origines, ni créer sa fin ; il n'est pas non plus en mesure de répondre par lui-même à la question que lui pose sans cesse l'imbrication de la finitude et de la culpabilité : il y a des données à *apprendre* avant de les *reprendre* pour les mettre en œuvre de façon créatrice. Toute la question, en ce qui concerne le récit fondateur de temporalité, réside donc dans ce dilemme : *production* ou *écoute* ? »

ne communique rien, le discours représente l'existence de la communication ; même s'il nie l'évidence, il affirme que la parole constitue la vérité ; même s'il est destiné à tromper, il spécule sur la foi dans le témoignage [1]. »

Cette triple dimension peut conduire à inverser ou à pervertir le mouvement primordial de la parole qui ordonne à la reconnaissance de l'« autre » comme non-moi. L'expérience consentie d'altérité peut seule débouter le mirage mortifère et douloureux d'une existence où prévaut la projection de nous-mêmes, jusqu'à l'infini, sans que jamais l'« autre » ne soit reconnu comme tel, donc irréductible. Les phénomènes de jalousie, de paranoïa, de dénégation sont ou peuvent être autant de symptômes de la parole et de l'être malades d'eux-mêmes, parce que ne parvenant pas à faire le deuil d'une tyrannie du désir qui veut l'« autre » comme appartenant à soi, comme seule « image » de soi. L'opération inverse, salutaire, est aussi le lot des existences réconciliées, celles qui consentent au primat de l'« écoute », celles qui entendent la voix de l'Autre et cassent le jeu indéfini de la pure projection de soi. On peut à ce propos faire droit à l'expérience humaine la plus quotidienne, notre manière d'écouter. Il y a des écoutes qui s'apparentent plus à la production anticipée de mon discours intérieur et de la force de mon désir, qu'à celles d'une réelle extraversion en direction de celui qui m'interpelle. L'« écoute » est toujours déjà englobée en un soliloque où fonctionne le désir de ne pas se perdre, de toujours retrouver l'image de soi, conforme à soi. Cette absence d'écoute caractérise aussi le traitement technique de la souffrance [2], où prévaut peut-être trop vite le rétablissement d'une « image d'homme ». Le droit d'être identique à soi, c'est aussi le

1. J. LACAN, *Écrits*, Paris, 1966, p. 251 ; voir également D. VASSE, *Le Poids du réel, la souffrance*, Paris, Éd. du Seuil, 1983, p. 37-38.

2. « Lorsque cette face de la souffrance, tournée vers l'altérité du sujet, n'est plus symbolisée par *une écoute qui ne sait pas*, ouverte sur la question de l'origine, nous ne nous préoccupons plus que de sa face visible, celle qui est tournée vers l'altération du moi. Mais du même coup, nous perdons le secret qui divise l'homme et qui l'éclaire » (D. VASSE, *Le Poids du réel, la souffrance*, p. 43).

consentement à l'inadéquation de soi à l'image de soi, une inadéquation consentie, donc réconciliante. L'homme est alors ouvert en direction d'une plénitude qu'il ne se donne pas, qu'il tente parfois de produire sans que les résultats auxquels il parvient lui permettent de briser suffisamment la consolidation de soi dans une image solipsiste du sujet ou de l'image. « Cette attitude silencieuse ne dépend pas de notre vouloir ou de notre envie de bien faire. Elle est le fruit d'un travail constant de l'Autre en nous-même, qui met en suspens la prétention hégémonique de notre "moi". Mais elle est en même temps reconnaissance que ce fruit nous est donné et que nous n'avons aucune maîtrise sur lui » (*ibid.*, p. 138).

Le désir vrai de l'homme, à l'écoute de ce qui se passe en lui et que l'autre rencontré lui révèle, c'est alors de mourir pour vivre réellement et non plus imaginairement, de se propulser en direction d'une vie Autre que celle du seul ou du prétendu savoir qu'il en possède. En rigueur de terme il est inexact de dire que le désir de l'homme, c'est d'être immortel. Précisément, immortaliser sa condition ne serait d'aucun secours. Seule sa transformation, c'est-à-dire sa « mise à mort », peut ouvrir à une vie Autre. Ici, le mouvement de mort-résurrection qui affecte l'existence de Jésus, qui le qualifie dans une condition nouvelle et que nous livrent les témoignages narratifs du Nouveau Testament, advient comme une communication vraie pour l'homme, une vérité possible. Rahner parlerait assurément ici de vérité transcendantale, de connivence existentiale.

À travers les détours entrepris, peut-être percevons-nous mieux ce qu'est la « raison esthétique » par opposition à la « raison transcendantale ». La « raison esthétique » se refuse à construire son objet, même si elle admet que l'évidence objective ne peut briller que pour un esprit préparé et proportionné à elle, et que l'on peut légitimement décrire les conditions subjectives de possibilité de cette aperception avec des catégories kantiennes (*GC*, t. I, p. 149). La « raison transcendantale » se découvre apte à construire son objet, à le penser puis à le croire comme figure possible de son monde, et à l'intérieur de son monde, à reconnaître si de fait l'idée est une grandeur qui appartient à l'histoire, c'est-à-dire au « lieu » de l'homme, puisqu'il est un être de l'histoire. Cependant, la « raison transcendantale » n'est pas pure phénomène de raison, ou pur phénomène réflexif. Elle relève aussi de l'analytique existentiale, où l'homme s'éprouve comme un être ayant un corps médiatisant ses rapports à autrui, éprouvant tristesse et joie, capable d'aimer et percevant les limites de l'amour lorsqu'il est abandonné, un esprit incarné soumis à l'usure du temps et des forces physiques, un être qui meurt. Si ces dimensions sont parfois trop absentes de l'« euphorie transcendantale » de la pensée du théologien, elles se sont affirmées plus clairement dans les œuvres ultimes. Il reste que Rahner postule un rapport transcendantal-christologique, et non purement théiste, parce que l'humanité de Jésus peut et doit être reconnue comme le lieu de l'accomplissement de l'humain. Une précision d'importance s'impose ici. C'est l'humanité concrète de Jésus qui peut, et elle seule, signifier pour l'homme un chemin d'humanisation. L'idée de l'« Homme-Dieu » se trouve accomplie et déduite transcendantalement à partir du *fait* christique, et non l'inverse. La réticence balthasarienne demeure pourtant intacte à l'endroit de cette affirmation notoire sur la singularité de l'existence de Jésus. Elle reste une singularité *juxtaposée*, archétypique et donc réitérable. Elle se positionne par trop à côté des existences pour lesquelles elle constitue un principe archétype d'achèvement. Le rapport transcendantal est encore trop prégnant.

La puissance systématique, active et constructive de la « raison transcendantale » reste surestimée au détriment de la puissance de Dieu qui s'affirme et s'exprime elle-même dans son témoignage historique [1]. « Dans l'évangile, la puissance de foi des disciples est entièrement portée et produite par la personne révélatrice de Jésus. D'une faculté créatrice, mythique et projective, il n'y a plus trace. La possibilité d'inventer le point synthétique objectif est devenue égale à zéro, tandis que l'impossibilité d'inventer la figure de Jésus, son originalité suprême,

1. *GC,* t. I, p. 149, 152-153, 181, 189, 198, 340, 371-372, 379-381, 388-389, 392, 516.

est devenue infinie, et engendre à elle seule toute adhésion et toute soumission [1] » .

La désubjectivisation du rapport de l'homme à Jésus entraîne un mouvement de resubjectivisation qui va de Dieu vers l'homme, et produit la synthèse objective que livre la figure dans les dimensions d'une histoire. La disposition de grâce constituée par la lumière intérieure est tout ordonnée à la figure objective de révélation. On peut cependant maintenir les interrogations formulées au chapitre IV. Comment penser le mouvement de désubjectivisation auquel l'homme doit consentir, si le principe qui lui permet de le faire appartient à la figure finie de révélation, c'est-à-dire au témoignage de Dieu dans l'histoire ? Balthasar ne peut fonder une christologie « esthétique » qu'au prix maintenu d'une permanence de la figure finie de révélation. Or, le lien de l'homme à la « finitude » de cette figure historique, de ce corps plastique, est nécessairement médiatisé par une série de rapports contingents et transcendantaux, pour ne rien dire de l'impossible impasse faite sur une phénoménologie de notre relation au Christ, dans un rapport de foi, une dynamique du désir, autant de dimensions qui inscrivent la figure du Christ dans une chaîne de rapports. Ce mouvement appartient déjà et constitutivement à la trame biblique, puisque la figure messianique, relayée par d'autres figures possibles, est travaillée par un mouvement qui rend possible la confession d'un accomplissement inauguré en Jésus. Comment Balthasar va-t-il maintenir la permanence du caractère « fini » de la figure, et pourquoi tient-il tant à déjouer les tentatives d'intégration de la « finitude » de la figure dans un processus d'universalisation ?

Balthasar ne nie pas les mouvements précompréhensifs d'antériorité qui appellent la figure de l'« Homme-Dieu » (*GC*, t. I, p. 546). Il leur confère d'ailleurs une extension pré-biblique à travers l'essence du mythe et l'ouverture primordiale à l'Être. Le moment d'impossibilité réside dans l'échec d'une synthétisation des figures pour composer la « supra-figure ». Il manque à ces reconstitutions l'impossible présomption portée sur la liberté

1. *Ibid.*, p. 149.

infinie, qu'elle se donne et qu'elle se révèle comme l'Être en peine de se donner. Balthasar ne professe ici aucune forme de nominalisme qui pourrait conduire le principe de non-nécessité jusqu'à l'absurde ou l'arbitraire.

Du fait que le Fils de Dieu a pénétré dans l'histoire, sa figure se trouve, de multiples manières, entremêlée dans le tissu des figures de son milieu historique proche ou lointain (*GC*, t. I, p. 530). Mais c'est précisément le contraste qu'elle révèle, de par son insertion, qui la qualifie de figure d'unicité [1]. Or, la mesure du contraste, la mesure qui mesure les autres figures [2], échappe à toute présomption humaine [3], comme à toute dynamique d'ac-complissement, cette dernière manifestant une infirmité de désir et de synthèse. C'est aussi parce que le drame du Christ reste invisible au monde, en tant qu'il s'exacerbe dans l'« absence de figure » qu'est le moment crucial de la dissimulation du divin, qu'il se donne comme *ténèbre par excès de lumière*. Le paradoxe touche à la validité d'une figure du divin qui se dit dans une non-parole et une dé-figuration. La synthèse est donc posée

1. À la suite de P. Beauchamp, on peut noter que l'orientation profonde des Ecritures, leur *télos*, est caractérisé par la tension entre l'Alliance que Dieu offre à son peuple et le scandale de la mort, qui met en question la fidélité divine. Toutes les figures sont frappées par la répétition, l'irréductibilité du sensible au sensé, de la chair au *logos*. Elles butent sur l'infranchissable, qui d'ailleurs ne les met pas en situation de repos, bien que la ligne de crête qu'elles touchent les renvoie à leur déficience. Toutes les figures s'arrêtent à la croix pour poser la question ultime : celle de savoir si Dieu a le pouvoir de vaincre la mort, de recréer le cosmos et les corps. La somme juxtaposée ou additionnée des figures ne peut forcer la réponse, ni même la supposer dans les termes où elle adviendra, l'« absence de figure » comme modalité de son « aimer jusqu'à la fin », dans la non-puissance. « Le nouvel éon que le Christ instaure ne peut plus être figure dans le même sens : il a encore une figure provisoire, mais l'unité hypostatique du Christ embrasse à la fois ce qu'il y a de passager dans la figure terrestre et d'impérissable dans la figure céleste » (*GC*, t. I, p. 532).

2. « Appliqué à l'ensemble biblique, le mot *figure* désigne l'une des phases ou l'une des étapes que traverse le récit total avant son dénouement » (P. BEAUCHAMP, *L'Un et l'Autre Testament*, II, *Accomplir les Écritures*, Paris, Éd. du Seuil, 1990, p. 225).

3. *GC*, t. I, p. 395.

par Dieu, à partir de Dieu, et entraîne le mouvement de perception comme mouvement paradoxal de désubjectivisation [1].

Le mouvement coïncide avec le consentement à la figure, ce qui suppose pour l'homme une familiarité avec l'ordre antérieur et disséminé des figures qui font signe en direction du Christ. Or, c'est peut-être cette « théologie de la culture », cette connaissance des figures historiques et mythiques, qui fait défaut à l'homme de condition modeste et non cultivé. Le rapport de l'homme à la figure de révélation, faute d'une analytique existentiale suffisamment reconnue par Balthasar, n'est-il pas grevé d'une trop forte extériorité ? Alors que le rapport transcendantal postule une connaissance de la figure donnée à tout être, le refus du rapport transcendantal risque de réserver l'accès à la figure de révélation à ceux qui auront eu connaissance, par mode d'érudition ou d'accès au savoir, des anticipations du salut dans le système du mythe ou à travers le « prisme » de l'Ancienne Alliance (*GC*, t. I, p. 538). Si le terme ne portait pas trop vite à la mésinterprétation, on pourrait penser que le rapport transcendantal et l'analytique existentiale rahnériens « démocratisent » l'accès à la christologie. Comment s'effectue, pour les deux théologiens, le rapport subjectif de l'homme à l'unicité de la figure de révélation, et corrélativement quel rapport de « réitérabilité » la figure entretient-elle avec l'homme ? Comment se comprend le rapport personnel à Jésus comme figure de Dieu et figure de l'homme ?

Ce sont autant de questions que nous allons tenter d'élucider, en privilégiant le questionnement sotériologique. Le chapitre IV

1. « L'expérience de foi signifie que l'objet de foi s'offre au moment précis et dans la mesure où l'homme, renonçant à saisir et à comprendre par lui-même, se donne et se livre à ce qui est à croire. C'est pourquoi il peut sans contradiction refuser d'enregistrer psychologiquement comme tel ce don de soi, même dans le cas unique où l'"objet", c'est-à-dire Dieu lui-même dans son don révélateur, veut habiter dans l'homme qui se donne et dans son acte de foi. Si en outre la révélation de Dieu se produit par l'incarnation du Fils et par sa présence de grâce dans l'Église, le croyant de son côté ne peut pas, dans son don à l'Église et au Fils, vouloir vivre, sentir, éprouver, la subjectivité de l'Eglise et celle du Fils comme si elles étaient la sienne propre » (*ibid.*, p. 217).

nous a permis de dégager l'englobant sotériologique de la logique théologique de Balthasar, à travers la catégorie de drame. D'ores et déjà, nous avons pu situer précisément les points de clivage que l'englobant transcendantal fait subir à la dominante dramatique balthasarienne. Il convient maintenant d'interroger Rahner sur l'unicité de la figure de Jésus dans une démarche transcendantale, sa permanence, ou plus exactement le type de permanence qu'elle instaure dans sa propre logique théologique.

D'UNE LOGIQUE TRINITAIRE DE LA COMMUNICATION DE DIEU À L'APPARITION D'UN « VISAGE » : UNE CHRISTOLOGIE DE LA SINGULARITÉ

Le pôle de la singularité : Jésus de Nazareth.

L'antagonisme théologique qui sépare Balthasar de Rahner pourrait bien se situer dans le mode d'« inscription » de la figure christologique à l'intérieur de leur logique théologique. Les chapitres III et IV ont pu caractériser l'ordre balthasarien des *preambula fidei*, comme celui d'ailleurs des accès phénoménologique et métaphysique, d'espaces « réceptifs » non « précompréhensifs » en vue d'une « singularisation » de la figure de révélation. L'opération tentée par Balthasar n'est pas sans poser de difficultés d'ailleurs. L'articulation de l'*analogia entis* à l'*analogia fidei* semble parfois relever d'une logique de l'opposition, tant le champ nécessaire au déploiement de la figure christologique semble recomposé à partir des éléments paradoxaux que la figure livre dans son autodéploiement. La « figure » du monde subit une sorte de distorsion *sub contrario* qui frappe l'*analogia entis* d'une déficience apte à laisser *se* dire un phénomène en soi saturé.

Bien entendu, Balthasar n'épouse pas les modes dans le domaine de la pensée, ce qui le rend original à plus d'un titre. Il consent à l'impossible renoncement auquel le pensable métaphysique nous oblige, sous peine de rendre vain tout accès raisonné à l'Infini. La pensée de la représentation ne fait que déplacer le problème à l'intérieur du fini et ne parvient que difficilement à penser son objet en rigueur philosophique. Si Dieu est mondain, et si les catégories qui le nomment relèvent d'une « clôture » des signes et des représentations qu'ils énoncent, « Dieu » ne peut « sortir » de son monde et ne peut « venir » vers son monde. Nous maintenons d'ailleurs à dessein le possessif « son », afin de ne pas disqualifier l'ordre de la représentation dans la nomination de Dieu. Pour Balthasar, seule une pensée de l'« être » peut maintenir le paradoxe salutaire d'un « venir » et d'un « partir » du divin, c'est-à-dire d'une théologique de la Gloire qui s'atteste à partir d'elle-même. Nous n'expliciterons pas davantage le recours légitime ou non à une pensée de l'être dans la nomination du divin, la complexité de la problématique nécessitant un traitement plus ample de la question. Une pensée de l'être, et ceci au niveau de la critique qu'on lui adresse, ne produirait qu'une pensée de l'essence prétendant recouvrir et recouvrer toute « ex-ception [1] ». Catégorie omnicompréhensive, elle ne laisserait aucune place à ce qui advient dans une disqualification de l'être pour se dire et se donner. Balthasar oscille lui-même entre une mise en demeure de l'être, au profit de l'*Agapè* préontologique [2], et un retour vers l'être en son *originelle donabilité et différence*, là où l'immanence de l'être en toute créature (malgré la différence ontologique permanente), dans une pensée de l'être, reste l'*habitation* libre, gracieuse et aimante de Dieu dans l'homme, et, fondée sur elle, de l'homme en Dieu.

1. E. LÉVINAS, *Autrement qu'être ou Au-Delà de l'essence*, Paris, Le Livre de poche, coll. « Biblio essais », 1974, p. 21.
2. « Dieu n'étant créature sur aucun plan et n'ayant aucun être commun avec elle, cet accord primitif avec Lui n'est pas une intuition dans le sens de la théorie de la connaissance, mais il n'est pas non plus le résultat d'un simple raisonnement logique allant du fini à l'infini. L'impossibilité de fixer cette expérience originelle n'est que le reflet noétique de l'impossibilité ontologique de fixer l'être dans son ensemble en face de Dieu. Comme tel l'être renvoie par tout lui-même à la Source inaccessible » (*GC*, t. I, p. 207).

Quel que soit le type d'accès que nous ménageons pour que le divin séjourne parmi nous, il reste suspendu à l'attente inquiète de sa venue. Balthasar et Rahner le disent et le conceptualisent, certes de manière divergente. La singularité de l'existence de Jésus est l'élément requis, ou plus exactement l'événement reçu de la donabilité de Dieu. *Ni l'un ni l'autre ne manquent l'objet, c'est-à-dire la figure, pourtant elle se donne, pour l'un, dans le creux qu'elle ménage au cœur d'une existence autre qui bat dès toujours à son rythme, celle de l'homme, pour l'autre, dans une transgression des mesures de l'existence qui l'accueille, puisque mesures et figures du monde ne peuvent, en s'unifiant, parvenir à composer la « suprafigure ».*

Le débat Balthasar-Rahner porte bien sur la « crise » que prononce l'irruption de la figure de révélation — figure de jugement ou figure d'accomplissement ? Il est vrai que la polémique s'est focalisée sur le terrain étroit de cette alternative, et les deux théologiens n'y ont pas répugné. Leurs œuvres, pourtant, les prennent en défaut, en elles le débat se déplace, prend des proportions plus vastes, plus complexes, et sans doute apaise l'exagération de la différence, pour laisser place au déploiement inattendu d'un « visage ». Rahner sait et confesse que la figure singulière de Jésus porte tout entière l'irrévocabilité du don par lequel Dieu donne l'être et lui-même. L'histoire est le lieu de la vérité, en ce sens que la vérité s'est faite histoire, elle s'est historicisée, et seule cette mesure contingente déploie la promesse du don d'origine en irrévocabilité d'accomplissement. Nous verrons alors, dans un second temps, que Rahner lui aussi a bâti une christologie de l'« Unique », un « Unique » qui possède nécessairement une dimension de « non-réitérabilité ».

En guise de proposition synthétique, et pour comprendre le point de clivage qui, chez Balthasar et Rahner, travaillera le « traitement » de la dimension singulière de l'existence de Jésus de Nazareth, l'on pourrait dire ceci : l'existence unique et absolument singulière de Jésus est « réitérable » dans sa dimension d'« effet » sotériologique, ou de « causalité » sotériologique, alors que chez Balthasar, l'extension de la figure de Jésus comme archétype maintient une tension vive entre existence unique irréitérable et réitérable, dans sa double fonction d'Uni-

que portant les péchés de la multitude, et de « personne analogique » au sens où nous l'avons définie précédemment (analogia, proportionalitas, *correspondance,* Entsprechung). *L'élément de « substitution » ou de non-convertibilité travaille toujours plus ou moins tous les niveaux d'affirmation christologique chez Balthasar.*

Rahner, quant à lui, caractérise l'existence de Jésus comme l'*absolutum concretissimum,* et refuse tout actualisme eschatologique qui viendrait dissoudre la figure historique comme moment dépassable, parce que transitoire. Le refus rahnérien tient à deux choses étroitement liées, parce que codéterminées [1]. L'absence d'un des pôles dissoudrait la nouveauté chrétienne. Le don absolu de Dieu en direction de l'homme doit prendre une forme historique qui atteste de son irréversibilité, et qui s'atteste lui-même comme vérité. D'autre part, cette vérité du don ne peut se dire en une forme ou une grandeur interchangeables dans la sphère de l'histoire. Elle requiert l'existence concrète et insubstituable d'un homme, qui, dans l'histoire, est reconnu depuis toujours comme la possible « expression » de l'« aliénation » de soi de Dieu. La *potentia oboedientialis* est ainsi la capacité de la nature humaine d'être assumée par la Personne qu'est la Parole de Dieu, une puissance (ouverture native) qui s'identifie à l'essence de l'homme [2]. On peut alors définir l'homme comme ce qui surgit lorsque l'« autodiction » de Dieu, sa Parole immanente, se projette par amour (esprit) dans et en direction de ce qui n'est pas Dieu. Ces formules rahnériennes ont eu leur

1. « Une telle notion de l'irréductibilité de ces deux éléments, transcendantalité et histoire, est justement pour nous de la plus haute importance. C'est-à-dire dès l'instant où je vois que, d'une part l'histoire ne peut pas être réduite à la transcendantalité, et que, d'autre part, cette transcendantalité peut être obtenue seulement à cause de l'unité de ces deux éléments dans l'histoire concrète, alors seulement peut entrer en ligne de compte un homme concret, Jésus de Nazareth, comme quelqu'un qui est absolument nécessaire pour moi » (« K. Rahner Archiv., I. E. 93 », *Christologie Vorlesungnachschrift,* Innsbruck, cité par E. MAURICE, « L'évolution de la pensée christologique de K. Rahner 1934-1984 », thèse de doctorat en théologie, faculté de théologie du Centre Sèvres, Paris, 1990).

2. *TfF,* p. 247 ; voir « Inkarnation », *SM,* p. 835-836.

heure de succès, elles ont été aussi, et c'est peut-être la rançon de la gloire, soumises à de violentes critiques. Elles procéderaient à une « anthro-pologisation » de la christologie dans laquelle *notre* idée de l'humanité constituerait la mesure pour parler de Jésus.

Il semble bien que Rahner procède de manière exactement inverse. C'est l'humanité *de Jésus*, et non *notre* idée de l'humanité, qui devient le critère pour parler *de nous-même*. Seule une considération plus attentive de la place qu'occupe la singularité de l'existence de Jésus peut déterminer l'exacte pertinence ou validité d'une christologie transcendantale. Encore une fois, cette dernière n'est qu'une christologie-limite, donc déficiente et nécessairement validée par la mesure contingente qui la rend opératoire dans les dimensions d'une histoire, dont Dieu a *de fait* pris possession (*TfF*, p. 258-259). C'est seulement dans une réflexion seconde portée sur le fait expérimenté et cru [1], que l'on est en mesure d'énoncer une possibilité transcendantale-limite d'une telle idée du fait, bien que jamais l'idée ne recouvre le fait. *Elle est quelque chose d'autre.*

L'analytique existentiale rahnérienne, qui énonce une sorte d'existence archétype et universalisable s'étendant à tout homme, ne saisit pas l'être-homme au niveau d'une pure essence abstraitement considérée. La démarche de Rahner est proche de l'intuition heideggérienne d'une ouverture ou vigilance à l'égard de l'Être, recueillie dans une ontologie de l'« épreuve »: on pourrait se risquer à parler d'une dramatique ontologique qui énonce des existentiaux éprouvés dans la temporalité et la finitude d'une existence ouverte, bien que soumise à la détermination inéluctable de la mort, lieu paradoxal de l'indétermination, du néant possible de la connaissance. Outre les problèmes de type épistémologique qui touchent à la validité de l'énoncé christologique, Rahner entend bien intégrer l'histoire singulière de la destinée de Jésus dans une intelligibilité de type transcendantal. La dimension contingente de l'histoire doit pouvoir

1. *TfF*, p. 269-276, à propos de problèmes de type épistémologique concernant la relation de conditionnement entre certitude historique relative et engagement existentiel de foi, ou encore la relation complexe entre objet de foi et fondement de foi à l'intérieur d'un englobant transcendantal.

s'universaliser sans se réduire à une dimension philosophique existentiale. Pourtant, une telle opération n'est pas sans soulever des interrogations : l'histoire n'est-elle *que* la médiation nécessaire de la transcendantalité [1], ce qui supposerait que le niveau second ne soit pas de l'ordre de la médiation mais de l'expérience originaire, une sorte d'*intuitus originarius* ? Or, l'existence de Jésus ne risque-t-elle pas alors d'appartenir au domaine transcendantal de l'*intuition*, parvenant dans un moment historique à sa nécessaire objectivation, et réalisant son propre concept ?

Rahner peut-il échapper à une lecture somme toute hégélienne du rapport entre l'idée et sa médiation contingente ? C'est là une interrogation que nous laissons en suspens. Conscient de la non-coïncidence inévitable entre une certitude historique relative et l'engagement absolu que la prétention de Jésus intime dans le récit évangélique, Rahner tente d'élucider épistémologiquement l'articulation qui rend raison de l'objet théologique comme tel, la relation entre histoire et foi, relais incontournable du débat entériné par Lessing sur l'impossibilité d'une fondation, ou d'un transfert en universelle raison de vérités historiques contingentes [2].

La nécessité d'une christologie transcendantale naît, pour une part, de la pertinence de l'interrogation lessingienne. Rahner raisonne ici en apologiste. La figure inattendue du Galiléen doit pouvoir parvenir à une « fondation » pré-évangélique qui universalise sa prétention néotestamentaire

1. « Nous ne disons pas que l'"horizon", le ressort jamais détendu de la transcendance elle-même, formerait à eux seuls le contenu propre de l'expérience de la transcendance, tandis que l'objet singulier n'en serait que la médiation [...]. La transcendance a, au contraire, dans les objets singuliers sur lesquels l'esprit se fixe, une histoire, et c'est précisément dans l'unité différenciée de l'histoire et de la transcendance qu'il faut chercher la source de l'orientation congénitale de notre être vers Dieu, car on ne saurait se fixer sur l'un ou sur l'autre de ces éléments pour en faire le substitut de Dieu » (K. RAHNER, « Dieu Trinité fondement transcendant de l'Histoire du Salut », *MS*, p. 104).

2. K. P. FISCHER, « Gott als Geheimnis des Menschen. Karl Rahners theologische Anthropologie. Aspekte und Anfragen. », *ZKTh*, 113, 1991, p. 1-23.

dans les dimensions de l'être-homme comme tel. Rahner manifeste d'ailleurs une préférence pour les données du récit qui permettent leur assomption en « existentiaux[1] *», ce qui les préserverait des formes mythologiques dont ils ne peuvent totalement se débarrasser.*

On peut, à ce propos, manifester quelque étonnement. Le traitement du mythe, pour ne rien dire de l'absence notoire des figures de l'ancienne Alliance dans leur rapport à la figure d'accomplissement qu'est Jésus, semble confiné dans une sorte d'histoire préréflexive marquée par une primitivité des comportements qui coïnciderait avec l'aube du mouvement d'autotranscendance. La conception rahnérienne du mythe n'est-elle pas étriquée, faussée, ou insuffisamment pensée dans sa dimension de vérité ou d'« événement » de l'Être ? L'anticipation sur l'infinité de l'être n'est-elle pas donnée aussi dans ces manifestations projectives où l'homme met en scène l'accueil de l'« événement » d'être ?

Ainsi le processus de démythologisation, propre à Rahner parce qu'il se dissocie du projet bultmanien, exige-t-il la grandeur contingente d'une existence dans le champ d'une histoire, là où l'homme peut « vérifier » si de fait cette grandeur qui conjoint l'homme et Dieu en un mouvement d'extase bilatérale existe dans l'histoire et peut validement la reconnaître comme telle. Il l'identifiera alors à la figure éprouvée de « Celui qui apporte absolument le Salut ». L'existence humaine de Jésus, dans son irréductible singularité, constitue un moment nécessaire qui déjoue, par son inscription historiquement saisissable, toute projection mythique en direction d'un « homme-divin » délié des « existentiaux » qui font l'être-homme et l'ouvrent à la plausibilité d'une issue salutaire de l'histoire, en direction de Dieu. Mais attention, une telle « grandeur » n'est pas n'importe quelle grandeur, elle ne fait pas qu'énoncer ce qui de l'homme, ou pour l'homme, est toujours atteignable. L'existence de Jésus

1. *TfF*, p. 331-333 ; sur le mouvement de corrélation entre l'acte d'autocommunication et la dynamique d'autotranscendance, œuvre achevée de liberté, espérance accomplie d'une issue salutaire de l'histoire, voir « Inkarnation », *SM*, p. 838.

n'est pas purement et simplement juxtaposée dans la série des existences, elle est unique parce qu'elle est l'existence humanisée de l'« Unique-Monogène ». Nous traiterons, dans un second temps, de l'« unicité » d'existence qui qualifie l'être-homme de Jésus, et qui engage une communication de Dieu non réitérable parce que définitive. En d'autres termes, *le concept même d'autocommunication est eschatologique*, puisqu'il ne peut être posé qu'eschatologiquement, dans la sphère « éprouvée » de la « définitivité », c'est-à-dire en christologie [1].

En rigueur de termes, il est donc inexact de prétendre que la volonté salvifique universelle de Dieu, conçue comme acte originaire d'autocommunication, « précéderait » *dans l'absolu* le moment christologique. Nous croyons qu'il existe un *seuil* qui qualifie, à un moment déterminé de l'histoire, l'unique mouvement d'autocommunication, qui le qualifie de manière différenciée et unique. Dieu se communique *autrement* et nouvellement, insurpassablement, dans la densité eschatologique d'une irréductible figure. Ce mouvement extatique est inclus dans l'« espace » non figé des infinies possibilités que réalise l'Être trinitaire infini. L'autocommunication ne peut alors coïncider avec une saisie déterminée et uniforme d'un acte infini [2]. L'acte coïncide à l'infinité de l'« actuation » dans laquelle l'infini existe intra-trinitairement et se donne extra-trinitairement.

Il est vrai que Rahner formalise peu ce point de vue. Pourtant, la communication originaire du don est inséparable de son impossible saisie, Dieu se retranchant dans les régions de l'inexprimable, non pas tant par le jeu d'une dissimulation qu'en raison de la finitude de l'être créé ouvert sur le libre Inconnu. Nous avons suffisamment insisté sur la dimension apophatique d'une ouverture mondaine sur l'absolu. Le concept d'autocommunication signifie en effet trois choses : la proximité absolue de

1. Voir *SzT,* XV, « Jesus Christus Sinn des Lebens », p. 214.

2. On ne saurait le fixer dans une protologie qui le rendrait toujours identique à lui-même, dans une plate uniformité. Il faut, à l'instar de Balthasar, penser en Dieu des « espaces » infinis de « redondance » du don, qui valent dans tout acte par lequel Dieu se donne au créé, et donne le créé sans que jamais le don ne se retranche dans un moment de non-actuation.

Dieu se pose vis-à-vis de nous *comme* Mystère incompréhensible, il garde toujours ce caractère ; cet acte relève d'une absolue liberté du don, le fait étant ainsi toujours coextensif au « mystère » ; l'incapacité radicale de l'esprit créé à voir clairement la *possibilité interne* de l'autocommunication comme telle, cette possibilité se donnant dans sa réalisation, une réalisation qui coïncide avec la vérité du don.

La vérité du don est *ontologiquement* déterminée par l'agir, Rahner reportant en quelque sorte analogiquement la corrélativité nécessaire de la transcendantalité et de l'historicité [1] dans les « espaces » infinis de la liberté trinitaire. Il y a place en Dieu pour une « expression » de Lui-même, précisément selon la catégorie de vérité. Le don ne coïncide jamais avec une « reclusion » ou « forclusion » narcissique d'un absolu dont on ne pourrait penser qu'il se donne. L'« expression » advient comme *vérité* du don si le don est effectivement donné, donc reçu par un « Autre » auquel l'absolu divin coïncide. Il faut bien arriver à penser au-delà du schème de la pluralité les pôles d'une absolue « distinction » en Dieu, d'une absolue « altérité », en ce sens précisément qu'elle est sans altération, sans dissémination douloureuse que toute forme de clôture narcissique tente de subvertir.

Sous forme de proposition synthétique, l'on pourrait maintenant établir le lien qui rend inséparable l'acte fontal d'une sortie de soi du divin, et la médiation christologique qui accomplit l'acte primordial comme « vérité ». Ce processus appartient au mode éternel par lequel Dieu se rapporte à lui-même. Transparence de l'être de Dieu, la communication qu'il nous fait de lui-même est vérité : elle se fait sous la forme d'une offre fidèle qui se donne un commencement et qui prend une consistance définitive dans le tissu concret d'une histoire. En d'autres termes, si l'accomplissement de l'histoire a pour but que Dieu, en sa réalité d'être, soit vis-à-vis du monde ce qu'il est en lui-même, si ce rapport est christologiquement médiatisé dans

1. K. Rahner, « Dieu Trinité fondement transcendant de l'Histoire du Salut », *MS*, p. 55.

l'irréductibilité d'une destinée, alors une telle immédiateté médiatisée appartient au mode propre par lequel Dieu se rapporte à lui-même. Le rapport historique de Dieu avec le monde constitue la « projection » historicisée du dialogue intra-divin, là où Dieu se manifeste comme celui qui, « a entre notre faveur un *Logos,* c'est-à-dire la possibilité d'un don de lui-même en histoire, tel qu'il est en lui-même, et que ce Dieu est la fidélité historique, et en ce sens le Vrai, le *Logos* » (*TfF,* p. 244).

Dans des écrits plus tardifs, Rahner semble bien traduire une « barthianisation » du concept d'autocommunication. Celui-ci, d'ailleurs, subit un report plus vif sur la médiation christique et se polarise comme événement inattendu de l'amour gratuit d'un Dieu « en peine de se donner ». Rahner récuse comme inféconds les tentatives humanistes qui relèvent d'une « jésulogie » ou d'un « jésuanisme » larvé. Tout humanisme qui entend mettre Dieu au service de l'homme, sans plonger l'homme dans l'abîme de Dieu, demeure la religion d'un humanisme inconcevablement modeste. « Ce qui est donc pour moi le cœur véritable du christianisme et de son message, c'est la communication que Dieu fait de lui-même à des êtres créés, en ce qui fait sa réalité et sa gloire la plus authentique ; c'est de confesser la plus invraisemblable des vérités : que Dieu lui-même, avec sa réalité et sa gloire infinie, sa sainteté, sa liberté et son amour, peut réellement et sans réduction venir à nous, en plein dans notre existence de créatures [1]. »

On ne peut être insensible à l'élément si peu « transcendantal » de l'« invraisemblable », qui semble déjouer toute précompréhension. Incontestablement, Rahner redéfinit l'événement d'autocommunication à l'aune de la singularité christologique [2].

1. K. Rahner, *Expériences d'un théologien catholique*, Paris, Cariscript, 1985, p. 22.

2. Sur l'évolution de la pensée de Rahner à ce sujet, voir « Über die Liebe zu Jesus », *Entschluß*, 36, 1981, texte paru dans K. Rahner, *Aimer Jésus*, p. 24. « Je reconnais volontiers que moi-même, dans ma jeunesse, j'ai lu Paul plus que les synoptiques, justement pour cette raison que l'on saisit plus distinctement et plus immédiatement chez Paul la grandiose idée du Christ que présente le christianisme. »

Pourtant, la communication de l'absolu qui fonde l'histoire advient comme événement dès l'origine, elle ouvre la subjectivité à une immédiateté de rapport avec le divin ineffable, le « Sans Nom », le « libre Inconnu », et l'ordonne à la rencontre eschatologique d'une immédiateté médiatisée, là où l'absolu se fait lui-même histoire dans l'irréductibilité d'un visage. Ce mouvement d'historicisation dépasse cependant la factualité d'un don, sans sacrifier à sa totale gratuité, puisqu'il appartient, dans son mouvement même, à la manière dont Dieu se possède lui-même en se donnant. L'« expression » historique de soi est corrélative de l'« expression » infinie de soi.

En d'autres termes, le *Logos* appelle la fidélité historique, unique et même mouvement qui atteste l'infini comme vérité en Dieu et pour l'homme. L'unité absolue de Dieu et de l'homme n'advient qu'en l'Homme-Dieu, ce qui nécessairement suppose une discontinuité dans l'ordre même du don d'autocommunication. La christologie radicalise un don initial qui relève certes de l'absolu de Dieu, mais sans que le don initial reste inhibé ni du côté de l'absolu ni du côté de la subjectivité qui s'ouvre dynamiquement à sa réception. Nous pensons ne pas forcer la pensée de Rahner, celui-ci aurait certainement manifesté son consentement à l'interprétation. Elle relève d'une raison trinitaire. Le don, parce qu'il provient d'une plénitude infinie, recèle des modes infinis de se donner, ou plus exactement un mode inépuisable de se donner. Le don initial absolu peut alors se polariser selon une dynamique de promesse à accomplissement. Nous citerons ici un texte admirable de Rahner, qui maintient l'indépassable médiation de la chair, de l'« excès » de la chair pour tout rapport à l'absolu, « Nous pouvons *parler* de l'absolu au neutre sans parler de la chair non absolue du Fils de Dieu, mais on ne peut réellement *trouver Celui* qui est l'absolu que dans celui en qui est cachée, sous le vase d'argile de son humanité, la plénitude de la divinité. Sans lui, tout absolu dont nous parlons ou que nous croyons atteindre dans un élan mystique, n'est finalement que le corrélatif objectif jamais atteint de l'infinité vide et creuse, sombre et se dévorant désespérément elle-même que nous sommes nous-mêmes, l'infinité de la finitude insatisfaite, mais non l'infinité bienheureuse de la plénitude réellement illimitée. Et celle-ci ne peut être trouvée *qu'en* Jésus de Nazareth, ce concret fini, accidentel, qui demeure dans l'éternité [1]. »

La christologie n'est plus alors une médiation dépassable, elle n'exerce pas univoquement une causalité purement « exemplaire ». Elle dit l'être-Dieu dans les limites de l'être-homme, elle réalise le concept d'autocommunication, elle en est l'événement plérômique.

Il va sans dire que, non seulement, Balthasar admettrait l'intuition rahnérienne, mais a élevé la « chair » au rang de « principe » indépassable du rapport « esthétique », et ici le texte rahnérien est comparable à la force des affirmations balthasariennes. La « chair » du Verbe est l'excès même de la donation, elle inscrit dans le temps des hommes le rapport inattendu de l'absolu où Dieu dialogue avec l'homme, dans son monde, « c'est la chair qui parle à la chair » (*GC*, t. I, p. 340). Ce rapport est indépassable, la figure du divin scelle une Alliance qui n'exige aucune dissolution des pôles, aucune absorption du fini dans le tout de l'Être, ce « neutre ontologique ». Ces affirmations mériteraient évidemment d'être pensées en toute rigueur philosophique. Si l'on s'en tient à la pensée de Balthasar, on peut légitimement avancer que le schéma philosophique du rapport divin au non-divin reste toujours grevé d'une impossibilité. La relation de l'Un au multiple exige, si le dépassement du pôle contingent est pensable, ou bien l'extinction progressive des sens, des données sensibles, ou alors la « refonte » du multiple dans l'Un qui réalise le Tout de l'Être, *esse omnium* [2]. Le moment de la « négation » implique la mort du multiple, la dissémination n'étant que la trace d'une harmonie perdue, d'une

1. K. Rahner, *La Signification éternelle de l'humanité de Jésus pour notre rapport avec Dieu. Eléments de théologie spirituelle*, p. 45-46.
2. « Le vrai Dieu n'est pas celui qui tue, pour être lui-même vivant. Il n'est pas la "réalité proprement dite" qui attire à soi et d'une certaine manière aspire, à la manière d'un vampire, la réalité propre des choses différentes de lui. Il n'est pas le *esse omnium*. Plus on s'approche de lui, plus on devient réel. Plus il grandit dans un être et devant cet être, plus celui-ci existe lui-même d'une manière propre » (K. Rahner, *ibid.*, p. 41-42).

unité déchue. On ne peut bien entendu écarter totalement une lecture de la dissémination comme « trace » d'un manque, d'une altération. Mais encore faut-il ne pas confondre dissémination ou dispersion-séparation, et l'ordre de la différence et du multiple [1] sous peine de manquer l'inscription trinitaire de l'absolu.

En recueillant l'irréductibilité de la « chair » du Verbe, Rahner peut alors fonder une christologie de l'absolue et nécessaire singularité de l'existence de Jésus, et former à son sujet le concept de salut qui s'y ajuste. L'humanité de Jésus devient la médiation indépassable de tout rapport humain à Dieu, en s'étendant à tous les degrés d'être et d'expériences. L'humanité de *cet* homme est l'ouverture durable et éternisée de notre être fini vers le Dieu vivant. Par là est affirmée non seulement la singularité de l'existence de Jésus, mais son unicité.

L'« unicité » du « Logos » humanisé, ou le pôle de l'« autotranscendance filiale » de Jésus au Père pour notre rapport avec Dieu.

Cette section conclusive établira sommairement le lien de conditionnement qui polarise le couple singularité-unicité. Ces deux notions ne se recouvrent pas purement et simplement. Pourtant, la section précédente s'est achevée sur le pôle de l'« unicité » *(Einmaligkeit)* de l'existence singulière de Jésus, en raison de son lien hypostatique à la sphère du divin. D'une certaine manière, Rahner reprend l'intuition de la christologie anselmienne sur l'infinie dignité de la personne de l'Homme-Dieu qui conjoint, dans l'ordre de la chair, l'être-Dieu et l'être-homme.

Pour le moment, nous n'entrerons pas dans une difficulté propre à la christologie de Rahner. Le mouvement d'autotranscendance est appliqué au retour existentiel de l'humanité de Jésus en direction du Père, sans que le *Logos* comme tel soit clairement intégré dans l'unité d'un « report » filial qui concerne

1. K. RAHNER, *Les Degrés de la perfection chrétienne, Éléments de théologie spirituelle*, p. 15.

la *personne* filiale du *Logos humanisé.* L'autotranscendance humaine et spirituelle, donc ascendante, n'est rattachée qu'à l'homme Jésus [1] dans sa relation au *Logos.* Jésus *fait face au Logos divin* dans ce mouvement ascendant de « retour ». Il semble bien que cette « forme » du rapport humain et filial de l'être-homme Jésus, soit la conséquence de la théologie trinitaire de Rahner. Se développant selon le schème de l'« absolue Subjectivité », ou de l'« *Ego* transcendantal », elle comprend le divin sous la catégorie du *Logos,* c'est-à-dire de la parfaite possession de l'être qui coïncide avec un mouvement de connaissance de soi, ou de « présence-à-soi » *(Bei-sich-sein).* L'absolu est suréminemment *Logos, Raison, liberté* dans la connaissance, mouvement d'autotransparence. On comprend dès lors que le Dieu-*Logos* ou la Trinité du *Logos* appartienne surtout au mouvement descendant de révélation et de communication de soi, le *Logos* étant identique à la possibilité qu'a Dieu de se dire dans l'histoire.

On ne peut cependant dissocier l'unicité [2] de l'existence de Jésus de sa relation au *Logos,* puisqu'il est sujet qui s'énonce lui-même en Jésus, cette relation étant exclusive d'un rapport singulier entre le *Logos* et l'homme Jésus. *Seule* la possibilité intratrinitaire de l'autodiction, le *Logos, expression en Dieu d'une proximité singulière avec l'homme,* entre en un rapport d'humanisation qui ouvre pour l'homme la connaissance du divin selon son être (ce qui correspondrait à une capacité

1. *TfF,* p. 340. Ce type d'affirmations est récurrent dans la christologie rahnérienne. Ne peut-on déceler un risque de nestorianisme dans la relation Trinité du *logos*-humanité de Jésus ? « L'idée que la nature humaine de Jésus est une réalité créée, consciente, libre, à laquelle (au moins selon le concept d'une volonté créée, d'une energeia créée) on reconnaît une "dimension subjective" de créature, distincte de la dimension subjective du *Logos,* et se tenant librement face à Dieu à niveau de créature (obéissante, adorante, non omnisciente) » (*ibid.,* p. 322).
2. « Il s'agit, en effet, du Dieu absolu tel qu'il se tourne vers nous dans l'unicité concrète de Jésus-Christ, en sorte que Dieu devient ainsi réellement l'*absolutum concretissimum* » (*TfF,* p. 344).

assumante en Dieu, un *mysterium humanum* en Dieu [1]). Encore une fois, le concept d'autocommunication trouve ici sa « forme » eschatologique, une forme historicisée dans la destinée insubstituable d'une « chair ».

Jésus n'est plus et ne peut plus être une idée abstraite. La « Raison du monde » apparaît en Jésus de Nazareth. Dans son mouvement d'effacement, ou d'autotranscendance filiale réussie, elle ne se résorbe pas comme figure finie dans l'absolu de Dieu. Jésus, dans son humanité transitoire, n'est pas le « chiffre » qui symbolise la bienveillance et l'intérêt absolus que Dieu porte au monde. Le « chiffre » comme tel reste dépassable. Or, cette puissance de Dieu qui, dans son éternité et son amour, aime le monde et le sauve, se nomme « Jésus » et se pose en lui. Nous touchons là évidemment au point de jonction sotériologique qui rend raison de l'« unicité » de l'existence singulière de Jésus. Ainsi, seule une réalité finie acceptée par Dieu comme *sa* propre réalité accomplit irréversiblement le don dans sa « définitivité ». Mais cela ne peut advenir qu'*en* et *par* une seule réalité créée, *celle* de l'homme Jésus, parce que cette humanité est celle même du *logos* divin [2].

La nouvelle proximité du Royaume de Dieu advenue *seulement* en Jésus (*der einzelne durch die erst mit Jesus gekommene neue Nähe des Reiches Gottes steht*), appelle de par elle-même la nécessité d'une relation à chaque fois unique de l'individu à Jésus Christ.

1. Rahner nous rappelle ici que c'est le *logos* qui est devenu homme. N'est-ce pas parce qu'est contenu dans le sens et l'essence de la Parole (*logos*) de Dieu la possibilité d'engager une histoire humaine ? Nous reviendrons sur cette intuition fondamentale de la théologie trinitaire de Rahner. Elle indique d'ores et déjà que le concept d'autocommunication implique la plénitude trinitaire de l'échange et de la sortie de soi du divin, du *pro-odos*.
2. Voir K. RAHNER, *SzT,* XV, « Jesus Christus, Sinn des Lebens », p. 215.

CHAPITRE VI

UNE « THÉO-LOGIQUE » DU *MYSTERIUM HUMANUM*

L'Incarnation ou la rencontre « inéluctable »

La christologie de Rahner, bien qu'elle demeure le point focal du rapport de Dieu à l'homme, semble toujours se donner comme moment dérivé de ce rapport. Les analyses que nous avons menées au cours des chapitres II et V ont tenté d'expliciter le mode discontinu de rapport qui s'établit entre l'acte primordial d'une communication de Dieu, et l'« inattendu » d'un visage qui rend historiquement irréversible l'acte initial de la donation du divin.

Le chapitre II s'est attaché à l'élucidation de la dimension trinitaire du concept d'autocommunication, en insistant précisément sur cette étrange fondation pré-christologique du concept. En effet, l'acte de communication du divin se conçoit comme sortie de soi de Dieu en direction du non-dieu. Un tel acte coïncide avec la naissance de sujets humains qui, nativement, congénitalement devrait-on dire, sont orientés par Dieu vers Dieu. La justification pré-christologique d'un tel rapport, déjà et nécessairement coextensif d'un concept de création philosophiquement intégré, repose sur une *théologique de l'être*, ou si l'on préfère une ontologie théologique qui ne peut pas se passer d'une *intégration philosophique de la révélation*.

Ces articulations quelque peu complexes nous paraissent fondamentales pour tenter de situer le plus précisément possible la position de la médiation christologique, et donc le contenu qu'elle prendra dans les écrits rahnériens. Mais c'est là précisément que les choses se complexifient. Parler d'ontologie théologique, cela suppose que la philosophie s'oriente sur le message de la foi, et que ce dernier puisse se hausser comme tel à une prétention de raison. L'opération tentée par Rahner va dans ce sens, incontestablement. Le « premier » Rahner, philosophe, dans ce qui devait être sa thèse de doctorat, dès 1939, traduira métaphysiquement cette articulation [1] conjoignant ontologie et révélation, une relation intrinsèque qui pourtant semblera s'infléchir au profit d'un rapport plus limite, donc moins contraignant, le rapport transcendantal.

Nous croyons en effet que Rahner opèrera progressivement une reconsidération de la contrainte ontologique, et ceci grâce à l'apport toujours plus important d'une christologie transcendantale, qui elle-même produira un troisième déplacement de la pensée du théologien, ce que nous avons appelé un phénomène de « barthianisation » du concept d'autocommunication.

Ainsi, le passage qui mène de *Geist in Welt* (*L'Esprit dans le monde)* à celui de *Hörer des Wortes* (*L'Homme à l'écoute du Verbe*) comporte déjà une trace de « barthianisation » du rapport de connaissance de l'homme à Dieu. Pourquoi parler de « barthianisation » ? Il ne s'agit pas d'établir une sorte de réductibilité du point de vue rahnérien avec celui de la théologie dialectique barthienne. Il suffit de montrer que Dieu, terme du mouvement de connaissance, est d'abord un mouvement *inéluctable*, et qui comme tel suppose une orientation de l'esprit fini vers l'infini selon un mouvement ouvert à partir de cet infini. Le rapport de grâce constitue ainsi un rapport fondateur dans une œuvre à teneur plus philosophique, *Hörer des Wortes*. Rahner lève également une certaine ambiguïté de *Geist in Welt*. Le terme du mouvement de connaissance n'est pas tant l'*ens commune* que l'*Esse Absolutum*. La différence ontologique se redétermine d'une œuvre à l'autre [2], une opération qui se fait selon l'intégration plus décisive de la contrainte théologique.

1. Voir *EM*.
2. « Même si l'*esse* est en soi le fondement accompli de tout étant, cette plénitude ne nous est pourtant donnée que dans l'illimitation vide et absolue de notre anticipation, ou, ce qui est la même chose, dans l'*ens commune* avec ses modes transcendantaux qui lui sont intrinsèques » (*EM*, p. 386).

Ce déplacement serait facile à illustrer, tant les textes en offrent de réels indices. L'*esse*, dans *Geist in Welt*, est qualifié de plénitude sans que n'intervienne décisivement le rapport de cet *esse* à l'absolu de sa possession ou de son actuation. On en reste à la limite à l'intuition heideggérienne de la différence, tout en pliant sans cesse l'*esse* en direction du sujet ou de l'esprit fini qui en accomplit la définition, l'être en tant qu'il est esprit, l'être comme conscience.

Le passage vers *Hörer des Wortes* redétermine la différence ontologique, de l'être à l'étant, à l'être de l'étant anticipant l'Être pur. Pourtant, Rahner conservera parfois à l'endroit de l'acte pur d'être le terme de supra-étant, et l'on sait tout ce que la moderne critique de l'ontothéologie, ayant pris le relais des sciences humaines [1], doit au rejet de l'insupportable concept. Mais la différence ontologique devient une différence ontologique *inachevée*, par la médiation d'une transcendance négatrice du fini.

On pourrait qualifier ce déplacement de la manière suivante. La « révélation transcendantale » prend le pas sur une logique de la connaissance, ou plus exactement elle tente d'intégrer le pôle d'une *cognitio universalis et necessaria* dans le concept de « révélation transcendantale ». Par ce concept, ce n'est pas un objet indéterminé qui s'installe à l'intérieur de l'horizon transcendantal de notre faculté de connaître, *c'est cette transcendance en tant que telle qui est modifiée*, élevée, illuminée par un fait de grâce, et établie comme le lieu d'une révélation originaire, orientée vers un processus d'historicisation ou d'objectivation, conformément à la nature de l'esprit qui se possède nécessairement en histoire (*EM*, p. 36). « L'ouverture de l'*a priori* pour l'*a posteriori*, du transcendantal pour le catégorial, n'est donc pas quelque chose de secondaire, par exemple, une simple combinaison de deux contenus réels et mentaux adéqua-

1. Prenons le cas de la psychanalyse et de l'ethnologie qui, selon Michel Foucault, sont moins des sciences que des « contre-sciences ». Le mot de Lévi-Strauss dans *La Pensée sauvage* peut illustrer la teneur du propos. Ces « contre-sciences » *dissolvent l'homme*, le ramenant à un socle de positivités, voire de mécanismes où la transparence de la raison à elle-même et son contrôle sur le comportement des individus et des groupes s'avèrent illusoires.

tement séparables, mais une détermination fondamentale et positive de l'unique métaphysique de l'homme lui-même » (*EM*, p. 389).

À partir de *Hörer des Wortes*, l'invariant transcendantal va devenir l'intuition proprement rahnérienne d'une logique du rapport Dieu-histoire. L'invariant transcendantal ne quitte pas une logique de la connaissance, il en infléchit le mouvement dans une démarche qui tente de conjoindre le point de vue ascendant et descendant, prélude de l'articulation christologique pensée dans les mêmes termes. Le résultat auquel tente d'aboutir *Hörer* revient à poser l'étant dans un rapport inéluctable de « connaissance-amour » envers Dieu. Ce couple est inséparable, l'amour envers Dieu ne pouvant être un élément qui se surajoute à la connaissance (*HéV*, p. 179). Pour Rahner, au sein même de la transcendance de l'esprit fini, il y a un amour envers Dieu.

L'ouverture de l'horizon transcendantal sur l'être, par laquelle l'homme est situé face à Dieu, se fait dans un comportement volontaire de l'homme envers lui-même. Ce comportement envers soi-même inclut en quelque sorte un comportement envers Dieu. L'application christologique se pose d'elle-même, et nous l'avons précisée au chapitre V. Il suffit de bien saisir maintenant le déplacement christologique qui va s'opérer. *Hörer des Wortes* constitue certainement l'infrastructure philosophique des premières réflexions christologiques de Rahner. En d'autres termes, et pour être plus exact, il faudrait dire que la christologie rahnérienne est conséquemment intégrée à la puissante réflexion menée sur le concept de « révélation transcendantale ».

Nous avons parlé du concept intégrateur d'incarnation. Ce concept proprement théologique n'est pas indépendant d'une réflexion philosophique portant sur l'être-homme. Ce dernier répond à une définition limite, celle qui peut prétendre à un moment d'unification de dimensions par lesquelles l'on est en droit d'extraire une saisie de l'être-homme sous le mode d'une « essence ». Toute la tentative philosophique de Rahner va dans ce sens, une réhabilitation du sujet légitimement envisagée sous le profil universel de l'essence.

Il faut sans doute éviter de minimiser ce qui aujourd'hui peut paraître une opération des plus aléatoires, pour ne pas dire vaines, tant la saisie d'un moment d'unification de l'être-homme semble presque indécente. Rahner, qui n'est guère contemporain des phénomènes de déconstruction du sujet, reste pourtant prudent lorsqu'il s'essaie à l'art de la définition. Il se trouve cependant que le mode rahnérien de pensée a du mal à renoncer, non seulement à la définition, mais encore à l'articulation ou à l'emboîtement relativement immédiat des définitions. Elles conjoignent autant que faire se peut la manière dont Dieu se possède lui-même, et la manière dont l'homme devient l'objet d'une communication de ce mode divin de rapport à soi.

Le rapport « connaissance-amour » fonctionne comme une donnée stable qui permet d'atteindre et l'homme et Dieu, dans un rapport pensé sous le mode de l'essence, ou d'une onto-logie de l'être qui ne peut se passer d'une fonction médiate, ou d'un pôle d'altérité. Pour l'homme-esprit, le lien à l'histoire est nécessaire [1], il est un esprit incarné, pour Dieu, le pôle de l'*expression* de soi dans un Autre est fourni par le mystère trinitaire. Le rapport de connaissance aimante est interne à l'ordre de l'être, de la possession de soi par le degré d'actuation dans l'être. L'être de Dieu et, par participation, de l'étant sont structurellement orientés extatiquement, en un rapport inéluctable d'*expression* (*der Ausdruck*). L'axiome de type ontologique auquel se réfère Rahner s'énonce de la manière suivante : le multiple, le contingent possède une convenance originelle (*eine ursprunghafte Übereinkunft*) avec son principe, et, par conséquent, est l'« expression » du principe originel (*Ausdruck des Ursprungs*) selon une convenance dérivée [2]. « Si l'être est présence à soi (*Beisichsein*), si l'essence de l'étant, dans la mesure où il possède l'être, est luminosité intérieure et possession de soi (*Selbstbesitz*), si le moindre degré de l'économie de l'étant ne peut être compris que comme une manière déficiente, limitée et amoindrie, de l'être-donné de l'être (*des Gegebenseins*

1. Pour devenir esprit, l'homme entre dans la matière ; il pénètre le monde pour arriver devant l'être qui s'étend plus loin que le monde. La sensibilité est ainsi une faculté qui jaillit de l'esprit en mouvement vers son propre but, celui-ci correspondant à l'ouverture vers l'être.
2. K. RAHNER, « Pour la théologie du symbole », *ÉT*, *IX*, p. 18.

von Sein), l'autocommunication de Dieu à la créature, à niveau d'être, est, par définition, communication en vue de la connaissance et de l'amour immédiats, et, à l'inverse, se trouve naturellement donné ce qui correspond, savoir que la connaissance et l'amour vrais et immédiats de Dieu en lui-même signifient nécessairement cette autocommunication la plus réelle de Dieu » (*TfF*, p. 146).

Rahner va pouvoir alors poser une autre affirmation, une révélation au sens métaphysique est *nécessaire*, c'est-à-dire de la nécessité qu'a tout étant de s'exprimer ou de se refuser à l'expression. En effet, se trouver comme personne libre, face à une autre, cela implique toujours une certaine ouverture, celui qui se découvre personne libre se montre et se donne soi-même comme il veut être envers l'autre, un être qui se renferme ou qui consent à s'ouvrir. Pour cette raison, l'homme est en droit d'attendre ou de compter avec une révélation au sens *théologique*. Au sens théologique (*HéV*, p. 165), la révélation ne sera plus la libre décision de Dieu, de s'ouvrir ou de se renfermer, mais l'acte par lequel Dieu ouvre effectivement son essence celée.

Mais il faudra admettre que la nécessité métaphysique de la révélation repose sur le don de l'être à l'étant fini, don qui caractérise toute diffusion de l'être à partir d'un acte de volonté. Dans cet acte, Dieu se veut lui-même dans sa puissance libre et créatrice comme faculté du don de l'être par laquelle il donne gratuitement à l'autre une « possession » de l'être. Le texte qui va suivre affirme implicitement l'horizon essentiellement trinitaire d'une saisie de la différence ontologique comme lieu initial de la révélation. Si les termes et les modes de compréhension divergent, le parallèle avec Balthasar est légitime. La différence ontologique annonce déjà la lumière trinitaire de la distinction, dans l'amour. « L'accidentel fini est lumineux dans le libre amour de Dieu pour lui-même, et en même temps pour son œuvre posée librement. Ainsi l'amour apparaît-il comme la lumière de la connaissance » (*HéV*, p. 176-177).

Si l'homme est un esprit incarné, l'incarnation du Verbe n'est pas sans lien avec une saisie de l'être-homme. Mais il faut aller plus loin. L'incarnation du Verbe constitue pour l'homme l'accès à une élucidation de son propre mystère, qui coïncide à un acte positif de « perte-de-soi ». Cette relation presque contraignante, qui pourtant ne se donne qu'au gré d'une ouverture libre des profondeurs du divin, subira une sorte de déhiscence, de discontinuité, au fur et à mesure que l'œuvre théologique se pensera et s'écrira dans le temps. *Si la christologie est pensée en termes d'achèvement réussi d'un mouvement d'humanisation sous la grâce, elle se concevra aussi comme moment d'une venue de Dieu vers l'homme qui mène à son paroxysme amoureux le mouvement initial d'une donation du divin dans le « vide du non-dieu », une expression qu'affectionne particulièrement Rahner.*

Analogie de l'être, ontologie symbolique sous la lumière trinitaire, voilà bien deux pôles d'une métaphysique théologique, telle que Rahner l'a proposée en privilégiant une christologie du *Logos*, de l'*expressivité* ou *dicibilité* essentielle de Dieu. Le recours rahnérien à l'ontologie tente cependant un double dépassement, celui de l'objet dogmatique fixé dans une positivité déliée de toute structure anthropologique d'appel, et celui d'une juxtaposition de l'objet théologique à une ontologie préformée. C'est précisément ce dépassement conjoint qui peut étonner, puisque d'une part doit être écartée toute dérive de type mythologique, donc affirmée une relation de conditionnement réciproque entre l'objet théologique et une dynamique « existentiale » de la finitude (apport heideggérien de la théologie rahnérienne), puis récusée une prétention philosophique de préformation de l'ontologie théologique. Ainsi, à la lumière du mystère trinitaire, l'ontologie doit s'orienter sur le message de la foi et ne prétendre à aucune préformation des concepts. L'oscillation rahnérienne entre l'antécédence inéluctable de la figure de révélation et l'intégration « existentiale » de cette figure, plaide en faveur d'une énonciation possible de cette figure de révélation dans, et à partir d'une dynamique de la finitude.

En ce sens, Rahner s'inscrit dans le sillage du thomisme transcendantal de Maréchal, tout en penchant du côté de Heidegger, c'est-à-dire d'une dynamique de la finitude. Ce point nous semble capital afin de ne pas se méprendre sur la démarche opérée par Rahner. Il saisit moins l'être-homme à partir d'une grandeur abstraite immédiatement universalisable, le niveau de l'essence ou de la nature, comme principe spécifique et inaliénable d'opérations, mais à partir de ces opérations mêmes qui, dans la trajectoire d'une existence, donnent corps à un mode spécifiquement humain de rapport à soi et aux choses, dans cette tension inéluctable en direction d'une attirance (*Vorgriff*) fontale et projective qui replace tous les objets dans, et à partir de cet horizon-limite spécifiquement humain. L'ordre de la décision y est pour cela nécessairement coextensif.

Les dimensions limites de l'existence deviennent ainsi le nouveau nom de l'ontologie, sa forme « existentiale », elles doivent et peuvent être reconnues comme éprouvées, reçues ou vaincues dans l'existence archétypique de l'Homme-Dieu, épure d'une forme ou d'une opération pure de l'humain. L'ontologie existentiale rahnérienne se greffe sur une dynamique spirituelle du discernement des esprits qui correspond à l'énonciation christologique du juste rapport de l'homme à Dieu, et la spiritualité ignatienne de l'abandon ou de l'indifférence qui se confond avec une saisie de l'être-homme comme telle.

Il s'agit bien d'une opération théologique greffée sur une démarche de type spirituel. Cet horizon est comme tel le lieu de la pensée du théologien, il traverse comme un souffle puissant l'entièreté de l'œuvre. Tous ces paramètres rendent difficiles l'identification d'un lieu ou d'une source d'inspiration de la pensée de Rahner. Mais on est en droit de dire que l'objet théologique reste toujours ce qui détermine tous les niveaux d'affirmation, ce qui rend plus futiles encore les accusations trop massives d'« anthropologisation » des données de la foi, comme si d'ailleurs elles n'étaient pas faites pour l'homme.

Quand nous parlons d'objet théologique, nous le concevons en écho à la théologie balthasarienne, l'objet reçu comme *figure* que Dieu a prise en s'humanisant. Dans ce chapitre, nous allons tenter à la fois de recevoir et de récuser une objection majeure de la théologie balthasarienne à l'endroit de la théologie de Rahner. Nous la formulerons sous le mode d'une proposition affirmative qui répond programmatiquement à l'objection, tout en incluant le contenu de cette dernière.

C'est parce qu'il existe en Dieu, dans le rythme des processions intratrinitaires, un *mysterium humanum*, à travers la catégorie ou relation d'« expression » (*Ausdruck*, *Logos* ou pôle de l'« Autre »), que l'homme est intégré dans le mystère par lequel Dieu se possède lui-même. Le « devenir-homme » de Dieu ne trouve pas sa norme dans son « aptitude à parfaire les besoins du sujet » (*AsdF*, p. 46). *Si Rahner énonce une mesure de Dieu pour l'homme, il ne la pense pas comme mesure de Dieu prise et comprise par l'homme, mais comme mesure de soi par Dieu offerte à l'homme.* Il nous semble essentiel de réhabiliter cette intention minimale de la théologie de Rahner, et donc de récuser un pan de la critique balthasarienne, excessive et injuste. « L'autocommunication de Dieu n'est pas seulement donnée comme un don, mais aussi comme la condition de possibilité nécessaire du type d'accueil de ce don qui peut laisser le don être réellement Dieu lui-même, sans que, dans son accueil pour ainsi dire à partir de Dieu, il soit changé en un don fini, créé, qui ne ferait que représenter Dieu, mais ne serait pas Dieu lui-même. Pour être capable d'accueillir Dieu sans une fois encore, dans cet accueil, le rabaisser pour ainsi dire à notre finitude, il faut que cet accueil soit porté par Dieu même, et que l'autocommunication de Dieu, offerte, soit aussi la condition de possibilité nécessaire de son accueil » (*TfF*, p. 152-153).

DÉPLACEMENTS D'UNE THÉO-LOGIQUE DU *MYSTERIUM HUMANUM*

Sacramentum Mundi (1967-1969).

Le concept d'« autotranscendance active », forme de la christologie et du rapport de l'homme à Dieu. Le « milieu » philosophique. — La forme de la christologie qui appartient aux écrits programmatiques parus dans des encyclopédies théologiques (*Sacramentum Mundi* et *Lexikon für Theologie und Kirche*) reste très marquée par les intuitions d'une métaphysique théologique, issue essentiellement de *Geist in Welt* et *Hörer des Wortes*. Il est sans doute difficile de prétendre que ces contributions, reprises notamment dans les *Schriften zur Theologie*, relèvent du « premier Rahner ». Il faudrait d'abord définir ce que nous entendons par « premier Rahner ».

Néanmoins, dix années séparent ces textes de l'œuvre plus systématique que constitue le *Grundkurs des Glaubens*. Or, la distance dans le temps est corrélative d'une distance dans le ton et la teneur de l'œuvre. On peut d'ores et déjà souligner deux déplacements d'importance. Le premier consiste dans une sorte de détachement ou de rapport discontinu entre le concept d'« autotranscendance » et celui d'« autocommunication ». Le second est lié au passage d'une christologie focalisée sur ce même concept d'« autotranscendance active », vers une christologie de l'obéissance ou du rapport singulier de Jésus au Père, sans que jamais Rahner n'abandonne l'horizon ou l'invariant transcendantal de sa démarche christologique.

La *Selbstmitteilung Gottes* ne détermine plus tant le sujet dans une relation d'intériorité constitutive a-thématique, que selon une relation qui suppose une forme d'extériorité par laquelle Dieu rencontre l'homme. De ce point de vue, il nous semble légitime de parler d'un phénomène de « barthianisation [1] » du concept d'autocommunication. Ce phénomène est porté par une insistance renouvelée sur le concept de Mystère (*TfF*, p. 246), certes une dimension qui traverse l'entière théologie rahnérienne.

Le Mystère constituerait ainsi la médiation qui assure la possibilité d'une identification de la donation permanente de Dieu, reçue comme événement et non comme pur contenu de conscience. Cet équilibre doit être signalé afin, là encore, de ne pas se méprendre sur l'intention théologique de Rahner. Cette immédiateté de Dieu dans son autocommunication est précisément le dévoilement de Dieu comme mystère absolu permanent.

On pourrait encore qualifier le passage qui mène de la relation « autocommunication-autotranscendance » à la relation

1. RAHNER emploie le terme de « Seigneurie » *(Herrlichkeit)* pour qualifier l'autocommunication, voir *TfF*, p. 144.

« autocommunication-événement de reconnaissance », en notant l'absence du terme « entéléchie » dans les pages du *Grundkurs* consacrées à la relation de communication du Mystère ineffable. En effet, Rahner qualifiera à plusieurs reprises le mouvement initial d'autocommunication comme la « plus intime entéléchie » et la dynamique même du monde et de son histoire. Ce vocabulaire sera repris y compris dans les années plus récentes, ce qui corrobore notre hypothèse de déplacements ou d'insistances, plus que de réelles transformations du propos [1].

Nous ajouterons que ces déplacements peuvent être ténus, difficiles à identifier, mais Rahner était trop sensible aux critiques qu'on lui adressait pour ne pas réintégrer des dimensions préjudiciablement omises. Si le *Grundkurs des Glaubens* affirme bien que la donation initiale du divin constitue le sujet comme tel, donc désigne et actue ses principes intimes d'accomplissement et de réalisation de soi, il se garde bien de reporter le don dans les dimensions exclusives de l'intériorité transcendantale. À la limite, le don pourrait n'être qu'un principe intime d'opérations et se confondre ainsi avec l'éclosion d'un sujet.

Or, l'autocommunication devient davantage un *événement*, c'est-à-dire que l'expérience transcendantale de la référence de tout étant fini à l'Être absolu et au mystère de Dieu se délie en quelque sorte de la pure intériorité du sujet transcendantal pour lui advenir selon une nécessaire extériorité (*TfF*, p. 143). Bien entendu, Rahner ne postule aucune identification de l'esprit à Dieu, ou de la conscience à Dieu, c'est presque indécence que de le supposer pour un théologien chrétien. Il se trouve cependant que de *Sacramentum Mundi*, pour ne citer qu'une contribution importante à travers les articles *Selbstmitteilung Gottes* et *Inkarnation*, au *Grundkurs*, *le sujet transcendantal fait place à un sujet historiquement déterminé et ouvert, en ces déterminations, à la réception d'un Mystère qui circonscrit tout rapport de connaissance et de réceptivité.*

1. K. Rahner, « Warum gerade ER ? Anfrage an den Christusglauben », *Theologie der Gegenwart*, Munich, Hennef, 22, 1979, p. 65-74.

Rahner semble même infléchir ici ses positions philosophiques. D'une contribution à l'autre, l'on passe d'une perspective davantage redevable au thomisme transcendantal de Maréchal qui postule une dynamique de l'Infini dans le fini, à une dynamique de la finitude, corrélative d'une ontologisation des structures de la finitude, ce qui correspondrait aux existentiaux heideggériens. L'acte de communication de Dieu se recueille ainsi à partir de cette concrétude historique, plus qu'à partir d'un sujet transcendantal qui ne procède pas des conditions de l'expérience.

Ce n'est qu'ainsi que l'homme devient apte à reconnaître que Dieu le rencontre dans une relation d'altérité, là même où cet homme expérimente l'altération de son être, corrélative du désir d'accomplissement de cet être. « Si telle, en effet, est la nature humaine — référence de pauvreté, d'interrogation, de soi pour ainsi dire vide, au mystère qui demeure et que l'on nomme Dieu —, nous comprenons déjà de façon plus claire ce que veut dire : Dieu assume une nature *humaine* comme sienne. Cette nature indéfinissable, dont la limite — la "définition" — est la référence sans limites au mystère infini de la plénitude, parvient, lorsqu'elle est assumée par Dieu comme *sa* propre réalité, là où, en vertu de son essence, elle est toujours en chemin » (*TfF*, p. 247).

Cette référence sans limites (*grenzenlose Verwiesenheit*), pour l'homme, se réalise dans un phénomène de médiation de soi à soi à travers la rencontre d'un monde, plus qu'à partir d'un *Ego* pré-empirique. Est intégrée également plus décisivement l'identification pneumatologique de l'acte d'autocommunication (*TfF*, p. 144), suscitant une relation de reconnaissance dans l'altérité, et polarisant la transcendance autour, ou selon le mode approprié de la relation de connaissance qui convient à la transcendance, l'adoration de la Seigneurie de Dieu qui se révèle. Rahner emploie de fait le terme *Herrlichkeit* pour dire l'autodonation de Dieu, la Gloire se déchiffre déjà dans la différence ontologique, une idée chère à Balthasar, lieu d'éclosion de la « raison esthétique ».

Cette terminologie est trop rare chez Rahner pour qu'elle soit purement accidentelle. Elle permet également de situer plus précisément l'intention proprement théologique d'une préappréhension transcendantale de l'être, conçue comme milieu de la connaissance du divin. La différence ontologique rahnérienne, à l'instar de celle de Balthasar, repose sur la tension de l'être et du phénomène. Nous avions déjà contesté au chapitre II une position de Peter Eicher, ce dernier affirmant que le point de séparation entre Balthasar et Rahner était donné dans l'absence de réceptivité de la subjectivité spirituelle rahnérienne.

Or, il convient de rappeler que si la sensibilité chez Rahner est de fait une activité de l'esprit, en d'autres termes si elle provient de l'esprit et de sa nécessité, il s'ensuit que l'esprit ne peut être ouvert à l'être que si, en pénétrant la matière, il se ménage dans l'espace et dans le temps une ouverture à la donation des phénomènes. Rahner parle explicitement de connaissance réceptive (*HéV*, p. 246) comme forme nécessaire de tout acte de connaître. Le propre du phénomène consiste à se montrer de lui-même, il libère l'être en se manifestant, en apparaissant. Dans la connaissance réceptive, le monde des phénomènes apparaît dans son propre Soi et manifeste, autant que la réceptivité de l'esprit le permet, l'être qui excède toujours l'être du monde. L'adéquation est ici réfutée comme maîtrise indue sur l'être.

C'est là précisément que la « raison transcendantale » *(Vorwegnahme)* rahnérienne rencontre la « raison esthétique » *(Öffnung)* balthasarienne, dans l'admirable formulation que lui donne Rahner, « *il n'y a de sortie vers Dieu que dans une entrée dans le monde* » (*HéV*, p. 245). Rahner échappe avec bonheur au mirage de la création absolue de la pure subjectivité, tout en réhabilitant les puissances relatives du sujet dans cette tension jamais vraiment réfutable qui conduit à admettre la différence ontologique.

Toutes ces considérations, pour quelles applications christologiques, et quels déplacements opérés à travers la maturation d'une œuvre ?

Modèles christologiques.

Du paradigme « esprit-matière » à une christologie de l'« autotranscendance filiale ». — On a beaucoup décrié la métaphysique après Heidegger, les théologiens eux-mêmes ont cédé à l'admiration d'une œuvre qui ouvrait de nouveaux chemins de pensée pour la théologie. Heidegger, pourtant, ne cessera de mettre en garde contre l'utilisation de sa pensée comme source d'un nouvel accès à la nomination du divin. Se définissant comme penseur issu du « paganisme », il récusera la lecture théologienne de la différence ontologique et de l'impossibilité de l'objectivation du divin [1].

Heidegger lui-même ne fut pas épargné par les critiques, l'on connaît plus récemment celles qui émanent des interférences possibles de son œuvre avec ses compromissions idéologiques, et puis il y a celles que lui ont adressé philosophes et théologiens [2], Lévinas, Jonas disciple de Bultmann ou Balthasar. Lévinas et Balthasar se retrouvent pour déchiffrer dans l'œuvre heideggérienne l'insupportable neutralité ontologique de la différence (« qui voudrait mourir pour l'être ? »), au détriment des visages qui existent, ou de la *donation* de l'être qui précède sa propre donabilité, même si l'acte qui donne ne peut faire l'objet d'aucune saisie, ce serait la note spécifique d'une certaine pensée contemporaine, le deuil de toute « initialité » ou origine. L'être

1. H. Jonas, « Heidegger et la théologie », *Esprit*, 140-141, juillet-août 1988, p. 173-195.
2. « Laisser l'initiative à l'être, écouter ce que l'être dit, répondre à son appel, se laisser empoigner par sa puissance, et surtout abandonner toute attitude de subjectivité, toute volonté de dominer l'objet en le conceptualisant : n'est-ce pas là révérence, n'est-ce pas humilité ? [...] Ce faux-semblant a de la séduction pour les théologiens chrétiens, mais c'est en fait la plus énorme hybris de toute l'histoire de la pensée. En effet, le penseur prétend qu'à travers lui c'est l'essence même des choses qui parle, rien de moins ; il prétend donc à une autorité que nul penseur ne doit jamais revendiquer. En outre, c'est faire bon marché de la condition humaine fondamentale, celle d'un être qui éprouve de la distance entre lui et les choses et qui doit la franchir par les atteintes de l'esprit, bref ce que l'on appelle la séparation du sujet et de l'objet ; c'est prétendre que l'on peut en faire rémission, l'esquiver, la surmonter » (*ibid.*, p. 191).

ne produit pas de par lui-même les essences, dira Balthasar. Il est lui-même donné à lui-même.

L'être, chez Heidegger, n'est-il pas « hypostasié », comme l'étaient le « bien » chez Platon et la *causa sui* chez Spinoza, bien que le phénomène d'« hypostasie » ne se fasse pas sous la catégorie de la substance, récusée parce qu'oublieuse de la différence ontologique. Balthasar a formulé cette critique à l'endroit de Heidegger (*GC*, t. IV, vol. 3), nous l'avons vu au chapitre IV. Mais pourquoi opérer ce détour par Heidegger et la critique qu'en a faite Balthasar ?

Détour philosophique... — Ce détour par la philosophie est capital pour comprendre et Rahner et Balthasar. Il faudrait dresser une courte histoire de la controverse qui a traversé le début de ce siècle à propos de l'analogie. Nous ne pouvons nous y employer, d'abord en raison de la complexité du débat, puis des limites de notre sujet. En nous référant à un texte éblouissant de E. Przywara [1], l'on peut situer la controverse à travers et à partir d'un ensemble de préoccupations qui polarisèrent les réflexions du jeune mouvement newmanien en Allemagne, le néo-augustinisme de Hessen, la phénoménologie schélerienne de la nature et de la Révélation, l'analyse de la croyance de Karl Adam.

Ces analyses étaient marquées par la recherche d'une unité possible des pôles nature-surnature, philosophie et théologie, une unité consignée dans le concept inéluctable de « religieux ». « Tout ce groupe avait en commun une préoccupation motrice : celle de savoir comment le "numineux" de Otto et le "sens des valeurs" de Scheler transposaient les anciennes conceptions de Jacobi et de Schleiermacher (et du modernisme français et anglais) d'un "besoin religieux" fondamental, subjectif, au plan des "valeurs religieuses" fondamentales, objectives. Dans ce

1. E. PRZYWARA, *Reichweite der Analogie als katolische Grundform*, 1940. Texte publié dans l'ouvrage de E. PRZYWARA, *Analogia entis*, Paris, PUF, 1990, p. 14-16.

contexte l'*analogia entis* apparaissait comme l'unité de forme recherchée à l'intérieur de la tradition catholique [1] » .

Or, c'est précisément le chemin qu'emprunteront Balthasar et Rahner, tous deux en étroite et âpre discussion avec les tenants du modernisme français et de l'idéalisme allemand. Les chemins se séparent quand il s'agira de procéder au mode d'intégration des intuitions des théologies de la foi et de la validité des analyses de Otto. Balthasar préfèrera recueillir l'*Einzigartigkeit des Christlichen* en prononçant le jugement de la *krisis* christologique sur tout horizon de sens, sans jamais délier la figure d'un horizon de sens global, celui de l'être. Balthasar se sépare de Barth.

Que fera Rahner ? *À l'instar de théologiens ouverts à la perspective heideggérienne, il y verra l'abrogation de l'idée fatale d'une immanence fermée.* Le monde réel et concret est ouvert *existentialement* vers une possible transcendance. Le rapport au divin comme « vis-à-vis » (*Gegenüber*) des hommes appartient à la structure essentielle de la chose comme telle. Balthasar lui-même sera sensible à l'argument, dès l'*Apokalypse der deutschen Seele*. Pourtant Rahner ne se contentera pas d'une telle perspective. Il faudra hausser le « sentiment de dépendance » de Schleiermacher au rang de l'analytique existentiale, prétention d'une saisie de l'essence de l'homme dans des structures de finitude. La « transcendance négatrice du fini » en est une. L'homme doit éprouver le sentiment comme une nécessité d'essence à laquelle il ne doit pas se dérober, sous peine de perdre son essence, de l'aliéner. La démarche est inverse de celle de Feuerbach.

L'application christologique se greffe alors elle aussi sur cette procédure d'ontologisation des structures de la finitude. La première christologie de Rahner se développera selon ces processus d'ontologisation. Ils devront assurer la « contrainte » *existentiale* que la christologie est apte à mettre en lumière dans la manière de vivre de Jésus le Christ, et la manière conjointe de

2. *Ibid.*, p. 14.

le penser comme « Homme-Dieu », donc de l'universaliser comme structure de l'humain.

L'ontologisation existentiale qui préside à la forme de la christologie coexiste avec une autre forme de la christologie, plus immédiatement ordonnée à la compréhension de l'*Esse absolutum*, ou de l'absolue subjectivité qu'est Dieu, il s'agit d'une christologie du *logos*. Nous l'avons déjà caractérisée au cours des analyses précédentes. Elle repose là encore sur une intuition que Rahner entend déceler dans la philosophie de Heidegger. L'être s'entend comme strictement ontologique et non comme ontique, non comme quelque chose de soi-même étant. Pourtant, Rahner va tenter de dépasser une dichotomie posée par Heidegger, celle qui consiste à affirmer la validité respective des champs que doivent s'assigner philosophie et théologie. Le penser philosophique serait à l'être ce que le penser théologique est au Dieu se révélant.

Une telle dichotomie produirait une régression de type bultmanien, empêchant l'opération rahnérienne de l'ontologisation des existentiaux de la finitude. Parler d'ontologisation, cela signifie identifier un point d'ancrage dans l'expérience, qui permette une réelle saisie de Dieu, et ménage pour l'homme sa possible nomination, sans que ce Dieu ne se dérobe vers un point asymptotique jamais atteignable, toujours en suspens. Rahner part d'en haut, il postule l'acte d'une communication de Dieu comme *événement (Ereignis)*, décelable dans le champ de l'être, et des êtres de l'expérience.

La christologie se trouve ainsi presque immédiatement indexée sur une onto-logie de l'être qui, en définitive, est esprit. L'unité suprême de l'être et du connaître est l'ultime présupposé de la communication à l'homme de la pure Subjectivité, ou de l'acte pur d'Être. La luminosité de l'être appelle la révélation, puisque l'étant se reçoit et s'actue selon le consentement qui l'ouvre à la réception de l'être. Ce processus est celui de la conscience de soi, de l'éclosion du sujet qui caractérise l'homme comme être de transcendance. L'être des étants est *logos*, dicibilité, mouvement de connaissance et d'expression en direction des êtres et des objets.

L'esprit et le phénomène... — Nous avons déjà exprimé nos réticences face à une telle prépondérance de la subjectivité. Elle fait peu cas des conditions historiquement variables qui la médiatisent, elle pose avec une déconcertante évidence la constitution pré-empirique d'un Moi transcendantal « hors » du monde, si bien que le lien de nécessité entre transcendantalité et histoire semble presque de pur artifice.

Rahner a du mal à légitimer le lien de type ontologique qui unit le phénomène à l'esprit. Tout se passe dans la conscience, la christologie elle-même risque de n'être que l'exemplification d'une « supra-conscience », ayant parfaitement maîtrisé le mouvement d'autotranscendance (*Selbsttranszendenz*), la victoire de l'esprit sur la matière, ou plus exactement l'emprise de l'esprit sur une matière informe, chaotique. Ce « platonisme transcendantal » reste une dimension discutable de la théologie rahnérienne, en raison précisément du rapport qu'entretiennent l'esprit et l'histoire, deux dimensions juxtaposées, la seconde médiatisant la première sous forme de matériau déjà disponible.

La forme de la christologie tend alors à se développer selon le paradigme « esprit-matière », l'union hypostatique transposant christologiquement et catégorialement le mouvement transcendantal qui caractérise l'esprit en quête de lui-même [1]. Il ne faudrait pas forcer les traits de cette christologie conscientielle, Rahner sait qu'elle pourrait éprouver quelque difficulté à s'ajuster aux données de l'Écriture. Elle restera cependant une intuition jamais vraiment démentie par le théologien, et c'est sans doute à son propos que l'on peut déceler une difficulté d'articulation entre deux types de christologie chez Rahner, l'une focalisée sur le déploiement intégral d'une subjectivité humaine digne de ce nom, l'autre à teneur descendante, figure historicisée et insurpassable de l'être de Dieu comme événement de cette histoire. Cette « seconde » christologie sera très immédiatement et plus décisivement trinitaire. Le *logos* de Dieu, ou la luminosité de l'être divin, sa parfaite coïncidence à soi, son

1. K. RAHNER, « Inkarnation », *SM*, t. II, p. 835.

absolue « possession de soi », s'incarne dans ce mouvement eschatologique de radicalisation du don de soi.

La préoccupation rahnérienne se formalise de la manière suivante. Est-il possible de transposer une christologie de type *ontique* en une christologie de type *onto-logique transcendantal*, afin de mieux saisir les formulations de la christologie classique [1] ? Le projet de Rahner consiste donc à supposer que les ressources d'une christologie onto-logique [2] seraient à même de déchiffrer la teneur et le sens des propositions dogmatiques des premiers siècles [3]. À première vue, on peut être étonné par l'immédiateté du jugement. Or, c'est précisément cette immédiateté qui doit être soumise au modèle de pensée que Rahner croit recueillir dans la forme moderne des savoirs et de la pensée comme telle.

La forme moderne des savoirs repose sur une vision évolutive du monde, scandée par des seuils d'appropriation toujours plus intenses de l'esprit sur les structures qui en médiatisent la possibilité. L'achèvement de l'appropriation sera donné et reconnu dans une grandeur humaine, là où l'homme peut acquérir la certitude que le mouvement d'appropriation ne tourne pas sur lui-même, qu'il ne se perd pas dans l'avant du vide qui le disperse en énergie inutile. L'« Homme-Dieu » énonce historiquement la plausibilité de l'achèvement. « L'homme est de la

1. « À côté d'une "christologie *ontique*", c'est-à-dire d'une christologie qui élabore ses énoncés à l'aide de concepts ("nature", "hypostase") qui peuvent être tirés de réalités objectives, l'on pourrait pourtant, en principe, parfaitement édifier une christologie *ontologique*, c'est-à-dire une christologie dont les concepts, les modèles d'intelligibilité, etc., se trouvent strictement orientés aux réalités onto-logiques et à leur ipséité originaire d'être et de conscience [...] La présupposition d'une telle "christologie ontologique" est l'idée, que l'on trouve déjà dans le thomisme classique, qu'être et conscience, en dernière analyse sont la même chose, que l'être existe en proportion de ce que l'étant est "près de lui-même", "retourne" à lui-même, et par là remis à lui-même en responsabilité dans la connaissance et la liberté, et de la sorte se trouve ouvert au tout de la réalité, est *intelligens et intellectum* [...] » (*TfF*, p. 339).

2. K. RAHNER, « Inkarnation », *SM*, t. II, p. 834 ; « Jesus Christus », *SM*, t. II, p. 920-957 ; également « Jesus Christus », *LThK*, V, p. 953-961.

3. Voir K. RAHNER, « Inkarnation », *SM*, t. II, p. 835.

sorte l'autotranscendance de la matière vivante, histoire de la nature et histoire de l'esprit forment une unité intérieure procédant par paliers, dans laquelle l'histoire de la nature évolue vers l'homme, se poursuit en lui comme *son* histoire, est en lui conservée et dépassée, et de la sorte parvient à son but propre avec l'histoire de l'esprit et en elle. [...] Et c'est seulement par une action spirituelle, et par une spiritualité qui est action, que l'homme et la nature viennent de concert à leur but unique et commun » (*TfF*, p. 215).

Ce principe de convertibilité peut trouver sa signification pratique dans l'interprétation de la *visio immediata*, par laquelle le Christ accomplit son être-homme en ce mouvement vital d'*exitus* et *reditus* reconnu, accepté, donc conscientiel, en direction de Dieu.

L'application christologique, d'une certaine manière, est déduite de l'intuition métaphysique, l'homme se caractérisant comme question ouverte et sans limite assignable au tout de l'être. Ce *Grundakt* définit la transcendance et la polarise sous forme de désir. Rahner évite toute essentialisation du mouvement d'autotranscendance. Il s'agit d'un mouvement que l'homme éprouve au contact de la pluralité des objets qui l'entourent. Le *Grundakt* concentre en lui les deux moments qui le constituent, l'acte plus originaire d'une donation ou suscitation de la *question*, l'être de Dieu se communiquant, puis l'acte dérivé de l'ouverture sur l'être (*Setzung der Frage die der Mensch ist*) comme saisie initiale d'une personnalisation de cet être.

Et là où Dieu produit l'autotranscendance de l'homme vers Dieu par autocommunication absolue à tout homme, selon une conjonction irrévocablement donnée comme promesse dans l'histoire, nous atteignons ce que signifie l'union hypostatique [1]. L'incarnation doit alors être pensée comme un moment intérieur et une condition du don universel de grâce, dimensions sans lesquelles on ne pourrait la penser comme but et terme de la

1. K. RAHNER, « Inkarnation », SM, t. II, p. 835; également *TfF*, p. 229 ; « Probleme der Christologie von Heute », *SzT*, t. I, p. 160.

réalité du monde. Après avoir élucidé épistémologiquement le lien qu'il est *pensable* de poser entre le fait christologique polarisé sur le concept d'« Homme-Dieu » et la possibilité transcendantale de prendre sérieusement en compte un « Homme-Dieu », Rahner tente de transposer le paradigme christologique *Logos-sarx* à l'intérieur d'une vision évolutive du monde.

L'opération méta-physique repose sur l'unité foncière esprit-matière qui, en sa simplicité même, permet une saisie de l'unité de tout le créé, selon la diversité des niveaux d'être, la pluralité des formes, toutes dimensions orientées en direction d'un achèvement spirituel. Ce mouvement unitif, quoique non uniforme, est l'œuvre de l'esprit qui prend possession de la matière et des niveaux d'être inférieurs pour les mener à leur autoréalisation. La polarisation téléologique du devenir peut alors subir sans dommage la transposition christologique. Son avantage consisterait à nous délivrer de toute lecture mythologique [1] des assertions christologiques. La christologie doit être pensée d'emblée comme figure du monde.

Nous croyons ne pas forcer l'intuition rahnérienne [2], qui au demeurant ne manque d'appuis ni dans l'expérience, ni dans tout effort de la raison qui tente de parvenir à une unité de compréhension des phénomènes. On peut cependant opposer à une telle lecture du réel, très redevable de la philosophie de l'histoire chez Hegel [3], l'impossibilité qu'elle s'est vue signifier

1. Quand y-a-t-il mythologie en christologie, pour Rahner ? L'élément mythologique proviendrait en fait d'une lecture verticale de la relation de l'Homme-Dieu à l'histoire ? Rahner fait-il allusion aux mythes des dieux humanisés vivant une destinée temporelle, mourant et revenant à la vie, sous des formes d'ailleurs variées ? L'Homme-Dieu doit être figure du monde, figure de l'homme en tant qu'homme pour qu'elle puisse trouver une correspondance native avec le mode d'être de l'homme. L'élément de discontinuité du discours christologique proviendrait précisément de la réalisation historique de cette figure du monde.

2. K. RAHNER, « Die Christologie innerhalb einer evolutiven Weltanschauung », *SzT*, t. V, p. 183-221.

3. « Cette histoire une n'exclut pas des différences essentielles, mais les inclut dans son concept, parce que, justement, l'histoire n'est pas la permanence du

dans les sciences humaines. Rappelons un déplacement notoire qui est au principe de ce nouveau mode de la rationalité. C'est en raison même de son mode de constitution comme objet des sciences humaines que le processus de production de l'homme doit appartenir à l'*inconscient*.

Pour accéder à un tel objet, il fallait déceler les ruses de la conscience pensante. Les sciences humaines liront ainsi l'activité de ladite conscience comme productrice de « représentations » qui ne contredisent pas l'exigence d'un inconscient, mais la fondent bien plutôt. Ces représentations sont analysables, et tombe l'illusion d'une autoproduction par la raison, l'enceinte enchantée de la conscience de soi. L'inconscient va se présenter comme critique de cette prétention de maîtrise de la raison, puisque l'inconscient échappe à l'exercice de la raison, au point de signifier la raison comme telle.

Rahner ignore une thématique de l'inconscient, comme il semble ignorer le rapport multiforme aux textes qui enracinent la médiation christologique dans une histoire particularisée dans ses systèmes de représentations, ses schèmes mentaux et religieux, ses rites, son rapport aux mythes, sa lecture des origines, tout ce dont peut aussi traiter l'ethnologie qui, à l'instar de la psychanalyse, intègre l'inconscient comme forme limite et paradoxale de la raison. Rahner opte ici pour Hegel. Il ne s'agit pas ici d'une alternative, a-t-il raison ou tort ? Sa lecture de l'histoire est focalisée sur la réhabilitation du sujet conscient, cette dimension de l'être-homme qui permettrait l'unification des représentations, ces dernières n'étant que les avatars ou les positivités de la conscience de soi, ou de l'activité de l'esprit. Le devenir, dans sa véritable essence, n'est pas un simple devenir

même, mais le devenir de ce qui est nouveau, de ce qui est plus, et pas seulement de ce qui est autre. Inversement, ces différences essentielles n'excluent pas une histoire, parce que cette histoire justement s'affirme dans une autotranscendance essentielle où ce qui vient avant se dépasse lui-même réellement, pour se supprimer et se conserver en toute vérité » (*TfF*, p. 213-214). La tournure hégélienne de cette analyse est patente. Ce texte est pratiquement le décalque d'un texte hégélien, voir *Leçons sur l'histoire de la philosophie*, t. I, Paris, Gallimard, 1954, p. 79.

autre, mais un *devenir-plus*. On peut également se demander si Rahner n'est pas proche de la conception husserlienne de la conscience intentionnelle. En effet, Husserl combat le psychologisme objectivateur, qui essaie d'expliquer la conscience par des causes extérieures. Il combat aussi le psychologisme introspectif, qui s'efforce de réduire la conscience à ses propres dérivations causales intérieures. Rahner renoue ici avec une catégorie non psychologique d'accès à la conscience. Il s'agit de l'« étonnement ».

Rahner se gardera pourtant de prendre congé du principe de causalité, le *devenir-plus* orientant la pensée en direction d'une autoconstitution, recélant en lui-même les modalités et les formes de son accomplissement. Quelles que soient les difficultés, pour ne pas dire les apories auxquelles ces pensées nous acculent, l'essentiel pour nous est de saisir l'intention théologique qui préside à la possibilité d'une telle compréhension unitive du réel, sous la catégorie de l'esprit. Rahner entend émettre un jugement théologique qui serve à une intelligibilité nouvelle de la christologie. L'histoire de la nature et de l'esprit est ordonnée à une finalité.

La finalité dont il est ici question est portée par l'absolu d'une réponse (*Antwort*), ouverte par la relativité d'une question (*Frage*), relativité parce qu'elle est le fait d'une transcendance négatrice du fini, ou ce que Rahner appelle encore l'*indigence infinie de notre transcendance*. L'unité acquise de la question et de la réponse énonce onto-logiquement ce que recouvre la proposition ontique chalcédonienne de l'*Unio hypostatica*. L'homme est l'être de la question sur la totalité de l'être, donc l'être se recevant dans le milieu d'une différence ontologique fondatrice.

Ce premier moment est ce à quoi nul être ne peut échapper, l'on pourrait à son propos parler d'« être-jeté », ou d'être condamné à l'existence. Rahner ne veut pas ignorer la tension essence-existence en son acception philosophique, selon qu'elle prendra une tournure sartrienne ou heideggérienne. La tentative théologique consiste à assumer la tyrannie de l'*existence sans existants* pour reprendre une formulation de Lévinas. Le théologien n'est pas tant celui qui injecte de la transcendance pour pallier les déficiences d'une existence sans explication. À l'instar de Rahner, il est celui qui prend le temps d'explorer les chemins praticables de la transcendance, à travers les « détournements » du questionnement transcendantal. Il est alors en mesure de dire une parole tout aussi responsable que celle qui récuse comme illusoire le « recours » à la transcendance.

Le théologien n'a pas « recours » à la transcendance, il la rejoint au creux de la pensée et de l'expérience. Il l'accueille comme une grâce possible pour l'homme. De ce point de vue, il convient de parler d'une dimension foncièrement *esthétique* de la raison transcendantale rahnérienne. L'union du divin et de l'humain en Christ parvient ainsi à se hausser au rang de proposition anthropologique *contraignante*. Nous maintenons ce qualificatif, c'est l'intention théologique rahnérienne qui nous intime de le faire. Il ne s'agit en rien de donner à ce terme un surcroît de signification. Il peut nous aider à mieux saisir le mode d'intégration du concept d'incarnation pour *toute* compréhension de l'être-homme.

C'est là qu'il faut distinguer deux niveaux d'affirmation. Rahner postule la nécessité (*Notwendigkeit*) d'une révélation au sens métaphysique. Mais, dans l'ordre théologique, il énonce dialectiquement la non-nécessité de la révélation, c'est-à-dire son caractère absolument libre et gratuit. La nécessité est donnée parce que l'ouverture absolue sur l'être constitue un moment interne pour la détermination du lieu d'une révélation éventuelle. Mais l'ouverture *illimitée* de l'esprit, comme le caractère libre et imprévisible d'une éventuelle révélation de Dieu, demeurent le signe ou la dimension proprement théologique qui informe la saisie philosophique de la différence ontologique.

C'est pourquoi Rahner recourt à l'histoire. Nous avons précédemment exprimé notre insatisfaction face au lien trop « lâche » qui unit transcendance et histoire, esprit et matière. Nous pouvons peut-être trouver maintenant un élément de réponse plus satisfaisant (*HéV*, p. 205-211). En effet, le Dieu devant lequel l'homme se trouve, lorsqu'il le connaît comme l'Être pur, est un Dieu qui agit librement, c'est-à-dire qui n'a pas encore épuisé toutes les possibilités de sa liberté envers la créature finie. Or, agir librement, c'est déjà agir *historiquement*.

L'histoire est le lieu où se pose l'imprévisibilité de l'ouverture initiale du divin, donc le lieu de légitimation de la christologie, c'est pourquoi Rahner affectionne à son propos le terme d'« irréversibilité ».

Comment parvenir maintenant à synthétiser cette christologie initiale rahnérienne ? Nous disons « initiale », non pas tant parce qu'elle constituerait la première christologie de Rahner, sa toute première expression, mais parce qu'elle constitue de fait l'originalité de la pensée du théologien, et cela très vite. Elle suppose bien entendu un temps de maturation au terme duquel elle vint à s'exprimer de manière toujours plus forte, plus déterminante. Ce mouvement progressif de maturation en a entraîné un autre, moins évident à percevoir, mais lui aussi toujours plus prégnant semble-t-il, la redétermination de cette christologie transcendantale à partir de l'unicité de sa forme historique d'apparition (*Erscheinung*).

Si la saisie de l'histoire est perçue comme « lieu » d'un dialogue de liberté entre Dieu et l'homme (thème cher à la théologie balthasarienne), l'on peut penser et espérer un point où le don que Dieu fait de lui-même au monde, certes, n'est pas définitivement figé, mais où pourtant un tel don comme *fait* est clairement présent, sans que soit annulée la continuation de ce dialogue de liberté, et par voie de conséquence la « redondance » du don. La christologie est cependant la manifestation de la réussite (*das Glücken*), la victoire (*der Sieg*), l'irréversibilité (*die Irreversibilität*) d'un tel processus.

Et c'est là que Rahner opère un déplacement sensible, manifeste en tout cas dans le passage d'un article comme celui d'« *Inkarnation* » de *Sacramentum Mundi*, à l'œuvre de synthèse que constituent les reprises du *Traité fondamental de la foi* (1976). Le paradigme « esprit-matière » ne semble plus à ce point informer le mouvement d'autotranscendance. On passe d'une *autotranscendance de l'humain* à une *autotranscendance filiale à résonnance trinitaire*. Rahner précisera que tout autodépassement essentiel de ce type, bien qu'il soit le but du mouvement, entretient toujours face au degré inférieur une relation de grâce, la relation de l'inattendu (*des Unerwarteten*), de l'inexigible (*Unerzwingbaren*). « Jésus, selon la conviction de foi chrétienne, est celui qui, par ce que nous appelons son obéissance, sa prière, son destin de mort librement accueilli, a réalisé aussi l'accueil de la grâce et de la proximité immédiate à Dieu, à lui données par Dieu, et qu'il possède en tant qu'homme » (*TfF*, p. 224).

Le « en tant qu'homme » reste ici un indice, récurrent, d'une conciliation difficile de deux types de christologies chez Rahner. Le rapport immédiat à Dieu, comme forme de l'existence de Jésus, reste trop exclusivement affirmé de la subjectivité finie et humaine de Jésus. Le *Logos* comme tel nous semble insuffisamment intégré à ce mouvement fontal de réceptivité, comme unique sujet de ses *acta et passa*. Le *Logos* lui-même fait face à la subjectivité humaine de Jésus, ce qui laisse entendre non seulement une relation de Jésus au Père, mais encore et aussi une relation de Jésus au *Logos,* pôle trinitaire de l'« expression » de soi que Dieu se donne dans son infinie plénitude. Le *Logos* coïncide ici avec l'acte d'autocommunication, c'est-à-dire avec sa possibilité intratrinitaire.

À ce sujet, nous avions déjà émis quelque réticence face à une affirmation de Rahner, au chapitre II. En effet, l'invocation paternelle du Fils, dans l'histoire du récit évangélique, est soumise à son impossibilité intratrinitaire. Cette affirmation, au demeurant, est parfaitement cohérente avec ce que dit Rahner de la vie intratrinitaire. Il n'y a pas place en Dieu pour une distinction entre un sujet conscient de lui-même et un objet de connaissance, comme il n'y a pas, à proprement parler, d'amour *mutuel* entre le Père et le Fils [1]. Il y a place, au sein de Dieu, pour un *accueil,* l'accueil du Père, comme du Fils, que réalise l'Esprit. (Un amour mutuel supposerait deux actes.) Cela signifie que Dieu se « possède » en toute plénitude, sans médiation aucune, si ce n'est analogiquement celles que constituent les relations.

Nous reviendrons sur cette difficile question de théologie trinitaire, d'abord en insistant sur le nécessaire redoublement du langage dont doit faire preuve le théologien. C'est l'articulation

1. K. RAHNER, « Dieu Trinité fondement transcendant de l'Histoire du Salut », *MS*, t. VI, p. 120.

christologique qui nous intéresse pour le moment. Le *Logos* constitue le pôle de l'« expression » en Dieu, le pôle lumineux de la communicabilité, de l'échange, de l'extase connaissante pourrait-on dire. Ainsi, l'axiome rahnérien se pose comme suit, à partir de cette prémice trinitaire : l'humanité existe réellement parce que Dieu a voulu que son expression de soi dans le *Logos* ait lieu dans « le vide de la créature [1] ».

Cette « expression » *dans le Logos* signifie l'humanité de Dieu. Le *Logos*, fût-il ici humanisé, coïncide à l'être de Dieu dans son altérité globale devrait-on dire, puisque le *Logos* est l'acte divin de la communication de soi. Mais il se trouve que Rahner, dans une œuvre plus tardive, le *Traité fondamental*, ne pose plus aussi nettement cette sorte d'équivalence entre *Logos* et structure trinitaire de l'être divin. Il recourt souvent à une expression plus biblique, l'autocommunication se réalisant à travers le *Pneuma de Sainteté*.

Au terme de ces analyses, nous pouvons formulé un essai de synthèse : *la possibilité de la création de l'homme est un facteur dans la possibilité de la libre expression divine du Logos. Ce résultat, cependant, est déterminé par une corrélativité, ou plus exactement une intuition de type métaphysique, que Rahner hausse au rang de concept, sous la constante reconnaissance d'un fait de révélation, la libre ouverture des profondeurs, de l'abîme du divin. L'intuition en question est donnée dans l'anticipation immédiate que permet la différence ontologique.*

L'INCOMPRÉHENSIBILITÉ D'UN « DEVENIR » POUR DIEU

Dieu, *capax hominis*, fécondité d'une inversion.

L'incompréhensibilité de Dieu, l'horizon par excellence de la théologie transcendantale de Rahner, ne repose pas, paradoxale-

1. K. RAHNER, « L'anthropologie et la protologie dans le cadre de la théologie », *MS*, t. VI, p. 160.

ment, sur le retranchement du Dieu Saint hors des prises de l'homme, dans les régions inatteignables de l'absolu, mais dans la familiarité de l'humain. Rahner a écrit des pages inoubliables sur la médiation éternisée de la finitude de la chair de Jésus pour tout rapport humain à Dieu. Nous avons déjà cité ces textes, ils sont si proches de ce qu'il y a de meilleur dans la théologie de Balthasar. Voilà encore une dimension de la pensée théologique que Rahner et Balthasar ont exprimé avec une force inégalée.

Après les analyses menées jusqu'à ce point de notre recherche, il paraît trop clair que la théologie transcendantale rahnérienne est une théologie négative authentique. De la bouche de Rahner lui-même, elle ne veut être autre chose. Il est donc probablement partial de prétendre que cette théologie met en danger le « Toi divin ». Dès les premiers écrits rahnériens, les plus philosophiques, l'incompréhensibilité de Dieu traverse les œuvres de sa force toute apophatique. L'homme ne peut alors que s'ouvrir, sur la base de cette extase initiale du divin, à l'inattendu qu'elle ne saurait refuser à l'homme. Le don initial fut reconnu non seulement à partir d'une seule logique de la connaissance, mais selon l'amour qu'il suscite et qui traverse la connaissance.

Connaissance et amour sont indissociables, ce qui laisse entendre que le processus du connaître ne peut jamais se suffire à lui-même, il doit et peut toujours compter sur l'imprévisibilité qui nourrit toute connaissance. Si Rahner semble souvent nous orienter en direction d'une réductibilité de l'être à la conscience, il n'identifiera pas l'être à cette conscience, à moins de rendre vaine la différence ontologique. Elle est, nous l'avons vu, comme chez Balthasar, le milieu initial d'une ouverture au divin. Les deux mouvements ne se laissent pas séparer.

Deux conséquences peuvent être tirées de cette constatation. La première consiste dans une sorte de persévérance de *l'Ansatz* métaphysique des pensées théologiques de Balthasar et Rahner. Ce dernier n'a rien, à première vue, d'un théologien post-critique, c'est-à-dire du théologien qui aurait fait le deuil de la commodité métaphysique de la pensée. En effet, l'absolu, ou l'acte pur d'être, est donné comme le socle de toute affirmation, nécessairement dérivée de l'évidence initiale. Or, c'est cette

« évidence » initiale qui se voit récusée, ou comme impiété et œuvre de la raison, selon qu'on se place du côté d'une piété de la foi, ou même d'une théologie dialectique, ou comme illusion ou déraison de la raison, selon qu'on se place du côté de la pensée critique, celle qui doute de sa propre raison.

La persistance du questionnement métaphysique apparaît peut-être aujourd'hui comme une forme marginale de la pensée, ce qui pourrait lui redonner une certaine nouveauté. Elle ne peut en tout cas sortir indemne des questionnements qui l'ont vue s'effondrer. Rahner et Balthasar n'en sont pas dupes, et eux-mêmes n'ont cessé de demander une refondation de la métaphysique, à la lumière de l'événement d'une donation incompréhensible du divin. Rahner, plus directement héritier de la scolastique, et en cela plus « catholique » que Balthasar, ne cessera d'intégrer toujours plus profondément et décisivement l'incompréhensibilité de Dieu comme forme de la théologie.

Nous l'avions déjà indiqué, Rahner pressent que la force même de l'événement d'autocommunication requiert l'inattendu d'un visage, la jonction inouïe d'une entrée de l'absolu dans les limites d'une histoire. L'élément sotériologique lui-même se déplacera du mouvement évolutif d'autotranscendance vers l'événement crucial et rédempteur de l'offrande de soi du Fils. Un déplacement semblable nous paraît perceptible à travers la reprise d'une contribution fondamentale dans la pensée du théologien, plusieurs fois modifiée puis publiée, son fameux écrit programmatique sur la théologie de l'Incarnation [1].

Si l'on compare en effet le texte inséré dans *Le Traité fondamental de la foi* avec les textes antérieurs, il apparaît d'abord à première vue que les modifications restent sommaires,

1. De fait, ce texte a fait l'objet de publications diverses. Il s'agit d'articles, dont l'original parut en 1958 : « Zur Theologie der Menschwerdung », *SzT*, t. III, p. 137-155. Cette contribution parut en langue française sous deux titres distincts, et en trois endroits différents, en l'espace de cinq ans : voir « Réflexions théologiques sur l'Incarnation », *Sciences ecclésiastiques*, 12, 1960, p. 5-19 ; titre identique dans les *ÉT*, t. III, p. 79-101 ; « Considérations générales sur la christologie », *Problèmes actuels de christologie*, p. 15-33.

peu perceptibles. Or, la structure même du texte subit de notoires déplacements, ou encore de nouvelles insertions.

L'on peut aisément extraire deux dimensions nouvelles du discours [1]. L'une procède d'un abandon, celui d'une possible définition de l'essence de l'homme. La seconde procède d'une insertion plus décisive, sans d'ailleurs que les textes antérieurs ne la comporte pas eux-aussi, c'est la surabondance du don trinitaire dans une théologie de la Parole humanisée. L'englobant, ou l'horizon théologique duquel procèdent toutes les affirmations, nous renvoie à la catégorie de mystère, d'incompréhensibilité du don, de l'« inanité » *(Vergeblichkeit)* même du don. *Le Traité fondamental de la foi* qualifie l'autocommunication de libre et pardonnante, ce qui inclut nécessairement la surabondance sotériologique du don.

Dieu est rendu « capable » de l'homme, telle est bien l'inversion du propos traditionnel que Rahner tente d'établir, l'homme, *capax Dei.* Mais c'est précisément dans l'intention d'éclairer, d'explorer l'inouï d'un don que l'inversion s'avère nécessaire. Rahner aboutira ainsi à souligner l'incommensurabilité du don à travers l'inversion. Nul processus d'anthropologisation du dogme, mais « scrutation » de la logique du don jusque dans les profondeurs de l'être divin qui consentit à s'ouvrir à l'homme. L'intention du théologien ne doit pas être déviée de sa véritable pertinence, elle est illuminée par le principe trinitaire d'une radicalité du don.

Rahner a certes poussé très loin la mise en conceptualité d'une radicalité reconnue du don, la Trinité économique étant confessée comme identiquement Trinité immanente. Nous reviendrons ultimement sur cette articulation trinitaire, elle-même traversée par la reconnaissance d'une radicalité du don, source de sa mise en concept. Trop souvent, on ne rendra pas justice à Rahner de cette logique trinitaire qui polarise toute sa pensée. Si la Trinité économique est la Trinité immanente, c'est que le don est sans réserve, sans limitation, sans arrière-pensée, il est à la mesure de l'être qui se donne, mesure qui inclut en sa radicalité

1. Il s'agit ici du *Traité fondamental de la foi*.

même la perte de soi dans la mort du don, par amour pour ceux qui le méconnurent et le méprisèrent.

Revenons au premier déplacement. L'homme que devient le Verbe, la Parole, n'est pas ce qui se juxtapose à cette Parole. Les profondeurs du divin doivent inclure l'être-homme dans le mode d'être-Dieu, comme s'il était permis de penser à une révélation de la finitude dans l'infini. Rahner a su donner à cette intuition rigoureusement théologique [1] une force conceptuelle. Les yeux fixés sur le Mystère trinitaire, Rahner ne peut consentir à lire la multiplicité en termes de dissémination contingente, comme si l'Un avait produit par on ne sait quel type d'accident, la multiplicité déchue.

Mais précisément, cet « homme » est indéfinissable, et parce que tel, il ne produit aucune contrainte pour la saisie du Mystère divin. Le texte paru en 1958, puis repris en 1962, laissait pourtant entrevoir une définition-limite de l'être-homme, non reprise quelque dix années plus tard. Le « mystère », qui en donne la plus fiable des définitions, renforce le non-savoir qui convient à la définition, et laisse le champ libre à la reconnaissance assurée du don. Ce que sait le théologien, il le confesse d'abord comme un horizon auquel il est sans cesse renvoyé, même si par impossible il tentait de le mettre entre parenthèses. Dans une note du texte de 1962, Rahner s'essaie à la définition rigoureuse de l'être-homme. L'« abandon-de-soi » (*Selbstweggabe*) devient la catégorie ontologique dominante de l'essence de l'homme.

La *Selbstweggabe* est l'essence de l'homme, elle conjoint l'essence et l'agir, elle uniformise tous les niveaux de l'agir, elle en est le milieu. Ainsi, ce qui est produit par Dieu comme la source de l'agir propre de la créature spirituelle, n'est jamais une simple chose, mais un « accomplissement-de-soi » (*Vollzug*). C'est pourquoi, cet acte, non statique, définit l'homme comme créature spirituelle qui doit s'« abandonner » à l'acte même qui la constitue. L'abandon devient une détermination ontologique, en vertu de cet accord entre essence et agir. C'est sous cet angle

1. K. RAHNER, *Zur Theologie des Symbols*, p. 280-282 s.

que l'on peut comprendre l'« abîme de perdition » (*die abgründige Verlorenheit*) d'une créature qui, dans son acte propre (*in ihrem eigenen Akt*), se refuserait à Dieu. L'« abandon » est substantiel. L'agir qui polarise l'essence, qui actue l'essence devrait-on dire, correspond à la *potentia oboedientialis*.

L'utilisation d'un tel vocabulaire fait défaut dans la reprise du *Traité fondamental de la foi*. L'homme devient l'indéfinissable, et les tentatives de définition se voient comme congédiées dans l'excès paradoxal du non-savoir. Rahner emploie des conditionnels, « on pourrait aussi appeler l'homme... », mais il préfère s'en tenir à d'autres formulations [1], nouvelles dans sa pensée parce que radicalisées. La récurrence du mot « mystère » impressionne, et l'abîme de l'Incompréhensible devient le seul lieu, encore bien obscur, d'une lumière projetée sur soi.

L'« abandon » épouse davantage l'histoire possible et imprévisible d'une liberté spirituelle, consentant à se perdre dans le mystère de la plénitude. L'essence coïncide alors à une ouverture, à une sorte d'*energeia* qui polarise l'homme en direction d'une Altérité qui déjoue et dévoile tous les replis, jusqu'en son acception la plus pathologique, la schizophrénie. Tel est aussi le lieu, l'un des lieux, où peut se dire une transcendance sans illusions. Précédemment, nous avions entrepris un détour psychanalytique, on pourrait le poursuivre en évoquant les recherches contemporaines qui, pour beaucoup d'entre elles, reconnaissent l'indispensable ouverture d'un sujet à l'autre que soi, si ce n'est parfois l'Autre. Freud parlait aussi de cette nécessaire cassure de l'horizon narcissique grâce au processus de la reconnaissance, là où culpabilité et blessures de l'être viennent au jour dans la reconnaissance (*Fehlleistung*). La transcendance d'un autre déjoue l'illusion de la projection infinie de soi, puisque cette transcendance est reconnue d'abord comme non mienne. Dans ce cas, il n'y a pas de décision philosophique qui puisse, dans l'absolu, invalider la proposition.

Rahner transcrirait théologiquement la proposition précédente, en affirmant que le degré de proximité avec Dieu croît

1. K. RAHNER, *TfF*, p. 246-247.

proportionnellement avec la « possession-de-soi » d'un sujet. Christologiquement, la nature humaine du Verbe s'en trouvera valorisée dans un mouvement de coïncidence extrêmement fécond. Le Christ est le plus radicalement homme, et son humanité la plus autonome, la plus libre, non pas bien qu'elle soit, mais parce qu'elle est l'humanité assumée comme autodiction de Dieu. Rahner, peut-être contrairement à une tendance balthasarienne, sera moins sensible à une pensée de type dialectique, finalement d'inspiration protestante. Rahner est resté en marge d'une pensée de la crise comme accès au divin. Il reste dans ce sens un théologien authentiquement « catholique », c'est-à-dire œcuménique. Le Mystère divin ne s'énonce pas en prononçant une disqualification et une crise des représentations. De l'homme à Dieu, et de Dieu à l'homme, s'énonce une sorte de « familiarité », d'immédiateté, qui ne préjuge en rien de la forme que la relation d'Alliance va revêtir entre deux « vivants », si l'on peut dire.

L'« inversion » comme révélation de l'intériorité trinitaire.

Dieu « capax hominis », nous l'avons vu, est une intuition qui ne relève pas univoquement de la raison transcendantale. Elle procède aussi d'une raison « esthétique », au sens balthasarien de « monstration » d'une « figure » du divin. Rahner livre une théologie de l'inouï de la relation de Dieu à l'histoire, et par le fait même, corrobore notre hypothèse d'une compréhension de l'expérience transcendantale, et de la christologie transcendantale, comme conceptualité-limite.

Que notre nature d'être-homme soit énoncée comme l'expression-de-soi (*Selbstaussage*) du *Logos*, voilà bien ce qui constitue un abîme de diversité (*Abgrund der Verschiedenheit*). Que Lui dise comme *sa* réalité ce que nous sommes, c'est ce qui rachète (*erlöst*) l'histoire et notre être. Une telle jonction est miracle du libre Amour, le miracle de la possibilité du don libre (*das Wunder der Möglichkeit des freien Schenkens*). L'être lui-même, sous la figure de l'*Ereignis* représente aussi chez Rahner la figure suprême de la donation. *Mais Rahner, parce que théologien, pense une « réduction » encore plus radicale. Sur la base d'un « je » qui se découvre l'auditeur précédé et institué par un appel absolu, la christologie se donne comme excès du don qui « fonde » la subjectivité.*

Les hommes sont parce que devait exister le « Fils de l'Homme ». La proposition inverse n'est pas rahnérienne, contrairement à ce que pense Balthasar dans un livre sans doute injustement polémique à l'endroit de Rahner. Ainsi, Balthasar ira jusqu'à affirmer que l'ouverture illimitée vers Dieu qu'est l'esprit humain existe pour permettre un processus « par lequel Dieu se dessaisit de soi et s'extériorise lui-même dans ce qui est différent de lui [1] *». Le « pour » est excessif, parce que l'ouverture illimitée vers Dieu n'est pas un acte que l'homme, en tant qu'étant créé, pourrait exercer, par décision propre, comme son « acte second ». L'ouverture est la « fissure » passive que l'Infini dessine en tout étant. L'homme est orienté par Dieu vers Dieu.*

Rahner, théologien de la continuité, Balthasar, théologien de la discontinuité, peut-on signifier de la sorte l'irréductibilité des pensées ? Il s'y trouve quelque chose de juste, assurément, bien que l'une et l'autre dimension ne soit jamais absente des deux manières de penser le rapport de Dieu à l'histoire. Cela nous amène tout naturellement à évoquer une alternative dont se nourrit peut-être avec excès une certaine théologie contemporaine.

Des théologiens contemporains, reprenant les intuitions barthiennes d'une théologie dialectique, optent pour le dépassement du discours analogique sur Dieu. Certes, Balthasar ne se trouve aucunement concerné par un tel dépassement, bien que l'*analogia entis* fonctionne souvent chez lui comme un horizon sur lequel la Parole de la croix prononcera un jugement de crise et de disqualification. D'autres théologiens, pour la plupart issus de la Réforme, estiment que tout rapport analogique fondé à partir d'en bas, sur les repères contingents de nos usages linguistiques ou « expérientiels », demeure un écran qu'il faut briser pour laisser Dieu se dire « comme il l'entend ».

1. Il s'agit ici d'une citation de Rahner insérée dans un texte balthasarien, voir *Cor.*, p. 82.

Balthasar semble s'orienter dans cette voie, et nous reconnaissons la fécondité de cette « indifférence » pour toute logique de la connaissance. Mais c'est aussi ce « comme il l'entend » qui peut rendre l'« autonomination » du divin des plus insupportables. Une « Théologique » de la Gloire sans la croix nous semblerait ici relever d'un narcissisme divin, ou d'un solipsisme prétrinitaire. L'homme, plus encore que par l'analogie, peut éprouver quelque agacement devant ce Dieu qui parle bien de lui, fut-ce d'ailleurs au prix d'une concession analogique, appelée « analogie parabolique [1] » chez Jüngel, et qu'il faudrait enfin se résoudre à écouter.

Mais pourquoi ce retranchement du divin dans son autosuffisance ? Certaines théologies apophatiques, sous prétexte de préserver le divin de toute nomination « idolâtrique », le rendent étranger au monde de l'homme, comme si ce dernier ne pouvait que se tromper au sujet de *son* Dieu. Plus on en retire à l'homme, plus on en redonne à Dieu. Depuis l'Incarnation, on peut tout de même supposer que la finitude de l'homme n'est pourtant pas étrangère à l'infinité de Dieu, et donc que le rapport analogique n'est ni faux ni vain. Le seul jeu des formules ne suffit pas à rendre Dieu plus communicable. Pourtant, il reste vrai que la croix du Christ déjoue la continuité de nos usages linguistiques et de nos constructions rationnelles. Le langage sur Dieu, sur lui-même, se fait alors silence, non-parole, c'est-à-dire « figure » à envisager plus qu'à construire. Balthasar l'a dit et pensé avec force, Rahner ne l'a pas oublié, même si chez celui-ci le paradoxe se fait moins dialectique.

Au risque de nous répéter, cet indice corrobore le jugement émis précédemment, Rahner est en cela un théologien authentiquement catholique. Il reste assez étranger à une pensée des contraires, même s'il intègre la nécessaire fécondité d'une pensée du paradoxe. Mais une telle pensée doit pouvoir se frayer un chemin dans le débat de raison, le paradoxe conjoint deux dimensions qui s'appellent, et l'une ne va pas sans l'autre. Dans

1. E. JÜNGEL, *Dieu Mystère du monde. Fondement de la théologie du crucifié dans le débat entre théisme et athéisme*, t. I et II, Paris, Éd. du Cerf, 1983.

cette proposition, nulle contrainte panthéistique ou moniste, mais révélation d'un acte de libre décision, la naissance de la finitude positive dans le cœur de l'Infini, dans le rythme plénier de sa libre « possession-de-soi ».

En effet, si l'inversion, formulée en ces termes, Dieu, *capax hominis*, est révélation de l'être trinitaire divin, c'est parce que la finitude de l'homme n'est pas étrangère à l'infinité de Dieu. La finitude de l'homme, plus qu'une seule déficience, comporte ce nécessaire mouvement d'extraversion de soi. Ici, ce qui relève de l'incomplétude de la créature fait signe en direction d'une plénitude qui triomphe des résidus péccamineux qui marquent toute relation d'altérité dans la sphère de l'humain. En effet, la relation à l'autre, aux objets, est aussi le signe d'une indigence foncière de l'être fini qui ne peut subsister seul, l'autre devenant condition de ma survie. Ce niveau infra-humain ne peut être ignoré dans une saisie conséquente de l'être-homme, il traverse inéluctablement tous nos comportements, immergés dans une violence constante, prête parfois à se muer dans d'apparents rationalismes ou de dangereuses mystifications. La barbarie nazie ne cesse de nous rappeler aux possibles qui nous habitent, et qui nous habitent d'autant plus que nous nous enfermons dans le seul « plan d'immanence ».

La relation à l'autre que moi doit ainsi sans cesse se convertir en gratuité de l'échange, travail qui en nous est le signe de notre foncière incomplétude et de nos secrètes violences. Mais, jusqu'en ces signes de négativité, une nostalgie sise au creux de l'être et des êtres appelle l'épure de la relation d'altérité, celle que secrètement nous ne pouvons que désirer, ne serait-ce que pour nous débarasser de l'autisme amoureux qui blesse toute relation à l'autre. Rahner a écrit à ce sujet des pages inoubliables, et c'est à propos de la théologie de la mort (*TfF*, p. 304-305) qu'elles retentirent avec plus de force encore.

Une telle et audacieuse théologie de la mort serait impensable sans l'archétype christologique, l'épure de la relation filiale dans notre histoire tragique, et peu importe que Rahner l'appelle mouvement d'« autotranscendance filiale réussie ». Elle est ce qui pour l'homme fut ouvert comme chemin praticable, non dans un « en dehors » de l'histoire, mais en son sein, comme appelée par elle. Peut-être devrions-nous nuancer une proposition antérieure, selon laquelle il manquerait une dramatique théologique à la pensée de Rahner. Cela n'est en effet pas si sûr. Elle est autre que chez Balthasar, mais elle n'est pas absente. Le cœur de la « dramatique » transcendantale rahnérienne peut être illustré par la force du texte suivant : « L'être spirituel s'"abandonne" fondamentalement dans l'acte même qui le constitue, et qui est créé par Dieu. C'est sous cet angle seulement que l'on peut comprendre vraiment l'abîme de perdition où se trouve la créature qui, dans son acte propre, se refuse à Dieu. Autrement, il ne se produirait "*en* elle" (*an ihr*) qu'une modification accidentelle, qui laisserait sa nature intacte ; et l'on devrait s'étonner qu'elle soit perdue elle-même, et non seulement le mal "en elle" [1]. »

Que l'« Homme-Dieu » soit lui-même pensable comme grandeur de notre histoire, appelé à vivre une telle coïncidence, et l'ayant vécue jusqu'au bout en donne la mesure pour tout homme, voilà ce qui rachète (*erlöst*) notre histoire et notre être. Rahner a-t-il radicalement modifié cette christologie [2], nous ne le pensons pas. Elle restera l'apport proprement rahnérien au débat christologique. On peut la formuler de manière suivante : *l'abîme qui sépare l'absolu de Dieu de la finitude mortelle de la créature est dès toujours franchi par décision incompréhensible du libre Amour, et se trouve définitivement comblé à un moment du temps, par ce qui jamais ne fut absent de l'horizon du divin, le don de son être.*

Nous tenons ici les deux choses, en toute cohérence. Le don initial d'autocommunication, pensé comme absolu, ne peut jamais être relatif, bien que ce don unique puisse être reçu et contemplé dans une *figure expressive unique* qui en radicalise la profondeur, et ceci dans une grandeur qui appartient à l'histoire.

1. K. Rahner, « Réflexions théologiques sur l'Incarnation », *ÉT*, t. III, p. 87.
2. « Le degré d'abandon-de-soi existentiel réalisé dans la nature humaine spirituelle du Christ correspond à l'acte fondamental qui constitue la nature assumée par le logos, telle que Dieu la crée dans son être-assumé même ; cet être-assumé substantiel, considéré du point de vue de la créature, est lui-même substantiel abandon-de-soi » (*ibid.*, p. 87).

L'événement est unique, et il n'advient qu'à un moment déterminé du temps, l'union par mode d'hypostase.

La démonstration rahnérienne ne manque ni de rigueur ni de vérité. Contrairement à ce que nos analyses précédentes pouvaient laisser entendre, l'aporie entre deux absolus du don semble se résoudre à ce point de nos analyses. En effet, la christologie est-elle finalement si essentielle au concept d'autocommunication ? La question est abrupte, pourtant elle relève du non-dit des critiques habituelles. Or, pour Rahner, un acte de salut absolu, eschatologique dira-t-il, doit nécessairement avoir une relation réellement autre à Dieu que celle qui marque tout agir salvifique de Dieu dans l'histoire encore ouverte. Ce concept d'« histoire encore ouverte » est précisément le fait de l'autocommunication primordiale. Dieu ne se donne pas du « bout des lèvres ». S'il se donne, c'est en tant qu'il est Dieu, c'est-à-dire selon son être-Dieu.

Cela signifie clairement que le don initial d'autocommunication est ordonné, en raison même des potentialités infinies qu'il recèle, à un mode d'insertion historique inattendu. Le don absolu ne peut consister dans la différence pure entre condition de créature et Dieu. Dans l'événement absolu du salut, il faut que Dieu mette en œuvre cette histoire comme la sienne propre, et qu'il la conserve comme réalisée en liberté. Dans sa dimension créée, la promesse que Dieu fait de lui-même doit devenir sa réalité. Une réalité de la sorte doit demeurer de notre côté, en deçà de la différence entre Dieu et la créature. Ce n'est qu'à ce prix, le prix d'une destinée selon la chair, dans les contradictions et les épreuves d'une pleine historicité, que le salut est irrévocable. Non seulement la christologie est sauve, mais ce n'est qu'à son propos que l'on peut parler d'auto-communication. Elle est le don, parce qu'elle est la forme plénière du don, elle en radicalise les potentialités mêmes. On ne saurait penser que Dieu puisse encore mieux se donner. En d'autres lieux, Rahner a écrit des pages très fortes sur l'éternité de la médiation de l'humanité du Christ dans notre rapport à Dieu, pour tout rapport à Dieu. Selon le vocabulaire balthasarien, Dieu ne déposera jamais la *figure*, elle médiatise tout commerce avec le divin, elle assure aussi la permanence de notre chair quand l'abîme se fait alliance.

Du coup, nous dit Rahner, « est donnée une première assise pour une christologie “d’en bas” qui trouve son identité objective avec la christologie ecclésiale classique “d’en haut”, et en même temps peut rendre intelligible l’unité de la christologie de l’Incarnation (essentiale) et sotériologique (fonctionale) » (*TfF*, p. 337).

L’unité acquise n’infléchit point la réticence balthasarienne. La singularité de l’existence de Jésus reste par trop juxtaposée, archétypique donc réitérable. Les critères *d’irréitérabilité* demeurent trop lâches, *la* « figure » se détache encore insuffisamment de l’ordre des figures mondaines. Rahner a beau dire et répéter que l’union par mode d’hypostase est nécessairement un fait unique dans l’histoire, elle n’en demeure pas moins traitée selon des critères de continuité existentielle. Phénomène divin de radicalisation de l’humain, la christologie finit par se réduire à un second *Grundaxiom* qui commande toute relation entre Dieu et la créature : la proximité et la distance, la dépendance et l’autonomie de la créature ne croissent pas en mesure inverse, mais identique [1].

Les « ressources de la négativité [2] » sont infiniment plus prégnantes dans la théologie balthasarienne des rapports de Dieu à l’homme. Seuls ces éléments de discontinuité, ou de logique des contraires, semblent assurer l’impossible mainmise de l’homme sur la détermination historique de la *figure* du divin. Les tensions sont assurément moins fortes chez Rahner, et c’est donc bien d’une logique théologique divergente dont il s’agit. On comprend dès lors pourquoi la christologie rahnérienne sera plus redevable d’une filiation antiochienne qu’alexandrine. L’*inouï* du rapport de communication entre Dieu et l’homme pour Rahner, ce n’est pas l’abîme de déréliction qui frappe le Fils livré, et inscrit l’abandon au cœur du divin, telle une scission incompréhensible (*diastase*), mais l’entrée du divin dans la même histoire que la nôtre, son « vouloir-vivre » une subjecti-

1. K. RAHNER, « Inkarnation », *SM*, t. II, p. 833.
2. G. LAFONT, *Peut-on connaître Dieu en Jésus-Christ* ? Paris, Éd. du Cerf, 1969.

vité humaine, sa décision d'être sujet d'une destinée d'homme par son *Logos*. Cette jonction nous sauve, puisque la tension asymptotique qui ouvre le sujet en direction du tout de l'être ne vient pas se perdre dans un mouvement qui s'apparente au néant, mais s'incurve en direction d'une figure du monde, gage d'une nouvelle promesse, parce que figure de Dieu pour l'homme. À ce propos, et au terme de nos réflexions, nous reviendrons sur les non-dits qui travaillent les jugements balthasariens à l'endroit de la pensée théologique de Rahner. Finalement, Balthasar estime que Rahner est trop influencé par l'idéalisme allemand, et contrairement aux apparences, Rahner nous livrerait une théologie dialectique, celle des tensions « matière-esprit », « abîme du fini-abîme de l'infini », et leur résolution dans le moment de la synthèse qui achève le devenir transcendantal du sujet. Là encore, c'est la figure qui se trouve intégrée en un tout plus vaste, un processus contraignant. L'enjeu de la controverse réside là, et il faudra encore tenter d'affiner ses présupposés, son concept.

LE DIVIN EN CONDITION D'HUMANITÉ : UNE « THÉODICÉE TRINITAIRE »

Le mode d'être du Christ, comme *fait*, n'est ni interchangeable, ni substituable. C'est là une affirmation constante de la christologie rahnérienne. Elle apporte donc un correctif capital à ce que pourrait avoir d'unilatéral une christologie transcendantale. Rahner refuse avec énergie toute imputation morale externe aux actes et aux paroles de l'homme Jésus. Les dimensions actuées de l'être-homme Jésus ne sont pas un matériau déclaré infiniment méritoire, en raison d'une décision divine plus ou moins arbitraire.

L'élément permanent de « nécessité » qui traverse cette christologie, et qui va plus loin que l'argument de convenance, repose sur la prise au sérieux de l'irréductibilité du don que Dieu fait de son être. Rahner, à plusieurs reprises, réaffirmera le primat de cet « article de foi », l'autocommunication de Dieu, et le lieu de sa saisie, un lieu qui doit énoncer une forme irréductible d'adéquation à cet acte, l'homme Jésus. La manière d'être et d'exister de Jésus n'est pas accidentelle, sa chair n'est pas un moment somme toute occasionnel, un instrument par lequel Dieu signalerait sa présence.

Tombe ici une interprétation balthasarienne de la christologie de Rahner, qui consiste à ne voir dans la chair de Jésus que l'*occasion* d'une manifestation de la volonté salvifique universelle de Dieu en son autocommunication (*Dd*, t. III, p. 252 s.). Le rapport de Dieu à l'homme dans l'union hypostatique entrerait dans la chaîne homogène des relations qui concerne n'importe quelle existence. Si cette conaturalité est de fait une dimension de la christologie de Rahner, c'est l'élément proprement esthétique de cette christologie qui reste méconnu.

Rahner, à l'instar de Balthasar, récuse l'insuffisance d'une christologie de l'instrumentalité, c'est-à-dire sa déficience esthétique. Si la chair du Verbe n'est qu'instrument conjoint qui, en vertu de son union avec le Verbe divin, est source d'une forme d'existence infiniment méritoire, c'est la raison d'une telle conjonction qui reste impensée. L'absence du principe esthétique reporte la chair dans un en-deçà de la manifestation, et donc n'est plus en mesure de lui reconnaître une dimension de révélation. Sur ce point, Balthasar et Rahner demeurent très proches l'un de l'autre, et nous ne connaissons point d'autres théologiens contemporains qui aient poussé aussi loin les dimensions d'une christologie esthétique (*GC*, t. I, p. 387-388).

La christologie esthétique rahnérienne répond à deux préoccupations, l'une appartenant à l'ordre de la *ratio* trinitaire, l'autre plus directement greffée sur les intuitions d'un programme de christologie transcendantale. En effet, si dans la confession de foi nous reconnaissons que c'est la *Parole* qui est devenue sujet d'une histoire, et elle seule, si dans le mouvement de report transcendantal que s'assigne le jugement de raison face à tout objet donné et possible de connaissance une telle jonction nous est déjà donnée comme possible et désirable dans notre histoire de sujets, alors le rapport *Logos-homme*, *Logos-sarx*, n'est pas ce qui aurait pu ne pas être quand Dieu veut se communiquer. La *ratio* trinitaire, qui seule fait sourdre librement et ineffablement la jonction, hausse le rapport *Logos-sarx* au rang de dimension expressive infinie, puisque la chair qui seule est « envisageable » (Lévinas) par l'homme, est l'*expression vraie*, la traduction fidèle de l'être de Dieu.

L'humanité du Christ, dans sa réalité concrète, ne peut avoir une importance théologique que si elle est, comme telle, et pas seulement en tant que formellement unie *a posteriori* au *Logos*, la manifestation de Dieu dans le monde. Si est contenu dans le sens et l'essence de la Parole de Dieu que c'est *elle* qui peut engager une histoire humaine, et pour les raisons que nous avons déjà longuement précisées antérieurement, alors nous est révélée une dimension nouvelle, on ne peut comprendre ce qu'est un *devenir-homme* que si l'on sait ce qu'est la *Parole de Dieu*, en Dieu et vers nous lorsqu'elle se fait sujet d'une histoire. L'homme est invité à entrer dans un rapport d'expressivité avec Dieu, d'*analogia*, de proportionnalité, il est invité à se perdre dans l'infinité du mystère qui enveloppe toutes choses. Le consentement ainsi défini coïncide avec une réappropriation de son être-homme. Identiquement, Dieu se porte en direction de l'homme puisqu'il possède en notre faveur un *Logos*, c'est-à-dire la possibilité d'un don de lui-même en histoire, *tel qu'il est en lui-même*.

L'homme est alors le mystère de Dieu proféré qui, pour l'éternité, a part au mystère de son fondement. Nous reconnaissons que la pensée de Rahner demeure ici difficile à saisir, tant elle se pose dans un vocabulaire qui tente de déjouer au maximum la faiblesse des mots, ou l'abstraction des concepts. La langue française ne permet qu'insuffisamment de redonner les nuances de l'allemand, sans doute plus proche de la concrétude visée par Rahner. Dire de l'humanité du *Logos* qu'elle en est l'*expression* (*Ausdruck*) ou la manifestation (*Auslegung*), c'est justement indiquer l'excès de la chair quand elle projette et dit la forme du divin.

L'excès est évidemment singulièrement intégré dans un rapport de quasi-nécessité, et la chair, dimension d'expressivité adéquate, est peut-être plus proche de l'essence de l'humain que de la concrétude d'une condition qui dit davantage la vulnérabilité et la dispersion des êtres. La chair, pour Rahner, ne s'apparente-t-elle pas à l'analytique existentiale, plus qu'à la corporéité qui médiatise ces existentiaux et leur confère des degrés de variabilité et d'expression ? Une saisie de l'homogénéité de l'humain, à partir du décodage transcendantal *Logos-sarx*, n'est-elle pas présomptueuse, et ne tombe-t-elle pas alors sous la justesse des critiques que lui adresse Balthasar ? L'auto-transcendance filiale ne devient-elle pas trop vite une catégorie de l'humain, toujours plus ou moins fixée sur l'*a priori* d'un processus plus que d'une grâce, la transfiguration en liberté du simple donné de nature ?

Nous visons ici la filiation idéaliste de la pensée de Rahner, sans récuser l'apport fécond de la philosophie idéaliste de la personne tel que nous pouvons la trouver dans la pensée de Hegel. Un théologien aussi soucieux que Walter Kasper de demeurer dans l'intégralité de la confession de foi ecclésiale n'hésitera pas à reconnaître que la refondation du concept de personne chez Hegel permettra à la christologie de bénéficier d'un concept des plus précieux, lui-même sans doute recueilli à partir d'une « méditation » hégélienne de la passion du Fils [1] Jésus. Rahner, à son tour, si l'on peut dire, recourt à une intelligibilité nouvelle de l'être-ouvert de Jésus, en en saisissant d'abord le mouvement de positivité, c'est-à-dire une coïncidence progressive à son être-homme dans le fait de se perdre en Dieu, achèvement qui n'engloutit point mais produit une restitution du sujet à soi. Il n'est sans doute pas nécessaire de redire la résistance balthasarienne à cette lecture transcendantalement intégrable de la mort à soi d'un sujet.

Ce mouvement de restitution est corrélatif de l'« être-pour-l'autre » qui dit Dieu comme Trinité. Rahner, là aussi, a ouvert des voies fécondes, et comme nous l'avons dit, le concept même d'autocommunication est conséquemment trinitaire. L'extase divine en direction des hommes n'est pensable que si l'on a atteint la rigueur trinitaire d'un absolu, rigueur parce que Rahner n'inclut pas nécessairement la Trinité de Dieu dans le cadre

1. J. MOINGT, *L'homme qui venait de Dieu*, Paris, Éd. du Cerf, 1993, p. 572-580.

restreint d'une révélation purement extrinsèque. L'on sent cette tendance à rejoindre philosophiquement la qualification trinitaire du divin à travers la corrélativité connaissance-amour, qui détermine toute saisie de l'être par l'étant, et imprime dans une logique de la connaissance et de la réceptivité un processus de différenciation, un *vestigium trinitatis*. Mais d'ailleurs existe-t-il une sphère du réel qui échappe à l'horizon transcendantal de la révélation ? La révélation tend à se confondre avec le moi transcendantal comme tel, puisqu'elle en est la condition de possibilité.

De tout cela, il découle une interrogation capitale, et c'est même cette interrogation qui a fait naître l'orientation conceptuelle de la christologie rahnérienne. Le travail réflexif du théologien se laisse ici admirablement entrevoir. Prenant acte des apories auxquelles nous livrent les formules dogmatiques anciennes, et ceci en raison des déplacements sémantiques que les mots et les prétentions conceptuelles ont nécessairement subis, Rahner redoute un éloignement des formulations, dans leur compréhension contemporaine, de la vérité visée par l'Écriture. La refondation conceptuelle à laquelle se livre Rahner ne procède pas tant d'une volonté de « soumission » de l'Écriture aux impératifs de la subjectivité transcendantale, qui trouverait là le matériau de son nécessaire mouvement de médiation, mais d'une lecture de l'Écriture qui laisse percevoir l'épaisseur humaine d'une destinée polarisée par la passion d'une venue, celle imminente du Royaume de Dieu, et qui traverse tous les niveaux perceptibles d'existence de l'homme Jésus. Il existe en raison du Royaume qui vient, et qui vient à son sujet, parce qu'il est là, parce qu'il y participe, parce qu'il s'identifie à une réalité qui ne fait plus qu'un avec lui. Jésus livre *ainsi* la radicale filialité de son être [1], et cela dans une existence qui n'échappe point à l'être-homme, à ses mouvements de décision, de croissance, d'amour, de perception, de tristesse, de pesanteur, de mort à soi, toutes dimensions non récusables parce qu'inscrites dans

1. J. MOINGT, p. 21-69 ; on se reportera également à l'épilogue de l'ouvrage cité.

la trame du récit qui fait foi, et qui fait norme. Peut-on alors, et sous quelles modalités, c'est-à-dire à quelles refondations conceptuelles, à partir du donné dogmatique chalcédonien qui ne saurait être dépassé en son acte, repenser le rapport original de la réalité humaine de Jésus à Dieu, indispensable à la compréhension de la fonction médiatrice du Christ [1] ?

Et si l'on jetait un œil du côté de Dieu comme fondement du différent, si la limite philosophique du concept divin, *principium et finis mundi*, ou si l'aporie du divin comme tout de l'être, laissaient au discours de foi une capacité de revisiter les limites ou les interdits philosophiques, au seul nom de ce que nous avons reconnu en Jésus et de la familiarité qu'il énonce au sujet de son Dieu et Père ? Nous consentons à la justesse de l'impossibilité dont la raison critique et la pensée contemporaine du non-lieu de la transcendance nous demandent de prendre au sérieux. Dieu ne fonctionne plus telle une garantie qui légitimerait une perception stable du réel extramental, et dont la conscience se rendrait maîtresse par son statut d'être pensant. Pourtant, c'est peut-être bien de la réhabilitation du sujet dont nous avons besoin, une réhabilitation qui puisse le soustraire de déterminismes qui n'appartiennent plus seulement à l'ordre d'un inconscient maîtrisable, parce que déjoué dans son mode de fonctionnement, mais d'un sujet digne de ce nom parce que libéré d'une « économie » de l'échange qui transcrit le sujet en valeur marchande. Le sujet, c'est peut-être d'abord le minimum que requiert et intime la vulnérabilité d'un être qui tisse ses relations de convivialité, d'échange, d'interrogation sur sa destinée et son être-au-monde, sur l'énigme de la cessation de sa présence dans la mort, bref, un être dont la « nature » demeure une source qui le projette plus loin que les utilisations dont il pourrait faire l'objet. L'impossibilité de s'en tenir au seul plan d'immanence pourrait positivement indiquer la liberté que ne cesse d'inscrire en tout sujet la transcendance. Comment s'habituer à fréquenter ces nouveaux chemins de pensée, la transcendance, expérience fondatrice d'altérité, où Dieu pourrait au

1. K. RAHNER, « Problèmes actuels de christologie », *ÉT*, t. I, p. 128.

moins signifier « l'étrangeté surprenante d'un Autre à jamais infixable et incapturable aux rets de nos besoins et de notre curiosité [1] » ?

C'est peut-être parce que Dieu, en Jésus, fut reconnu comme celui qui n'échappe point à l'être-homme, que le récit évangélique « échappe » toujours à l'accusation légitime d'une transcendance d'illusion. Rahner a perçu avec force cette refondation évangélique de la transcendance, elle informe une quête spéculative constante, inachevée parce que touchant à l'ultime, le rapport humain du *Logos* en direction du Dieu saint, non pas la formalité toute abstraite d'un rapport, mais ce que produit la grâce de l'union dans la profondeur d'un sujet qui dit son être-homme à la mesure de son être-Dieu, en toute liberté réciproque.

La « nature humaine » de l'Homme-Dieu, ou l'apport rahnérien à une « esthétique » théologique.

En utilisant le vocable d'« esthétique théologique », il va sans dire que nous proposons un terme qui n'appartient pas au registre sémantique rahnérien. Cela ne signifie pas qu'une « esthétique » soit absente de la théologie de Rahner, une « esthétique » au sens balthasarien du terme. Peut-être est-il bon, à cet endroit de nos recherches, de rappeler ce que nous entendons par « esthétique théologique ». Le terme s'applique évidemment à une théologie qui n'est pas réductible à d'autres perspectives théologiques, telle une catégorie formelle que l'on pourrait extraire du corpus balthasarien. Il s'inscrit donc dans une œuvre a-typique, et se développe selon des harmoniques et des variations qui rendent la lecture de l'œuvre difficile. La « figure », concept central de l'« esthétique », répond à plusieurs définitions. Nous avons tenté de les recueillir dans leur multiplicité, c'est-à-dire en fonction des dimensions multiples dont il

1. F. GUIBAL, « À l'épreuve de la modernité », *Penser la foi: recherches en théologie aujourd'hui; mélanges offerts à Joseph Moingt*, J. DORÉ et C. THEOBALD (éd.), Paris, Éd. du Cerf, 1993, p. 242.

faut tenir compte. On peut en énumérer quelques-unes: le rapport sujet-objet, le rapport sensibilité-intellect, le rapport de l'être et des transcendantaux, le rapport des transcendantaux entre eux, le rapport être-étant, le rapport *species-lumen*, le rapport matière-idées, le statut de la chair à travers les tensions qu'elle fait naître, visibilité-invisibilité, parole-non-parole, souveraineté absolue-obéissance kénotique, mort-résurrection.

Ces dimensions, non exhaustives, dessinent la figure de révélation en lui conférant une articulation fondamentale, la tension intériorité-extériorité, forme et fond d'une manifestation, c'est-à-dire d'un « apparaître ». Dieu s'est constitué un corps de révélation de sa splendeur, en d'autres termes de sa Gloire. Il pose sur la scène du monde une figure, une forme plastique, déchiffrable dans l'univers des sens parce que chair-*sarx*, indéchiffrable en sa totalité parce que mue visiblement par l'invisible [1], donc toujours soustraite à la saisie. La transfiguration chrétienne unit l'éclat et le rayonnement à la réalité solide. Nous sommes bien d'accord pour dire que telle n'est pas la problématique de Rahner. Nous sommes assez éloignés d'une thématique de l'« enthousiasme [2] », du *thaumazein*, puisque le *Vorgriff* rahnérien intègre une dimension très largement récusée par

1. « La manifestation, en tant que révélation de la profondeur, suppose à la fois deux données inséparables : la présence réelle de la profondeur, de la totalité – et le renvoi à cette profondeur au-delà de la manifestation [...] ; les deux demeurent inséparables et composent, ensemble, la figure fondamentale de l'être. Nous “apercevons” la figure ; mais, si nous l'apercevons réellement, nous n'apercevons pas seulement la figure détachée, mais la profondeur qui apparaît en elle, nous la voyons comme éclat, comme splendeur de l'être. En contemplant, nous sommes “ravis” par cette profondeur, et “entraînés” en elle ; mais (tant qu'il s'agit du beau) jamais nous n'abandonnerons la figure (horizontale) pour plonger (verticalement) dans la profondeur nue. » *GC*, t. I, p. 98-99.

2. *Ibid.*, p. 98. L'« enthousiasme » coïncide au ravissement (*rapiamur*) que la perception des formes produit. C'est l'attitude fontale à laquelle peut conduire tout rapport de connaissance. Il s'agit donc bien d'une reconnaissance, un mouvement qui exige un retour sur soi, duquel pourra naître l'amour pour les choses invisibles, le fond de l'être, la donabilité de l'être qui traversent les formes et les polarisent comme figures.

Balthasar, le dynamisme transcendantal d'une projection native en direction de l'infini.

Un tel phénomène de projection tend nécessairement à isoler le dynamisme de l'intellect en le détachant de tous les éléments de vision et de compréhension. Nous savons que Balthasar impute cette entorse à l'idéalisme, celui-ci ayant manqué les catégories personnelles et bibliques. Elles interdisent précisément que la connaissance de Dieu puisse devenir un simple savoir humain en sautant par-dessus le don divin de la révélation. Un théologien comme Peter Eicher [1] ne manquera pas de faire correspondre le jugement balthasarien à la forme de la théologie rahnérienne. La dimension de réceptivité serait absente de la théologie transcendantale, point de séparation entre les deux penseurs. Nous avons déjà esquissé une réponse à l'endroit de la critique, l'estimant irrecevable, parce que méconnaissant bien des textes de Rahner où celui-ci se garde bien de séparer intellect agent et sensibilité, ce qui implique un rapport constitutif de réceptivité.

À l'instar de Balthasar, pour Rahner, la donabilité de l'être traverse les formes, les *phantasma*, ce qui produit un mouvement natif d'universalisation des formes offertes à la sensibilité, et rend l'esprit de l'homme ouvert à une immédiateté de l'Infini. Ce phénomène est le fait de l'intellect, ce qui n'est pas le cas chez Balthasar. Il refuse cette constitution de l'intellect, ce pouvoir ontologique natif. Balthasar préfère que le champ d'investigation de l'infini épouse la mondanité des formes sensibles, des signes symboliques, de l'être réel indépassable, à moins que Dieu ne décide de s'ouvrir lui-même et de prendre forme dans une figure qui, dans un excès de visibilité, renforcera son incompréhensibilité. L'esthétique balthasarienne de la figure, en épousant les formes du monde sensible, se dialectise néanmoins en cette tension visibilité excessive-excès d'invisibilité. *En revanche, l'esthétique rahnérienne de la figure, en épousant la forme humaine d'une liberté spirituelle, s'insère*

1. P. Eicher, *Offenbarung. Prinzip der neuzeitlicher Theologie*, Munich, 1977.

dans la continuité du temps qui médiatise les libertés humaines et les mène en Christ à leur achèvement désiré. Mais il y a bien une esthétique, puisque la liberté archétype devient une forme visible, et non une « livrée » sous laquelle se dissimulerait un Dieu passant sur la terre. La démythisation de la « descente » du divin est assurée par l'inclusion transcendantale de la figure dans une logique de la connaissance, et les dimensions d'une analytique de l'existence. Mais, encore une fois, il faut maintenir la figure que Dieu se donne dans un rapport de discontinuité avec l'horizon-limite d'une anticipation transcendantale de l'Homme-Dieu.

La dimension d'une « esthétique » christologique pourrait se formuler de la sorte, pour Rahner : la figure d'humanité qui appartient au Verbe n'est pas un corps qui dissimule une divinité sous-jacente, elle est ce qui appartient au Verbe sans lui être juxtaposé, donc ce qui revient au Verbe en propre, comme à lui destiné si l'on peut user de l'expression. Cela suppose que l'on comprenne bien l'originalité véritable de l'homme Jésus en face de Dieu, et que l'on ne fasse pas du Christ une simple apparition de Dieu, apparition qui n'aurait aucune valeur propre en face du Dieu qui apparaît. Mais alors, lorsqu'on se contente de parler de « nature » humaine, unie et mue par l'unique personne du Verbe, qu'en est-il d'une histoire humaine de Jésus en face de Dieu, et par là de son sujet empirique immédiat ?

Les questions abordées par Rahner sont complexes, elles mériteraient que nous nous y attardions pour en saisir à la fois la fécondité et les limites. Nous resterons cependant en deçà des débats proprement christologiques pour ne privilégier que l'orientation christologique décisive à laquelle le théologien veut aboutir. Le rapport « instrumental » de la nature humaine au Verbe divin annule toute « esthétique » théologique, c'est-à-dire un *rapport d'expression du divin* dans l'extériorité irréductible d'un corps et l'intériorité irréductible d'une liberté humaine. Balthasar émet un jugement identique, et dans une œuvre postérieure à la parution du *Grundkurs des Glaubens* rahnérien, il rend hommage à l'intuition christologique du théologien allemand (*Theol.*, t. II, p. 258-261).

Ce texte balthasarien demeure néanmoins un témoin capital de l'estime de Balthasar pour Rahner. Mais il est plus que cela. Le texte balthasarien énonce, à l'aide d'une intuition centrale de la christologie de Rahner, le principe sur lequel repose une « esthétique » christologique, telle que nous l'avons définie précédemment. Si le *Logos* devient homme, alors cette humanité n'est pas un signal (*Vorgegebene*), mais ce qui devient et apparaît dans un être-là (*Dasein*) lorsque ce *Logos* consent à s'extérioriser, à sortir de soi (*sich entäußert*).

Balthasar poursuit la citation rahnérienne en recourant à l'une de ces admirables formules dont Rahner aura le secret. Elle nous semble illustrer parfaitement la rigueur d'une christologie esthétique qui dépasse une christologie de l'*instrumentum conjunctum* ou *causa instrumentalis*, par laquelle un « autre » tend à « quelque chose d'autre », et l'atteint. Dieu, abstraitement considéré, aurait une œuvre à réaliser, sa Seigneurie le soustrayant à toute compromission mondaine, l'obligerait à recourir à l'instrumentalité d'une nature égale à la nôtre pour que justice se rétablisse. Mais l'on connaît aussi la *dérive divinisatrice* qui va toucher peu à peu cette nature humaine, revêtue d'une somme de perfections rendant nécessairement suspecte la moindre trace reconnue d'une vulnérabilité tout humaine de cette nature. Or, l'on oubliait que dans le récit des Écritures qui fait foi, pas un seul instant la gloire de Dieu n'est séparée de l'*Agneau*. Le livre de la fin, qui ouvre les temps d'accomplissement, confesse que la Jérusalem eschatologique n'a pas d'autre temple que Dieu et l'*Agneau*, « qui lui tient de flambeau » (Ap 21, 22-23).

Il n'y a pas en christianisme d'ultime étape qui permettrait d'aboutir à la vision intuitive de l'esprit pur et absolu, au-delà de la figure, l'ultime étape coïncide avec la conservation de la figure, l'« éternisation » de la chair du Verbe, écho accompli de la provenance de cette chair des « mains » de Dieu. La chair, pour Balthasar, garde une dimension extrêmement concrète, réaliste, alors que pour Rahner elle énonce déjà une dimension de l'être-homme qui s'intègre à l'analytique existentiale, ce qu'il appellerait l'« indigence infinie de notre transcendance ». Rahner ne prêterait-il alors que peu d'attention à la matérialité de cette chair ? Assurément non. Lorsqu'il affirme que l'humanité du *Logos* est l'*ek* -sistence de Dieu, son *ex*-tériorisation, Rahner ne peut que recourir aussi à la rigueur « esthétique » de l'affirmation, le réalisme d'un corps qui médiatise et exprime un rapport d'altérité et de convivialité en direction de ses contemporains et en direction de Dieu. Rahner lui-même nous met en garde et nous prendrait en défaut de ne vouloir considérer la chair qu'à travers le fond universel de l'essence, « ce qui appartient à l'essence nécessaire et universelle de la *sarx* [1] ».

Rahner tente ainsi de « récupérer » l'axe proprement sotériologique de la christologie, élément irréductible de discontinuité au cœur de l'affirmation transcendantale qui serait l'élément de continuité, continuité de Dieu à l'humain, et de l'humain au divin. Une telle théologie permet aussi de mieux voir que le Christ ne devait pas seulement nous être « semblable » pour être notre Sauveur, mais qu'il devait avoir la même « origine » que nous (He 2, 11). Sur ce point, une théorie de la satisfaction purement formelle et juridique manque l'appréhension d'un principe esthétique dans le mouvement d'entrée en chair auquel Dieu se livre en son *Logos*. Rahner l'a parfaitement perçu, c'est pourquoi il refuse la thèse si lâche de l'imputation morale, qui conférerait de l'extérieur une valeur infinie à la chair assumée, décision divine qui pourrait investir d'autres sphères de la réalité, d'autres instruments utilisables, mais qui briserait de par son arbitraire toute esthétique du divin.

L'esthétique rahnérienne est tout entière greffée sur les contours de la chair du Christ, d'un corps qui ne se laisse pas dissoudre dans les possibilités intégratives de la raison, de la raison transcendantale devrait-on dire. Rahner, bien entendu, ne formalise pas les choses de la même manière que Balthasar. Si, pour ce dernier, la valorisation de la chair remonte le temps pour rejoindre un geste plus originel de la pensée théologique, la tradition préalexandrine qui maintient le paradoxe d'une ineffable tension et en recueille la salvifique harmonie contre la gnose, Rahner quant à lui soumet cette chair du Christ à l'actualité de notre condition. C'est pourquoi l'irréductibilité du corps du

1. K. Rahner, « Problèmes actuels de christologie », *ÉT*, t. I, p. 175.

Christ, ou la volonté rahnérienne de se démarquer d'un docétisme larvé, rejaillit sans cesse dans les dimensions de l'analytique existentiale, c'est-à-dire de ses conditions inéluctables de notre existence, qui toujours, dépassent ou sont en instance de dépasser l'ordre opaque de la chair, et de faire émerger l'esprit.

À travers les linéaments de l'esthétique christologique rahnérienne, nous touchons deux affirmations qui donnent sens et forme à cette christologie. La première, directement liée à l'expérience transcendantale, dessine la figure de l'Homme-Dieu non pas *préalablement* à sa venue, mais *dans le mouvement constant de sa venue* vers l'homme, qui est un événement de grâce. Il apparaît donc inexact de parler de pure déductibilité de la figure de l'Homme-Dieu à partir d'une médiation originaire de la subjectivité transcendantale. La déductibilité est relative à l'événement de grâce qui la pose, et qui se confond avec l'autocommunication. Le désir de l'Homme-Dieu, ou du « Sauveur absolu », est toujours la forme que le don préforme dans tout rapport de la subjectivité à soi, sous le mode de l'offre et de la « causalité quasi formelle ».

La seconde affirmation énonce plus précisément la teneur du principe esthétique. Il s'agit du rapport d'une réalité finie avec l'absolu lui-même. Si Dieu veut se donner, et si se donnant il dépasse l'énonciation d'une pure parole qui, tel le mouvement de la tangente vient frôler l'horizon de l'humain, il convient que la parole se fasse acte, chair. Alors cette réalité doit avoir un lien tel avec Dieu qu'elle *est* la réalité de Dieu même. Non pas une réalité purement et simplement identique à lui, car dans ce cas Dieu ne serait plus distinct de l'homme, autre que lui, et si cette unité se trouvait par impossible dépassée par la suite, Dieu cesserait d'être lui-même [1].

L'argument du théologien ne relève ici qu'indirectement de l'ontologie, il est *argumentum ex prophetia*, il en va de la *fidélité* de Dieu à ses promesses. Dieu cesserait d'être lui-même, en ce qu'il se renierait lui-même dans l'acte de se donner lui-même. Le jugement de foi trahit sa dette inévitable à l'égard du récit en

1. K. RAHNER, « Jesus Christus Sinn des Lebens », *SzT*, t. XV, p. 214-215.

lequel une telle proximité fut reconnue, la destinée singulière de l'homme Jésus. La réalité solide, limitée, circonscrite à une aire spatiale et temporelle que constitue la figure du Nazaréen, « engage » le divin dans une solidarité qui touche, à partir de ce point de l'espace-temps, tous les niveaux de réalité. Tel est le contenu de l'annonce messianique, la communication que Dieu fait de lui-même en tant qu'elle est accomplie en Jésus. Loin de dissoudre la particularité chrétienne, Rahner opère au contraire une réappropriation du double lien, scripturaire et ontologique, qui lui permet de dépasser la critique de Lessing et le mouvement subséquent des christologies libérales et romantiques. Dans ce sens, Rahner n'épouse en rien les présupposés kantiens.

L'objection à laquelle répond Rahner semble bien, en effet, remonter à l'impossibilité lessingienne d'une fondation et d'une obligation en raison d'une vérité historique contingente. Comme telle, elle ne peut prétendre qu'à une pertinence régionale, particulière de sens. Or, si nous parlons de Jésus Christ comme « sens » de la vie humaine totale, le mot ne vise pas une correspondance particulière entre des réalités elles-mêmes particulières. Ce n'est pas d'un sens en soi de l'événement dont nous parlons, mais de l'extension du sens conçu comme phénomène d'obligation. Mais n'est-ce pas à travers des finalités et significations partielles que l'homme s'assigne pour lui-même des buts, des projets, sans que jamais il ne puisse en extraire l'un d'eux et le hausser au rang de particularité universellement « contraignante [1] ». C'est à ce propos que Rahner joue habilement de l'articulation entre la particularité du référent chrétien et l'essence de la liberté. *Le point de vue transcendantal s'ajuste à la particularité comme étant sa forme déterminante et inéluctable.* Ce point est capital. Il dénote aussi que Rahner n'est guère nominaliste, puisque le nominalisme supprime tout lien entre les êtres, dans l'espace, mais aussi dans le temps : on tombe dans l'accumulation (dans l'espace) ou la répétition (dans le temps) de points particuliers sans lien entre eux.

1. *Ibid.*, p. 206-212. Voir aussi *TfF*, p. 263-266.

L'expérience de la liberté est mouvante par essence, parce qu'elle ne peut pas ne pas être médiatisée par les événements qui la propulsent au-delà d'elle-même, et lui permettent de poser des actes libres. Il en résulte une non-coïncidence fondatrice, celle de la brèche entre l'inévitable certitude relative d'une connaissance de type historique, et la possibilité ou l'audace d'un engagement absolu à propos de la factualité de l'événement. On ne peut, dit Rahner, échapper à cette alternative par une sorte d'« abstention existentielle » à l'égard des faits de l'histoire. Ce faisant, le chrétien présuppose déjà, au fond de l'être de l'homme à l'écoute, une *compréhension proposée à la liberté de la foi*. L'*a priori* transcendantal sera par le fait même second, paradoxalement second, c'est-à-dire dérivé de l'événement historiquement saisissable, et cela même dans le mouvement originel d'anticipation sur l'être qui caractérise la subjectivité.

La « contrainte » repose sur une ontologie minimale. Nous l'avons très amplement analysée au cours des développements menés dès le chapitre premier, puis repris tout au long de notre argumentation. *L'homme est à l'écoute d'une Parole de révélation de par cette ouverture initiale inéluctable que dessine la différence ontologique*. C'est cela l'ontologie minimale rahnérienne. D'emblée, c'est-à-dire constitutivement, elle est traversée par le fait de révélation, et donc la factualité d'une ouverture possible de l'absolu. C'est la gratuité de l'être qui ultimement devient un *horizon possible de compréhension* pour l'homme. La « contrainte » ontologique est suspendue à la gratuité d'un don qui la fait naître. Mais il s'agit bien d'une « contrainte » puisque l'homme n'y échapperait qu'en se perdant lui-même.

Le chrétien croit à la possibilité d'un sens qui englobe tout. Mais il sait que cette réalisation incombe comme tâche à sa liberté, dans son histoire, et représente un don de Celui que nous nommons Dieu. C'est à ce point qu'un *travail de deuil* est à accomplir, il touche directement à une logique de la connaissance. Nous estimons souvent qu'une chose est connue quand ses particularités nous deviennent pleinement ou même partiellement et provisoirement intelligibles. Elles peuvent alors s'intégrer dans le réseau plus vaste de nos besoins et de nos curiosités. « Mais *il ne peut* justement *pas* en aller ainsi lorsque nous reconnaissons Dieu comme le Mystère insaisissable, car cette expérience de l'incompréhensible ne constitue précisément pas le regrettable résidu d'une connaissance pénétrante, mais ce qui est le premier et le dernier mot de la connaissance comme telle [*das letzte und ursprüngliche Wesen der Erkenntnis aus*] » (*TfF*, p. 208).

Le texte rahnérien est admirable, tant il radicalise le mouvement de deuil qui traverse la connaissance, ce qui relativise ou resitue le sens de l'anticipation transcendantale. Elle n'est jamais une puissance pure ou immédiate du sujet connaissant. La connaissance de l'homme n'atteint son véritable accomplissement qu'en cet « échec » qui traverse le connaître, et empêche toute adéquation qui signifie toujours une perte de l'altérité (*SzT*, t. XV, p. 208). Peut-être n'avons-nous qu'insuffisamment relevé ce qui pourrait être une contradiction dans la pensée de Rahner ? En effet, comment peut-il parler d'« expérience » (*Erfahrung*) transcendantale, si l'on supposait que Rahner ne fait qu'utiliser une catégorie kantienne transposée dans le domaine théologique ? Ne procédant pas des conditions de l'expérience, mais comme forme *a priori* du connaître et de ses conditions, est-il légitime d'adjoindre au concept le terme d'« expérience » ? Nous n'allons pas entrer dans la complexité du problème philosophique de la connaissance, et moins encore dans un exposé des principes kantiens de la possibilité et des limites du connaître, mais indiquer l'émergence d'un indice, celui d'une utilisation très formelle de catégories kantiennes [1] chez Rahner.

1. Certes chez Kant, au niveau de la « dialectique transcendantale », le terme raison désigne la partie de la faculté de connaître où les idées *a priori* maintiennent la visée de la totalité. D'autre part, dans l'*Esthétique transcendantale*, Kant n'étudie la sensibilité, c'est-à-dire la partie réceptive de notre faculté de connaître, que dans la mesure où elle implique des formes *a priori*. Ces formes pures ne sont pas des propriétés des choses, mais des conditions de la connaissance que nous pouvons avoir d'elles. D'autre part, ni ces choses ni le connaître ne s'égalent à l'être, en soi inconnaissable. Nous connaissons les choses comme phénomènes, c'est-à-dire telles qu'elles nous apparaissent.

Celui-ci recompose la portée du terme [1], son entrée en théologie est comparable, toute proportion gardée, avec l'utilisation de l'*homoousios* nicéen [2]. Plus qu'une perte de rigueur, la transformation du concept énonce que Rahner pense d'abord en théologien, qui plus est en théologien de la grâce. La catégorie se déplace en direction d'un événement, le niveau transcendantal se rapprocherait alors peut-être davantage du Moi transcendantal husserlien. Nous n'allons pas trancher la question, les influences philosophiques ne pouvant s'unifier en une source dominante en ce qui concerne Rahner. Peut-être faudrait-il d'ailleurs remonter plus loin dans le temps, et jeter un regard du côté de Duns Scot.

Si l'exclusion de l'anthropomorphisme dogmatique hors du domaine légitime du connaître signifie pour Balthasar la perte de la figure de révélation chez Kant, Rahner demeure radicalement en deçà d'une telle alternative. Il est hors de question de dépasser la figure du divin, donc de renoncer à la « forme » anthropomorphe de sa venue. Rahner conserve la rigueur du paradoxe esthétique, en faisant jouer lui aussi la tension invisible-visible, qui non seulement traverse tous les niveaux de réalité, mais révèle sa raison d'être dans une figure du monde et ouvre à une compréhension nouvelle de l'être.

Mais la figure n'est pas une donnée statique. Elle doit se mouvoir dans un milieu qui polarise l'*analogia entis* en *analogia libertatis*, ce milieu correspond à l'historicité de notre condition. Rahner recueille ici l'apport heideggérien de la « facticité » comme forme de l'ontologie, même si Heidegger se tient exclusivement à l'intérieur de la différence ontologique, au dire de Balthasar. En effet, pour Heidegger, la notion théologique de la divinité doit s'incliner devant une différence radicale, plus radicale et exigeante que celle qu'entretient le discours théologique, celle du Dieu créateur et de la créature. Cette autre diffé-

1. On pourra se référer au jugement avisé de Karl-Heinz WEGER, « Theologie Rahners », *Penser la foi : recherches en théologie aujourd'hui ; mélanges offerts à Joseph Moingt*, p. 718.
2. Nous nous autorisons une telle herméneutique à travers des textes tels que *SzT*, t. XV, p. 208.

rence, c'est celle de l'Être qui est haussé au rang de transcendance, une transcendance qui dépasse le dualisme théologique précité. La pensée ne peut déserter le mode temporel où l'être se donne, condition indépassable de la « facticité ». Certes, le geste théologique spécifique consiste dans la transgression de la mondanité, de la « facticité », sans qu'elle devienne dépassable comme telle, puisque l'intuition, ou la revendication heideggérienne d'une lecture de l'Être dans la « facticité », appartient théologiquement à l'accueil de la transcendance divine. C'est pourtant la réception théologique qui, comme telle, ne convient pas à l'Être, le geste théologique consistant à l'identifier.

Ce détour heideggérien indique une autre influence, très latérale, exercée sur la pensée théologique de Rahner. L'ontologie de la « facticité » n'est pourtant pas sans conséquences sur la compréhension rahnérienne de l'unité d'être dans le Christ, telle qu'elle fut définie par le concile de Chalcédoine. La saisie de l'être-homme à l'aide de l'analytique existentiale de Heidegger devait nécessairement réorganiser le discours christologique. Pour cela, c'est du côté du prédicat que l'attention rahnérienne va s'exercer, le Verbe est devenu *homme*, et non pas autre chose. L'ontologie, conçue comme la rigueur ultime et légitime de la pensée, doit s'exercer à partir de cette donnée, saisissable dans les traces d'un « être-là » fondamental, signe d'un « hors-soi » originaire. Nous touchons là l'expérience transcendantale, dans une ontologie de la finitude. Pour Rahner, le constitutif fondamental du *Dasein*, pour demeurer dans la terminologie heideggérienne, c'est l'« indifférence » (*Gelassenheit*), l'« abandon » (*Selbstweggabe*) qui coïncide avec la *potentia oboedientialis*. Mais là déjà nous avons franchi un pas à l'intérieur de la pensée du théologien. L'« abandon » se démarque ou se distingue nécessairement de la pure problématique transcendantale. Bien des textes de Rahner donnent l'impression d'une subordination transcendantale de l'objet théologique à proprement parler. Nous l'avons évoqué à bien des reprises, et l'évolution enregistrée est déjà le fait d'écrits plus ou moins fortement marqués par la recherche des « structures » *a priori* du « sujet théologique ».

Un écrit fondamental [1], programmatique, dont la première version remonte à 1966, période qui correspond sans doute à une relative radicalisation de la problématique transcendantale, trahit déjà la tension que l'objet théologique dessine à l'intérieur de l'horizon transcendantal. Plus l'œuvre se développera dans le temps, plus la tension se reportera en direction d'une résistance plus tenace de l'objet théologique, même si le mouvement d'objectivation se déportera vers l'insaisissable de l'objet, donc son constant retrait d'une pure logique de la connaissance. La recherche des « structures » *a priori* concerne le « sujet théologique ». Voilà bien une expression qui qualifie singulièrement les conditions nécessaires de possibilité de la connaissance ou de l'action dans ledit sujet. Rahner, très proche ici de Kant, saisira vraisemblablement l'impossibilité à laquelle l'accule une problématique kantienne, ne serait-ce que l'utilisation dérivée des concepts kantiens. Le théologien ne pourra se contenter de faire des « structures » *a priori* de la connaissance de pures catégories, le schématisme kantien ne permettant finalement aucune thématique de la grâce. C'est bien avec cette impossibilité que Rahner doit compter lorsqu'il s'enquiert du point de vue transcendantal. En d'autres termes, le sujet est et ne peut être qu'un sujet « théologique », c'est-à-dire une puissance ouverte à partir de Dieu en direction de Dieu. L'amorce d'un mouvement de radicalisation de l'événement de grâce est donnée dans un axiome programmatique, énoncé en 1966 à Chicago, lors d'un symposium théologique: « Le problème indiqué du rapport entre la théologie transcendantale *a priori* et la théologie catégoriale, historique et *a posteriori*, n'est, bien entendu, pas encore entièrement élucidé grâce à ce qu'on vient de dire ; il ne reçoit en effet toute sa profondeur et toute son acuité que lorsqu'on réfléchit qu'en théologie *la dernière condition a priori* de la connaissance théologique dans le sujet, c'est-à-dire la grâce (qui est finalement Dieu agissant librement dans l'histoire et se communiquant) est le véritable contenu, ou, en d'autres termes, le *principe objectif de ce qui est connu a posteriori* et histori-

1. K. RAHNER, « Theologie und Anthropologie », *SzT*, t. VIII.

quement, donc qu'ici, en théologie, l'apriorité du sujet et l'apostériorité de l'objet historique ont entre eux *un rapport unique*, qui ne se présente nulle part ailleurs » (*SzT*, t. VIII, p. 194. C'est nous qui soulignons).

L'ultime condition *a priori* de la connaissance théologique dans le sujet est alors nécessairement première, et parce qu'elle est première, elle totalise ou unifie en elle toutes conditions *a priori*, elle est la forme théologique du rapport de connaissance donné au sujet, c'est-à-dire le constituant comme tel. Rahner tente de maintenir deux choses, d'une part l'appartenance de la puissance cognitive au sujet, et d'autre part sa provenance (*Herkunft*) sise dans un « hors-soi » originaire. Le « hors-soi » originaire est le milieu de la transcendance, il permet la récupération latérale d'une problématique kantienne de la connaissance. Si donc, à propos de chaque *objet dogmatique*, on s'interroge conjointement au sujet des *conditions nécessaires* de leur connaissance dans le *sujet théologique*, on montre que ces conditions impliquent et énoncent quelque chose sur l'objet. L'implication est le fait d'un sujet ex-centré, déporté dans un « hors-soi » irréductible, non réfutable comme horizon inéluctable, bien que réfutable dans l'ordre de la décision. Pour Rahner, la décision est ce à quoi l'on n'échappe pas, y compris dans la discursivité de l'argument qui décompose une proposition affirmative, et tente d'en saisir les limites assignables.

Le rapport unique de l'apriorité du sujet et de l'apostériorité de l'objet requiert la théologie trinitaire. À travers deux postulats, la vérification de l'affirmation s'imposera avec probité. Nous formulerons le premier de la manière suivante, *esse capax verbi*, forme philosophique de la fidélité de l'absolu, le second en recourant à ce que Rahner appelle « l'autodiction immanente de Dieu ».

La communication interne du Fils et de l'Esprit à partir du Père, ou le *diffusivum sui trinitatis*.

En étroite correspondance avec la structure du chapitre IV consacré à Balthasar, nous n'allons qu'esquisser la teneur des deux affirmations précédentes, sur l'*esse capax verbi*, et la *différenciation intratrinitaire*.

Il y a incontestablement chez Rahner une volonté de transposer philosophiquement tout un registre de termes scripturaires qui caractérisent l'action de Dieu vis-à-vis de son peuple. Certes, de telles transpositions peuvent paraître des plus problématiques, d'autant plus qu'elles risquent d'accentuer une tendance à la dé-particularisation des données du récit biblique, en les universalisant dans une analytique existentiale d'inspiration heideggérienne. Une telle opération n'est pas illégitime, elle pourrait le devenir si s'effaçait la distance qui s'installe nécessairement entre la geste historique de Yahvé et la relation à l'absolu que l'on est en droit d'identifier pour toute expérience humaine.

Or, cette tendance à la « réduction » n'est pas absente de la théologie de Rahner. Nous y reviendrons dans l'épilogue. Il est peut-être difficile d'établir notre hypothèse d'une transposition des données bibliques dans des concepts d'ordre philosophique. Pourtant, la christologie en fournit de maints exemples, le plus caractéristique s'explicitant dans le concept d'« autotranscendance active » qui ne fait que retraduire dans les mots de l'analytique existentiale la correspondance filiale de Jésus au Père, ou cet incessant renvoi vers le Royaume qui vient auquel il convie ses auditeurs. Ce constant mouvement d'« extraversion » vers l'Autre et les autres requiert le concept, gage d'une communicabilité de l'expérience singulière de l'être-homme Jésus. La christologie transcendantale de Rahner repose d'ailleurs sur ce mouvement constant de reprise conceptuelle de l'Écriture, non pas au sens d'un dépassement possible de la singularité d'une existence, celle de Jésus de Nazareth, mais comme nous venons de l'indiquer, pour que la singularité de cette existence se conserve à l'intérieur d'une dynamique du concept, ce qui permettrait alors de rendre caduque l'affirmation négative de Lessing concernant les vérités historiques contingentes.

Le récit évangélique, l'histoire de Jésus de Nazareth, son rapport à Dieu, aux personnes et aux choses, appellent le concept, c'est-à-dire mettent à jour la possibilité et la légitimité d'une théologie transcendantale. Mettre à jour la possibilité intrinsèque d'une connaissance intellectuelle comme lieu d'un événement théologique [1], cela nécessite une considération simultanée qui s'exerce donc à la fois sur l'objet théologique, ou le référent chrétien, et les conditions de la connaissance pour toute saisie d'un objet. Cette corrélativité fondamentale ne subordonne pas une dimension à une autre, elle les envisage simultanément, et ne retient que les schèmes de représentations qui s'ajustent à ladite corrélativité. C'est l'une des raisons pour lesquelles Rahner exercera une extrême vigilance à l'égard de toute représentation mythologique du fait d'Incarnation. L'on connaît ses invectives contre le mythe du dieu se promenant sur la terre, sous une enveloppe charnelle et humaine cachant sa divinité. Le schème même d'une descente d'un dieu encourt le risque de la mésinterprétation mythologique, la métaphore ne pouvant se suffire à elle-même, elle exige le passage au concept, ou à tout le moins à la sphère d'une analytique qui la rende disponible pour toute compréhension de l'humain.

Rahner manifeste là encore ce qui le sépare de Balthasar. Ce dernier n'a guère le souci du passage de la métaphore vers le concept, et dans ce sens, il appartient peut-être davantage à une pensée post-critique, ayant décelé les limites et les mirages du concept, celui-ci n'étant guère plus apte que la métaphore à rendre compte de l'être des phénomènes, ou de l'impossibilité de rejoindre l'être des phénomènes, impossibilité apophatique ou impossibilité structurelle. L'immédiateté des schèmes de représentations bibliques chez Balthasar fonctionne un peu comme le gage d'une non-dissolution de la figure, la métaphore conservant plus fortement la tension visibilité-invisibilité, l'inattendu étant essentiel à la structure d'une esthétique.

La métaphore ne clôt pas le champ du savoir, elle en recompose la configuration en le poussant hors des limites que le concept peut lui imposer, à moins de décider que la métaphore, ou toute autre forme de langage, reste enfermée dans l'arbitraire des signifiants et que toute sortie est ici rédhibitoire. Une problématique du « hors-soi » originaire serait un non-sens,

1. K. Rahner, *EM*, p. 36.

pourtant nous croyons que le sens ne se nourrit pas seulement de la clôture qu'imposeraient les signifiants, les jeux mêmes du langage se jouant de toute clôture assignable. Le langage ne nous enferme pas, il est toujours plus que la somme ou l'articulation des signifiants. Heidegger semble avoir permis une nomination nouvelle de l'être à travers le langage, l'être-là du langage, ce que l'ancienne métaphysique ne parvient guère à penser tant elle s'instaure sur le modèle trop exclusif d'une saisie de l'essence toujours située au-delà des mots, de la factualité du dire et du dit. Nous pouvons, à titre de synthèse nécessaire, reprendre une intuition de Pierre-Alain Cahné, proposant une issue possible à l'opposition classique entre linguistique mécaniste et linguistique mentaliste. En effet, sans doute est-il possible de reconnaître la vie autonome des signes, marqués d'arbitraire, sans finalisme aucun, tout en déniant à ce hasard la fonction d'agent essentiel, primordial dans l'organisation des systèmes linguistiques qui, eux, relèvent de l'« histoire de l'Esprit aux prises avec sa relation polémique au monde ». De tels systèmes qui sont des visions du monde essayant de résoudre des problèmes de représentation de l'expérience n'existent qu'à partir de leur incarnation dans la « parole phénoménologiquement vécue comme systèmes de signes matériels que l'histoire d'une société véhicule et à l'intérieur duquel, de manière nécessaire, doit puiser la structure psychique, en fonction des ses besoins spécifiques [1]».

Nous sommes au-delà des hasards articulatoires du signifiant. L'on pourrait aussi reprendre une intuition de F. W. J. Schelling, très proche de P. Cahné. « Comme sans langage on ne peut concevoir aucune conscience, non seulement philosophique, mais simplement humaine, il se pourrait que le fondement du langage ne fût pas placé dans la conscience, et cependant, plus nous pénétrons profondément en lui, plus nettement on découvre que la profondeur du langage dépasse de loin celle de la

1. P. A. CAHNÉ, « Linguistique et philosophie », *Étienne Gilson et nous : la philosophie et son histoire*, Paris, Vrin, 1980, p. 127.

production la plus consciente [1]. » Ainsi, même la philosophie analytique du langage se meut toujours dans le domaine du langage parlé, qui mène à la pensée comme à la raison, le langage qui nous rencontre comme milieu toujours déjà là, sans que puisse s'effacer cet irréductible phénoménologique.

Rahner est très proche de Heidegger lorsqu'il lit une corrélativité fondamentale entre la parole et l'être, même si à première vue l'on pourrait penser que l'influence est plus directement métaphysique, l'étant se possédant selon le degré de connaissance auquel il est apte à parvenir. Certes, ce principe métaphysique informe très largement les développements théologiques de notre auteur, pourtant il n'est pas exclusif puisque le rapport de l'être à l'étant est aussi un rapport de luminosité répandue, à l'intérieur de laquelle l'étant s'éveille à la possibilité d'une rencontre, l'être libérant une structure fondamentale pour tout sujet, l'écoute d'une Parole. L'être est puissance de langage, il est *logos*, aussi l'homme se sent-il sans cesse appelé à partir de son éveil fontal à l'être. Il est appelé sous le mode où l'être s'offre plus qu'il n'est d'emblée possédé par l'homme: Rahner tient à l'intuition heideggérienne de la différence ontologique, comme Balthasar d'ailleurs, pour qui l'être n'est pas ontique.

Ainsi peut-on parfaitement établir l'axiome suivant sur lequel repose l'entière théologie rahnérienne, *esse capax verbi*. Une telle puissance de « dicibilité » se réalise primordialement en Dieu, là où l'être est pure conscience de soi pour l'autre dans un autre, selon la *transitivité* du Verbe qui ne permet aucune fixation de l'élan selon deux termes, mais qui fait rejaillir le don en incessante « acceptation » ou communion. Pour Rahner, la relation d'expression Père-Fils s'ouvre à un au-delà du pur rapport cognitif pour se poser dans l'acceptation du rapport d'expression qui n'est autre qu'un consentement amoureux. On pourrait se risquer à traduire l'axiome, encore trop en retrait de nos propres récits où s'échangent nos paroles de connaissance et d'amour, en ces termes, l'être *se déclare* originellement à l'étant

1. F. W. J. SCHELLING, *Introduction à la philosophie de la mythologie*, Paris, Aubier, 1945, t. 1, p. 62.

comme bonté, *ens et bonum convertuntur*. Corrélativement, l'analogie de l'être du côté de l'étant est primordialement une *analogia libertatis*, une participation à la liberté de l'être qui se donne, milieu dans lequel se meut tout étant.

On ne peut alors expliquer l'être comme une poussée obscure dont les profondeurs ne recèlent aucune lumière. L'étant fini a son fondement dans l'acte libre et lumineux de Dieu, c'est-à-dire dans le libre amour de Dieu pour lui-même, selon cette coïncidence amoureuse qui rythme sa propre appartenance, son rapport à soi éternellement médiatisé par une profération d'amour, la puissance d'expression du Verbe. Seule une *ratio* trinitaire permet une lecture nouvelle de la différence ontologique, puisqu'elle permet de parvenir à une idée somme toute élémentaire dans sa formulation, bien que philosophiquement si difficile à penser : un Dieu qui *donne* l'être. L'analogie se comprend alors aisément sous le mode dynamique de la participation, de l'amour comme fondement de la participation. L'*Agapè* est interne à l'acte d'être, l'être se meut dans l'*Agapè*. Rahner énoncera la rigueur trinitaire de l'analogie de l'être selon de très belles formulations, très proches de celles dont Thomas d'Aquin nous donne déjà la plus étonnante rigueur, certes toujours greffée sur notre appartenance à un réel à la fois opaque et lumineux. « C'est donc en s'aimant lui-même comme puissance créatrice du fini, que Dieu comprend et aime le fini » (*HéV*, p. 177).

Dieu en projet d'humanisation, ou en projet d'histoire, voilà bien une affirmation que seule une *ratio* trinitaire est en mesure de délivrer sans ambiguïté, sans arrière-pensée devrait-on dire, comme si l'absence de la détermination trinitaire rendait impensable une profération de l'être-homme dans le rythme ouvert de l'appartenance à soi du divin. L'*esse capax verbi*, forme rahnérienne de la différence ontologique reprise auprès de Heidegger, est ultimement une affirmation de logique trinitaire. Seule la Parole incarnée porte avec elle la possibilité du concept. Paradoxalement, Rahner est ici assez proche des intuitions plus récentes du théologien réformé Eberhard Jüngel, en ce sens que la parole vivante du Dieu libre, une parole qui a effectivement eu lieu, permet à la pensée de se mettre en quête. Une théologie existe parce que Dieu *parle*, et non parce que l'homme pense.

L'*esse capax verbi* outrepasse les limites d'une affirmation métaphysique, et devient une perception de l'être comme *événement*, le lieu d'un événement théologique puisque Dieu s'est décidé à parler.

Il faut enfin insister sur une découverte capitale qui s'est affinée tout au long de ces recherches : le mystère, pour Rahner, ne peut être « précédé » par la pensée, il vient avant l'interrogation radicale, c'est lui qui la rend possible. Si l'esprit est pure ouverture sur l'être, et si dans sa dimension cognitive il se projette vers l'être en le questionnant, l'être est l'événement qui rend possible la question, et délivre cette dernière de toute « dérivation » de l'être vers la conscience pensante, la *res cogitans*. Or, Rahner fut soupçonné de laisser à la « question » qu'est « l'homme-esprit » tout le champ des possibles qui définit un événement de révélation. Le champ serait donc identique ou intérieur à la radicalité de la question, elle en éprouverait intuitivement toute possible étendue, et donc elle préjugerait de son contenu. Une telle identification n'est assurément pas rahnérienne puisque nous avons reconnu dans la « transcendance négatrice du fini », marque spécifique et ultime d'une saisie limite de l'être-homme, une théologie de la finitude. C'est là sans doute une affirmation inhabituelle, la théologie transcendantale est aussi une théologie de la finitude qui inclut constitutivement l'élément apophatique de la *reductio in mysterium*.

La méthode de la *reductio in mysterium* gagnera-t-elle la sympathie du théologien Balthasar ? Permet-elle de laisser vraiment à la *figure* du divin toute l'*initiative* requise, ou cette dernière demeure-t-elle encore trop déductivement liée à une structure qui la préforme sans pouvoir néanmoins en dessiner totalement les traits à venir ? Tel est bien l'enjeu du débat que nourrirent Balthasar et Rahner, enjeu qu'il convient maintenant d'ouvrir à partir d'une radicalisation de notre propre questionnement, objet d'un épilogue. C'est encore à la question trinitaire proprement dite qu'il faut revenir, c'est-à-dire à son « jeu » mondain pour reprendre un vocable balthasarien. Précisément, le « jeu » indique de par lui-même un « comportement » divin sur la scène de l'histoire qui doit être à la mesure de ses infinies possibilités, celles qui se mesurent à la démesure d'une réciprocité, d'un éternel échange. Or, comment concevoir un échange intratrinitaire qui se penserait selon la fixité d'une éternité de repos, par opposition aux mouvements de la temporalité ? Il y a place en Dieu pour une réciprocité de l'« étonnement » éternel, ce qui suppose de quitter le schème oppositionnel de l'éternité et de la temporalité. Il existe donc une forme économique des relations personnelles intratrinitaires, et ceci en raison des « variations » infinies qui polarisent l'être de Dieu en forme trinitaire. Une telle forme économique constitue donc nécessairement une nouveauté de rapport à soi pour Dieu, sans préjudice de sa parfaite et plénière immanence intratrinitaire, celle-ci impliquant celle-là. Or, c'est ici que le rapport Trinité-historicité tel que le conçoit Balthasar devient problématique pour Rahner. Les modèles sont autres, radicalement autres. En guise d'ouverture au prochain épilogue, nous citerons un texte programmatique balthasarien. Des choses nouvelles arrivent pour Dieu, à partir de Dieu. Ce rapport modulable, mobile, n'appartient pas ou finalement si peu au modèle rahnérien de théologie trinitaire. « Le Dieu immuable entre en rapport avec la créature, et ce rapport donne à ses relations internes un aspect nouveau ; aspect à vrai dire non purement extérieur, comme si ce rapport à l'extérieur ne le concernait pas réellement, mais tel que le nouveau rapport à la nature créée, qui est unie hypostatiquement au Fils, met en lumière l'une des possibilités infinies qui se trouvent dans la vie éternelle de Dieu. Par là sont donnés l'accès et le passage à la question finale, celle de savoir comment la tripersonnalité de Dieu se rapporte au jeu du monde » (*Dd*, t. II, vol. 2, p. 415).

Cet accès à la question finale sera aussi le nôtre.

ÉPILOGUE

Le Dieu venu vers l'homme : primat de la « raison esthétique » ou de la « raison transcendantale » ?

Au terme de nos recherches, ces dernières s'étant exercées à l'intérieur d'un champ nécessairement limité, comment parvenir maintenant à ouvrir la réflexion et les résultats obtenus à de nouveaux chemins de pensée ? Tel est bien l'enjeu des analyses entreprises, un enjeu qui a d'ailleurs suscité cette recherche même sur les théologies d'Hans Urs von Balthasar et Karl Rahner. Plus qu'une réflexion de synthèse menée à propos des logiques théologiques analysées, nous nous efforcerons de demeurer à l'intérieur de la vitalité du débat que nourrirent Balthasar et Rahner. Certes, ce débat ne fut jamais l'objet d'une réelle rencontre entre les deux théologiens. Sans totalement s'ignorer, ils développèrent une œuvre qui porte très indirectement les traces du conflit. Seuls quelques écrits de circonstance ont été l'occasion d'une confrontation plus vive et explicite.

Ces indices sont d'autant plus précieux qu'ils sont plus minimes. Par eux-mêmes, ils trahissent l'enjeu d'une œuvre qui porte la marque d'une certaine « clôture », signe pour Balthasar et Rahner que « dans la pensée toute chose s'isole et mûrit lentement [1]. » Balthasar et Rahner se sont aussi d'autant plus séparés qu'ils n'ont point entrepris de se rencontrer sur le terrain de leur propre pensée. Leurs œuvres se sont développées selon des chemins si différents, des préoccupations non pas irréducti-

1. M. HEIDEGGER, *Aus der Erfahrung des Denkens*, 1954, cité par E. Jüngel dans *Dieu mystère du monde*, t. I, XIII.

bles mais posées et résolues selon des critères qui appartiennent à des logiques divergentes.

« Figure » christologique et raison : des logiques différentes. — Le présent épilogue reprendra les termes qui ont dessiné la ligne de crête sur laquelle nous nous sommes tenus tout au long des recherches, faut-il opter pour une « raison esthétique » ou « transcendantale » ? Bien que le travail entrepris n'ait point consisté à exposer successivement les christologies de Balthasar et Rahner, c'est bien de christologie dont il s'agissait puisque l'accès à l'absolu trinitaire, enjeu des logiques théologiques, repose sur le mode d'insertion de la médiation christologique pour tout rapport au divin. Le conflit porte donc sur la place et la forme de la christologie. Si l'on forçait les non-dits, l'accusation balthasarienne à l'endroit de Rahner pourrait se traduire par l'absence d'une authentique christologie, c'est-à-dire la *possibilité* d'une telle absence incluse dans le système de pensée rahnérien. L'autocommunication de Dieu ne requiert pas la médiation christologique. Certes, le trait est forcé, le jugement erroné.

Les logiques sont donc différentes. Essayons de les caractériser à nouveau en recourant à une définition pour chacune d'entre elles. Pour Balthasar, *l'homme ne peut rien dire sur Dieu si cela ne lui est donné dans une figure d'humanité qui rayonne comme la manifestation d'une Gloire incompréhensible. Le rayonnement, que recèle déjà l'*analogia entis, *inverse cependant les proportions et les canons de la beauté naturelle pour émaner d'une figure insurpassablement paradoxale, celle d'un crucifié. Lieu d'une « diastase », la croix est l'événement d'une concentration du rayonnement divin, puisque c'est là que la relation Fils-Père devient plus vive, dans le paradoxe de l'abandon. L'événement crucial et violent de la croix de Jésus dépasse toute mesure analogique* [1], il rend vains les élans de l'*éros* philosophico-religieux, celui-ci ne pouvant concevoir une telle « livraison » du divin pour l'homme. Le renversement de l'*analogia entis* s'opère selon un paradoxe qu'affectionne Balthasar,

1. *Theod.*, t. IV, p. 473. Voir également *PlM*, p. 32, 34, 39.

et qui n'est pas sans rappeler Hegel. Les ressources de la « négativité », dans l'existence de Jésus, font signe en direction d'une « suprapositivité ». Ce thème fut souvent rencontré au cours de nos analyses. La lumière trinitaire n'émane pas d'abord d'une expérience de l'absolu conçu comme horizon limite, ou plénitude inatteignable, mais du cri d'abandon du Fils en direction du Père, « lieu » où le Dieu en soi se révèle Dieu pour nous. La contradiction entre la trahison humaine et l'amour de Dieu donnant son Fils doit être liée dans la « contradiction » de la croix, et par là « résolue ». Sans jamais intégrer la croix comme moment d'une pensée de l'être, Balthasar oscille entre la singularité d'un événement qui ne saurait appartenir à aucune structure de l'être-monde, et une forme étrangement « cruciforme » d'ontologie. Nous forçons quelque peu le trait, pourtant la négativité de la mort ou de l'abandon filial se décline positivement en une ontologie. Le tome IV de *Theodramatik, das Endspiel*, nourri des expériences mystiques d'Adrienne von Speyr, offre à ce propos une impressionnante ontologie trinitaire. Rahner lui-même en proposera de similaires développements dans sa fameuse contribution sur la théologie du symbole. Mais, comme nous l'avons vu, les perspectives divergent à propos du « lieu » à partir duquel il convient de fonder la possibilité d'une telle ontologie. Le report de la kénose économique à l'intérieur de la plénitude trinitaire n'est guère le fait de la théologie rahnérienne. Nous allons y revenir.

Balthasar est sensible à cette dimension essentiellement chrétienne du rapport au divin, aussi l'intègre-t-il à une pensée de l'être pour mieux l'universaliser. Cette articulation est capitale [1]. Nous l'avons traitée au cours du chapitre IV. L'être procède de la

1. « L'acte de foi qui dépasse en l'achevant l'acte philosophique lui-même, n'a plus besoin de la dialectique de l'extase, parce que, dans la rencontre de l'être comme amour la menace de la finitude est dissipée par l'infini. Dieu lui-même l'a prise sur lui dans son incarnation [...] Les [...] proportions de l'objet de foi [...] sont [...] l'expression d'un rapport suprême de Dieu avec lui-même, c'est-à-dire de l'identité en mouvement de la lumière trinitaire. Celle-ci, comme objet formel de la théologie, doit apparaître dans tous les développements et toutes les articulations de cette science. Alors seulement il est garanti

libre ouverture de la vie et de la lumière intradivines. Or, tous les degrés d'être sont « informés » par des seuils de « non-identification », l'étant ne pouvant s'identifier à l'être auquel il participe. Cette « donabilité » originaire et fondatrice [1], que seule la « raison esthétique » est en mesure de délivrer, constitue déjà positivement une révélation du Mystère trinitaire. Balthasar reste proche de Heidegger, même s'il lit la fécondité de la perspective heideggérienne à partir de la *distinctio realis* thomiste (*GC*, t. I, p. 133). Précisément parce que l'être n'est pas un étant particulier, un objet, mais ce dans quoi brille tout étant comme objet, parce que tout est vu dans la lumière de l'être, Heidegger a découvert réunis dans l'unique mot d'*extase* les deux dimensions indissolublement liées de l'acte philosophique, l'effroi et l'angoisse de l'esprit fini qui, « en pensant, découvre en soi l'ouverture de l'infini et le ravissement devant l'apparition d'une plénitude et d'une source qui donnent et protègent » *(GC*, t. I, p. 133). La « positivité » de l'être non ontique (*actus essendi*) revêt une structure de personnalisation. En effet, Balthasar relit la *distinctio realis inter essentiam et esse* en la conjuguant au thème de la *figure* et de la *forme* chez Goethe [2]. La figure (*species*) et la configuration (*forma*) permettent de saisir l'irréductible distinction et ipséité des choses, sans que la dissémination négative ne vienne supplanter la tension qui les pousse au-delà d'elles-mêmes, dans la communion à l'Être. Cette structure participative inscrit au cœur de la créature une non-identification fondamentale. L'identité de l'être fait défaut à l'homme. La distinction de l'*esse* et de l'*essentia* est la marque d'un inachèvement qui oriente positivement l'homme en direc-

que la raison naturelle (philosophique) peut se sentir touchée par la théologie et la révélation présentée par elle » (*GC*, t. I, p. 133-139).

1. *Theod.*, t. IV, p. 57-82.

2. « C'est dans la poussée vitale de l'Être en avant et au-dessus de lui-même que l'être vivant revêt l'aspect d'une forme. C'est à la fois dans cette concentration et cette poussée de l'Être que réside l'unité profonde de la créature (dans la mesure cependant où une véritable unité profonde lui est donnée). Ce qui crée la figure c'est l'élément donneur de forme. La méthode morphologique de Goethe se rapporte tout entière au centre unificateur, ésotérique qui constitue cet *élément-là* » (*AdS*, t. I, p. 432).

tion d'une appropriation toujours plus plénière de sa mesure (*essentia-Sosein*), celle qui lui est assignée dans l'être. Finalement, Balthasar recourt peu à une dimension objective de l'*analogia entis*. Il la personnalise [1] et la transforme en *analogia libertatis*. Elle est davantage considérée sous la dimension de la similitude, de la tâche de correspondance ou de conformation. L'*analogia entis* rahnérienne n'est pas loin de cette structure participative, c'est-à-dire de la tâche qui incombe à la subjectivité spirituelle de se « mesurer » à l'être afin de se déployer en avant d'elle-même.

Il faut donc tenir ensemble deux dimensions paradoxales qui traversent la même affirmation, la « figure » christologique s'insère dans une histoire et une préhistoire, et cependant le rapport de la dite « figure » est sans analogie avec sa pré-histoire. Balthasar n'hésitera pas à grossir le trait de la séparation, en affirmant que le témoignage de l'histoire n'est pas nécessaire à Jésus. « En tant qu'il accomplit l'histoire de Dieu avec les hommes, Jésus n'est pas renvoyé à cette histoire, c'est lui qu'elle a pour objet, et non l'inverse » (*Dieu et l'homme d'aujourd'hui*, p. 525).

La discontinuité esthétique de la figure christologique ne signifie pas que Jésus est sans histoire, ou qu'il dépasse les limites inhérentes à l'histoire d'un homme. La christologie balthasarienne est trop soucieuse des dimensions de la chair pour sombrer dans ce qu'elle ne cesse de pourfendre, le mouvement de dé-historicisation du « matériau » historique qui naquit sur le

1. Balthasar affirme très nettement la corrélation fondamentale de l'*analogia entis* et de l'*analogia libertatis*. Le texte qui suit est fondamental : « Ici le mystère de l'*analogia personalitatis*, qui heurte si violemment notre pensée délicate, élève encore une fois la tête. Et pourtant ce mystère n'est que la forme aiguë dans son application à la créature spirituelle, du mystère de l'*analogia entis*. En tant que personnes, nous dépendons à tel point de ce que nous ne pouvons nommer autrement que la personnalité de Dieu, que plus nous sommes des personnes, plus aussi nous participons à sa liberté. Et par conséquent nous devenons d'autant plus autonomes, que nous lui sommes plus subordonnés, d'autant plus libres que nous participons davantage à sa loi, d'autant plus unifiés et solitaires que nous participons davantage à son unité et à sa solitude sans pareilles » (*Dieu et l'homme d'aujourd'hui*, p. 228-229).

sol de la théologie libérale et bultmannienne [1]. Jésus se laisse de fait rattacher à sa pré-histoire humaine, mais cela n'est pas un fait historique ordinaire. Si Jésus est le « produit » de ses ancêtres, de son peuple, de son temps, c'est cette insertion même qui le rend plus « délié » encore, puisqu'elle fut reconnue comme l'entrée incompréhensible du divin dans une histoire humaine. L'irruption du nouvel éon transfigure l'ordre de la chair, et l'histoire se trouve qualifiée à partir de Celui qu'elle engendre, sans que le mouvement initial d'engendrement ne lui appartienne. Jésus vient du Père (*GC*, t. I , p. 525).

Corrélativement, Balthasar refuse l'unique absolu de la foi qui préformerait selon des structures logiques la possibilité de la figure du divin, immédiatement intériorisée, donc dissoute comme figure. L'acte de foi ne rencontre pas la figure dans un rapport de continuité ontologique qui laisserait supposer que les deux grandeurs s'appellent en un lien de stricte correspondance. La lumière de foi provient d'une extraversion fondamentale, c'est-à-dire de l'objet qui se manifeste au sujet et l'attire au-dessus de lui-même dans la sphère de l'objet. Cela signifie aussi que la figure historique n'est pas dépassée par le temps qui la rend relative à un événement du passé. La lumière de foi, identifiée à l'Esprit, projette la figure en avant d'elle-même et assure pour la figure une sorte de « corporéité » permanente, eucharistique et ecclésiale.

À travers ces lignes, nous avons tenté de redéfinir la démarche logique de la théologie balthasarienne. L'on pourrait employer à son endroit l'expression de « discontinuité esthétique ». En passant à la logique théologique rahnérienne, la « discontinuité esthétique » fait place à la « continuité transcendantale ». Ces expressions, certes très formelles, peuvent nous aider à saisir

1. « Le dualisme ainsi établi entre l'histoire réelle [*Historie*] et l'histoire racontée [*Geschichte*] est réellement tragique, non seulement pour la théologie qui est alors tout près d'abandonner le fait de l'incarnation de Dieu en général et de se construire elle-même sur l'unique absolu de la foi se comprenant elle-même, mais pour la prédication et la mission de l'Église, qui ne peut voir dans un tel recul qu'un abandon du christianisme » (*GC*, t. I, p. 451 ; voir aussi p. 474, 557).

l'unité logique des œuvres. Ainsi, à l'instar de Balthasar, Rahner affirme que l'homme ne peut rien dire sur Dieu, si cela ne lui est *donné* comme *sa* propre appartenance, c'est-à-dire sa subjectivité même. Ce don initial, naissance permanente de la subjectivité à soi, n'est jamais circonscrit dans les productions de ladite subjectivité, mais dans les possibilités infinies du don qui parvient à son irréversibilité dans une figure d'humanité, telle que la nôtre, parce qu'*attendue* par l'homme. Il y a donc une extraversion fondatrice du don de l'être divin qui fait naître la subjectivité à elle-même. Nous n'allons pas répéter les longues analyses faites à propos de cette structure fondamentale de la théologie rahnérienne. Il suffit ici d'en illustrer une application christologique.

Si la figure de l'Homme-Dieu appartient, en tant qu'elle est interne au don initial de l'autocommunication, à la constitution de la subjectivité spirituelle qui est la nature de l'homme, il faut inscrire un mouvement de pleine historicisation de la liberté humaine de Jésus au cœur de son être filial, qui soit reconnu à la fois comme la radicale autocommunication de Dieu et la parfaite correspondance aimante au don communiqué. La relation Fils-Père est alors plus anthropologique que strictement sotériologique. Le rapport peut également être traduit de la sorte, la relation Fils-Père est sotériologique en tant qu'elle est une grandeur interne à l'anthropologie, c'est-à-dire au mode d'être homme. *La figure de l'Homme-Dieu est dessinée en l'homme comme son dynamisme propre.*

De Balthasar à Rahner, il y va bien de deux logiques théologiques. Avant de poursuivre la réflexion sur les « prétentions » et les limites de la « raison transcendantale », propre à la démarche rahnérienne, arrêtons-nous encore à la démarche de Balthasar. Cela nous permettra de mieux saisir ce qui la rend relativement irréductible à la christologie de Rahner. Puisque le prologue insiste longuement sur les voies d'accès au conflit « dogmatique » Balthasar-Rahner en privilégiant les sources balthasariennes, l'épilogue tentera d'évaluer l'exacte intention de l'*Ansatz* transcendantal, afin de montrer précisément ce qu'elle apporte de correctif à une christologie de l'absolue singularité. Pourtant, l'une et l'autre christologie doit faire l'objet d'un dépassement, ou peut-être d'« intégrations » plus décisives. Nous avons déjà largement fait part de nos réticences à propos de Balthasar et Rahner, nous tenterons de les prolonger à l'intérieur d'une réflexion plus programmatique que systématique.

Tout en ne séparant jamais la figure de Jésus des figures antérieures qui font signe vers elle, Balthasar opère cette insertion pour mieux marquer la discontinuité et l'écart qui séparent Jésus des mesures qui le précèdent. Ce principe de discontinuité s'applique éminemment dans le passage qui mène de l'ancienne à la nouvelle Alliance. Lorsque nous parlons ici de « figure », nous signifions son *sens christologique rétroactif.* Jésus, manifestation unique de la « pluridimensionnalité » trinitaire, projette sur les envoyés antérieurs, le prophète en particulier, une lumière qui les rend non seulement relatifs à la figure de l'unique, mais radicalement dépassés et incapables de projeter en avant d'eux-mêmes ce que sera l'Unique.

Le rapport est très proche du « discrédit ». *C'est à la mesure de cette « démesure » que Jésus est l'Unique. La christologie balthasarienne est ainsi fondamentalement nourrie d'éléments de discontinuité qui visent sans cesse à renforcer l'unicité de la manifestation advenue en Jésus. Le récit évangélique accentue les tensions paradoxales à propos de Jésus, l'ultime et le plus radical paradoxe étant constitué par la « diastase » cruciale de l'abandon du Fils par le Père, dans l'Esprit d'une paradoxale persistance de l'union d'amour.*

Il est trop clair que ces tensions paradoxales ne sont pas, ou peu, présentes à la logique christologique rahnérienne. Là encore, si l'on s'en tient à une théologie de la croix, Rahner sera beaucoup plus soucieux de la déloger de son inscription trop exclusivement sotériologique pour la restituer à un mode radical d'être homme, dans le consentement à la perte de soi (Selbst*weggabe*), moment douloureux et énigmatique de la rencontre avec l'absolu. Certes, Rahner n'ignore pas que la mort violente de Jésus résulte d'une violence peccamineuse, et dans le mouvement d'acceptation qu'elle inspire, devient salutaire pour tout homme. Il est donc légitime de dire que Christ est « mort pour nos péchés », dans un parfait « sacrifice » de communion (*im Todesgehorsam Jesu*) [1]. La sotériologie de la solidarité, qui fait l'objet de développements rigoureux chez Rahner, reste très proche d'une sotériologie de l'« échange » en perspective « grecque ». Rahner n'est pas loin non plus d'une conception « physique » de l'Incarnation. On peut en saisir l'intention à travers les développements que le théologien consacra à une christologie pensée dans une perspective évolutive.

Il serait en effet injuste de n'y voir qu'une adaptation maladroite des données christologiques à une conception moderne de l'image du monde. Le motif rahnérien est sotériologique. L'union hypostatique qui marque l'« assomption » d'une réalité créée dans les dimensions de l'Infini ouvre « salutairement » le fini en direction de son possible accomplissement, sans que l'ouverture ne signifie une dissolution du fini puisqu'il s'agit d'*union* hypostatique. Le Christ, en sa personne concrète, accomplit toute ontologie naturelle. L'intuition rahnérienne est pleinement partagée par Balthasar. C'est pourquoi tous deux tiennent tant à la dimension protologique de la christologie. Cela signifie aussi qu'ils restent en deçà d'une réorientation de la christologie à travers des catégories purement historiques. Que l'événement singulier « Jésus de Nazareth », raconté dans les dimensions de l'histoire, soit reçu dans les limites particulières d'une culture, puis transposé selon des « transcriptions » plus immédiatement universalisables, n'empêche pas que l'événement signifie un nouveau départ dans l'histoire. La dimension eschatologique, très vive dans le récit, appelle la protologie. Ainsi, Rahner, dans l'œuvre ultime du *Grundkurs des Glaubens* se montrera vigilant à légitimer l'articulation selon les matériaux que lui fournit le récit évangélique. La méthode historico-critique, à laquelle ne répugne pas Rahner, est sans cesse accompagnée d'une herméneutique philosophique [2]. Cette opération permet d'extraire les « non-dits » de la perspective

1. On pourra se référer à des textes fondamentaux parus dans *SzT*, t. XV, particulièrement aux pages 246, 247, 256-258, 261-264.

2. On pourra également se référer à un ouvrage fondamental : K. RAHNER, W. THÜSING, *Christologie – systematisch und exegetisch. Arbeitsgrundlagen für eine interdisziplinäre Vorlesung*, Fribourg-Bâle-Vienne, 1972.

historico-critique. Le théologien parvient à dialoguer avec l'exégète, selon une compétence que l'exégète ne peut récuser, à moins qu'il ne concoive le récit comme une donnée brute. Prenons un exemple qui n'est pas tiré de l'œuvre de Rahner. Une christologie trinitaire, voilà bien ce qu'il y a de plus difficile à établir, le récit des Écritures recelant d'authentiques difficultés. En effet, on ne peut décemment soutenir que les Écritures nous livreraient sans faille aucune une christologie trinitaire constituée. Pourtant, elle nous donne l'image du divin qui convient le mieux aux requêtes de la raison qui cherche Dieu, et non seulement aux requêtes de la « raison ». Le récit n'y suffit pas, en d'autres termes, le récit porte les traces qui rendent pensable, et « nécessairement » pensable, une christologie trinitaire. Dans ce sens il est juste de « mesurer » les affirmations dogmatiques à la trame du récit qui les a fait naître. C'est aussi dans ce sens que nous comprenons la légitimité d'une ontologie en christologie. Les évangiles nous le montrent dans le langage qui leur est propre. De Jésus, ils déclarent qu'il n'est *pas sans* le Père (Jn 7, 16). L'indice, si minime, susceptible de nommer toute relation de nous-mêmes à Dieu, ne permet aucun aplatissement de la christologie dans cette direction. Un autre indice permet de corroborer notre hypothèse. Il nous fut inspiré par Michel de Certeau [1]. Le rapport que Jésus entretient avec le Père possède une expression historique à travers son attitude à l'égard de ses interlocuteurs qui l'« étonnent », qu'il « admire », appelés à réaliser des œuvres « plus grandes » (Jn 14, 12), selon un avenir qui est encore à réaliser et *que sa vie et sa mort ouvrent.* C'est cette œuvre de vie qui différencie la relation de Jésus au Père, et la qualifie en cette différence qui fit naître la vitalité de la confession chrétienne du Dieu Trinité. En tant qu'il donne la vie, Jésus appartient à Dieu.

Les « prétentions » de la raison transcendantale. — Nous venons de redéfinir les *logiques* théologiques de Balthasar et Rahner, sous l'angle de la place faite à la médiation christolo-

1. M. de CERTEAU, *La Faiblesse de croire*, Paris, Éd. du Seuil, 1987, p. 113-116.

gique. Ce fut là l'objet même de nos recherches. Nous savons que le conflit « dogmatique », qui semble se profiler sous la divergence des points de vue, porte bien sur le mode d'« insertion » de la figure du Christ pour tout rapport de l'homme à Dieu. Nous avons conservé le concept balthasarien de « figure », avec toutes les résonances qu'il implique, pour mener la réflexion. Il constitua en quelque sorte un fil conducteur, un concept unificateur, autour duquel se greffent les ramifications du conflit, ses sources, ses prolongements.

Or la christologie de l'absolue singularité semble rendre inadéquate toute tentative qui viserait à « ancrer » une figure de l'Homme-Dieu dans les dimensions de la subjectivité. Une telle « déduction » de la figure est d'autant plus impensable qu'elle est conçue comme un moment interne de l'acte de connaître. La subordination de la christologie à une logique de la connaissance ne parvient que difficilement à dépasser les tendances de l'*éros* philosophico-religieux, et par le fait même manque l'Amour trinitaire qui rend vain tout préalable humain au séjour divin. C'est pourquoi il nous faut revenir maintenant sur les « prétentions » de la raison transcendantale au regard de ce « corps » que Dieu s'est créé dans le monde.

En d'autres termes, Rahner ménage-t-il encore un espace suffisant pour une libre révélation ? Nous avons déjà répondu à l'interrogation. Il faut encore affiner le « comment » de ce champ libre, et les termes qui le nomment. Les indices que nous allons reprendre montrent que le théologien Balthasar n'a guère su apprécier la complexité d'une pensée soucieuse et consciente des impasses qu'elle pouvait engendrer. Inversement, il est moins sûr que Rahner n'ait point pris le temps de prendre connaissance de l'exacte intention de la théologie balthasarienne, même si cette dernière fut qualifiée de « gnostique ». Ce qui n'est qu'un « indice » demeure cependant suffisant. En effet, Rahner se sentira obligé de s'expliquer sur les absences dont on l'« accusera », notamment en sotériologie. Il ne cessera de s'excuser, ou de se perdre en préambules pour justifier les « absences » dont il semblait très conscient. La totalité de ses contributions portent la marque de cette fondamentale « humilité » intellectuelle. Rahner savait que les perspectives qu'il esquissait allaient se heurter à bien des réticences.

Rahner ne raisonne ni en catégories grecques de gnose absolue ni en catégories modernes de saisie d'un objet. Rappelons un résultat obtenu dès le chapitre premier, puis affiné au chapitre VI. L'insistance rahnérienne sur la double finitude de l'objet et du sujet de connaissance empêche le sujet connaissant de saisir d'emblée l'être en sa totalité, et partant, de saisir l'être absolu dans son soi, lequel est toujours co-affirmé dans l'étendue illimitée de l'être vers laquelle transcende l'esprit humain dans tout acte de connaissance finie et réceptive.

L'unité originaire de l'être et du connaître est traversée par une négation fondamentale et fondatrice. L'être humain *n'est pas conscience absolue* mais esprit fini. Rahner se démarque de Hegel. Certes, l'influence indirecte de Hegel n'est pas niée par l'affirmation. La connaissance du fini a comme condition de possibilité le dépassement du fini. Pour Hegel, en effet, on ne connaît quoi que ce soit comme limite, comme manque, que par comparaison avec « l'Idée présente de l'être total et achevé [1] ».

Rahner est conscient de la difficulté. La structure d'anticipation ne peut préjuger de l'étendue de l'être, alors même que l'esprit est ouverture illimitée. Cela signifie d'abord que l'étant est plongé d'emblée dans la luminosité de l'être, sans qu'aucune adéquation ne soit concevable. La différence ontologique est proche de la *distinctio realis* thomiste de l'*ens-esse*. La perspective hégélienne est écartée comme oublieuse de toute lecture « créatrice » de la différence. Ce n'est pas parce que Rahner reporte dans la connaissance les dimensions de la différence qu'il en fait de pures structures *a priori* du sujet.

La révélation ne serait alors qu'un état pré-philosophique, un savoir de l'esprit absolu qui apparaît dans l'homme au stade de la représentation, et qui est appelé à se transformer en un savoir absolu. Plus l'esprit humain devient esprit, plus le pur être de Dieu lui devient manifeste, puisque l'être est luminosité en

1. G. W. F. HEGEL, *Encyclopédie des sciences philosophiques*, I, *Science de la logique*, Paris, Vrin, 1986, p. 198.

proportion de son être, le non-être obscurité. On aboutirait inévitablement à une noogénèse progressive de l'homme. Or, l'homme n'atteint de l'être que sa radicale problématicité. « La stricte interprétation de Rahner dans le sens de l'idéalisme absolu n'est pas possible parce que Rahner accède, précisément dans sa philosophie de la religion, au concept d'un Dieu libre (vis-à-vis de sa création) qui, en tant que libre inconnu, est complètement indisponible à l'humain dans son agir et sa capacité de concevoir, de sorte que l'immanence absolue (ou la simple transcendance) hégélienne est fondamentalement détruite [1]. » Ainsi, « le caractère problématique de l'être semble donc non seulement exclure la position de l'Idéalisme absolu en dévoilant l'analogie du concept de l'être et la finitude de l'esprit humain [...], mais encore il semble manifester déjà suffisamment l'obscurité essentielle de l'être infini quant à sa positivité. Car le fondement de la connaissance du pur être infini, c'est-à-dire l'étendue absolue de l'anticipation, et par là l'infinité de l'être même ne peuvent qu'ultérieurement et réflexivement devenir l'objet d'une recherche, dans un regard négateur sur l'étant fini qui, pour être connu, a besoin de l'anticipation comme condition de possibilité » (*HéV*, p. 139-140).

L'influence de Hegel apparaît beaucoup moins importante qu'on ne le soupçonnerait [2]. Une saisie de l'absolu dans son soi, en dehors d'une considération de la finitude de l'étant matériel, est impensable. C'est là que la « raison transcendantale » (*Vorwegnahme*) rencontre la « raison esthétique » (*Öffnung*),

1. P. EICHER, *Die anthropologische Wende. Karl Rahners philosophischer Weg vom Wesen des Menshen zur personalen Existenz*, Fribourg-en-Brisgau, Herder, 1970, p. 205.
2. « La pensée de Karl Rahner, à cause de sa nature éclectique, peut seulement être proprement décrite en tant que rahnérienne. Il n'est pas plus simplement hégélien qu'il n'est simplement thomiste ou heideggérien. Peut-être les thèmes hégéliens que nous avons décelés dans l'œuvre de Rahner reflètent-ils seulement la présence d'un antécédent commun, à savoir la tradition néo-platonicienne dans son ensemble qui a influencé l'histoire de toute la théologie chrétienne et de la philosophie » (Th. PEARL, « Dialectical Panentheism. On the Hegelian Character of Karl Rahner's Key Christological Writings », *Irish Theological Quarterly*, 42, 1975, p. 119-137).

dans l'admirable formulation que lui donne le théologien Rahner, « *il n'y a de sortie vers Dieu que dans une entrée dans le monde* ».

Nous pouvons poursuivre l'exploration des conséquences que porte la « raison transcendantale », en nous référant à l'influence de Kant. Contrairement à une problématique strictement kantienne, la raison, pour Rahner, se transcende constitutivement en direction de l'*être* du phénomène, et l'impossibilité kantienne d'une adéquation à l'être, certes n'est pas totalement récusée, mais en tout cas dépassée dans un postulat qui appartient à la raison théologique, le concept de révélation. Il est clair que chez Rahner la révélation « fonctionne » en quelque sorte tel un postulat donné dans les structures *a priori* de la connaissance. Nous ne sommes pas dans l'ordre d'une pure théologie de l'asymptote, de la *causalitas finalis*, mais de la causalité efficiente qui meut toutes choses selon l'événement de grâce par lequel Dieu donne l'être *qu'il est*. C'est pourquoi il convient de parler d'autocommunication.

Pourtant, cette structure *a priori* qui ne procède pas des conditions de l'expérience, mais rend possible toute saisie d'un objet, subit une « entorse » théologique que Rahner reproduira lorsqu'il s'interrogera sur les limites d'une ontologie naturelle à propos de l'immuabilité de Dieu quand on la considère d'un point de vue christologique. Quoi qu'il en soit de la rigueur argumentative du théologien, et de la légitimité d'une refonte de l'ontologie, il faut à tout le moins faire droit à la manière dont Rahner utilise les catégories de pensée extra-théologiques. Si le projet même d'une théologie transcendantale ne peut se passer d'un concept unificateur qui en détermine l'accès, il reste soumis à l'indérivable du donné révélé.

Le concept originel de la théologie de Rahner réside davantage dans celui de « révélation » que d'« être ». C'est donc le postulat d'une *possibilité* d'un acte de révélation qui *informe le mouvement de la connaissance*. C'est la raison pour laquelle la connaissance n'est jamais une pure activité de l'esprit qui prendrait connaissance des objets, telle une faculté parfaitement isolable et déterminable. Rahner échappe autant qu'il est possible à une conception de la subjectivité comme pur esprit.

D'autre part, s'il est possible de fonder une appartenance aussi étroite entre la subjectivité spirituelle et un acte de révélation, on peut évidemment se demander dans quelle mesure, l'esprit informé de la sorte ne se suffit pas à lui-même pour déterminer le contenu ou la forme possible de cette révélation ?

En d'autres termes, la « déductibilité » constituerait le mode d'une raison intérieure ou *coextensive* à l'acte de révélation. Tel est le reproche implicite que Balthasar adresse à une théologie transcendantale, c'est-à-dire à la *méthode d'immanence* propre à l'idéalisme allemand. Reformulons la radicalité de la question.

Selon quelles limites la raison, ou l'intellect, peuvent-ils préjuger de l'absolu, sans qu'ils ne s'enferment dans une présomption de puissance cognitive ou affective exercée à l'endroit de cet absolu ? En ce sens, ils seraient toujours en porte à faux par rapport à l'inattendu d'une figure du divin (*GC*, t. I, p. 525).

Les réticences de Balthasar expriment sans cesse sa volonté de démasquer la « dialectisation » du mouvement de transcendance-immanence qui caractérise l'idéalisme. Ce qui est finalement récusé, c'est l'impossibilité que porte et engendre l'idéalisme d'extraire le rapport positif d'Alliance entre Dieu et l'homme des structures *a priori* ou natives du sujet. D'une manière ou d'une autre, Dieu ou l'absolu formel, an-historique ou spiritualisé à l'extrême, est toujours l'horizon d'une extraversion « nécessaire » de l'homme, d'une inéluctable sortie structurelle de soi de l'esprit fini, engoncé ou enfermé dans une finitude négative. Cette influence à la fois dyonisiaque et hégélienne ruine la christologie au profit d'une sorte de conaturalité du divin ou de l'absolu.

Les avatars d'une théologie dialectique. — La théologie de l'Alliance, ou théologie de l'*analogia*, chez Balthasar, constitue un motif puissant de refus à l'égard d'une quelconque dépendance de Dieu du devenir transcendantal du sujet. Dieu ne peut se tenir dans une sorte de prolongement de la dialectique humaine, faite d'échec et d'aspiration inéluctable vers l'absolu. La rupture chrétienne réside dans l'abandon du schéma d'obligation qui conjoint une finitude négative et sa mutabilité en éternité extatique. L'influence dyonisiaque, cette sorte de gradualité antithétique et synthétique, fait erreur sur le mouvement qui provient de l'infini. Il reste circonscrit dans les limites de l'*éros* philosophico-religieux, sans que le consentement à une autre forme d'« extraversion » ne soit encore reçu. C'est Dieu qui modèle sa créature et fait place en elle pour l'accueil de son ineffable amour, dans la « déposition » nécessaire de tout attachement à soi et à une volonté de former en soi les mesures attendues et exigées du divin.

Les réticences balthasariennes à l'endroit de ce modèle de pensée apparaissent très tôt dans son œuvre. Deux articles font date à ce sujet, « Analogie et dialectique », « Analogie et nature », publiés respectivement en 1944 et 1945 [1]. La prépondérance de l'élément antithétique qui caractérise une pensée de type dialectique ne permet guère de parvenir à l'équilibre nécessaire que requiert une théologie de l'Alliance, c'est-à-dire de l'extase bilatérale qui conjoint l'homme et Dieu. Karl Barth lui-même s'inscrira en ce modèle de relation unilatérale, exacerbant l'antithèse de la condition pécheresse de l'homme pour mieux magnifier l'unilatéralité de l'action divine qui justifie l'homme. L'écart le plus grand possible agit comme une condition nécessaire de possibilité pour que survienne la synthèse supérieure d'une réconciliation dans la grâce, l'*Alleinwirksamkeit Gottes*.

Balthasar analyse avec finesse et persuasion, à propos de Barth [2], les mécanismes et les transpositions théologiques du modèle dialectique. La dialectique d'opposition provient tout droit des idéalistes, là où l'antithèse coïncide le plus possible avec la « structure » de la pensée. Éloignement, perdition, diastase, sont les moments « requis » du processus dialectique qui renforce le moment synthétique de l'« impossible possibilité » (p. 70). L'homme a sombré dans une contradiction mor-

1. « Analogie und Dialektik », *D.Thom.* 22, 1944, p. 171-216 ; « Analogie und Natur », *D.Thom.*, 23, 1945, p. 3-56.
2. H. U. von BALTHASAR, *Karl Barth. Darstellung und Deutung seiner Theologie.* Voir la remarquable analyse de l'ouvrage de G. de SCHRIJVER, *op. cit.* Le choix des textes nous a été inspiré par de Schrijver.

telle, une scission infranchissable, et seul l'événement gratuit et surabondant de la grâce réconciliatrice peut annuler et renverser l'inéluctable « chute [1] ».

La dialectique de l'antithèse plonge ainsi ses racines dans la conception dyonisiaque présente chez les derniers idéalistes [2] (Kant, Fichte, Schleiermacher, Herrmann [3]). Elle se caractérise par l'insatisfaction d'une position d'être, insatisfaction native qui devient la source d'un inéluctable dynamisme structurel. La position d'être est l'existence en acte, d'où tout ce qui existe dans le monde tire sa justification. Le contact de l'absolu provoque un déchirement, une scission, dont l'ampleur appelle structurellement une sorte de contrecoup, la tension dyonisiaque et le dépassement de la béance.

Mais que reproche au juste Balthasar à la pensée dialectique ? « La dialectique, en s'absolutisant, se dissout en de simples identifications. Elle commence par identifier Dieu, en sa pure aséité événementielle, au processus de sa révélation ; elle identifie ensuite la créature à l'opposition à Dieu et par là au néant ; et enfin, puisque la créature est introduite au cœur même de la révélation et ramenée à Dieu par son propre dynamisme divin et

1. H. U. von BALTHASAR, *Karl Barth*, p. 89-91.
2. « Comme nous l'avons déjà constaté plus d'une fois, le leitmotiv qui traverse toute la pensée allemande est l'idée du devenir, ou, plus précisément encore, l'idée de la "potentialité" de l'Être [...] Fichte, Schelling et Hegel, tout autant que Novalis, Goethe et Jean Paul, et plus encore Nietzsche, Klages, Heidegger et Rilke en arrivent finalement à considérer comme absolu le *Deus sive natura* et non le *Deus* sans plus, parce qu'ils sont tous pénétrés, jusqu'au plus profond de leur être, de la positivité du devenir » (W. KASPER, *Das Absolute in der Geschichte. Philosophie und Theologie in der Spätphilosophie Schellings*, Mayence, 1965, p. 25-26). On peut rapprocher ce texte d'une appréciation de Balthasar dans *Dieu et l'homme d'aujourd'hui* : « L'idéal du *Deus sive natura*, qui tenta encore une fois, au milieu de la marche victorieuse de la science positive, un mouvement de reflux cosmologique, fut un effort pour rendre Dieu plus visible et plus proche. Dans l'idéalisme la tentative alla jusqu'à vouloir construire, avec la nature et l'esprit humain associés, l'être intime de Dieu et sa conscience de soi » (p. 188-189).
3. *AdS*, t. III.

absolu, il y a identification pure et simple de Dieu et de l'homme, au moins en ce qui concerne son origine et sa fin [1]. »

Ce sont bien deux distances qui s'effacent, la première va de Dieu vers Dieu lorsqu'il se détermine en faveur des hommes, la seconde de Dieu vers nous, puisqu'à travers l'opposition structurelle la créature se ménage un dynamisme de projection à l'intérieur même du divin. La « figure » devient inutile et impensable. Elle n'est plus donnée selon l'« invention » de l'Amour divin, mais présupposée par la subjectivité. Balthasar n'aura guère de peine à identifier le *Vorgriff* rahnérien avec l'inquiétude anthropocentrique, histoire du devenir transcendantal. La théologie de l'asymptote, sous le profil de l'« existential surnaturel », procéderait en ligne directe du modèle dialectique. La gratuité d'un « ancrage structurel » semble sans doute contradictoire pour Balthasar.

La sensibilité tragique qui traverse cette théologie fut déjà l'objet de critiques lancées par E. Przywara [2] dans son *Analogia entis*. Balthasar s'en inspira, bien qu'il prît quelque distance à l'égard d'une accentuation trop abrupte de la dissimilitude. Przywara décrit avec finesse la logique du modèle dialectique, déjà si prégnant chez Kierkegaard, ce dernier définissant l'existence comme une *tension angoissée vers la transcendance*. La dialectique répond au réalisme de la créature, mais dans cet incessant tumulte de l'« inapaisement », « tiraillé entre le défi d'un retrait (dans la propre nuit des ses contradictions) et une volonté passionnée de fusion (comme volonté de captation, comme refus de se soumettre) [3] ».

Ce faisant, l'homme cherche à se *fondre* dans l'absolu. Or, la volonté de fusion, même lorsqu'elle choisit désespérément le retrait, est aux antipodes de l'*anima ecclesiastica*, qui se laisse conformer aux espaces ouverts par l'*éros* intra-trinitaire. « À la

1. H. U. von BALTHASAR, *Karl Barth*..., p. 91-92.

2. « L'analogie est l'équilibre interne de ces errances : elle passe du défi de la scission à l'humble consentement à se distinguer, et de la volonté de fusion passionnée à l'aimant don de soi. Elle surpasse alors l'opposition entre logique et dialectique [...] » (E. PRZYWARA, *Analogia entis*, p. 91).

3. *Ibid.*

base du sentiment tragique qu'entre Dieu et l'homme il se creuse une distance infinie – expérience apparemment nouvelle dans l'histoire de la théologie, mais déjà présente chez Kierkegaard et les Réformateurs – il y a en réalité la présupposition tacitement admise, pour ne pas dire expressément formulée, qu'à l'origine existe, entre les deux, une identité foncière [1]. »

Se trouvent compromises les libertés en jeu, au profit du processus qui transfigure en liberté le simple donné de nature. « L'idéalisme allemand était une philosophie dialectique, un mode de pensée cherchant à expliquer, par l'antithèse et son dépassement, l'essence même de l'être comme nature et comme esprit [2] » .

Rahner n'est-il pas directement héritier de ce modèle de pensée à travers l'axiome qui rend compte de son entière théologie, la réductibilité de l'être et du connaître ? Que penser de cette tentative d'inscrire la christologie au sein d'une vision évolutive du monde, laquelle consiste dans l'appropriation graduelle de la matière par l'esprit ? Par la subjectivité consciente, la chose et son concept semblent ne plus souffrir d'aucune extériorité, et l'Homme-Dieu achève en lui le moment d'unification, là où l'asymptote ne roule pas vers le vide de l'inatteignable, mais s'incurve en figure de l'histoire.

Si Rahner n'est pas étranger à ce modèle de pensée, le problème n'est pas tant de déclarer qu'il est « faux », mais de saisir comment il est réapproprié dans une perspective authentiquement théologique. Balthasar n'a guère envisagé ce point de vue, c'est pourquoi il procède par assimilation pure et simple des modèles. Rahner ne puise que très latéralement dans la philosophie du sentiment religieux. Il s'en démarque avec force. Il est plus héritier de la philosophie classique que de la perspective hégélienne ou heideggérienne. Nous l'avons déjà démontré. Pour Rahner, *la vérité ne réside pas dans la simultanéité du savoir et de l'objet du savoir*. La distance entre l'être et l'étant, la différence qui travaille leur relation, fait signe vers le pur être

1. H. U. von BALTHASAR, *Karl Barth...*, p. 77.
2. *Ibid.*, p. 228.

qu'aucune présomption d'identification ne permet d'annuler. Là encore, le *Vorgriff* rahnérien est proche du *thaumazein.*

Prenons un autre exemple, tiré des relations de Rahner avec Heidegger. La transcendance vers l'illimité est positivement le *oui* exprimé à l'égard de l'étant. Pour Rahner, l'opposition à l'être que serait le néant est purement formelle, logique, non réelle, car rien ne peut s'opposer à l'être. Chez Heidegger, le néant est en quelque sorte un oui plus originaire que le oui prononcé à l'égard de l'étant. L'être est le non-étant par excellence. Or, si le non est antérieur au oui, alors il n'y a plus de place pour poser l'être absolu, la *possibilité* de l'être absolu. La finitude du *Dasein* doit être reçue selon une distance à parcourir, et non selon un enfermement inéluctable. « Heidegger lui-même était persuadé que la philosophie mise en œuvre après les présocratiques, de Platon à l'idéalisme allemand, repose sur un contresens définitif quant à l'être. Je ne peux partager cet avis, je le considère comme faux [1]. »

Ainsi Rahner échappe-t-il à une théologie de l'extraversion *nécessaire* vers l'absolu, inscrite dans le mouvement ou la structure de la subjectivité, qui se confond chez Rahner avec le dynamisme de l'intellect ? L'on peut esquisser une première réponse, d'autres d'ailleurs ont été formulées au cours des recherches et du présent épilogue. Si le mouvement d'extraversion nécessaire et libérateur vers l'absolu suppose toujours une conception négative de la finitude, chez Rahner l'on ne peut parler de « finitude négative » au sens de moment dépassable et nécessairement coextensif du mouvement de sortie de soi. Le rapport rahnérien n'est pas de pure dialectique, il relève davantage d'une pensée du paradoxe et de la grâce. Il se trouve que les rapports dialectiques sont peut-être plus marqués dans la théologie balthasarienne de l'abandon crucial que dans la théologie rahnérienne de la grâce. En effet, la croix introduit en Dieu une incompréhensible « scission » (*Trennung*) qui « positivement » révèle les profondeurs de l'amour trinitaire. Nous sommes

1. K. RAHNER, *Le Courage du théologien*, p. 213.

au-delà du paradoxe [1]. Plus les références balthasariennes sont puisées aux sources de la mystique d'Adrienne von Speyr, plus sa pensée théologique se dramatise et se « dialectise ». Le tome IV de la *Theodramatik* en est un exemple frappant. Cette ultime théologie balthasarienne, qui ne manque pas de grandeur esthétique, nous semble excessive, tant elle s'organise trop unilatéralement autour du concept de kénose et semble avoir oublié en chemin les longs développements de jadis sur l'analogie de l'être. En cela, Balthasar est plus éloigné de la *théologie de l'École* que son homologue allemand.

Cette distance par rapport à une sorte de philosophie « consacrée » rattache Balthasar à une tradition plus néo-platonicienne que thomiste. Certes, le théologien enracinera son œuvre dans une *métaphysique de la Gloire* qui est directement héritière d'une intuition de saint Thomas, la *distinctio realis*, *vestigium* initial de la différence trinitaire. Il se trouve pourtant que la *distinctio* est lue par Balthasar à la lumière de la différence ontologique de Heidegger, bien que, comme Rahner, Balthasar considère comme ruineux le maintien dans la différence, puisque l'horizon de l'être échappe à la création, donc à une métaphysique de la Gloire [2].

Sans vouloir trop insister sur ces déterminations techniques, l'on peut penser que Balthasar reste proche de Plotin et de tout un courant de pensée néo-platonicien. Il reste soucieux de penser l'être comme non ontique [3], c'est pourquoi il parlera d'une quatrième différence, celle qui va de l'être à Dieu comme acte pur d'être. En d'autres termes, il établit une différence entre

1. *Theod.*, t. IV, p. 463, 466, 471, 473 (dialectique de la *« Negativität-Positivität »*).
2. « Quand on ferme, d'une façon ou d'autre, le cercle entre l'être et l'essence (l'étant), la catégorie de "gloire" en tant que métaphysique devient caduque : elle se dissout d'une part dans la beauté intramondaine (dont la totalité est alors l'être "explicité") ; elle disparaît d'autre part dans la détresse de l'être qui s'explicite pour être tout simplement lui-même, auto-explication inévitable, et que ne traverse aucune liberté suprême » (*GC*, t. IV, vol. 3, p. 376).
3. L'enracinement philosophique de la différence entre l'être et l'étant est en général identifié à propos de Porphyre. Des signes précurseurs en annonçaient déjà l'avènement. L'on peut se référer ici aux travaux de Pierre Aubenque, en

l'être non subsitant, et Dieu comme « principe » de l'être. Les textes balthasariens sont à cet égard d'une immense beauté (*GC*, t. IV, vol. 3, p. 374). Balthasar se réclame là encore de saint Thomas, sans doute le fait-il à la suite des travaux très remarquables d'Étienne Gilson, qui interdisent autant qu'il est possible d'assimiler l'œuvre de Thomas à l'ontothéologie [1].

D'abord, il n'y a nulle confusion chez Thomas entre « l'être métaphysique et l'être logique de l'*ens* ». Puisque l'étant est composé d'une essence *(id quid est*), et d'un acte d'être *(actus essendi),* Thomas « dépasse le plan de l'être substantiel [2] ». Ainsi, en « situant au-delà de l'essence un acte de l'essence même (Thomas) oblige à reconnaître l'actualité propre d'un *esse* qui, parce qu'il transcende l'essence, transcende aussi le concept [3] ». Dieu n'est pas un *habens esse*, l'intelligence de l'être est affranchie de toute quiddité. Thomas, dans son *De divinis nominibus*, montrerait que l'*esse* ne parvient même pas à s'élever jusqu'à Dieu. Il n'y aurait là qu'une nomination de Dieu à partir de ses effets.

Quoi qu'il en soit de ces multiples réajustements, l'on peut affirmer que, et Balthasar et Rahner recourent à une conception de la différence de l'être et de l'étant afin de pouvoir ménager pour l'homme un « lieu » de reconnaissance pour Dieu. En cela, tous deux optent pour une « raison esthétique ». Nous considérons ce résultat comme essentiel, car rarement mis en lumière. Or, il appartient à la centralité des œuvres.

Si l'homme, pour Karl Rahner, s'ouvre à l'infini dans sa finitude native, c'est en raison d'une impulsion de grâce qui l'éveille à la positivité et à la gratuité d'une reconnaissance, l'horizon de l'être en tant qu'il est non ontique, c'est-à-dire qu'il ne se donne pas d'abord selon les structures de l'étant. Le

particulier l'étude suivante : « Plotin et le dépassement de l'ontologie grecque classique », *Le Néo-Platonisme*, Paris, Colloques internationaux du CNRS, 1971.

1. E. GILSON, *Constantes philosophiques de l'être*, Paris, Vrin, 1983.
2. E. GILSON, *L'Être et l'Essence*, Paris, Vrin, 1948, p. 110.
3. *Ibid.*, p. 113.

Vorgriff rahnérien est infiniment plus proche de l'étonnement *(thaumazein)* que de l'insatisfaction native d'une position d'être. Le mode de pensée rahnérien ne relève que très indirectement de la dialectique. Le dynamisme qui marque et propulse l'être de l'étant relève d'une structure dérivée, ou si l'on veut d'un *intuitus derivatus*. L'anticipation, geste originel de la pensée, n'est pas une structure purement immanente au sujet, mais communiquée sous le mode d'une « offre » permanente.

Si donc l'acte de révélation est interne à la subjectivité, il l'est et ne peut l'être que sous le mode d'une libre communication qui, de soi, ne peut être pensée comme donnée sans que le don ne se redonne sans cesse. Le don initial n'est pas figé, ni fixé dans les dimensions d'une subjectivité définitivement constituée. Faut-il rappeler que Rahner entend inscrire l'événement de l'autocommunication dans la dynamique d'un double devenir, celui de l'homme, et celui de Dieu dans son Verbe. Dieu devient humain dans une histoire humaine elle-même en devenir. Le don suit en quelque sorte la courbe asymptotique du devenir, appelé aussi mouvement d'autotranscendance, pour « s'interrompre » dans une figure de l'histoire, qui signifie et réalise la plénitude du don. La christologie n'est pas un moment purement dérivé de l'acte initial d'autocommunication, mais structurel. La christologie est comme semblable à l'être, ordonnée à l'*expression de soi*, à la communication de soi. Pour cela, elle doit appartenir au mode proprement divin du rapport à soi. Ce rapport est constitué par l'expression de soi, le fait de se communiquer incessamment dans une parfaite immanence. Telle est la fonction hypostatique du Verbe, et de l'Esprit qui achève le mouvement de connaissance dans l'amour. La christologie historicise ce mouvement subsistent, c'est pourquoi l'*adéquation de la Trinité en soi et de la Trinité vers nous* doit être strictement conservée. L'originalité du christianisme tient en cette adéquation.

Rahner réfléchit les dimensions *a priori* de la christologie dans l'acte même de l'événement qui empêche toute déductibilité absolue. C'est là l'originalité et la fécondité de la *christologie trinitaire* rahnérienne. *L'autocommunication est un concept d'emblée trinitaire, et trinitaire parce que christologique*. L'anticipation rahnérienne a pour finalité de rendre saisissable une appréhension de l'être comme horizon à venir d'une rencontre, celle dans laquelle le libre inconnu s'ouvre à une histoire et prend figure d'histoire. Une réalité finie devient la réalité de Dieu lui-même, son mode d'être qui, contrairement à la perspective esquissée par Balthasar, n'est pas un « nouveau » rapport à soi pour lequel Dieu se détermine librement, mais *l'expression historique de ce qu'il est dès toujours*, sans discontinuité. Ce point est important, il conditionne l'exacte compréhension du rapport Trinité immanente-Trinité économique. En effet, c'est dans ce sens qu'il convient de comprendre certaines assertions obscures de la christologie rahnérienne. « La possibilité de ce qu'existent des hommes se fonde dans la possibilité plus grande, plus englobante, plus radicale, de ce que Dieu s'énonce lui-même dans le *Logos* qui devient créature » (*TfF*, p. 253).

Dieu ébauche la créature comme la *grammaire d'un auto-énoncé possible de Dieu.* Rahner postule ainsi une stricte identité, nous ne disons pas identification, entre l'*autodiction* immanente de Dieu dans sa plénitude éternelle et son *autodiction hors de lui*, vers l'homme, celle-ci révélant celle-là en *identité.*

En achevant le chapitre VI, nous évoquions le « jeu » mondain de l'*actio trinitatis*, en reprenant un vocabulaire balthasarien. Pour ce dernier, il y a place en Dieu pour une réciprocité de l'« étonnement » (*Theod.*, t. IV, p. 69 : *Die Kommunion der drei Personen ist immer "Kommunion der Überraschung*) éternel, donc une forme *économique* des relations personnelles intra-trinitaires, et ceci en raison des « variations » infinies qui polarisent l'être de Dieu en forme trinitaire. Quelque chose arrive (*Ereignis*) en Dieu lorsque le Fils fait retour au Père dans le *passage* qui le mène d'un état de séparation (*Trennung*), à celui de l'unité dans l'amour. Cette forme « économique » des relations trinitaires sourd de la « communion dans l'étonnement » que sont les relations trinitaires immanentes. Cependant, une telle « forme » dérive en quelque sorte d'une situation d'enfermement qui blesse la liberté finie, et dont le récit évangélique nous livre les traces incessantes. C'est en raison de l'homme, blessé dans sa liberté native, que Dieu consent à traverser la contradiction, sise jusqu'au cœur du divin [1]. Le Fils se trouve ainsi conformé au mode de l'éloignement de Dieu qui est celui du pécheur. La conformation qui affecte le Fils est l'œuvre de l'Esprit, dans lequel le Fils consent à « subsister » humainement, selon différents modes du rapport immédiat au Père. Balthasar parle ici d'« inversion trinitaire ». Le texte qui suit en restitue l'audacieuse conception : « La multiplicité infinie des possibilités de l'Esprit permet à celui-ci de se présenter ou bien davantage comme l'esprit subjectivement commun du Père et du Fils, ou bien comme le Tiers objectivant, le témoin, le produit, le garant de leur rapport réciproque. Selon le cas, pour le Fils sur terre, la mission peut apparaître plus personnelle ou plus impersonnelle ; il peut en elle, avec laquelle il se sait identique, voir plus immédiatement le Père qui engendre et envoie, ou l'adorer plus voilé dans la figure objectivée et (en un sens unique et suréminent) "croire". Cette largeur de variation des modes du don de soi de l'Esprit permet donc différents modes du rapport immédiat entre le Fils et le Père, chaque fois selon ce qu'exige la situation de mission [...] *où ce qu'il y a de plus dur est souffert entre Dieu et Dieu* [2]. »

Cette perspective échappe totalement à Rahner, d'autant plus qu'il la qualifiera de « gnostique ». Pour le théologien Balthasar, l'identité de la Trinité immanente et de la Trinité économique requiert un mode de pensée non identitaire, ce qui rend vaine toute préformation de la Trinité à partir de structures a priori, abstraction faite de l'action dramatique dans laquelle est engagée Jésus marchant vers « son heure » et qui correspond au *status exinanitionis*. La séquence narrative du *Triduum Mortis* est le lieu d'élaboration du concept, sans que jamais le concept ne signifie l'assomption de la particularité narrative en Savoir.

La croix est interne à l'être de Dieu. Or, pour Rahner, la croix, comme « forme » (*morphè*), ne peut être reportée dans la plénitude trinitaire. La théologie rahnérienne évite autant qu'il

1. Balthasar prend à son compte les intuitions de A. von Speyr, en la citant. Les dernières pages du tome IV de *Theodramatik* ne sont qu'un tissu de citations.
2. *Dd*, t. II, vol. 2, p. 414-423 (nous soulignons).

est possible la « représentation », pour se hausser et se tenir le plus près possible de la limite conceptuelle. Si Rahner postule cette nécessaire adéquation de la Trinité en soi et de la Trinité vers nous, il recueille la « médiation » qui corrobore l'adéquation à travers l'acte d'incarnation du *Verbe*, et du *Verbe seul.* L'adéquation porte donc sur la dimension révélatrice-expressive du Verbe qui ouvre adéquatement pour l'homme l'absolue présence-à-soi trinitaire.

Celui qui se donne, en son Verbe, n'est pas autre dans le temps, et autre en Lui. Il est le même en Lui et vers nous. Si le Verbe pouvait être reçu comme une médiation « occasionnelle », c'est le concept même d'autocommunication qui se trouverait compromis. L'autocommunication est un concept strictement trinitaire, et la révélation « *selon le Verbe* » coïncide strictement avec le processus de révélation-à-soi « *selon le Verbe* » qui existe en Dieu.

Mais là encore, comment comprendre les réserves de Rahner ? Faut-il affirmer qu'il nous est encore redevable d'une théologie de la croix, et que si cette dernière est présente elle s'intègre et se dissout dans une analytique de l'existence, comme si la croix n'était qu'un archétype de l'humain ? Rahner ne refuse-t-il pas au contraire une lecture dialectique de la croix, telle qu'il croit en déceler les traces dans la tragique sotériologie balthasarienne [1] ? Il est surprenant, en effet, que Rahner nous livre des pages qui s'apparentent à l'écriture sotériologique de Balthasar [2], en en reprenant les thèmes les plus forts, les événements les plus déterminants, sans jamais les subordonner à une *logique nécessaire* des contraires qui en fonderait la possibilité. Nous

1. « Le Dieu chrétien qui peut, dans son identité, être l'Un, l'Autre et le principe d'unité est déjà formellement le plus dramatique de tous les dieux. Quand il pose hors de lui un monde et en prend la responsabilité, cet événement ne peut être, conformément à son archétype, que dramatique à son tour en un sens élevé » (*Dd*, t. II, vol. 2, p. 414).

2. « La croix du Christ dévoile sans ménagement ce que le monde se cache à lui-même, à savoir que, dans l'aveuglement absurde du péché dont la haine impie ne s'allume qu'à l'étincelle de l'amour de Dieu, le monde est ce qui pour ainsi dire engloutit le Fils de Dieu » (K. RAHNER, *Le Dieu plus grand*, p. 162).

croyons que tel est bien la raison du jugement critique exercé à l'endroit de la sotériologie trinitaire balthasarienne à dominante dramatique [1].

Les pages auxquelles nous faisons allusion concernent des écrits spirituels, occasionnels. Rahner y livre une théologie de la croix tout entière organisée autour d'une double « intrigue », celle des relations du Fils livré au Père, celle de son appartenance à la sphère intégrale de l'humain, qui souvent prend l'allure d'un combat avec la sphère décréative du péché. À propos de la résurrection, Rahner écrit des textes qui répondent à ce que Balthasar semble encore exiger du théologien allemand. « L'amour du Père, auquel il s'est tenu quand sévissait le péché de ce monde, *devant le jugement de colère* du Dieu trois fois saint, dans les *ténèbres de sa déréliction*, est maintenant présence lumineuse. Celle-ci saisit tout son être humain dans sa

1. « L'"abandon" de Dieu qu'éprouve le Fils sur la croix ne peut pas être interprété comme un sentiment unilatéral et exclusif du mourant. Si Dieu est objectivement abandonné ici, alors Dieu est abandonné par Dieu, et c'est là encore une forme économique des relations personnelles au sein de la Trinité immanente. Finalement apparaît réalisé ici ce mystère : Dieu peut simultanément demeurer en lui-même et sortir de lui-même, et cela jusque dans les abîmes de ce qui est contraire à Dieu, de ce dont Dieu n'est pas l'auteur (car c'est le pécheur), mais qu'il éprouve dans sa réalité même de contraire. Il y a là la descente du Christ dans l'enfer, dans ce qui est absolument rejeté par Dieu hors du monde. Ce mouvement peut être commencé dans une obéissance extrême, absolue, dont n'est capable que le Fils éternel, parce que l'obéissance absolue peut devenir la forme économique de la correspondance absolue du Fils à l'égard du Père [...] Dieu peut, parce qu'il est trinitaire, vaincre même ce qui est contraire à l'intérieur de ses relations éternelles » (*Dd*, t. II, vol. 2, p. 419-420). On retrouve une intuition identique chez Rahner, abstraction faite de l'élément dramatique, qui ne correspond pas à une théologie trinitaire envisagée selon le modèle de l'*Ego* transcendantal, ou de la convertibilité lumineuse de l'être et du connaître. Balthasar récusera ce modèle parce qu'il s'instaure en marge de l'*actio* dramatique, et en dehors d'elle nous ne pouvons rien préformer sur les relations trinitaires, voir dans l'œuvre précitée les pages 403, 416-417. Balthasar reste très prudent dans l'utilisation d'analogies extra-bibliques. La structure interne de l'esprit créé ne permet pas de penser la rigueur proprement trinitaire de l'extraversion dramatique du divin.

réalité concrète et unique, dans toutes ses dimensions, dans sa corporéité même [1]. »

Il est vrai que cette théologie de la croix ou de l'abandon filial reste polarisée autour du concept de « finitude », une double finitude, celle originaire qui demeure notre condition et nous mène vers le Dieu plus grand, celle « négative » de par notre libre décision d'enfermement en sa clôture. « *Nous sommes tous sur le point de fermer la porte de Dieu sur le monde, et elle ne pourrait plus être ouverte* », répète Rahner. Le thème johannique du cœur transpercé s'intègre ainsi dans l'étreinte infinie du fini qui sauve la finitude de tout enfermement mortifère. Les textes ne manquent pas de beauté, le concept, si prégnant dans la théologie rahnérienne, s'ajuste à l'intuition spirituelle. « Le sens ultime de l'effrayante multiplicité des choses créées par Dieu et la parole la plus profonde qu'il profère sur elles, c'est le cœur dans lequel son amour a été corporellement transpercé [2] ».

Le récit de l'Écriture semble ne pas être en porte à faux par rapport à une théologie du *Logos* créateur et recréateur, telle que l'esquisse Rahner. Les « prétentions » de la raison transcendantale se meuvent à l'intérieur des mesures dessinées par le récit de l'histoire de Jésus de Nazareth. Telle est bien l'*intention* de la christologie transcendantale, même si l'extension du récit en *saisie conceptuelle* déborde la particularité de son « dire », et le restitue en quelque sorte à l'universalité que le niveau du « dire » autorise. On assiste ainsi à une universalisation du comportement de Jésus, archétype de l'humain.

À propos de l'œuvre de Balthasar comme telle, nous ajouterons ceci. L'œuvre immense de *Herrlichkeit* est autre qu'une œuvre de « synthèse » spéculative, organisée autour d'un concept qui tente de repenser le lien de l'être à l'histoire, ou l'unité du mythe et de la révélation, la *figure* du divin.

L'œuvre traverse l'histoire de la pensée et de la mystique, et les visages convoqués sont tous sommés de répondre à l'interrogation que la « raison esthétique » fait ressurgir, comme si elle

1. K. Rahner, *Le Dieu plus grand*, p. 168 (nous soulignons).
2. *Ibid.*, p. 165

semblait se relever de ses cendres, de l'oubli et de l'effacement volontaires dont elle fut l'objet. Balthasar trace des plans, identifie les seuils, recueille les événements qui l'ont vue sombrer au profit d'un « traitement » scientifique, technique et dialectique. Comment reconvoquer nous-mêmes ceux qui le furent dans le déploiement de la symphonie livresque balthasarienne ? Cette entreprise était impensable. Pourtant, si les noms qui inspirent plus de la moitié des pages de *Herrlichkeit* ne furent point invoqués, ils se tiennent sous les affirmations que nous avons tenté de poser.

Le « traitement » scientifique de l'esthétique n'est pas sans rappeler les avertissements de Heidegger, qui, plus que Balthasar ne l'avoue, semblent avoir inspiré tant de pages de la métaphysique reçue sous le signe de la Gloire. Balthasar, y compris avec l'œuvre de Heidegger, qui aux yeux du théologien apparaît comme l'essai le plus fructueux pour une philosophie possible de la Gloire, ne cesse d'admirer le sens religieux de la tradition néo-platonicienne, celle qui va de Plotin à Proclus en passant par Nicolas de Cuse (*GC*, t. II). Toutefois, le sens religieux aura tôt fait de se muer en « poussée », en énergie immanente, cachée, dissimulée, mais à extraire par une métaphysique de l'esprit, lieu de la maîtrise des choses et des destins.

Pour Balthasar, Hegel est l'aboutissement du processus d'immanence, « religieux », parce qu'il peut être appelé d'un autre nom, la « potentialité mystique » (*die mystische Potentialität;* [AdS, t. I, p. 176-177]). La « raison esthétique » semble n'avoir conservé que peu de témoins, tant la fascination du savoir pour soi exerce sa progressive emprise. L'homme se voit confier dans la participation sans arrière-pensée que Dieu lui donne une maîtrise sur les choses et sur son propre destin. Il n'est plus le jouet d'un Dieu ou d'une force aveugle qui concentre en elle la totalité de l'être et soumet l'homme à la seule issue d'une fusion dans la totalité qui ne se partage pas. Mais si l'absolu est pensable comme celui qui donne l'être, alors la distance ne s'efface pas, elle devient l'espace où le jeu des libertés peut se mouvoir sans que la participation se transforme pour la créature en position de soi par soi.

Le destin tragique de la pensée source de nos comportements, de nos choix d'existence, consiste dans l'effacement de la distance qui permit à la créature de se penser libre dans la reconnaissance d'un « principe » plus radical que le « fondement ». Dieu n'est pas tant l'Autre que le *Non Aliud*.

L'être, non ontique, qui n'est pas une chose, une détermination, reste ainsi le milieu insaisissable dans lequel Dieu peut parler et signifier sa présence pour l'homme. Le théologien Balthasar renoue avec une vision positive du réel en démasquant les dangers d'une immanence fermée, là où le cercle de l'absolu et de l'homme transforme l'*analogia entis* en *identitas entis*. La distance est manquée, et c'est donc l'« aménagement » d'un espace qui fait défaut pour l'accueil d'une *figure* qui n'est pas produite par le cercle de l'*identitas entis*.

La christologie manifeste ainsi son lien étroit avec une pensée de l'être conçue comme trace initiale d'une révélation de la Gloire aimante. C'est dans ce sens que nous avons fréquemment employé le terme de protologie pour qualifier la christologie. La Gloire naît ou meurt selon que l'on admet l'irréductibilité de l'*analogia entis*.

La possession initiale de l'absolu, conçue comme capacité interne à la structure du sujet, risque sans cesse de manquer l'unique corrélation que supporte la révélation, la relation de l'absolu à sa figure concrète, en Jésus Christ. L'intention philosophique de Balthasar est bien de cet ordre. Mais pour la bien comprendre, il faut sans cesse se rappeler que la figure, ou le corps que Dieu se donne pour l'homme, n'est jamais le fruit d'un acte de puissance qui coïnciderait avec l'expérience philosophique ou naturelle de l'absolu, Dieu comme tout de l'être, ou comme horizon d'accomplissement du sujet.

La figure procède d'un mouvement trinitaire où l'absolu affirme sa position d'être « en y renonçant » pour l'Autre en Lui. Cette figure ne pouvait être que « kénotique », c'est pourquoi dès l'abord, l'être est parousie, présence, et se donne dans une corrélation qui fait signe vers la Trinité, la corrélation être-apparaître. Les conditions de réception de la figure sont ainsi assurées.

Esquisses pour une christologie de la « figure » : une logique trinitaire du don de l'être. — Nous nous sommes attardé sur les « prétentions » de la raison transcendantale chez Rahner. Ces prétentions sont limitées, elles butent sur l'irréductibilité d'un événement. À travers leurs déterminations, Rahner évite l'écueil possible d'une connaissance intuitive des potentialités de la révélation, puisque cette dernière entre si bien dans l'horizon de la subjectivité, qu'il suffirait d'une actuation maximale de ses propres structures pour parvenir à épuiser et anticiper ce que l'acte de révélation comporte de possibilités. Si la subjectivité est *quodammodo omnia*, à quoi pourrait servir une révélation positive ? L'absolu n'aurait plus rien à révéler qui ne soit déjà interne aux possibilités et présomptions de la subjectivité.

On peut évidemment s'interroger sur l'« opérativité » d'un tel discours, focalisé sur une tension en direction de l'absolu, et qui relève peut-être davantage du discours *mystique* que proprement du discours de foi, entendu comme appréhension de toutes les dimensions de l'être telles que le récit évangélique les met en œuvre. Il est vrai que la christologie vient corriger ce que la « mystique » transcendantale rahnérienne peut avoir de trop abstrait. Elle semble en effet très « située » dans les sphères supérieures de l'être, d'où l'impression d'une dérive « gnoséologique » constante.

Subsiste ainsi chez Rahner une sorte de juxtaposition entre le discours mystique de la tension intériorisée vers l'absolu et la restitution de ce discours premier dans les formes offertes par le récit évangélique. Le théologien ne parvient que difficilement à articuler ces deux dimensions du rapport à Dieu.

La christologie transcendantale, sous l'horizon de la « raison transcendantale », non seulement est légitime, mais sans doute nécessaire. Cependant, nous la considérons comme un moment second du discours christologique, car elle ne nous délivre pas vraiment du soupçon de mythologie [1] dont Rahner tente de se débarrasser lorsqu'il esquisse les contours d'une christologie transcendantale. Si la figure de l'Homme-Dieu a pour finalité de

1. K. RAHNER, « Problèmes actuels de christologie », *ÉT*, t. I, p. 125.

signifier *historiquement* l'achèvement du mouvement d'auto-transcendance [1], celui-ci reste alors subordonné à cette étrange *figure* de l'histoire qui, contrairement au processus commun dans lequel nous sommes engagés, constitue une césure inattendue dans l'ordre commun des existences. Cette figure n'est pas hors de la chaîne des existants, et pourtant, parce qu'elle prétend à l'historicité par la médiation de récits qui la racontent, elle renforce son caractère énigmatique et singulier. La manière de raconter ce que fut Jésus dépasse la platitude de l'archétype, nous sommes dans un autre registre d'attestation, à la fois plus concret, et paradoxalement plus énigmatique et singulier. Il suffit d'évoquer l'activité thaumaturgique de Jésus, les archétypes apocalyptiques qui accompagnent ses déclarations d'autorité [2]. Nous n'allons pas élaborer une christologie néotestamentaire, nous ne faisons que relever des dimensions du récit qu'il faut bien choisir de traiter selon des critères d'appréciation. Ici, l'apport de la méthode historico-critique est essentiel, c'est-à-dire incontournable. Nous n'en avons guère abusé, mais tel n'était pas notre propos. Ce que nous cherchons à fonder réside dans le fait que Rahner ne peut échapper à une insertion transcendantale *discontinue* de la figure du Christ. Or, le propre d'une démarche transcendantale repose sur une *logique du continuum*.

En d'autres termes, les critères qui permettent d'identifier cette figure de l'histoire doivent pouvoir s'exercer non seulement à partir de l'être-homme, abstraitement envisagé, *mais à partir de la figure elle-même*. C'est donc du récit évangélique qu'il faut extraire ces critères. Or, le récit est incontestablement travaillé par des éléments qui relèvent du rapport « merveilleux » de l'homme à Dieu. C'est pourtant à l'intérieur de la « texture » du rapport qu'une distance s'instaure d'avec le mythe. Des textes types peuvent signifier cette irréductible distance, à travers la valorisation de l'agir de Jésus qui n'exige aucune forme d'admiration ou de rapport narcissique à son être,

1. K. RAHNER, « Inkarnation », *SM*, t. II, p. 837-838.
2. On peut se référer au chapitre 13 de l'évangile de Marc.

mais qui sans cesse renvoie à l'Autre que lui, la thématique du Royaume et l'invocation du nom du Père, ou à l'autre que lui par la décision de foi et la responsabilité de la parole d'un sujet, ainsi, « ta foi t'a sauvé ». Ce « processus » de défatalisation qui parcourt tous les niveaux du récit, cet équilibre foncier que traduit la relation d'altérité et de naissance des sujets rendent moins « nécessaire » encore la dissolution arbitraire de la singularité de l'homme Jésus. Ce n'est qu'au prix du maintien de la singularité de cette existence qu'une venue de Dieu vers l'homme peut être accueillie *dans* les dimensions du récit, sans qu'il se transforme en matériau que la force du mythe ne cesse d'engendrer. Mais cela signifie aussi que le récit mythique est habilité à rendre lumineuse la figure du Christ, dans la distance qu'elle creuse d'avec la représentation mythique [1]. C'est pourquoi il paraît difficile de renoncer à une pensée de l'être si l'on veut que le Christ fasse sens, sans préjudice de sa particularité. Hegel lui-même n'a fait que reprendre cette féconde intuition. Certes, nous ne le suivrons pas dans la tentative d'annuler ou de fondre l'un et l'autre pôle.

Mais une pensée de l'être ne vit-elle pas du mirage de recomposition des particularités sous le profil sécurisant d'un principe d'unité, d'intentionnalité, de transcendance ? De son ampleur d'« objet formel », une pensée de l'être unifie les puissances de l'âme sous la puissance intellective qui excède toute nature déterminée et s'élève au-delà du contingent, de la dissémination pour n'envisager que la totalité. L'être n'est-il pas ce qu'il y a de plus nécessaire, de plus universel, de plus fondamental ? À l'instar de Balthasar, nous préférons l'intuition heideggérienne du caractère non ontique de l'être, sans d'ailleurs demeurer au seuil de la limite, pour que soit possible l'accueil d'une venue vers nous du « dévoilement » de l'être. Le théolo-

1. Les perspectives esquissées par Balthasar invitent à une « recomposition » de la pensée comme telle, sous l'horizon de la différence de l'être et de l'étant. Une pensée qui a renoncé à l'horizon-limite de l'être restera sourde aux possibilités qu'offre la figure du Christ pensée selon les dimensions de cet horizon. L'effort chalcédonien, pour ne prendre que cet exemple, amorce un tel mouvement.

gien peut légitimement opter pour la « transgression » de la limite s'il reconnaît l'événement qui coïncide avec ce dévoilement, la figure de Jésus confessée comme « forme » du divin. Cette opération peut validement être reconnue dans l'effort de « transcription » ou de « décodage » que permit une pensée de l'être dans les débats christologiques des premiers siècles. *En effet, ce n'est qu'au prix de la « transcription » ontologique que la figure de Jésus radicalisa l'inouï d'une venue de Dieu vers nous. C'est ce mouvement de radicalisation qui ne peut être sacrifié, et les concepts les plus « décriés » maintiennent paradoxalement ce mouvement d'extraversion du divin, ainsi ce qu'on a coutume d'appeler la « préexistence ». Il va de soi que l'emprise de l'horizon ontologique pour penser la figure du Christ n'a pas toujours permis, et loin s'en faut, de respecter le second pôle du mouvement de sortie de soi du divin, l'historicité d'une condition humaine pour Jésus. C'est à cette articulation que la théologie doit s'atteler avec plus de rigueur, afin que l'être ne soit pas un pur « en dehors » de l'histoire où se résolvent toutes les contradictions.*

Nous reconnaissons le caractère encore trop programmatique de ces intuitions, qui ne peuvent faire l'objet d'une démonstration plus longue. Urs von Balthasar et Rahner ont choisi la différence de l'être et de l'étant comme lieu proprement théologique pour la pensée, une « différence » très étroitement articulée au discours christologique.

Dans cette ligne de pensée, une christologie de la figure, telle que Balthasar l'a formulée, nous semble plus apte à rendre légitime le passage du récit au concept. En d'autres termes, une christologie transcendantale de type rahnérien, focalisée sur le mouvement d'autotranscendance réussie, reste très en retrait du récit et ne retient de celui-ci que les éléments qui s'intègrent sans préjudice anthropologique à ce que nous avons fréquemment appelé l'analytique existentiale. Certes, nous n'ignorons pas le travail conjoint mené par l'exégète Wilhelm Thüsing et Karl Rahner [1], visant à vérifier le degré de pertinence narrative dont

1. K. RAHNER, W. THÜSING, *Christologie – systematisch und exegetisch.*

sont marquées les propositions de la théologie transcendantale de Rahner. Le résultat est probant, mais ne l'est-il pas en raison de l'écart constant qui subsiste entre des éléments du donné scripturaire tels le Royaume, et la figure concrète du Nazaréen qui, dans ses paroles et ses gestes, est si peu une figure immédiatement universalisable, comme si là, sans plus, n'était offerte qu'une mesure abstraite de l'humain.

C'est là d'ailleurs une difficulté théologique considérable, l'appartenance si étroite de Jésus au mode d'être d'un peuple, historiquement si liée à ses attentes, à son destin, à son langage, à son avenir *immédiat*. Si l'écart que produit la prétention d'accomplissement ne cesse de travailler la figure de Jésus — c'est d'ailleurs l'une des sources d'interrogation sur son identité —, *il n'en demeure pas moins que l'écart se meut toujours à partir de l'histoire d'une promesse reçue en Israël.* Cet écart quittera en quelque sorte le sol nourricier d'un peuple lorsque, dans le mouvement de la résurrection, le lien énigmatique de Jésus à l'être de Dieu deviendra nécessairement exprimable dans de nouvelles catégories de pensée.

Une christologie transcendantale, à ce point soucieuse de penser d'emblée un rapport *christo-logique de l'homme à Dieu*, ne risque-t-elle pas de méconnaître la « contingence » de ces transpositions, en cherchant son mode de pensée, *à l'occasion* de Jésus de Nazareth, dans une philosophie de la « Raison du monde », du *Logos* universel ? Ou alors est-ce la particularité de Jésus, « celui qui ôte le péché du monde », qui demeure pour tout homme l'énonciation primordiale pour tout rapport à Dieu, sans préjudice de cette particularité ? Nous l'avons vu, Rahner n'a pas opté pour une alternative. Le passage par l'herméneutique grecque constituait le premier pas d'une intelligence nécessairement universelle de la figure du Galiléen, c'est-à-dire sa reconnaissance comme *Logos*, Idée de l'homme, achèvement de l'être-homme. Comment un tel achèvement pouvait-il être reconnu en marge de l'histoire ? C'est là que la particularité du visage de l'homme Jésus, non seulement est un préalable au *logos* grec, parce que du côté de Dieu il en est la raison d'être — nous rejoignons ce que nous disions au chapitre premier à propos de la rigueur trinitaire et protologique de la christologie —, mais encore son dépassement puisque le monde des idées rejoint la « chair » de l'homme.

Une telle jonction, face à laquelle la théologie contemporaine nous semble très en retrait, sans doute par peur d'une continuité trop systématique entre l'événement de foi et une « ontologie » naturelle si difficilement acceptable, demeure pourtant un « lieu » privilégié des logiques théologiques analysées. Sans doute la jonction fut-elle déclarée trop vite impraticable, à moins qu'on ait tenté de lui substituer une autre médiation, et cela non sans bonheur. Les travaux d'Eberhard Jüngel [1] sont à ce propos des plus remarquables. L'analogie entre Dieu et l'homme quitte le domaine de l'étant en indéfinie croissance vers sa cause, pour rejoindre celui d'un étant, l'homme Jésus, qui énonce paraboliquement, dans le jeu mondain du langage, la proximité d'un Dieu qui se veut humain dans sa divinité. Il faut parvenir à dépasser la seule dimension subjective des modalités de la connaissance, et parvenir à penser l'« antécédence » du divin en tant qu'elle conditionne *a priori* notre discours. Le rapport intramondain de l'homme à Dieu (analogie objective ou *analogia entis*) se transforme dans l'expression délibérée de Dieu à l'intérieur du rapport d'expression linguistique inter-humain. Cela suppose une véritable « ontologie » du langage. Jüngel s'inspire très latéralement de Heidegger. Une *analogia nominum* n'est ici d'aucun secours, puisque le langage, subordonné à la connaissance, est essentiellement *dénominatif*, langage qui rapporte des *signa* aux *res* et en qui la signification s'épuise en désignation. Une telle forme de l'analogie est certes « gardienne du mystère », mais ne permet pas encore de prévenir les avatars de la théologie négative, ceux qui circonscrivent l'essence de Dieu dans les régions de l'inexprimable, Dieu *supra nos*. Or, il faut un usage de l'analogie qui réponde à la foi en l'incarnation de Dieu. Le rapport analogique doit pouvoir faire *figure* d'un énoncé positif sur l'être de Dieu.

La *figure* analogique est donnée en Jésus, qui fait venir Dieu au langage, celui-ci s'y conforme en raison d'une libre détermi-

1. E. JÜNGEL, *Dieu mystère du monde*, t. I et II, Paris, Éd. du Cerf, 1983.

nation de soi [1]. Le rapport se noue ainsi de la manière suivante : « il s'agit d'une *analogie d'Avent* qui fait accéder au langage l'arrivée de Dieu auprès de l'homme comme un événement définitif [2]. » L'homme Jésus devient l'événement où Dieu décide de parcourir l'« espace » de la dissemblance si grande entre Dieu et la créature, pour qu'elle se mue en ressemblance plus grande encore, puisque Dieu y est humain en sa divinité. Il ouvre l'accès positif à sa connaissance, dans « ce-qui-passe ». Le récit évangélique suffit en quelque sorte au concept.

Assurément, ni Balthasar ni Rahner ne suivraient totalement la voie ouverte par Jüngel, puisque tous deux persistent à renouveler une analogie de l'être à laquelle le récit évangélique vient s'ajuster, non sans discontinuités ni ruptures.

Pourtant, et nous l'avions déjà indiqué dans le prologue, Balthasar et Rahner ne se sont jamais vraiment compris, tant les œuvres, les êtres et les événements qui les ont marqués ont été différents. Nous avons peu privilégié la dimension biographique, elle aurait assurément constitué un élément des plus éclairants du débat de controverse. Nos investigations furent plus conceptuelles. Elles nous ont permis d'aboutir à l'irréductibilité de deux grandes figures de la pensée théologique. Les chemins à explorer sont encore immenses, à la mesure des œuvres, démesurées se plaindront d'aucuns, à la mesure de la « démesure » divine renchériront d'autres. Quoiqu'il en soit de ce type d'appréciations, et Balthasar et Rahner ont lesté d'un « poids » d'universalité la *figure* singulière de l'homme Jésus, mais dans des proportions et des mesures qui appellent et sollicitent chaque fois autrement le monde de l'homme, qui se découvre aimé

1. *Ibid.*, p. 94, 98-99, 104-119.
2. *Ibid.*, p. 98. On pourrait rapprocher de l'intuition de Jüngel quelques sublimes pages écrites par Fr. Rosenzweig dans *L'Étoile de la Rédemption:* « Nous cherchons Dieu, comme plus tard le monde et l'homme, non pas comme un concept parmi d'autres, mais pour soi, posé exclusivement sur soi, dans son effectivité absolue [...], donc justement dans sa "positivité". C'est pourquoi nous sommes obligés de poser au début le néant du concept cherché : il faut que nous arrivions à le laisser derrière nous ; car devant nous, c'est un "quelque chose" qui est visé : la réalité de Dieu » (p. 34-35).

lorsqu'il consent à vivre au rythme de la *figure*. Pour Balthasar, il est sûr que certaines philosophies contredisent la « structure » du Verbe incarné.

Foncièrement, il n'en va de même pour Rahner, bien que ce dernier ne manifeste aucun éclectisme. Au-delà des choix philosophiques, l'horizon de la *figure* du Christ s'impose comme la ligne de crête sur laquelle Balthasar et Rahner cheminent d'un même pas, d'un même rythme. Qu'elle soit transcendantale ou esthétique, la raison n'est pas l'horizon qui domine la figure, c'est l'inverse qui est vrai. La figure « informe » la raison. *Lorsque Balthasar se réfère à Goethe et saisit la figure du créé sous la forme d'une tension asymptotique, il n'est pas loin de la raison transcendantale rahnérienne. Lorsque cette dernière découvre en elle que le don initial d'autocommunication est ordonné à l'accueil d'une figure inattendue du don, elle se rapproche d'une raison esthétique. Les cloisonnements sont vains, les alternatives inutiles.*

C'est parce que Dieu a placé une *figure* dans le champ de vision de l'homme qu'elle devient concept, c'est-à-dire universellement valable pour tout rapport de l'homme à Dieu. L'« intériorité intuitive », propre à la démarche transcendantale, n'annule pas l'« extériorité » de la figure du don, bien qu'elle la rende « immédiatement » transparente à la subjectivité. Ce *Grundakt* n'est jamais originairement le fait du sujet, mais du don en lui. Il possède d'emblée une forme christique.

L'*Idea Christi* circule à l'origine du sens, oriente le mouvement de l'histoire et lui promet un temps où les choses s'accompliront. Plus que kantienne ou hégélienne la christologie transcendantale prend des allures romantiques, sans jamais perdre de vue la « dramatique » d'une existence (*SM*, t. II, p. 833). On ne peut oublier que Rahner développa une christologie de la conscience humaine de Jésus qui n'a guère d'égal dans la pensée théologique des dernières décennies. Elle se rapproche d'ailleurs par de nombreux éléments de ce qu'a écrit Balthasar dans la *Dramatique*. C'est ce dernier qui en bénéficia, tout en « dépassant » Rahner par une plus forte intégration trinitaire de la vie consciente de l'homme Jésus, polarisée autour du concept décisif de mission. Les ressources de la perspective transcendantale sont immenses pour penser le niveau « ontique » de l'être-homme Jésus, et l'extension « ontologique » de son mode d'être-homme, selon la distinction affectionnée par le théologien Rahner.

En effet, le niveau « ontique » ouvre à une transcription proprement anthropologique de l'attitude d'« orant » qui oriente l'existence de Jésus vers le Père, et définit l'orientation fondamentale de l'humain (*SM*, t. II, p. 833-834). L'existence humaine et concrète de Jésus n'est jamais l'« occasion » qui rend opportune et vérifiable l'intuition transcendantale, ou les structures spirituelles du sujet, mais l'« impulsion » inscrite « dès avant la création du monde » dans le projet d'une histoire. Telle est bien la place qu'occupe la christologie chez Rahner, place protologique et eschatologique.

Nous n'allons plus reprendre le chemin de l'argumentation. La christologie de la conscience aurait été un « lieu » à choisir, entre autres, pour rendre plus manifeste la présence d'une « dramatique » de l'*Idea Christi* chez Rahner. Ce « blanc » laisse ainsi de l'espace à la pensée, celle qu'il faut encore explorer à travers les contributions si vastes que nous livrèrent Balthasar et Rahner. Nous n'avons point cherché à les réconcilier, ni même à les concilier. Notre propos fut plus modeste, saisir ce qui les séparait au juste, et goûter à l'avantage d'une telle différence puisque le corps du Christ fut « écartelé », souffrance insondable, abîme que la pensée ne peut fréquenter sans s'y « perdre » en échos variés, mais corps « recomposé » dans la résurrection sans sacrifier à la « pluridimensionnalité » du mystère. En tenant pour mémoire les avertissements de Hans Urs von Balthasar à propos des théologies négatives, tant elles risquent de se méprendre sur le « sens » christologique de l'incompréhensibilité de Dieu, nous retiendrons l'écho presque contraire que semblent produire les avertissements du philosophe. Balthasar et Rahner, *en raison* de la *figure* du Christ, signeraient pourtant ces lignes. « Il ne s'agit pas de dire l'Étant suprême, dans une prédication dont il serait l'objet [...] L'enjeu de la distance tient d'abord en ce qu'elle interdit de réclamer, concernant Dieu, un traitement ontique. À cette condition seulement, les choses divines pourront s'entendre divinement [...] Loin que l'impossibilité, de fait et théoriquement incontournable, de penser l'absolument impensable termine l'entreprise de le penser, elle l'authentifie et, en un sens, l'inaugure [1]. »

C'est en raison de la *figure* que l'apophase devient chrétiennement légitime, non pas dans l'absence du voir, mais *la permanence d'un corps*. Le défi que le christianisme ecclésial devra relever pourrait bien se jouer sur le terrain des formes nouvelles de la rationalité et de la religiosité qui ont « triomphé » des corps. La croix du Christ pourrait être rendue vaine, à moins que nous *regardions vers Celui que nous avons transpercé*. L'enjeu est encore à penser.

1. J.-L. MARION, *L'Idole et la Distance*, Grasset, 1989, p. 184-185.

Excursus

QU'EST-CE QU'UNE CHRISTOLOGIE ESTHÉTIQUE ? ANALOGIE ET HISTOIRE DE L'UNIQUE

Vers la genèse d'une pensée.

Il n'est pas simple de déterminer les sources de la pensée du théologien Hans Urs von Balthasar, et *a fortiori* de refaire la genèse d'une œuvre manifestement trop vaste, trop travaillée par l'ampleur des courants qui s'y rencontrent. Il y a certes une *logique de la totalité* qui traverse l'écriture balthasarienne, mais elle se déploie sous le profil irréductible des fragments, la totalité, l'Un ou le Tout ne sont jamais donnés d'emblée, ils ne se conçoivent à partir d'aucune puissance synthétique interne à l'activité de l'esprit. L'homme ne peut lire et voir immédiatement le tout en lui-même, il ne peut le pressentir qu'en fragments. Nous nous proposons de décrypter cette logique du Tout en la recomposant à partir de sa facture christologique.

La figure du Christ, pour Balthasar, est un corps dans l'histoire, une « chair », qui réclame une dimension de vision et d'audition pour être reconnue, et à ce titre la figure est délimitée par le monde sensible dans lequel elle apparaît. La terminologie que nous privilégions ici demeure au plus près du registre du vocabulaire balthasarien. Cette « limitation » se redouble en quelque sorte en raison du monde des sens qui ne peut être purement et simplement dépassé lorsque l'homme, subjectivement, veut entrer en rapport (perception) avec la figure de révélation dite « objective ». C'est une question de voir la figure, *eine Frage des Gestaltsehens*.

Ce seuil empirique qui ménage un accès d'emblée sensible à la forme spécifique du croire chrétien nous semble constituer le pari balthasarien d'une possibilité et d'une nécessité qui seules conviennent à la reconnaissance de l'« objet » de révélation. S'il s'agit d'un pari, il faudra évaluer sa pertinence, ses chances de réussite, et examiner s'il fut tenu, puisque l'œuvre est close et sa réception en cours.

Dans la démarche phénoménologique que tente le théologien, sans d'ailleurs qu'il ne vienne à la nommer comme telle (nous n'ignorons pas que l'une des œuvres initiales s'intitule *Phénoménologie de la vérité*), le seuil empirique entend dépasser, d'une part, le « geste » platonicien qui tente toute pensée de l'universel, s'élever au-dessus de la réalité sensible pour parvenir à la connaissance immédiate et séparée du divin, sans que le monde sensible dans lequel s'exercent les sens puisse vraiment devenir un espace de révélation, d'autre part la critique heideggérienne d'un affaissement de la pensée, réitéré par le christianisme, dans une philosophie de l'étant. Balthasar veut assurément montrer que l'accès par l'esthétique répond à une limite que s'est assignée la philosophie kantienne[1], une limite que le théologien recueille et comprend comme la véritable ou possible transgression, puisque la révélation vient inscrire l'invisibilité du phénomène dans les dimensions de l'expérience sensible, et c'est là que Balthasar entend mener Heidegger sur le terrain de la révélation de l'être comme épiphanie théologique. Nous reviendrons dans ces pages sur cette affirmation. L'horizon qu'elle sous-entend constitue l'objet même de nos analyses. Il conviendrait d'ouvrir un débat philosophique plus large encore, en regardant certes du côté de la phénoménologie mais aussi de la philosophie de l'Action chez Maurice Blondel.

En effet, la tension sujet-objet délimite bien, quoique de manière très formelle, le cadre du débat philosophique qui vient interférer avec le débat intra-théologique, et permettre à la figure de révélation de signifier sa prétention en raison. La raison esthétique entend prévenir les impossibilités dont nous avertit la philosophie kantienne, et ses reprises dans les « modernes » théologies de l'acte de foi[2].

1. « C'est au moyen de la sensibilité que des objets nous sont donnés [...], mais c'est par l'entendement qu'ils sont pensés et c'est de lui que proviennent les concepts » (E. KANT, *Critique de la raison pure*, dans *Œuvres philosophiques,* Pléiade, I, p. 781).

2. Le débat avec Maurice Blondel nous semble ici de toute première importance. Il porte sur les conditions du maintien ou la perte d'une figure de révélation, figure qui n'advient pas au terme d'un prolongement interne au devenir du sujet transcendantal. Il est possible que Balthasar se méprenne sur le sens d'une philosophie de l'Action, et l'assimile sans plus à la compréhension d'une ligne de démarcation introduite par Kant dans le cadre d'une

Pour analyser et justifier cette ultime affirmation, nous privilégierons quelques entrées dans la théologie balthasarienne, toutes articulées autour du statut de la raison dans la pensée du théologien, elle-même toute relative au concept de *figura* dans l'Ancienne et la Nouvelle Alliance. Si la figure du Christ peut s'insérer dans un tout qui suppose un « avant », c'est-à-dire des préfigurations, cela ne peut se faire qu'à l'intérieur d'un « espace » limité à l'intérieur de l'histoire, à savoir l'espace qu'occupe l'histoire d'Israël, parce que le temps d'Israël transforme la durée cyclique qui constitue l'expérience mythique du temps[1]. En d'autres termes, l'expérience d'Israël fait naître une « économie du temps » qui *convient* à la réception d'une figure promise, venant au terme d'une attente et d'une tension, et qui relance la temporalité vers un « avant », un à venir. Histoire et eschatologie sont les pôles qui structurent l'économie chrétienne du temps et qui assurent pour la figure l'espace d'une *Actio*. L'histoire s'insère entre le

philosophie de la connaissance. Philosophie de l'intégration cognitive et expérientielle, l'Action demeurerait fautive puisqu'elle prétendrait mettre en lumière les conditions presque contraignantes d'une justification anthropologique de la révélation, mais avec une nuance d'importance redevable d'une intuition augustinienne, le *cor inquietum*. Balthasar entre en débat avec une série de textes blondéliens, traversés par une élucidation des conditions qui permettent de penser l'objet sous la forme d'une *Gegebenheit*. Balthasar semble pourtant réticent, et ceci nous semble lié à l'opération de dépassement des buts finis dans une philosophie du Vouloir et de l'Action ultimement finalisés. « Et c'est là, dans ce qui a semblé être la ruine de toute affirmation objective, que va se découvrir le secret de toute existence réelle des objets pris comme objets. Ç'avait été une découverte de remarquer, comme Kant l'a fait, que même l'intuition sensible, dont on pensait qu'elle est toute *a posteriori*, suppose un *a priori*, et qu'en raison de cette initiative subjective, il est impossible de porter à l'absolu le mécanisme de la nature ou de le réaliser hors de la pensée tel qu'il est en elle » (M. BLONDEL, *L'Action*, 1893 ; *Essai d'une critique de la vie et d'une science de la pratique*, Paris, PUF, 1950, p. 451-452).

1. *Herrlichkeit* introduit à ce sujet une précision. Israël, comme les peuples anciens, possède vraisemblablement une expérience verticale du temps du salut, que l'on appelle à tort « cyclique », car la période du salut est toujours actuelle, « elle est la représentation du mystère d'ensemble (vertical) du salut qui unit Dieu et le monde [...] ». Si l'idéologie royale a pu accentuer cette perception de l'actualité d'un salut, sous la forme de la présence efficace, elle va très vite se transformer par la prédication prophétique dans laquelle s'opère le passage à l'eschatologie (*La Gloire et la Croix*, *op. cit.*, p. 535).

mythe et l'eschatologie, ce qui me force à penser que l'histoire pour Balthasar ressortit elle aussi à une *forme* et s'apparente ainsi à la notion de *forme pure*, la force de l'être qui réside dans la position de la forme[1]. Mais cette forme n'est pas statique, elle se meut et se propulse sans cesse vers un avant, quoiqu'elle soit impuissante à le rejoindre. La *forme d'Israël* est ainsi affectée d'une certaine permanence, puisqu'elle est au service de la *figure*. Elle constitue l'horizon sur lequel la *suprafigure* va pouvoir se greffer et se détacher, oscillation entre crise et accomplissement. Balthasar ne demande pas à l'exégète de lui fournir les arguments qui permettront, sur la base de la critique historique, de mesurer et de vérifier la distance qui s'instaure entre les représentations religieuses dites mythiques et la religion d'Israël qui s'insère dans la trame d'une histoire, c'est à cette Écriture elle-même qu'il demande de délivrer les formes qui la composent et dont la figure totale se laisse aisément reconnaître. Il importe que tout Israël soit existentiellement image et figure qui ne peut s'expliquer elle-même. *C'est bien cette logique des formes qui préside à la reconstitution balthasarienne d'une théologie de l'histoire*. La forme est constituée par l'unité d'être que lui donne l'Être au-dessus et au-dedans d'elle, c'est-à-dire par la force de représentation qui meut un phénomène et le rend communicable, dans une unité rétrospective et anticipatrice. Le phénomène dit quelque chose de l'origine et constitue en concentré l'espace d'une promesse. Il fait signe vers un ailleurs. C'est cela que nous appelons une *métaphysique* des formes chez Balthasar. Israël est ainsi une figure d'ensemble dans laquelle le Tout s'énonce en fragments, une figure qui se meut selon ce double pôle dont nous venons de parler[2]. On peut aisément rapprocher ce que dit Balthasar de la figure d'Israël des considérations qu'il recueille du côté de la philosophie de l'art dans la pensée de Schelling[3]. Sur le plan formel, la catégorie de pensée que l'on appelle forme finie répond à la tension qui

1. H. U. VON BALTHASAR, *La Gloire et la Croix*, t. I, *Apparition,* Desclée de Brouwer, Paris, 1990, p. 19, 98.

2. *Ibid., op. cit.*, p. 531, 537, 538, 541. Ces passages, issus de *Herrlichkeit,* sont fondamentaux. Ils illustrent de manière vive l'intégration de la figure d'Israël dans une « métaphysique des formes ». Nous ne sommes vraisemblablement pas très loin de Platon.

3. Urs VON BALTHASAR, *Apokalypse der deutschen Seele. Studien zu einer Lehre von letzten Haltungen*, I. *Der deutsche Idealismus*, Salzbourg, 1937, p. 234 ; *La Gloire et la Croix*, IV/3, *Le Domaine de la métaphysique, les héritages*, Paris, 1983, p. 314.

permet de découvrir dans tout phénomène ce qui le rend à la fois indisponible, puisqu'il se détache sur fond de temporalité dont la finitude est irréductible, et en même temps mis à disposition pour permettre le passage vers la promesse dont il dispose, l'éternité. Le sentiment artistique ou esthétique est en quelque sorte le fruit de la temporalité, puisqu'en son sein l'expérience de l'infini va concentrer les dimensions du temps. La relation du divin et de l'humain se fait sous le signe de la forme finie, pour laquelle Balthasar maintient toujours l'appellation du transcendantal beau. Cela est d'ailleurs tout à fait conforme à la lecture qu'il fait de Thomas d'Aquin en reprenant l'intuition de la *distinctio realis*. Nous reviendrons, au cours de l'argumentation, sur ces affirmations complexes. Elles s'éclaireront au fur et à mesure.

Autant dire d'emblée que la figure du Christ, pour Balthasar, doit renoncer à une sorte d'universalisation trop immédiate, comme si elle était un symbole du monde, avant même qu'elle ne vienne à naître dans le monde des hommes *comme* figure. Le christianisme n'est pas la manifestation d'une idée éternelle, mais la conséquence d'un phénomène empirique isolé. Balthasar semble livrer une bataille contre toute tentative d'intégration de la figure finie dans des processus d'universalisation desquels dépendrait la figure. C'est là aussi tout l'objet du différend théologique qui oppose Balthasar à Rahner, et sur lequel nous reviendrons au terme de la présente étude. La base empirique dont nous parlions précédemment semble le seul « moyen » de retenir la profondeur du phénomène sans d'ailleurs que le phénomène lui-même ne s'y épuise. La pensée de Balthasar prend ici des allures inhabituelles, elle n'est ni une phénoménologie de type husserlien[1], ni une métaphysique de type thomiste, ni une forme chrétienne de néo-platonisme, elle semble vouloir intégrer sous la raison figurative ou esthétique le meilleur de ces trois accès à l'intelligibilité du réel. Il semble donc que ce soit la figure qui détermine le travail de la raison. Un mot encore pour clore cette trop longue introduction. *Le théologien effectue bien*

1. Urs von Balthasar s'exprime trop peu sur la phénoménologie pour que l'on puisse déterminer une influence de cette dernière sur son œuvre. Si Balthasar pourrait avoir retenu de Husserl le dépassement du dualisme kantien phénomène-noumène, il semble éloigné des développements husserliens sur la conscience intentionnelle. Il aurait pourtant là les moyens de penser le rapport de la figure à l'intentionnalité supra-subjective de ladite conscience. N'est-ce pas encore la trace patente, comme en creux, du soupçon balthasarien porté sur la subjectivité ?

un travail de la raison, l'œuvre en est un témoignage puissant, même si au terme les limites de la raison, au sens kantien, se voient positivement caractérisées puisque la finitude humaine rejoint la finitude révélante d'un Infini qui y trouve l'espace proportionné à son autorévélation.

Raison et « Gestalt ».

En guise d'ouverture, nous proposons une sorte de définition programmatique des rapports entre raison et figure dans la pensée du théologien, puis nous en évaluerons le contexte et les conséquences plus larges.

Face à la raison, la figure du Christ n'a aucune justification à fournir. Ainsi, l'opération tentée par Balthasar consiste à rendre inopérant l'usage de la raison pour préformer la figure et en produire le moment de synthèse. Cependant, si les critères de la raison externes à la figure ne peuvent exercer aucune contrainte sur son mode d'apparaître, la figure christologique peut déterminer l'usage de la raison[1] *en délimitant non seulement ses possibilités de connaître (permanence de l'*analogia entis), *mais le mode adéquat de connaître pour que puisse s'établir une « correspondance » de la raison à la figure, pôle de l'*analogia *théologique. On reconnaîtra ici l'influence de la pensée de E. Przywara*[2].

La figure n'est pas irrationnelle, et aucune gnose à prétention initiatique ne peut se substituer à l'analogie de l'être qui permet positivement de correspondre à la figure inattendue du divin. Nous reviendrons sur ce point ultérieurement à propos de la relation entre Barth et Balthasar. À ce sujet on peut se reporter à un écrit daté de 1948, paru dans les Recherches de science religieuse[3] .

Cela signifie aussi que la révélation christique accomplit l'analogie de l'être au sens d'un dévoilement de son « pourquoi ». L'être est

1. On pourrait rapprocher la pensée de Balthasar du point de vue énoncé par le théologien E. Jüngel (« Die Vernunft ist vernünftig, wenn sie begreift dass ein Gott überhaupt nur dann als Gott gedacht wird, wenn er als sich offenbarender Gott gedacht ist », *Gott als Geheimnis der Welt : zur Begründung der Theologie der Gekreuzigten im Streit zwischen Theismus und Atheismus*, Tübingen, J. C. B. Mohr, 1977, p. 211).

2. H. U. von Balthasar, *E. Przywara, Sein Schrifttum, 1912-1962,* Einsiedeln, 1963.

3. H. U. von Balthasar, « Deux notes sur Karl Barth », *Recherches de science religieuse*, t. XXXV, 1948, p. 92-111.

parousie à la mesure de son dévoilement christique, et ainsi la différence entre l'être et les étants s'éclaire-t-elle dans la différence, ou selon la distance qui est sise au cœur de l'Absolu, celle qui permet au Père de donner l'être au Fils. *Ainsi, les éléments de « substitution », de « non-convertibilité », d'« irréitérabilité » travaillent-ils plus ou moins tous les niveaux d'affirmations christologiques chez Balthasar.* La figure correspond à l'expérience humaine selon une évidence symbolique, en somme comme phénomène saturé, quoique inépuisable dans sa forme et son fond, et donc dans le mouvement de correspondance qu'il suscite (à travers les composantes du ravissement et de l'« entraînement », *entzückt-entrücktwerden*). En d'autres termes, il n'y a pas de mesures externes à la figure, à moins de les penser comme des contrastes réfléchissant les modes d'être de la figure sans pouvoir y entrer de manière à les déterminer, c'est pourquoi nous parlons de phénomène saturé. Un autre registre de vocabulaire pourrait être utilisé, celui de « monade sans fenêtre », selon la terminologie de Leibniz.

La christologie esthétique et les christologies « libérales » : contexte immédiat et pensée de l'accomplissement.

Si la figure du Christ est un corps dans l'histoire, il se pourrait que l'histoire, pour Balthasar, soit plus une catégorie qu'une effectivité, plus un champ de représentations immédiatement indexé sur une saisie phénoménologique et sensible de la différence ontologique, à travers une *métaphysique des formes*, qu'il reçoit de la pensée de Goethe, qu'un espace mouvant où les figures se construisent dans une histoire *qui ne livre pas d'emblée des formes pures à contempler*.

Si Balthasar, contrairement à Rahner, n'identifie pas l'esprit à l'histoire du devenir de l'esprit, en scellant sous le profil du jugement d'existence l'unité indissoluble des deux termes, *il semble néanmoins penser l'histoire en termes de formes et d'existences archétypes. L'histoire est en somme toujours et déjà réalisée sous le profil sensible et phénoménologique de formes, c'est-à-dire de ces phénomènes achevés de sens que traverse une source originelle qui les pose et les « découpe » dans l'être.*

L'on comprend alors pourquoi Balthasar part des déterminations transcendantales de l'être, et offre ainsi une lecture métaphysique des formes. L'histoire n'est-elle pas alors l'espace déjà clos et saturé dans lequel les formes se donnent à voir dans leur épaisseur (ipséité) irréductible et leur invisibilité constitutive ? Assurément l'histoire n'est pas encore l'historicité, c'est-à-dire ce qui reste à parcourir dans le champ ouvert d'une *condition* historique, sur le plan de la reconnaissance quand il s'agit du sujet croyant qui se rapporte à une *figure reçue et confessée*, et sur le plan plus large du traitement de l'Écriture quand il s'agit de comprendre ladite écriture comme une histoire relue qui produit la figure comme unité de sens (la figure comme kérygme). Balthasar lui reconnaît une historicité interne, mais dont les termes appartiennent à une histoire du Salut polarisée sur une *figure de rédemption dont l'accomplissement n'appartient ni à sa composante dite de la promesse, et qui coïncide avec l'Ancien Testament, ni à une composante qui la préformerait dans les structures du sujet, c'est-à-dire comme terme d'une quête anthropologique*. Pourtant, ces deux pôles doivent être maintenus pour que l'unicité de la figure soit assurée tant sur le plan de l'histoire du Salut que sur celui d'une philosophie de la connaissance.

La *figure* est toujours *détachée*, elle vient vers l'écriture de la promesse plus qu'elle ne procède d'elle. La coupure entre les deux Testaments se mesure à l'impossibilité d'extraire une christologie de l'accomplissement dans les termes mêmes de l'écriture de la promesse, celle de l'Ancienne Alliance[1]. Au regard du théologien, lorsque l'exégèse historico-critique semble invalider une christologie de la figure en raison d'une pluralité des « christologies » néo-testamentaires (et donc d'une pluralité des conditions d'écriture), c'est sur fond d'une pluralité positive que Balthasar envisage alors les angles de perception et de rapport à la dite figure en lui permettant de subsister dans l'unicité qualitative qu'elle réclame. *La mesure du phénomène produit en quelque sorte le fait d'écriture dans sa forme plurielle, c'est la condition même du phénomène qui force au déploiement du langage, qui le multiplie en quelque sorte.* Urs von Balthasar conserve ainsi ce que Karl Barth lui apprit, c'est Dieu qui dans sa Parole nous interprète.

1. H. U. von Balthasar, *La Gloire et la Croix, III/1*, Aubier, Paris, 1974, pp. 343-353. « S'il est vrai que la méthode historique et critique a détruit l'ancienne forme de l'*argumentum ex prophetia*, qui supposait les paroles de l'Ancien Testament prononcées directement en vue du Christ [...], l'élimination de cette représentation trop naïve a permis d'apercevoir quelque chose de beaucoup plus important et grandiose : le caractère prophétique de toute l'histoire d'Israël. Cette histoire est celle de l'Alliance du peuple élu avec Dieu, et la grandeur de cette histoire, les catastrophes qui la remplissent, les dépassements réalisés en elle, tendent vers un achèvement invisible, qu'il n'est pas possible de construire », p. 343-344.

Du même coup, sont renvoyées dos à dos[1] les méthodes qui prétendent *recouvrir* le sens de la pensée, d'une part celles qui tentent d'opérer la reconquête d'un Jésus historique débarrassé des scories ecclésiales et mythologiques tardives qui se greffèrent sur la figure initiale, d'autre part les méthodes dites critiques et historiques qui recomposent les trajectoires par lesquelles la figure est devenue disponible comme totalité indivise, *et le Verbe s'est fait chair*. C'est la transcendance d'une Parole qui demeure méconnue dans ces efforts de reconstruction ou de retrouvailles. L'on sent ici que la *figure*, concept central de l'esthétique balthasarienne, n'est nullement touchée. Il convient d'ajouter à ce propos une nuance dans l'appréciation que nous portons sur les christologies dites libérales. Elles ne sont pas homogènes puisqu'en leur sein apparaît toute la distance qui sépare l'intégration « positive » ou structurante du mythe et de sa fonction, comme chez D. F. Strauss[2], de son élagage opéré par les mouvements de recherche

1. Balthasar n'hésite pas à opérer une identification des herméneutiques qui président aux tâches apparemment contradictoires de déconstruction et de reconstruction que sont respectivement l'exégèse historico-critique et les christologies dites libérales dans lesquelles nous incluons latéralement les mouvements dits de la *Leben Jesu Forschung*. « L'interprétation de la vie et de la mort de Jésus par l'Église postpascale est donc en même temps indispensable et secondaire : l'Écriture néotestamentaire ne prend plus part à *l'événement (- parole)* qu'était Jésus lui-même. Nous sommes par là ramenés pour l'essentiel à la schématique de l'"impression totale" (indépassable) de la "personne de Jésus", qui résiste (aujourd'hui encore et de nouveau) à toutes les érosions provoquées par la méthode historico-critique ; pourtant la figure de Jésus dépend finalement de la grâce de l'exégèse, et celle-ci risque toujours de nous ramener à la diastase bultmannienne entre la critique et le kérygme », *La Dramatique divine*, II/2, *Les personnes du drame, les personnes dans le Christ*, Paris, Lethielleux, 1988, p. 86. Balthasar s'en prend ici à l'herméneutique parénétique qui consiste à rattacher à la communauté postpascale l'action libératrice de Dieu dans la vie et la mort de Jésus, comme si là, sans plus, se donnait à comprendre plus qu'à voir, que Dieu a définitivement agi en Jésus-Christ. Le théologien bâlois ira jusqu'à qualifier ces tentatives de christologie schleiermachérienne traduite dans une terminologie rahnérienne).
2. Nous mentionnons l'œuvre majeure de STRAUSS, *La Vie de Jésus*, en deux volumes publiés entre 1835 et 1836. Cet ouvrage magistral, dont le niveau d'érudition est impressionnant, connaîtra un vif succès à l'étranger, y compris en France par l'intermédiaire de la traduction de Littré (1839-1840). « *Si je peux penser que l'Esprit divin dans son extériorisation et son abaissement est l'Esprit humain, et l'Esprit humain en retournant en soi-même et en s'élevant*

sur la vie de Jésus. Pour les besoins de nos analyses retenons deux textes de Strauss qui illustrent ce contre quoi Balthasar s'inscrit avec pugnacité, en gardant en mémoire qu'une telle christologie résiduelle lui semble assurément travailler les champs contemporains du travail christologique. Le différend qui le sépare de Karl Rahner pourrait trouver là les sources que le théologien de Bâle croit reconnaître dans la christologie de son homologue allemand.

Si la critique historique ne parvient pas à tenir le pari d'un tel phénomène, la christologie résiduelle qu'elle permet ne se tient alors que sous la généralité d'une existence archétype dont la conscience de l'action de Dieu en elle, et qui n'est autre que son sentiment de dépendance à l'égard de Dieu, résonne précisément comme archétype possible. C'est la seule efficience dont elle dispose, elle se limite à une possibilité philosophique sous le profil d'une existence morale, ultimes prétentions « dogmatiques » que permet encore le champ de la critique historique. Les christologies dites « libérales » sont une tentative de sauvetage de la « figure », mais nécessairement détachée de son unicité[1]. L'amorce du processus est identifiée dans l'œuvre de Strauss[2], à travers la première édition de la *Leben Jesu* (1835-1836). Pour Balthasar, c'est aussi le triomphe d'une certaine métaphysique sur

au-dessus de soi, l'Esprit divin, je ne puis pas encore pour autant me représenter comment les natures divine et humaine pourraient avoir constitué les composantes différentes et pourtant indissolubles d'une personne historique. [...] De même que le Dieu de Platon donnait forme au monde, le regard fixé sur les Idées : de même la communauté, tandis qu'elle ébauchait l'image de son Christ, sous l'influence de la personne et des événements et de la vie de Jésus, avait inconsciemment l'intuition de l'idée d'Humanité dans son rapport avec la divinité » (*Das Leben Jesu,* Darmstadt, 1969, Bd. I, p. 42 ; Bd. II, p. 733). Nous citons d'après l'édition figurant dans l'étude suivante : Jean-Marie PAUL, *Dieu est mort en Allemagne, Des Lumières à Nietzsche*, Paris, Payot, 1994.

1. « [...] Dans la manière chrétienne de comprendre le *kairos*, toutes les catégories impersonnelles, ou semi-personnelles, du mythe ou de la philosophie sont devenues pleinement personnelles. Les mots si volontiers employés par saint Jean, *phaneroun, phanerousthai,* apparaître, se dévoiler, se présenter, reçoivent un sens qui dépasse toute signification purement ontologique et sont situés dans la sphère de la manifestation personnelle du Dieu éternellement aimant [...] », *La Gloire et la Croix*, I, *op. cit.*, p. 198).

2. D. F. STRAUSS, *Der Christus des Glaubens und der Jesus der Geschichte. Eine Kritik des Schleiermachersuchen Lebens Jesu* (1865) ; cité par BALTHASAR, *La Dramatique divine*, II/2, Lethielleux, Paris, 1988, p. 32.

l'historique, celle qui identifie l'être à la conscience. L'identification revêt cependant des formes diverses, elles semblent néanmoins tendre vers l'épure d'une telle relation, l'adéquation de l'être au savoir. En d'autres termes, c'est par la grâce de la philosophie qu'est récupéré le sens des récits.

Or, pour Balthasar la question centrale de ce qu'on appelle l'apologétique ou la théologie fondamentale est une question de voir la figure *(eine Frage des Gestaltsehens)*, un problème esthétique qui repose précisément sur la distance de l'être au savoir, de l'être au connaître, une forme trinitaire d'accès à la question métaphysique. L'être du Père se prodigue en direction de Celui qui en réalise la définition, l'acte, sans jamais pouvoir se substituer au mouvement de donation qui prodigue l'être, sous peine que s'annule la salutaire et vivifiante distance qui polarise l'être divin sous forme trinitaire. L'Esprit, en raison de sa rigueur hypostatique, devient précisément Celui qui « prévient » l'annulation de la distance sous forme d'évanescence des pôles de la subsistence divine. Le jeu esthétique vaut éminemment pour le divin, l'irréductibilité des formes est analogiquement transposable. L'on sent toute la défiance de Balthasar pour les modèles de type psychologique ou conscientiels lorsqu'il s'agit de penser la Trinité sous forme analogique. Le théologien reste au plus près du récit biblique, en favorisant les catégories suprapersonnelles qui d'une certaine manière visent plus loin que l'analogie. L'immédiateté esthétique à laquelle le contraint l'utilisation d'un vocabulaire hypersensible ou empirique donne à l'analogie balthasarienne une forme très originale. C'est ce qui explique sans doute l'oscillation balthasarienne entre une sorte de phénoménologie de la perception et une conception barthienne et presque dialectique de la transcendance. L'analogie n'est guère mise au service d'une philosophie de la connaissance, elle énonce un rapport, et plus encore une tâche de conformation aux appels d'un Infini qui vient vers l'homme sous les traits d'une figure du monde.

On peut se demander d'ailleurs si Balthasar ne rejoint pas la conception leibnizienne[1] de la monade (*monas* désignant l'unité). Le

1. « Toute substance est comme un monde entier et comme un miroir de Dieu ou bien de tout l'Univers, qu'elle exprime chacune à sa façon [...] Ainsi l'univers est en quelque façon multiplié autant de fois qu'il y a de substances, et la gloire de Dieu est redoublée de même par autant de représentations toutes différentes de son ouvrage. On peut même dire que toute substance porte en quelque façon le caractère de la sagesse infinie et de la toute-puissance de

Tout se donne en fragments, le fragment contient le Tout. Finalement Balthasar joue sur séparabilité, ipséité des choses, et réciprocité, proportion, analogie.

Les exigences de la « raison esthétique ».

Les analyses qui vont suivre se basent presque exclusivement sur le volume premier de *Herrlichkeit* qui constitue pour notre propre lecture une sorte de retour au centre, après avoir lu et parcouru une part importante de la production théologique de l'auteur. Les limites mêmes de cette contribution nous imposaient ce choix.

Nous pourrions partir d'une interrogation, entendue lors d'un échange entre théologiens, « faut-il libérer Balthasar de sa mythologie? ». Pour le moment, il n'est pas nécessaire d'apporter plus de précision à ce vocabulaire. Sans doute la remarque voulait-elle signifier que Balthasar construit une théologie d'allure « gnostique », en raison des concepts qu'elle privilégie. La Gloire du divin se manifeste sur la scène de l'histoire en engageant une sorte de combat dramatique contre des forces qui contrarient sa victoire possible et désirée, mais l'issue du combat qui se concentre dans les abîmes de la chute infernale signe l'aurore d'une renaissance, d'une résurrection. Cette lecture de la christologie balthasarienne pourrait aisément trouver quelque appui dans la théologie du samedi saint ou de la descente aux enfers. Nous savons que Balthasar lui-même a tenté de se prémunir de toute dérive gnostique dans l'interprétation qu'il donne de la kénose « infernale », cette gnose qu'il estime si fortement présente dans l'idéalisme allemand, celui de Jacob Boehme, Schelling, Hegel.

Si le langage balthasarien est proche du langage de Schelling ou Hegel, il s'en distancie cependant en raison de la relation que le théologien établit entre les pouvoirs de la raison, qui est l'activité de l'esprit en l'homme, et l'acte par lequel l'homme, doué de raison et de sensibilité, est capable de reconnaître la progressive extériorisation de Dieu dans les niveaux d'être qui composent la réalité, et sa définitive extériorisation dans une figure d'humanité. C'est ce mouvement de la pensée que nous allons tenter d'approcher maintenant.

Pour ce faire, nous allons revenir sur le rapport que la figure du Christ entretient avec les figures de l'Ancienne Alliance. Balthasar part

Dieu » (G. W. LEIBNIZ, *Discours de métaphysique et Monadologie*, PUF, Paris, 1974, p. 9).

d'une affirmation selon laquelle Jésus a besoin d'une histoire qualifiée, c'est-à-dire qui dans le cours global de l'histoire se détache comme histoire singulière, et fasse figure. La volonté balthasarienne de ne pas reconduire les schèmes gnostiques dans la compréhension de la figure du Christ l'oblige à insérer cette figure dans une histoire antérieure, mais encore une fois une histoire qualifiée (*in einer qualifizierten Geschichte*[1]). L'histoire avec laquelle l'Homme-Dieu peut former une figure doit être détachée de l'histoire générale. Une théologie de l'accomplissement doit se mouvoir et se penser à l'intérieur de cette tension qui à la fois universalise et particularise le rapport de Jésus à l'histoire, tension qui se redouble en quelque sorte à l'intérieur d'une histoire singulière et qualifiée, celle que compose Israël avec le Christ. On comprend dès lors que toute tentative théologique qui se caractériserait par une sorte d'universalisation de l'histoire sous un concept général de révélation ne peut être reçue. L'histoire comme telle, saisie comme totalité, n'est pas une unique histoire de la révélation. Pourtant, Balthasar n'identifie pas purement et simplement la révélation à l'histoire qualifiée d'Israël en marche vers le Christ. Il opère une double rétroprojection, celle qui va du Christ vers Israël, et d'Israël vers l'histoire de l'homme qu'il semble se contenter de comprendre comme histoire antérieure, et pour laquelle il applique le concept de mythe. Le rapport du mythe à la prophétie, c'est tout le rapport de l'histoire théologiquement amorphe des « païens » à l'histoire vécue sous l'horizon de la révélation et d'une figure de rédemption. On comprend dès lors le peu de sympathie théologique que manifeste Balthasar pour les autres traditions religieuses, puisqu'il semble unifier l'histoire prébiblique sous la commode catégorie de mythe[2].

Le théologien se sépare ici de l'interprétation proposée par l'école scandinave d'histoire des religions qui, à l'intérieur de la multiplicité des courants de traditions religieuses, tente d'extraire une figure essentielle synthétique qui va de l'ancienne vision du monde au christianisme. Nous voyons bien que contrairement à un théologien comme Rahner qui, lui, tente de penser l'histoire comme nécessaire à l'expression de soi de la transcendance, Balthasar pense au niveau des formes, c'est-à-dire dans une saisie esthétique des courants de tradi-

1. H. U. VON BALTHASAR, *Herrlichkeit. Eine theologische Ästhetik*, Bd. I, *Schau der Gestalt*, Trier, Johannes Verlag, 1961, p. 601.
2. H. U. VON BALTHASAR, *La Gloire et la Croix*, I, *Apparition*, Paris, 1990, Desclée de Brouwer, p. 145, 538, 539.

tions religieuses qui ont produit des récits en forme de mythe, des symbolisations plastiques, des rites et des mises en scène de l'existence conçues comme des étapes initiatiques. Mais paradoxalement, Balthasar se lance en fait dans une critique radicale du mythe, et opère ainsi une démythologisation de l'Écriture, non pas au sens bultmannien de l'interprétation existentiale de la mythologie néo-testamentaire, mais selon une tension née au cœur de l'histoire, celle de l'essence du phénomène qui se dévoile dans le phénomène. En d'autres termes, les récits de l'Écriture ne sont pas un matériel sur lequel devraient s'exercer nos facultés d'abstraction pour en retirer ce qui vaut pour toute saisie de l'existence. Les récits ne disent pas d'abord ce qu'il en est de l'existence en général, ils racontent la venue de Dieu vers nous, et seule l'appréhension esthétique peut convenir au dépassement de la généralisation typologique et existentiale. Là encore Balthasar manifeste tout ce qui le lie à l'interprétation barthienne de la Parole de Dieu, celle qui précisément permet d'« intégrer » paradoxalement le phénomène de construction du récit, via la saisie des traditions d'écriture, et de préserver ainsi la transcendance de cette Parole, en manifestant que, comme phénomène de tradition, elle ne permet aucune objectivation intempestive du divin. C'est peut-être là le tour de force du théologien bâlois, et Balthasar semble opter pour cette solution. Pourtant, une lecture de l'Écriture à travers le prisme de l'esthétique valorise nécessairement le signe sous le profil sensible de la représentation. Et c'est la christologie qui oblige Balthasar à relire les récits de salut en survalorisant les événements, et en les affectant d'un coefficient de « sensibilité », en d'autres termes en produisant une sorte de *théologie du sensible.*

Particularité historique et structure infinie de l'esprit.

La particularité historique devient chez Balthasar un *locus theologicus*, la ligne de démarcation entre l'avant non intégrable du mythe, et l'après non correspondant de l'herméneutique existentiale. Cette double négation[1] portée sur le mythe et sa résolution rationnelle dans la théologie libérale et existentiale, devient paradoxalement un moment positif en vue de l'affirmation singulière qui convient à la figure du Christ, étrange rémanence hégélienne, puisque l'opération théologique est proche d'une logique dialectique. Mais plus fondamentalement encore, Balthasar veut dire que le Christ, comme figure unique, ne

1. *Ibid.*, p. 474-475, 538.

s'intègre pas dans l'expression universellement saisissable du rapport religieux entre Dieu et l'homme. Et c'est à l'histoire que Balthasar demande de fournir en quelque sorte l'« évidence » d'une telle singularité. Mais encore une fois, pour ce faire, il faut replacer la figure du Christ dans la totalité de l'histoire et de la pré-histoire à laquelle puise la force du mythe. Ce qui revient à dire, dans l'expression théologique balthasarienne, que le Christ n'a pas besoin de l'histoire, alors que cette proposition n'est précisément pas réversible.

Théologie de la « figure » et théologie de l'« Itinerarium mentis in Deum ».

Peut-être comprend-on mieux maintenant que le traitement de l'histoire, dans la théologie balthasarienne, empêche toute théologie transcendantale, ou plus exactement toute expérience transcendantale *(tranzendentale Erfahrung)*. Nous faisons allusion à la théologie de Rahner, c'est-à-dire à l'appréhension possible, dans le tissu de l'histoire, d'une grandeur qui la dépasse, d'un mystère qui la transcende, mais qui ne peut que s'éprouver dans le « pâtir » de l'existence, *un « pâtir » qui n'est que le symptôme d'une épure transcendantale*. Le mouvement de l'histoire est marqué à l'origine comme au terme par une transcendance qui accompagne et suscite tous les mouvements de l'être, tous les niveaux de réflexion, et qui à l'intérieur du temps fait naître une grandeur réalisant historiquement ce que l'homme cherche lorsqu'il est en quête de son propre accomplissement. Si le théologien Balthasar répugne à une telle figure de l'*Itinerarium mentis in Deum*, car c'est bien de cela qu'il s'agit, c'est en raison de la prépondérance de l'esprit qui s'abstrait des figures, pour parvenir non seulement à l'union à Dieu, terme du désir de connaissance, mais qui par son dynamisme interne est déjà et d'emblée le lieu où l'Absolu se révèle et inscrit ses propres modes d'être. Toute la critique balthasarienne adressée à la philosophie allemande de l'idéalisme porte bien sur cette structure infinie de l'esprit, et même sur le lieu d'actualisation de l'image tel qu'il est conçu dans la théologie augustinienne et bonaventurienne. Nous allons y revenir sous peu.

Le débat ouvert avec la théologie transcendantale de Rahner s'inscrit évidemment dans cette ligne. C'est la figure chrétienne fondamentale qui est en jeu, celle qui maintient dans la jonction infini-fini le pôle de la finitude. Or, Balthasar pourrait donner l'impression d'être le théologien du discrédit porté sur la finitude, tant cette théologie semble à la fois trop oublieuse des conditions historiques et sociales qui déterminent et décident du rapport de l'homme à Dieu, puis faire la part trop belle aux idéaux de contemplation. Ces critiques, il est vrai, sont coutumières, et pour une part elles nous semblent incontestablement fondées, non pas en raison d'une théologie exagérément soustraite aux conditions qui marquent la finitude, mais peut-être en raison d'une survalorisation paradoxale de la finitude qui reflue positivement sur les éléments qui composent la figure de révélation.

Balthasar reste proche de l'intuition luthérienne du Deus sub contrario species, qui elle-même ne fait que renforcer la *subalternatio in actu primo revelationis*. Balthasar n'est guère proche d'une pure mystique de l'Un, et sa théologie se développe finalement en marge et de la tradition augustinienne, et de sa reprise bonaventurienne. La continuité n'est jamais une catégorie qui permet d'atteindre la structure paradoxale de la figure. Doit nécessairement jouer une continuité brisée.

En effet, la théologie balthasarienne est trop préoccupée par la figure fondamentale du christianisme, corporéisée, sensiblement médiatisée, pour se développer et s'inspirer selon les mouvements des mystiques de l'Un[1].

Balthasar ne développe pas une théologie à la manière de Denys l'Aréopagite, et demeure sans doute assez loin de l'*Itinerarium mentis in Deum* de Bonaventure. On le surprend pourtant à combiner hénologie et ontologie, sans doute en raison de la reprise plotinienne de l'*epékeina tès ousias* qu'il effectue, et d'une lecture heideggérienne de la *distinctio realis* thomiste. Il semble ne vouloir abandonner ni Thomas d'Aquin ni Heidegger. L'influence dionysiaque quant à elle, cette sorte de gradualité antithétique et synthétique, est jugée comme faisant erreur sur le mouvement qui provient de l'Infini[2]. Il reste par trop circonscrit dans les limites de l'*eros* philosophico-religieux, sans que le consentement à une autre forme d'« extraversion » du divin soit encore exprimé.

C'est Dieu qui modèle sa créature et fait place en elle pour l'accueil de son ineffable amour. La rigueur d'un tel mouvement s'énonce

1. L'on trouvera une description remarquable des figures de l'Un dans ses rapports avec la pensée théologique chrétienne dans le livre de Ghislain Lafont, *Histoire théologique de l'Église catholique, Itinéraire et formes de la théologie*, Éd. du Cerf, Paris, 1994, p. 395-404.
2. « L'acte de foi qui dépasse en l'achevant l'acte philosophique lui-même n'a plus besoin de la dialectique de l'extase, parce que, dans la rencontre de l'être comme amour la menace de la finitude est dissipée par l'infini » *(La Gloire et la Croix*, I, *op. cit.*, p. 133).

conceptuellement dans une pensée de l'essence qui peut être *une et entière en plusieurs*. Le fondement qui rend tout possible est donc la Trinité[1]. Ce que Balthasar tend à contester dans les modèles de l'Un, ce n'est pas tant le principe de réduction à l'unité, mais les voies qui y mènent sans qu'elles puissent dès l'abord constituer une authentique phénoménologie de l'accès à l'unité. En d'autres termes, Balthasar se démarque d'une certaine théologie de l'*imago* d'inspiration augustinienne. De cette tradition on peut retenir que plus l'esprit s'actualise lui-même, plus il devient immanent à Dieu et Dieu à lui, restant sauve cette distance qui joue entre l'*ad imaginem* qui convient à l'homme orienté vers l'image véritable, et l'Imago qui seule correspond au Fils, *solum est Imago.* La description de ce processus est interne aux mouvements de l'esprit se connaissant, dans la mesure où l'unique substance divine des trois personnes apparaît là où l'esprit se réalise en ses trois facultés, *mens-notitia-amor.*

Dans la perspective bonaventurienne, l'*imago*, en l'homme, est une *assimilatio expressa* et *de proximo* à Dieu. Cela signifie que par l'*imago*, « l'expression objective que Dieu donne de lui-même se retourne subjectivement vers lui, car, en s'éveillant à lui-même, l'esprit créé doit nécessairement se tourner vers son origine[2]. » Ce qui est objectivement visé coïncide avec le processus de connaissance. *C'est l'amorce d'une théologie transcendantale qui se profile sous la relation si dense que nouent Augustin et Bonaventure entre l'esprit et l'image, entre l'image dérivée et l'archétype.*

Peut-être touchons-nous là les sources d'un débat qui va se muer en conflit lorsque Balthasar s'en prendra à la théologie transcendantale de Rahner. Si cette hypothèse s'avérait exacte, il en résulterait que la théologie transcendantale de Rahner n'appartient pas qu'à Kant, et donc qu'elle est infiniment plus qu'un schématisme ordonnant les concepts. Je crois, pour ma part, qu'il est appauvrissant de réduire la théologie transcendantale de Rahner à l'explicitation formelle des

1. « [...] La Trinité divine, se révélant dans le Christ, illumine le rapport Dieu-homme d'une manière entièrement nouvelle et irremplaçable, parce qu'elle est une lumière inaccessible en elle-même. Les possibilités qu'elle ouvre, et qui évitent tous les inconvénients des autres voies, sont inépuisables [...] L'autre des créatures est justifié dans son essence par l'autre au sein de l'identité de Dieu lui-même. [...] Il apparaît que la doctrine de la Trinité est la seule théodicée du monde [...] », *(La Gloire et la Croix*, I, *op. cit.*, p. 428).
2. *La Gloire et la Croix*, II/1, *Styles*, *D'Irénée à Dante*, Paris, Aubier, 1968, p. 272.

conditions d'accès à l'objet théologique ou dogmatique. Balthasar n'a sans doute pas méconnu l'inspiration augustinienne et bonaventurienne de la christologie transcendantale rahnérienne. D'ailleurs il emploie, à la suite des travaux de A. Gerken[1], et à propos de Bonaventure, l'expression de *sujet-objet transcendantal* comme « conscience implicite de Dieu ». Balthasar citera un peu plus loin, dans la riche étude qu'il consacre à la théologie de Bonaventure, un texte issu du *De reductione artium ad theologiam*, mettant en lumière le moment de synthèse de l'expression descendante et montante acquis en l'Homme-Dieu. Si l'homme est le couronnement du processus de genèse du monde, le Christ en est le couronnement historique, le texte bonaventurien semble ici très proche de ce qu'a écrit de meilleur le théologien Rahner en matière de christologie transcendantale[2].

À propos de l'écart dont nous parlions précédemment on pourrait dire que la rigueur esthétique du phénomène chrétien empêche sa dissolution dans l'au-delà de la représentation. Manifestement Balthasar vise, *et* les formes de la mystique qui appellent au dépassement du multiple, c'est-à-dire de toutes formes ou représentations, sensibles ou intellectuelles[3], de tout élément de vision, *et* les théologies de type existential dans lesquelles les représentations sont devenues des

1. A. GERKEN, *La Théologie du Verbe. La relation entre l'incarnation et la création selon S. Bonaventure*, Paris, 1970.
2. « La tendance *(appetitus)* qui réside dans la matière est ordonnée aux contenus spirituels, de sorte que la genèse du monde *(generatio)* n'arrive pas à sa conclusion, tant que l'âme spirituelle n'a pas encore été unie à la matière organique. Par analogie, on peut dire que la perfection la plus haute et la plus noble de l'univers n'est pas atteinte, tant que la nature où se trouvent les germes de l'esprit *(rationes seminales)* et la nature où sont les notions rationnelles *(rationes intellectuales)* et la nature où sont les archétypes du monde *(rationes ideales)* ne se sont pas encore réunies en une seule personne, chose qui s'est réalisée dans la personne du Fils de Dieu » (BONAVENTURE, *De reductione artium ad theologiam* ; cité par H. U. VON BALTHASAR, *La Gloire et la Croix*, II/1, *op. cit.*, p. 278).
3. On pourra retenir le jugement lumineux de E. Przywara à ce propos : « Balthasar dit donc nécessairement *non* à un Origène de la montée pneumatique (vers la dissolution de l'image terrestre dans l'esprit pur) ; mais il dit nécessairement *oui* à l'Origène d'une vitalité dionysiaque de la "vie de feu" terrestre » (« Reichweite der Analogie als katolische Grundform », traduit dans *Analogia entis*, Paris, PUF, coll. « Théologiques », 1990, p. 16). La mort des sens est requise, mais elle ne peut l'être que si les sens ont touché du doigt le gage de leur « résurrection ».

matériaux à interpréter. Balthasar ouvre la pensée à une reconnaissance positive des choses, une positivité qui, à la fois, s'établit en un rapport de continuité entre le monde et Dieu, le moment esthétique coïncidant avec l'apparition des « formes », puis un rapport de discontinuité puisque ce rapport est dramatiquement marqué par la rencontre de deux libertés d'échange. La relation d'Alliance constitue en fait l'ultime rigueur à laquelle peut atteindre la pensée métaphysique. C'est pourquoi il y a une relation de conditionnement entre *analogia entis* et *analogia libertatis*. La positivité des choses ne se confond évidemment pas avec une représentation positiviste des phénomènes, mais une représentation phénoménologique qui procure à la *forme* une densité propre à lui permettre d'*apparaître*. C'est la raison pour laquelle elle est dite *figure*.

Métaphysiquement, la transposition se fait non pas à partir d'une saisie purement philosophique de la différence entre l'être et l'étant, mais selon les exigences de la figure de révélation qui reporte les termes d'une théologie de l'Alliance dans la compréhension de l'analogie de l'être.

Cette perspective, si présente dans la théologie de Balthasar, nous semble en être le cœur même[1]. Le théologien livre ici sa manière de lire la tradition de pensée, telle qu'on peut en saisir le mouvement en Occident. Pour Balthasar, l'achèvement idéaliste de la pensée qui fleurit sur le sol de l'Allemagne, sans que la latinité soit congédiée ou dépassée, alors que c'est en son sein que les impulsions et les essais les plus fructueux ont été forgés, se caractérise par la volonté de parvenir à l'adéquation de l'être et du savoir. Or, si la distance qui travaille le rapport précité s'annule, aucune figure de révélation ne devient pensable et reconnaissable dans l'horizon multiforme que dessine l'histoire. *L'inattendu devient impensable puisqu'il est toujours pensé et réalisé sous la forme virtuelle des puissances de l'esprit.* Toute

1. Balthasar ne pense pas l'analogie en termes d'analogie d'attribution, mais en termes d'*analogia proportionalitatis*, en termes de similitude et de reflet. Il faut rapprocher de la notion d'analogie la notion d'« évidence objective » qui sensibilise si fortement le premier analogué. La proportion, ou mesure, ne joue pas dans la comparaison de deux réalités qui se rapporteraient de manière différente à une notion commune. Une telle structure de l'être ne convient pas à la christologie. La mesure est interne au phénomène lui-même. L'auto-interprétation du phénomène *(Selbstauslegung)* manifeste que les canons qui permettent de mesurer le rapport analogique entre créateur et créature viennent d'en haut. Ainsi l'*analogia* est-elle bien, chez Balthasar, *katalogique.*

l'œuvre de *Herrlichkeit* est traversée par le lancinant dépit que suggère une telle entreprise. La gloire du divin ne se pense que dans un espace laissé vierge, celui que l'être met en demeure de combler.

« *Dans ce qu'on peut appeler (avec prudence, car il s'agit d'un mystère impénétrable) la "distinction réelle", Dieu considère sa créature avec un regard libre et pour ainsi dire stéréoscopique, ce qui signifie en même temps que Dieu reçoit, à l'endroit de sa créature une plasticité toute neuve : quand la créature, justement, se sent dans l'être distante de Dieu, elle a conscience d'être aussi le plus immédiatement conçue par l'amour de Dieu, et à l'heure où justement la limitation de son essence lui montre qu'elle est tout autre que Dieu, elle a conscience d'avoir, comme créature réelle, reçu d'une manière inouïe le don de la participation à la réalité de Dieu* [1].» Pour Balthasar, la suite des temps n' a pu soutenir non pas tant l'équilibre mais le paradoxe de cette oscillation entre savoir et non-savoir. L'esprit créé connaissant est installé dans la différence, c'est-à-dire dans la tension entre *lumen intellectus agentis* et *intellectus possibilis* qui se confond avec le non-être possible. Il l'appellera aussi inanité de l'être, ou vanité *(Umsonst*) de l'être.

Si l'*esse* se réduit à un concept suprême d'essence il ne peut servir qu'à définir l'objet formel de la philosophie, mais il est alors dépourvu de toute dimension transcendantale, et la raison se voit capable de dépasser la différence entre l'être fini et l'être infini. Il acquiert par le fait même non seulement une universalité logique, mais aussi métaphysique et peut atteindre l'être dans une universalité objective. L'être devient une essence universelle englobant et Dieu et la créature[2].

Sous cet horizon le théologien relit les traditions de pensée et d'écriture qui, d'une manière ou d'une autre, ont répondu à la quête que l'idéalisme, tentation ultime qui habite l'acte de la pensée, essaie d'interrompre en la rationnalisant, non pas en écartant la sphère de la théologie, mais en l'intégrant comme supra-philosophie. La position

1. H. U. VON BALTHASAR, *La Gloire et la Croix*, IV/2, *Le Domaine de la métaphysique. Les constructions*, Aubier, Paris, 1989, p. 78.

2. « Qui ne voit qu'une telle position a tout ce qu'il faut pour faire parvenir, dans une spéculation que ne retient aucune *regula fidei*, comme chez Hegel, le dieu-esprit, dans le déroulement intime de la pensée (et dans la contradiction d'une *ratio* incluant de façon univoque... être et réalité), à l'ultime détermination essentielle et finalement, par la décision de l'esprit, à la réalité ? » (G. SIEWERTH, *Das Schicksal der Metaphysik von Thomas zu Heidegger*, 1959, p. 97).

ancillaire de la philosophie restait finalement, au Moyen Âge, explicable à partir du primat de l'objet de révélation qui ne pouvait souffrir de confusion avec les déductions que permettait l'ordre de la raison, sous peine de voir s'annuler son autorité, ce qui peut-être n'est pas autre chose qu'une affirmation sotériologique. Il faut bien que la raison parvienne à la connaissance mesurée des besoins de salut qui s'inscrivent au cœur de l'expérience sensible, hors de laquelle la créature finie ne peut purement et simplement s'extraire. À ce propos il n'est pas étonnant que les sacrements, dans la *Somme théologique* de Thomas d'Aquin, du côté de Dieu et sous la considération de la nécessité du salut, soient vus comme instruments et signes dont use la pédagogie divine pour s'ajuster aux conditions de l'humaine nature, à qui il appartient de s'acheminer par le corporel sensible au spirituel et à l'intelligible *(IIIa, Q.61, a.1*).

On retrouve cette structure herméneutique dans la formalisation thomasienne des sens de l'Écriture, et l'on sait l'intérêt que Thomas porte au sens littéral, immédiatement dérivé de la chose nommée et signifiée. Il est bien possible que l'herméneutique balthasarienne de la figure se rattache à cette perspective, que l'on pourrait qualifier de « réalisme phénoménologique ». Évidemment, nous sommes éloignés de la lecture littérale qu'entreprend la théologie scolastique médiévale, dans la mesure où la conception aristotélicienne de la nature fournissait à l'« herméneutique » scolastique les bases de l'interprétation rationnelle et véritable des textes. Balthasar ne s'inscrit pas dans cette voie, puisqu'il recueille la différence de l'être à l'étant en termes plus symboliques qu'analytiques. Ce n'est pas tant sous le profil de la substance, conçue comme unité intelligible, que le théologien revient à la question de l'être, mais à travers un phénomène dicible, en d'autres termes un événement de parole. Balthasar trahit ici la dette qui le lie à la théologie dialectique barthienne, le témoignage rendu à l'autoexpression et l'autorévélation de Dieu dans son Logos. L'herméneutique balthasarienne de la figure subit l'influence de l'herméneutique barthienne de la Parole. L'analogie est patente. Barth opère une distinction entre la Parole de Dieu et la Bible. En d'autres termes, l'extériorité de la Parole par rapport à la lettre coupe court à toute réduction historiciste de la Parole, en lui conservant son caractère d'événement libre et transcendant. Le point de vue historiciste, qui méthodologiquement ou dogmatiquement entend lier la lettre à l'esprit, en produisant positivement ou négativement une réductibilité des deux pôles, manque la transcendance du phénomène que la tension lettre-esprit maintient ouverte.

Liste des sigles et des abréviations

AdS	*Apokalypse der deutschen Seele*
AHdlMA	*Archives d'histoire doctrinale et littéraire du Moyen Âge*
AsdF	*L'Amour seul est digne de Foi*
Cor.	*Cordula ou l'Épreuve décisive*
Dd	*La Dramatique divine*
EM	*L'Esprit dans le monde*
ÉT	*Écrits théologiques*
ÉThRel	*Études théologiques et religieuses*
FdC	*La Foi du Christ*
FUSL	*Facultés universitaires Saint-Louis*
GC	*La Gloire et la Croix*
GCS	*Die griechischen christlichen Schriftsteller*
Greg.	*Gregorianum*
HéV	*L'Homme à l'écoute du Verbe*
LThK	*Lexikon für Theologie und Kirche*
LV	*Lumière et vie*
MélScRel	*Mélanges de sciences religieuses*
MS	*Mysterium Salutis*
NRT	*Nouvelle revue théologique*
PlM	*Pâques le mystère*
PlV	*Phénoménologie de la vérité*
QD	*Quaestiones disputatae*
QF	*Les Quatre Fleuves*
RdT	*Rassegna di Teologia*
RHPR	*Revue d'histoire et de philosophie religieuses*
RScPhTh	*Revue des sciences philosophiques et théologiques*
RSR	*Recherches de science religieuse*
RTL	*Revue théologique de Louvain*
SchwRd	*Schweizer Rundschau*

SM	*Sacramentum Mundi*
SzT	*Schriften zur Theologie*
TfF	*Traité fondamental de la foi*
Theod.	*Theodramatik*
Theol.	*Theologik*
ThRevue	*Theologische Revue*
ThZ	*Theologische Zeitschrift*
VC	*Verbum Caro*
ZKTh	*Zeitschrift für katholische Theologie*

Bibliographie

I. HANS URS VON BALTHASAR

Sources bibliographiques

B. WIDMER, *H. U. von Balthasar-Bibliographie 1965*, Einsiedeln, Johannes Verlag, 1965.
C. CAPOL, *H. U. von Balthasar-Bibliographie 1925-1975*, Einsiedeln, Johannes Verlag, 1975.
H. U. von BALTHASAR, *Ergänzung zur Bibliographie 1925-1975*, Einsiedeln, Johannes Verlag, 1975.
H. U. von BALTHASAR, *Il filo d'Ariana attraverso la mia opera*, Milan, Jaca Book, 1980 (source bibliographique arrêtée en 1977).
C. CAPOL, *H. U. von Balthasar-Bibliographie 1925-1990*, Einsiedeln, Johannes Verlag, 1990.
K. LEHMANN, W. KASPER, « H. U. von Balthasar. Gestalt und Werk », Cologne, *Communio*, 1990.
Pour une bibliographie française des œuvres disponibles, voir *Communio*, XIV, 2 mars-avril 1989, p. 122-123.

Ouvrages de H. U. von Balthasar

Apokalypse der deutschen Seele. Studien zu einer Lehre von letzten Haltungen, t. I, *Der deutsche Idealismus*, Salzbourg, 1937 ; 2e éd. *Prometheus. Studien zur Geschichte des deutschen Idealismus*, Heidelberg, 1947.
Apokalypse der deutschen Seele, t. II, *Im Zeichen Nietzsches*, Salzbourg, 1939.
Apokalypse der deutschen Seele, t. III, *Die Vergöttlichung des Todes*, Salzbourg, 1939.
Cordula oder der Ernstfall, Einsiedeln, Johannes Verlag, 1966 ; 2e et 3e éd. avec appendice, respectivement en 1968 et 1969. Trad. française, *Cordula ou l'Épreuve décisive*, Paris, Beauchesne, 1968.
Das Ganze im Fragment. Aspekte der Geschichtstheologie, Einsiedeln, Benzinger Verlag, 1963. Trad. française, *De l'intégration*, Paris, Desclée de Brouwer, 1970.

Das Herz der Welt, Zurich, Arche, 1945. Trad. française, *Le Cœur du monde*, Paris, DDB, 1956 (2ᵉ éd.).

Die Gottesfrage des heutigen Menschen, Vienne, Herold, 1956. Trad. française, *Dieu et l'homme d'aujourd'hui*, Paris, DDB, 1958 ; Éd. du Cerf, coll. « Foi vivante », 16, 1966.

Die Wahrheit ist symphonisch. Aspekte des christlichen Pluralismus, Einsiedeln, Johannes Verlag, 1972.

Einfaltungen. Auf Wegen christlicher Einigung, Munich, Kösel, 1969. Trad. française, *Retour au centre*, Paris, DDB, 1971.

Geschichte des eschatologischen Problems in der modernen deutschen Literatur, Zurich, 1930.

Glaubhaft ist nur Liebe, Einsiedeln, Johannes Verlag, 1963. Trad. française, *L'Amour seul est digne de foi*, Paris, Aubier, 1966.

Herrlichkeit. Eine Theologische Ästhetik, Einsiedeln, Johannes Verlag, 1961 ; t. I, *Schau der Gestalt*, Einsiedeln, Johannes Verlag, 1961. Trad. française, *La Gloire et la Croix*, t. I, *Apparition*, Paris, Aubier, 1965 ; nouvelle éd., DDB, 1990 ; t. II, *Fächer der Stile*, Einsiedeln, Johannes Verlag, 1962 ; vol. 1, *Klerikale Stile*, 1962 ; vol. 2, *Laikale Stile*, 1969. Trad. française, *La Gloire et la Croix*, t. II, *Styles*, Paris, Aubier, 1972 ; t. III, 1, *Im Raum der Metaphysik* , Einsiedeln, Johannes Verlag, 1965 ; 2ᵉ éd. 1975, divisée en deux volumes : vol. 1, *Altertum*, 1975 ; vol. 2, *Neuzeit*, 1975. Trad. française, t. III, 1, *Le Domaine de la métaphysique. Les fondations*, 1981 ; t. IV, 2, *Le Domaine de la métaphysique. Les constructions*, 1982 ; t. IV, 3, *Le Domaine de la métaphysique. Les héritages*, 1983; t. III, 2, Einsiedeln, Johannes Verlag, 1966 ; vol. 1, *Alter Bund*, 1966. Trad. française, *La Gloire et la Croix. L'Ancienne Alliance*, Paris, Aubier, 1974; vol. 2, *Theologie. Neuer Bund*, 1969. Trad. française, *La Gloire et la Croix. Théologie. Nouvelle Alliance*, Paris, Aubier, 1975.

Homo creatus est. Skizzen zur Theologie, Einsiedeln, Johannes Verlag, 1986.

In Gottes Einsatz Leben, Einsiedeln, Johannes Verlag, 1971. Trad. française, *L'Engagement de Dieu*, Paris, Apostolat des éditions, 1973.

K. Barth. Darstellung und Deutung seiner Theologie, Cologne-Olten, Hegner, 1950 ; 2ᵉ éd. 1962.

La Dramatique divine, voir *Theodramatik.*

La Gloire et la Croix, voir *Herrlichkeit. Eine Theologische Ästhetik.*

Licht des Wortes, Trèves, Paulinus Verlag, 1987.

Neue Klarstellungen, Einsiedeln, Johannes Verlag, 1983.

Pâques le mystère, voir *Theologie der drei Tage.*

Pneuma und Institution. Skizzen zur Theologie, t. IV, Einsiedeln, Johannes Verlag, 1974, qui regroupe les études suivantes : *Pneuma und Institution, Christologie und kirchlicher Gehorsam*, 1969. *Die christliche Gestalt*, 1970. Was ist der Mensch ? 1972. *Das unterscheidend christliche der Gotteserfahrung*, 1973. *Über Stellvertretung*, 1973. Eschatologie im Umriss, 1974. *Vorerwägungen zur Unterscheidung des Geistes*, 1974. *Zur Ortbestimmung christlicher Mystik*, 1974.

Sponsa Verbi. Skizzen zur Theologie, t. I, Einsiedeln, Johannes Verlag, 1961, qui regroupe les études suivantes : *Fides Christi*, 1961.

Spiritus Creator. Skizzen zur Theologie, t. III, Einsiedeln, Johannes Verlag, 1967, qui regroupe les études suivantes : *Bewegung zu Gott*, 1967. *Der Unbekannte jenseits des Wortes*, 1965. *Der Heilige Geist als Liebe*, 1965. *Gott begegnen in der heutigen Welt*, 1965. *Die Tragödie und der christliche Glaube*, 1965.

Reschenschaft, Einsiedeln, Johannes Verlag, 1965.

Theodramatik, Einsiedeln, Johannes Verlag ; t. I, *Prolegomena*, 1973. Trad. française, *La Dramatique divine, prolégomènes*, Paris-Namur, Lethielleux-Le Sycomore, 1986 ; t. II, 1, *Die Personen des Spiels. Der Mensch in Gott* , 1976. Trad. française, *Les Personnes du drame. L'homme en Dieu*, Paris-Namur, Lethielleux-Le Sycomore 1986 ; t. II, 2, *Die Personen des Spiels. Die Personen in Christus*, 1978. Trad. française, *Les Personnes du drame. Les personnes dans le Christ*, Paris-Namur, Lethielleux-Le Sycomore, 1988 ; t. III, *Die Handlung*, 1980 ; t. IV, *Das Endspiel* , 1983.

Theologie der drei Tage, Einsiedeln, Benzinger, 1969. Voir également *Mysterium Salutis*, III, 2, 1969, p. 126-133. Trad. française, *Pâques le mystère*, Paris, Éd. du Cerf, 1972.

Theologie der Geschichte, Einsiedeln, Johannes Verlag, 1950. Trad. française, *Théologie de l'histoire*, Paris, Plon, 1955 ; nouvelle éd., Signe-Fayard, 1970.

Theologik, Einsiedeln, Johannes Verlag, 1985 ; vol. I, *Wahrheit der Welt*, 1985 ; vol. II, *Wahrheit Gottes*, 1985 ; vol. III, *Der Geist der Wahrheit*, 1985 ; vol. IV, *Epilog*, 1987.

Verbum Caro. Skizzen zur Theologie, t. I, Einsiedeln, Johannes Verlag, 1960, qui regroupe les études suivantes : *Theologie und Heiligkeit*, 1948. *Der Ort der Theologie*, 1953. *Christlicher Universalismus*, 1956. *Umrisse der Eschatologie*, 1957. *Wort und Geschichte*, 1957. *Gott spricht als Mensch*, 1958. *Implikationen des Wortes*, 1959. *Offenbarung und Schönheit*, 1959. *Wort und Schweigen*, 1960.

Warheit. Wahrheit der Welt, Einsiedeln, Benzinger Verlag, 1947. Trad. française, *Phénoménologie de la Vérité. La Vérité du monde*, Paris, Beauchesne, 1952.

Was dürfen wir hoffen ?, Einsiedeln, Johannes Verlag, 1986.

Zuerst Gottesreich, Einsiedeln, Benzinger Verlag, 1966. Trad. française, *La Foi du Christ*, Paris, Aubier, 1968 ; Paris, Éd. du Cerf, coll. « Foi vivante », n° 76,

Articles et contributions à des ouvrages collectifs

« Analogie und Dialektik. Zur Klärung der theologischen Prinzipienlehre K. Barths », *Divus Thomas*, 22, 1944.

« Analogie und Natur. Zur Klärung der Prinzipienlehre K. Barths », *Divus Thomas*, 23, 1945.
« Christ und offene Vernunft », *Die Sorge der Philosophie um den Menschen*, Munich-Salzbourg, 1964.
« Deux notes sur K. Barth », *Recherches de science religieuse*, 25, 1948.
« Die Metaphysik Erich Przywaras », *SchwRD*, 33, 1933.
« Gregor non Nyssa, Der Versiegelte Quell. Auslegung des Hohen Liedes », *Kürzung übertragen und eingeleitet*, Salzbourg, 1939 ; Einsiedeln, 1954.
« Heideggers Philosophie vom Standpunkt des Katholizismus », *Stimmen der Zeit*, 70, 1939.
« Le mystèrion d'Origène », *Recherches de science religieuse*, 26, 1936 ; 27, 1937.
« Recension de K. Rahner : *Geist in Welt* », *Zeitschrift für katholische Theologie*, 63, 1939.
« Religion et esthétique », *Sciences ecclésiastiques*, 12, 1960.

Travaux sur la pensée de Hans U. von Balthasar

ALBUS M., *Die Wahrheit ist Liebe. Zur Unterscheidung des christlichen nach H. U. von Balthasar*, Fribourg, 1976.
—, « Geist und Feuer. Ein Gespräch mit H. U. von Balthasar », *HerKorr*, 30, 1976, p. 72-82.
BISER E., « H. U. von Balthasar », dans H. J. SCHULTZE (éd.), *Tendenzen der Theologie im 20. Jahrhundert*, Stuttgart, Kreuz, 1966, p. 524-529.
—, « Theologischer Kategorienwechsel. Zum Eingangsband von H. U. von Balthasars *Theodramatik* », *ThRv*, 72, 1976, p. 441-450.
BRITO E., *Hegel et la tâche actuelle de la christologie. Les christologies de l'Absolu*, Paris-Namur, Lethielleux, 1979.
COLOMBO B., « L'accesso alla realtà di Dio. Gli elementi filosofici nel discorso apologetico di H. U. von Balthasar », thèse de doctorat dactylographiée soutenue à l' Université catholique du Sacré-Cœur de Milan, juillet 1970.
ESCOBAR P., « Das Universale Concretum Jesu Christi und die "eschatologische Reduktion" bei H. U. von Balthasar », *ZKTh*, 100, 1978, p. 560-595.
FAUX J. M., « Un théologien : H. U. von Balthasar », *Nouvelle revue théologique*, 94, 1972, p. 1009-1039.
— (éd.), *Gloire et Croix, Séminaire H. U. von Balthasar*, Bruxelles, 1973.
—, « Gloire et liberté. Sur quelques publications récentes d'H. U. von Balthasar », *Nouvelle revue théologique*, 97, 1975, p. 529-541.
GUTWENGER E., « Natur und Übernatur. Gedanken zu Balthasars Werk über die Barthsche Theologie », *ZKTh*, 75, 1953, p. 452-464.
HEINZ H., « Der Gott des Je-mehr. Der christologische Ansatz H. U. von Balthasar », Berne-Francfort, *Disputationes Theologicae*, 3, 1975.
JÖRHI M., « Descensus Dei. Teologia della croce nell'opera di H. U. von Balthasar », Rome, *Corona Lateranensis*, 30, 1981.

KAY J. A., « Theological Aesthetics. The Role of Aesthetics in the Theological Method of H. U. von Balthasar », Berne-Francfort, *European University Papers XXIII* ; Theology, 60, 1975.

KEEFE D. J., « A Methodological Critique of von Balthasar's Theological Aesthetics », *Communio International Catholic Review*, 5, 1978, p. 23-43.

LOCHBRUNNER M., « Analogia Caritatis. Darstellung und Deutung der Theologie H. U. von Balthasar », Fribourg-Bâle-Vienne, *Fribourger Theologische Studien*, 120, 1981.

LÖSER W., « Im Geiste des Origenes. H. U. von Balthasar als Interpret der Theologie der Kirchenväter », Francfort, *Frankfurter Theologische Studien*, 23, 1976.

LEHMANN K. et KASPER W. (éd.), *H. U. von Balthasar. Figura e Opera* (« H. U. von Balthasar. Gestalt und Werk », Cologne, *Communio*), Piemme, 1991 (contributions de divers théologiens et philosophes : P. HENRICI, A. M. HAAS, C. KANNENGISSER, I. BAUMER, J. G. ROTEN, M. GREINER, W. LÖSER, W. TREITLER, A. SICARI, J.-M. LUSTIGER, I. MURILLO, C. DUMONT, J. O'DONNELL, G. SOMMAVILLA, S. GREINER, R. FISICHELLA, M. SCHOCH, C. SCHÖNBORN, J. RATZINGER).

LUBAC H. de, « Un témoin du Christ : H. U. von Balthasar », *Civitas*, 20, 1964-1965, p. 587-600.

— « Hommage à H. U. von Balthasar pour ses 70 ans », *Communio*, I, 1975.

MAC KINNON D., « Some Reflections on H. U. von Balthasar's Christology with Special Reference to *Theodramatik* II, 2 and III », *The Analogy of Beauty. The Theology of H. U. von Balthasar*, J. Riches (éd.), T. and T. Clark Ltd, 1986, p. 164-179.

MALEVEZ L., « Présence de la théologie à Dieu et à l'homme », *Nouvelle Revue théologique*, 90, 1968, p. 785-800.

MARCHESI G., « La Cristologia di H. U. von Balthasar. La Figura di Gesù Cristo espressione visibile di Dio », thèse dactylographiée, Rome, PUG, 1977.

MESSIER M., « Théologie de l'Histoire. H. U. von Balthasar : De l'intégration », *Mélanges de sciences religieuses*, 30, 1973, p. 145-152.

MODA A., *H. U. Von Balthasar. Un'esposizione critica del suo pensiero*, Bari, 1976.

PANNENBERG W., « Zur Bedeutung des Analogie-gedankens bei K. Barth. Eine Auseinandersetzung mit H. U. von Balthasar », *Theol. Literaturzeitung*, 97, 1953, p. 17-24.

PEELMAN A., *H. U. von Balthasar et la théologie de l'histoire*, Berne-Francfort-Las Vegas, Publications universitaires européennes, XXIII ; *Théologie*, 107, 1978.

RAHNER K., « H. U. von Balthasar », *Humanitas*, 20, 1965, p. 879-885.

RICHES J., « Balthasar and the analysis of Faith », *The Analogy of Beauty*, J. Riches (éd.), T. and T., Clark Ltd, 1986, p. 35-59.

RUFFINI E., *Datti e prospettive di teologia escatologica nel pensiero di H. U. von Balthasar*, Queriniana, Brescia, 1967, p. 9-25.

RUGGIERI G., *Introduzione a Gloria. La percezione della Forma*, Milan, Jaca Book, 1976.

RUH U., « Das unterscheidend Christliche in der Gottesfrage. Zu neueren Entwicklungen in der Trinitätstheologie », *HerKorr*, 36, 1982, p. 187-192.

SCHILSON A., KASPER W., *Christologie im Präsenz. Kritische Sichtung neuer Entwürfe,* Fribourg-Bâle-Vienne, Theologisches Seminar, 1974.

SCHMID J., « Im Ausstrahl der Schönheit Gottes. Die Bedeutung der Analogie in *Herrlichkeit* bei H. U. von Balthasar », Münsterschwarzach, *Munsterschwarzacher Studien*, 35, 1982.

SCHRIJVER G. de, « Die analogia entis in der Theologie H. U. von Balthasar's. Eine genetische-historische Studie », *Bijdragen*, 38, 1977, p. 279-281.

SESBOÜÉ B., « Bulletin de théologie dogmatique : Christologie », *Recherches de science religieuse*, 59, 1971.

STALDER R., « Amour et vision. Hommage à H. U. von Balthasar », *Civitas*, 20, 1964-1965, p. 605-610.

TILLIETTE X., « L'exinanition du Christ : théologies de la kénose », *Les Quatre Fleuves,* Paris, Éd. du Seuil, 1975, p. 48-60.

TINNEFELDT W., *Extasis der Liebe und Einfaltung des Glaubens. Eine Untersuchung zur Frage nach der Mitte und Einheit der Christlichen Wahrheit bei H. U. von Balthasar*, Mayence, 1975.

VALENTIN P., « Kénose, amour et Gloire. La mort du Christ dans l'Esthétique théologique de H. U. von Balthasar », *Annoncer la mort du Seigneur. Un dossier théologique*, édition établie par B. Sesboüé, Faculté de théologie de Lyon-Fourvière, 1971, p. 40-50.

VIGNOLO R., *Estetica e singolarità*, Milan, Facoltà teologica dell'Italia Settentrionale, 1982.

VORGRIMMLER H., « H. U. von Balthasar », *Bilan de la théologie du XXe siècle*, II, p. 685-706.

WILLIAMS R., « Balthasar and Rahner », *The Analogy of Beauty*, J. Riches (éd.), T. and T. Clark Ltd, 1986, p. 11-34.

II. KARL RAHNER

Sources bibliographiques

BLEISTEIN R., KLINGER E., *Bibliographie K. Rahners*, Fribourg, Herder, t. I, 1924-1969, t. II, 1969-1974, t. III, 1974-1979, établie conjointement par P. IMHOF et E. MEUSER, Herder Verlag, 1984.

RAHNER REGISTER. Ein Schlüssel zu K. Rahners « Schriften zur Theologie I-X » und zu seinen Lexikonartikeln (Répertoire des contributions théologiques de Rahner dans le cadre d'articles parus en encyclopédie ou dictionnaire), Einsiedeln, Benzinger Verlag, 1974.

. *Lexikon für Theologie und Kirche.*
. *Sacramentum Mundi.*
. *Herders theologisches Taschen-Lexikon.*
. *Handbuch der Pastoraltheologie. Praktische Theologie der kirche in der Gegenwart.*
. *Handbuch theologischer Grundbegriffe.*
. *Encyclopedia of theology*, New York, 1968-1970.
VORGRIMLER H., *Wagnis Theologie : Erfahrung mit der Theologie Karl Rahner*, Fribourg, Herder Verlag, 1979.
SESBOÜÉ B., *Bibliographie française de K. Rahner*, Paris, Faculté de théologie du Centre Sèvres, 1990

Ouvrages de K. Rahner

Betrachtungen zum ignatianischen Exerzitienbuch, Munich, Kösel Verlag, 1965. Trad. française, *Le Dieu plus grand. Méditations sur les Exercices de saint Ignace*, Paris, DDB, coll. « Christus », 30, 1971.
Chancen des Glaubens, Fribourg, Herder Verlag, 1970.
Christlicher Humanismus, *SzT*, VIII, p. 239-259. Trad. française, « Humanisme chrétien », *ÉT* XI, p. 47-68.
Der Leib und das Heil (en collaboration avec A. GÖRRES), Mayence, 1967.
Esprit dans le monde (L'), voir *Geist in Welt*
Geist in Welt. Zur Metaphysik der Endlichen Erkenntnis bei Thomas von Aquin, Innsbruck, Leipzig, Verlag Felizian Rauch, 1939. Ouvrage retravaillé et amplifié par J. B. METZ, Munich, Kösel Verlag, 1957. Trad. française, *L'Esprit dans le Monde. La métaphysique de la connaissance finie chez saint Thomas d'Aquin*, Paris, Mame, 1968.
Glaube in winterlucher Zeit : Gespräch mit K. Rahner aus den letzten Lebensjahren, P. Imhof et H. Biallowas (éd.), Düsseldorf, Patmos, 1986.
Glaube, der die Erde liebt. Christliche Besinnung im Alltag der Welt, Fribourg, Herder, Herder-Bücherei Bd. 266, 1966. Trad. française, *Une foi qui aime le monde. Méditations chrétiennes de la vie quotidienne*, Mulhouse, Salvator, 1968.
Gnade als Freiheit, Fribourg, Herder, 1968.
Grundkurs des Glaubens. Einführung in den Begriff des Christentums, Fribourg, Herder, 1982. Trad. française, G. W. Jarczyk, *Traité fondamental de la foi. Introduction au concept du christianisme*, Paris, Éd. du Centurion, 1983.
L'Homme à l'écoute du Verbe. Voir *Hörer des Wortes.*
Hörer des Wortes. Zur Grundlegung einer Religionsphilosophie, retravaillé par J. B. METZ, Munich, Kösel Verlag, 1963. Trad. française, *L'Homme à l'écoute du Verbe*, Paris, Mame, 1968.
Ich glaube an Jesus Christus, Einsiedeln, Benziger Verlag, coll. « Theol. Meditationen » 21, 1968. Trad. française, *Je crois à Jésus-Christ*, Paris, DDB, 1971.

Karl Rahner im Gespräch, t. 1, 1964-1977 ; t. 2, 1978-1982, P. Imhof et H. Biallowas (éd.), Munich, Kösel Verlag, 1982 et 1983. Trad. française, *Le Courage du théologien*. Dialogues publiés par P. Imhof et H. Biallowas, Paris, Éd. du Cerf, coll. « Théologies », 1985.

Kirche und Sakramente, Fribourg, *QD*, Herder Verlag, 1961. Trad. française, *Église et sacrements*, in *QD*, 5, Paris, DDB, 1970.

Kleines Theologisches Wörterbuch, H. Vorgrimler (éd.), Fribourg, Herder Verlag, Herder-Bücherei Bd., 1961, p. 108-109. Trad. française, *Petit dictionnaire de théologie catholique*, (en collaboration avec H. VORGRIMLER), Paris, Éd. du Seuil, 1970 et « Livre de Vie », 99.

Natur und Gnade in Fragen der Theologie Heute, Einsiedeln, Benzinger Verlag, 1968.

Praxis des Glaubens. Geistliches Lesebuch, K. Lehmann et A. Raffelt (éd.), Fribourg, Herder, 1982.

Sendung und Gnade. Pastoral-theologische Beiträge, Innsbruck, Tyrolia Vg, 1 et 2 : 1959 ; 3 : 1961 ; « Erlösungswirklichkeit in der Schöpfungswirklichkeit », p. 51-87. Trad. française, *Mission et grâce, I, XXe siècle de grâce*, Paris, Mame, 1962. Voir chap. II : « La rédemption au cœur du monde », p. 50-109.

Traité fondamental de la foi. Voir *Grundkurs des Glaubens.*

Wer ist dein Bruder ?, Fribourg, Herder Verlag, 1981.

Worte ins Schweigen, Innsbruck, Rauch, 1938. Trad. française, *Appels au Dieu du silence. Dix méditations*, Mulhouse, Salvator, 1966.

Articles et contributions à des ouvrages collectifs

« Abgesteigen ins Totenreich », *SzT*, VII, p. 145-149.

« Achèvement immanent et transcendant du monde », *ÉT*, XI, p. 121-140

« Anonymer und expliziter Glaube », *SzT*, XII, p. 76-84.

« Anonymes Christentum und Missionsauftrag der Kirche », *SzT,* IX, p. 498-515. Trad. française, « Christianisme anonyme et devoir missionnaire de l'Église. Chrétiens anonymes », *Doc international* du 15 mars 1970, p. 77-93

« Atheismus und implizites Christentum », *SzT,* VIII, p. 187-212.

« Auf der Suche nach Zugängen zum Verständnis des gottmenschlichen Geheimnisses Jesu », *SzT*, X, p. 209-214.

« Auferstehung des Fleiches », *SzT*, II, 1955, Einsiedeln Benzinger Verlag, p. 211-225. Trad. française, « La résurrection de la chair », *ÉT*, IV, p. 71-88.

« Begegnungen mit dem Auferstandenen », *SzT*, VII, p. 166-175.

« Bemerkungen zum Begriff der Offenbarung », dans K. Rahner und J. Ratzinger, *Offenbarung und Überlieferung*, *QD,* 25, Fribourg, Herder Verlag, 1965, p. 11-24. Trad. française, « Remarques sur le concept de révélation », K. Rahner et J. Ratzinger, *Révélation et Tradition*, *QD*, 7, Paris, DDB, 1972, p. 13-36.

« Bemerkungen zum dogmatischen Traktat “De Trinitate” », *SzT,* IV, p. 103-133. Trad. française, « Quelques remarques sur le traité dogmatique “De Trinitate” », *ÉT*, VIII, p. 105-140.

« Bemerkungen zur Bedeutung der Geschichte Jesu für die katolische Dogmatik », *SzT*, X, p. 215-226.

« Bemerkungen zur Gotteslehre in der katholischen Dogmatik », *SzT,* VIII, p. 165-186. Trad. française, « L’approche de Dieu dans la dogmatique catholique », *ÉT*, XI, p. 159-187.

« Bemerkungen zur Problem des “anonymen Christen” », *SzT*, X, p. 531-546.

« Chalkedon – Ende oder Anfang ? », dans A. GRILLMEIER et H. BACHT, *Das Konzil von Chalkedon, Geschichte und Gegenwart*, III, Würzburg, Echter, 1954.

« Christlicher und marxistischer Humanismus », *Neues Forum*, XIII, 1966, Heft, 154, p. 593-595. Trad. française, « Un humanisme chrétien est-il possible ? » *Choisir*, 7, 1966, 82, p. 15-18.

« Christologie — systematisch und exegetisch » (en collaboration avec W. Thüsing), *QD*, 55, Fribourg, Herder Verlag, 1972. Trad. française, « De la relation de la nature et de la grâce », *ÉT,* III, Paris, DDB, 1963, p. 7-33.

« Christologie Heute », *SzT*, XV, p. 217-224.

« Christologie Heute », *SzT*, XII, p. 353-359.

« Christologie im Rahmen des modernen Selbst – und Weltverständnisses », *SzT*, IX, *p.* 227-241.

« Das Alte neu sagen. Rede des Ignatius von Loyola an einen jesuiten von heute », *Ignatius von Loyola*, P. Imhof et H. N. Loose (éd.), Fribourg, Herder Verlag, 1978, p. 10-38 ; voir aussi *SzT*, XV, 1983, p. 373-408. Trad. française, *Discours d’Ignace de Loyola aux jésuites d’aujourd’hui*, Paris, Éd. du Centurion, 1983.

« Das Ärgernis des Todes », *SzT*, VII, p. 141-144.

« Das Christentum und die nicht-christlichen Religionen », *ibid.*, p. 136-158. Trad. française, « Avec l’humanité en marche », *Mission et grâce*. III, *Au service des hommes*, Paris, Mame, 1965, p. 127-163.

« Das christliche Verständnis der Erlösung », *SzT*, XV, p. 236-250.

« Der Dreifaltige Gott als transzendenter Urgrund der Heilsgeschichte », *MS, Grundriss heilgeschichtlicher Dogmatik,* II, Einsiedeln, Benzinger Verlag, 1967.

« Der dreifaltige Gott als transzendenter Ursprung der Heilsgeschichte : Methode und Struktur des Traktats “De Deo Trino” » ; « Systematischer Entwurf einer Theologie der Trinität », *MS,* II, p. 317-347 ; p. 369-401. Trad. française, « Dieu Trinité, fondement transcendant de l’histoire du salut », *MS, Dogmatique de l’histoire du salut*, t. VI, Paris, Éd. du Cerf, 1971, p. 13-135.

« Der eine Jesus Christus und die Universalität des Heils », *SzT*, XII, p. 251-282.

« Der eine Mittler und die Vielfalt der Vermittlungen », *SzT,* VIII, p. 218-235.

« Der Mensch von heute und die Religion », *SzT*, VI, Einsiedeln, Benzinger Verlag, 1965, p.13-33. Trad. française, « L'homme moderne devant la religion », *Est-il possible aujourd'hui de croire ? Dialogue avec les hommes de notre temps*, Paris, Mame, 1966, p. 57-100.

« Der theologische Sinn der Verehrung des Herzens Jesu », *SzT*, VII, p. 481-490.

« Die anonymen Christen », *SzT,* VI, p. 545-554.

« Die Christologie innerhalb einer evolutiven Weltanschauung », *SzT,* V, p. 183-221. Trad. française, « La christologie à l'intérieur d'une vision évolutive du monde », *Science, évolution et pensée chrétienne...*, p. 121-168.

« Die Einheit von Geist und Materie im christlichen Glaubensverständnis », *SzT,* VI, p. 185-214. Trad. française, « L'unité de l'esprit et de la matière dans l'intelligence chrétienne de la foi », *Science, évolution et pensée chrétienne...,* p. 77-112.

« Die ewige Bedeutung der Menschheit Jesu für unser Gottesverhältnis », *SzT*, III, Einsiedeln, Benzinger Verlag, 1956, p. 47-60. Trad. française , « La signification éternelle de l'humanité de Jésus pour notre rapport avec Dieu », *Éléments de théologie spirituelle*, Paris, DDB, coll. « Christus », 15, 1964, p. 35-49.

« Die Forderung nach einer "Kurzformel" des christlichen Glaubens », *SzT,* VIII, p. 153-164. Trad. française, « À la recherche d'un "abrégé" de la foi chrétienne », *Concilium*, 3, 23, 1967, p. 65-76.

« Die Gegenwart Christi im Sakrament des Herrenmahles », *SzT,* IV, p. 357-385. Trad. française : « La présence du Christ dans le sacrement de l'eucharistie », *ÉT*, IX, p. 93-124.

« Die Kirche als Ort der Geistsendung », *SzT*, VII, p. 183-188.

« Die menschliche Sinnfrage vor dem absoluten Geheimnis Gottes », *SzT*, XIII, Einsiedeln, Benzinger Verlag, 1978, p. 111-128.

« Die praktische Theologie im Ganzen der theologischen Disziplinen », *SzT,* VIII, p. 133-149. Trad. française, « Problèmes de théologie pratique », *ÉT*, XI, p. 107-127.

« Die Sinnfrage als Gottesfrage », *SzT*, XV, p. 195-205.

« Die theologische Dimension der frage nach dem Menschen », *SzT,* XII, p. 387-406.

« Die zwei Grundtypen der Christologie », *SzT*, X, p. 227-238.

« Dogmatische Erwägungen über das Wissen und Selbstbewusstsein Christi », *SzT,* V, p. 222-245. Trad. française, « Considérations dogmatiques sur la psychologie du Christ », *Science, évolution et pensée chrétienne...*, p. 185-210.

« Dogmatische Frage Osterfrömigkeit », *SzT,* IV, p. 157-172. Trad. française, « Questions dogmatiques se rapportant à la dévotion pascale », *ÉT*, VIII, p. 141-159.

« Einige Bemerkungen zu einer neuen Aufgabe der Fundamental-Theologie », *SzT*, XII, p. 198-211.

« Einige Thesen zur Theologie der Herz-Jesu-Verehrung », dans *Cor Salvatoris*, J. Stierli (éd.), Fribourg, Herder Verlag, 1954, p. 166-199 ; voir aussi *SzT*, III, Einsiedeln, Benzinger Verlag, 1956, p. 391-415. Trad. française, « Quelques thèses pour une théologie de la dévotion au Sacré-Cœur », J. Stierli (éd.), *Le Cœur du Sauveur*, Mulhouse, Salvator, 1956, p. 159-189.

« Einzigkeit und Dreifaltigkeit Gottes im Gespräch mit dem Islam », *SzT*, XIII, p. 129-147.

« Erfahrung des Geistes und existentielle Entscheidung », *SzT*, XII, Einsiedeln, Benzinger Verlag, 1975, p. 41-53.

« Erfahrung des Heiligen Geistes », *SzT*, XIII, p. 226-251.

« Es wird wiederkommen », *SzT*, VII, p. 174-177.

« Exegese und Dogmatik », *SzT*, V, p. 82-111. Trad. française, « Exégèse et dogmatique », *Exégèse et dogmatique*, Paris, DDB, « Textes et études théologiques », 1966, p. 27-57.

« Expérience de l'Esprit et choix existentiel », *L'Expérience de l'Esprit.* Mélanges Schillebeeckx, Paris, Beauchesne, coll. « Le Point Théologique », 16, 1976, p. 173-186.

« Fest der Zukunft der Welt », *SzT*, VII, p. 178-182.

« Fragen zur Unbegreiflichkeit Gottes nach Thomas von Aquin », *SzT*, XII, p. 306-319.

« Geheimnis. II. Theologisches », *Handbuch theologischer Grundbegriffe*, t. I, H. Fries (éd.), Munich, Kösel Verlag, 1962, p. 447-452. Trad. française, « Mystère, II. Étude théologique », *Encyclopédie de la foi*, t. III, Paris, Éd. du Cerf, 1966, coll. « Cogitatio fidei », p. 161-164.

« Geist über alles Leben », *SzT*, VII, p. 189-196.

« Gotteserfahrung heute », *SzT*, IX, Einsiedeln, Benzinger Verlag, 1970, p. 161-176.

« Grundsätzliche Überlegungen zur Anthropologie und Protologie im Rahmen der Theologie », *MS*, II, p. 406-420. Trad. française, « L'anthropologie et la protologie dans le cadre de la théologie », *MS*, VI, p. 145-165.

« Heilige Schrift und Theologie », *SzT*, VI, p.111-120. Trad. française, « Écriture Sainte et théologie », *ÉT*, VII, p. 63-75.

« Heilige Schrift und Tradition », *SzT*, VI, p. 121-138. Trad. française, « Écriture et Tradition : à propos du schéma conciliaire sur la Révélation divine », *L'Homme devant Dieu*, Mélanges offerts au Père Henri de Lubac, III, *Perspectives d'aujourd'hui*, Paris, Aubier, 1964, p. 209-221.

« Heilsmacht und Heilungskraft des Glaubens », *SzT*, V, p. 518-526. Trad. française, « La foi, puissance de salut et force de guérison », *ÉT*, VII, p. 121-131.

« Herz-Jesu-Verehrung heute », *SzT*, XVI, Einsiedeln, Benzinger Verlag, 1984, p. 305-320. Trad. française, « Le culte du cœur de Jésus aujourd'hui », *Vie consacrée*, 58, 1986, p. 259-272.

« Ich glaube an Jesus Christus », *SzT*, VIII, p. 213-217.

« Ideologie und Christentum », *SzT*, VI, p. 59-76. Trad. française, « Le christianisme est-il une idéologie ? », *Concilium*, 1, 6, 1965, p. 41-61.

« Immanente und transzendente Vollendung der Welt », *SzT,* VIII, 593-609.
« Introduction au concept de philosophie existentiale chez Heidegger », *RSR*, 30, 1940, p. 152-171.
« Jesu Auferstehung », *SzT*, XII, p. 344-352.
« Jesus Christus in den nichtchristlichen Religionen », *SzT*, XII, p. 370-383. Trad. française, « Jésus-Christ dans les religions non-chrétiennes », *Traité fondamental de la foi. Introduction au concept du christianisme*, p. 348-359.
« Jesus-Christus – Sinn des Lebens », *Geist und Leben*, 53, 1980, p. 405-416 ; cet article a été repris dans le livre *Was heisst Jesus lieben*, Fribourg, Herder Verlag, 1982 ; *SzT*, XV, 1983, p. 206-216. Trad. française, « Jésus-Christ, sens de la vie », *Aimer Jésus*, chap. II, p. 79-105.
« Kerygma und Dogma », *MS, Grundriss heilgeschichtlicher Dogmatik*, t. 1, Einsiedeln, Benzinger Verlag, 1965, p. 622-703. Trad. française, « Kérygme et dogme », en collaboration avec K. Lehmann, *Mysterium Salutis. Dogmatique de l'histoire du salut*, t. III, Paris, Éd. du Cerf, 1969, p. 183-281.
« Kirchliche Christologie zwischen. Exegese und Dogmatik », *SzT*, IX, p. 197-226.
« Kleine Anmerkungen zur systematischen Christologie heute », *SzT*, XV, p. 225-236.
« L'obscurité de Dieu », *Théologie. Le Service théologique dans l'Église.* Mélanges offerts au Père Yves Congar, Paris, Éd. du Cerf, coll. « Cogitatio Fidei », 76, 1974, p. 249-268.
« Le christianisme, religion de toutes les cultures », *La Croix,* Paris, 13 avril 1983, p. 9. Une interview exclusive du théologien Karl Rahner par Gw. Jarczyk.
« Le schéma du P. Karl Rahner. De la révélation de Dieu et de l'Homme faite en Jésus-Christ », *Vatican II. La Révélation divine,* II, Paris, Éd. du Cerf, coll. « Unam Sanctam », 70b, 1968, p. 577-597.
« Les hommes devant la croix », *Ecclesia*, Paris, Lectures chrétiennes, 216, mars 1967, p. 59-70.
« Menschliche Aspekte der Geburt Christi », *SzT*, X, p. 203-208.
« Mystische Erfahrung und mystische Theologie », *SzT*, XII, p. 428-438.
« Nachfolge des Gekreuzigten », *SzT*, XIII, p. 188-203.
« Natur und Gnade », *SzT,* IV, p. 209-236. Trad. française, « La nature et la grâce », *Questions théologiques aujourd'hui*. II, *Dogmatique*, Paris, DDB, coll. « Textes et études théologiques », 1965, p. 11-44.
« Naturwissenschaft und vernünftiger Glaube », *SzT*, XV, p. 24-62.
« Ostererfahrung », *SzT*, VII, p. 157-165.
« Philosophie und philosophieren in der Theologie », *SzT,* VIII, p. 66-87. Trad. française, « La réflexion philosophique en théologie », *ÉT*, XI, p. 49-76.
« Philosophie und Theologie », *SzT,* VI, p. 91-103. Trad. française, « Philosophie et théologie », *ÉT*, VII, p. 33-52.
« Probleme der Christologie von Heute », *SzT*, I, Einsiedeln, Benzinger Verlag, 1954, p. 169-222. Trad. française, « Problèmes actuels de christologie », *ÉT*, I, p. 113-181.

« Profangeschichte und Heilsgeschichte », *SzT*, XV, Einsiedeln, Benzinger Verlag, 1983, p. 11-23.

« Reflexionen zur Problematik einer Kurzformel des Glaubens », *SzT*, IX, *p.* 242-256. Trad. française, « Formules brèves de la foi », *TfF, Introduction au concept du christianisme*, Paris, Éd. du Centurion, 1983, p. 495-506.

« Remarques sur les rapports entre théologie et sciences modernes », *Chemins de la raison*, colloque du Secrétariat Pax romana, coll. « Recherches et débats », CCIF n° 75, Paris, DDB, 1972, p. 169-177.

« Seht welch ein Mensch », *SzT*, VII, p. 137-140.

« Selbsterfahrung und Gotteserfahrung », *SzT*, X, Einsiedeln, Benzinger Verlag, 1972, p. 133-144.

« Siehe dieses Herz. Prolegomena zu einer theologie der Herz-Jesu-Verehrung », *SzT,* III, p. 379-390.

« Statt eines Schlusswortes : Christologie heute », *Concilium*, 18, 3-1982, p. 212-216. Trad. française, « En guise de conclusion. La christologie aujourd'hui », *Concilium*, 173, Paris, 3-1982, p. 119-125.

« Theologie und Anthropologie », *SzT*, VIII, Einsiedeln, Benzinger Verlag, 1967, p. 43-65 ; voir aussi *Warheit und Verkündingung*, Mélange offert à M. Schmaus, L. Scheffeczyk, 1967. Trad. française, « Théologie et anthropologie », *ÉT*, XI, Paris, DDB-Mame, 1970, p. 189-218.

« Theologische Prinzipien der Hermeneutik eschatologischer Aussagen », *SzT,* IV, p. 401-428. Trad. française, « Principes théologiques relatifs à l'herméneutique des affirmations eschatologiques », *ÉT*, IX, p. 139-170.

« Theos im Neuen Testament », *Bijdragen*, 11, 1950, p. 211-236 ; voir aussi *SzT*, I, Einsiedeln, Benziger Verlag, 1954, p. 91-167. Trad. française, « Dieu dans le Nouveau Testament », *ÉT,* I, Paris, DDB, 1959, p. 11-111 et Paris, DDB, coll. « Foi vivante », 81, 1968.

« Tod Jesu und Abgeschlossenheit der Offenbarung », *SzT*, XIII, p. 159-171.

« Traszendenzerfahrung aus katholischdogmatischer Sicht », *SzT*, XIII, p. 207-225.

« Trost der Zeit », *SzT,* III, p. 169-188. Trad. française : « Rédemption du temps », *ÉT*, IV, p. 179-201.

« Über das Verhältnis von Natur und Gnade », *SzT,* I, p. 323-345.

« Über den Begriff des Geheimnisses in der Katholischen Theologie », *SzT,* IV, p. 51-99. Trad. française, « Le concept du mystère dans la théologie catholique », *ÉT*, VIII, p. 51-103.

« Über den Versuch eines Aufrisses einer Dogmatik », *SzT,* I, p. 9-47. Trad. française : « Essai d'une esquisse de dogmatique », *ÉT*, IV, Paris, DDB, 1966, p. 7-50.

« Über die Eigenart des christlichen Gottesbegriffs », *SzT*, XV, p. 185-194.

« Über die Einheit von Nächsten und Gottesliebe », *SzT,* VI, p. 277-298.

« Über die Erfahrung der Gnade », *SzT,* III, p. 105-109. Trad. française, « De l'expérience de la grâce », *ÉT*, III, p. 71-77.

« Über die Frage einer formalen Existentialethik », *SzT,* II, p. 227-246.

« Über die Heilsbedeutung der nicht-christlichen Religionen », *SzT*, XIII, p. 341-350.

« Über die Liebe zu Jesus », *Entschluss*, 36, 1981, p. 3-18, 23-24 ; cet article a été repris dans le livre *Was heisst Jesus lieben*, Fribourg, Herder Verlag, 1982. Trad. française, « Sur l'amour pour Jésus », *Aimer Jésus*, chap. I, p. 21-78.

« Über die Möglichkeit des Glaubens heute », *SzT*, V, Einsiedeln, Benzinger Verlag, 1964, p. 11-32. Trad. française, « Est-il possible aujourd'hui de croire ? », *Est-il possible aujourd'hui de croire ? Dialogue avec les hommes de notre temps*, Paris, Mame, 1966, p. 11-56.

« Über die Verborgenheit Gottes », *SzT*, XII, p. 285-305.

« Über die zukünftigen Wege der Theologie », H. Vorgrimler, R. Vander Gucht (éd.), *Bilanz der Theologie im 20. Jahrhundert III*, Fribourg, Herder Verlag, 1970, p. 530-551. Trad. française, « L'avenir de la théologie », *Bilan de la théologie du XX*[e] *siècle II*, sous la direction de R. Vander Gucht et H. Vorgrimler, Tournai-Paris, Casterman, 1970, p. 911-932.

« Überlegungen zur Dogmenentwicklung », *SzT*, IV, Einsiedeln, Benzinger Verlag, 1960, p. 11-50. Trad. française : « Réflexions sur le développement dogmatique », *ÉT*, VIII, Paris, DDB, 1967, p. 7-49.

« Um das Geheimnis der Dreifaltigkeit », *SzT*, XII, p. 320-325.

« Verborgener Sieg », *SzT*, VII, p. 150-156.

« Versöhnung und Stellvertretung », *SzT*, XV, p. 251-264.

« Warum gerade ER ? Anfrage an den Christusglauben », *Theologie der Gegenwart*, 22, 1979, p. 65-74. Trad. française, « Pourquoi précisément lui ? », *Aimer Jésus*, chap. III, traduction, annotations et postface par J. Doré, Paris, DDB, coll. « Jésus et Jésus-Christ », 24, 1985.

« Was heisst Heute an Jesus Christus glauben ? », *SzT*, XIII, p. 172-187.

« Was ist eine dogmatische Aussage ? », *SzT*, V, p. 54-81. Trad. française, « Qu'est-ce qu'un énoncé dogmatique ? », *ÉT* VII, Paris, DDB, 1967, p. 213-243.

« Weihnachten, Fest der ewigen Jugend », *SzT*, VII, Einsiedeln, Benzinger Verlag, 1966, p. 123-127.

« Weltgeschichte und Heilsgeschichte », *SzT*, V, p. 115-135.

« Wissenschaft als "Konfession" ? », *SzT*, III, p. 455-472. Trad. française, « La science peut-elle tenir lieu de confession de foi ? », *Science, évolution et pensée chrétienne. Théologie et sciences. Christologie et évolution*. Préface de Lavalette et Christian d'Armagnac, Paris, DDB, 1967, p. 17-38.

« Zu einer Theologie des Todes », *SzT*, X, p. 181-199.

« Zur "Offenbarungsgeschichte" nach dem II. Vatikanum », *SzT*, XII, p. 241-250.

« Zur Geschichtlichkeit der Theologie », *SzT*, VIII, p. 88-110. Trad. française, « L'historicité de la théologie », *ÉT*, XI, p. 77-105.

« Zur scholastischen Begrifflichkeit der ungeschaffenen Gnade », *SzT*, I, p. 347-375. Trad. française : « Pour la notion scolastique de grâce incréée », *ÉT*, IV, p. 35-69.

« Zur selbstkritik der systematischen Christologie im Dienst der Exegese », *Wort Gottes in der Zeit*, Mélange offert à K.H. SCHELKLE, H. Feld et J. Nolte (éd.) 1973.

« Zur Theologie der Menschwerdung », *Catholica*, 12, 1958, p. 1-16 ; voir aussi *SzT*, IV, 1960, p. 137-155. Trad. française, « Réflexions théologiques sur l'incarnation », *Sciences Ecclésiastiques*, 12, Montréal, 1960, p. 5-19 ; *ÉT*, III, p. 79-101 ; voir également « Considérations générales sur la Christologie », dans H. BOUESSE, K. RAHNER, Y.-M. J. CONGAR, *Problèmes actuels de Christologie*, Paris, DDB, 1965, texte p. 15-33 ; débats p. 401-409.

« Zur Theologie des Symbols », *SzT*, IV, p. 275-311. Trad. française, « Pour la théologie du symbole », *ÉT*, IX, Paris, DDB, 1968, p. 7-47.

« Zur Theologie des Todes », *QD*, Fribourg, Herder Verlag, 1958. Trad. française, « Pour une théologie de la mort », *ÉT*, III, p. 103-167 ; « Essai sur le martyre », *ibid.*, p. 169-203.

« Zwiegespräch mit Gott ? », *SzT*, XIII, p. 148-158.

Contributions du *Lexikon für Theologie und Kirche*, édition de J. Höfer et K. Rahner, Fribourg, 1957-1965.

I. *LTHK* (1957).
- Allgegenwart Gottes, p. 350.
- Anthropologie, theologische, p. 618-627.
- Anthropozentrik, p. 632-634.
- Auferstehung Christi, p. 1038-1041.

II. *LTHK* (1958).
- Christentum, p. 1100-1115.

III. *LTHK* (1959).
- Dogma, p. 444-446.
- Einheit der Menscheit, p. 756-757
- Eschatologie, p. 1094-1098.
- Übernatürliches Existential, p. 1301.

IV. *LTHK* (1960).
- Freiheit, p. 331-336.
- Geheimnis, p. 593-597.
- Gnade, p. 991-1000.
- Gnadenerfahrung, p. 1001-1002.
- Gnadentheologie, p. 1010-1014.

V. *LTHK* (1961).
- Jesus Christus, p. 953-961.

VII. *LTHK* (1962).
- Mensch, theologisch, p. 297-294.
- Menschheit Christi, p. 301.
- Metaphysik, Theologie, p. 366-367.
- Monotheismus, dogmatisch, p. 569-570.

VIII. *LTHK* (1963).
- Religion, theologisch, p. 1168-1169.

IX. *LTHK* (1964).
- Gott, systematisch, p. 1080-1087.
- Gotteslehre, p. 1119-1124.
- Heilswille Gottes, p. 165-168.
- Schöpfungslehre, p. 270-274.
- Selbstmitteilung Gottes, p. 627.
- Soteriologie, p. 894-897.

X. *LTHK* (1965).
- Theologia crucis, p. 61.
- Tod, p. 221-226.
- Tod Jesu, p. 231-232.
- Wort Gottes, p. 1235-1238.

Contributions de *Sacramentum Mundi*, Fribourg, Herder Verlag, 1967.

Tome I.
- Christentum, p. 719-743.
- Erlösung, p. 1159-1176.
- Evolution, p. 1251-1262.
- Existential, p. 1298-1300.
- Theologische Anthropologie, p. 176-185.

Tome II.
- Geheimnis, p. 189-196.
- Gnade, p. 450-465.
- Gnadentheologie, p. 465-469.
- Heilswille Gottes, p. 656-664.
- Hominisation, p. 754-761.
- Inkarnation, p. 824-840.
- Jesus Christus. Fundamentaltheologische Überlegungen, p. 920-957.

Tome III.
- Mensch. Zum theologischen Begriff des Menschen, p. 407-416.
- Offenbarung. II. Theologische Vermittlung, p. 832-843.
- Philosophie und Theologie, p. 1205-1215.

• Potentia oboedientialis, p. 1245-1249.

Tome IV.
• Selbstmitteilung Gottes, p. 522.
• Soteriologie, p. 522-526.
• Theologie, p. 860-874.
• Theologische Erkenntnis und Methodenlehre, p. 886-892.
• Transzendentaltheologie, p. 986-992.
• Trinität, p. 1005-1022.
• Trinitätstheologie, p. 1022-1031.
• Übernatürliche Ordnung, p. 1042-1047.
• Unglaube, p. 1062-1067.
• Ziel des Menschen, p. 1429-1439.

Travaux sur la pensée de K. Rahner.

BANTLE F.X., « Person und Personbegriff in der Trinitätslehre Karl Rahners », *Municher theologische Zeitschrift*, 30, 1979, p. 11-24.

BOERACKER H., *Heilserfahrung und Heilserwortung. Eine theologische Untersuchung über die Schriften K. Rahners*, Dissertatione ad Doctoratum, Rome, PUG, 1966.

BROWARZIK U., *Glauben und Denken. Dogmatische Forschung zwischen der Transzendentaltheologie Karl Rahners und der Offenbarungstheologie Karl Barths*, Berlin, Töpelmann, « Theologische Bibliotek », 20, 1970.

DYCH W. V., *Karl Rahner*, Londres, Geoffrey Chapman, 1992.

EICHER P., « Immanenz oder Transzendenz ? Gespräch mit Karl Rahner », *Freiburger Zeitschrift für Philosophie und Theologie*, 15, 1968, p. 29-62.

GUTWENGER E., « Zur Trinitätslehre von "Mysterium Salutis" », *Zeitschrift für katolische Theologie*, 90, 1968, p. 325-328.

KERKETTA J., *Jesus Christ, the Universal Saviour Christology in the perspective of God's Universal Saving Will in the writings of K. Rahner*, Dissertatione ad Doctoratum, Rome, PUG, 1968.

KUNZ E., « Die Offenheit des menschlichen Geistes zum Sein bei Rousselot und in K. Rahners "Geist in Welt" », *Glaube, Gnade, Geschichte. Die Glaubenstheologie des Pierre Rousselot*, Frankfurter theologische Studien, 1969, p. 47-49.

MAURICE E., *L'Évolution de la pensée christologique de Karl Rahner, 1934-1984*. Thèse de doctorat, Paris, Faculté de théologie du Centre Sèvres, 1990, p. 469.

MOLONEY R., « The mind of Christ in Transcendental Theology : Rahner, Lonergan and Crowe », Londres, *The Heythrop Journal*, Yale University Press, vol. XXV, 3, july 1984, p. 289-300.

O'HANLON G., « The Jesuits and Modern Theology. Rahner, von Balthasar and Liberation Theology », Maynooth, *The Irish Theological Quaterly*, S. Patrick's College, vol. 58, 1, 1992, p. 25-45.

O'MEARA T., « Karl Rahner : Some audiences and sources for his theology », *Communio*, 18, vol. XVIII, n° 2, 1991.

ROBERTS L., « The Collision of Rahner and Balthasar », *Continuum*, 5, 1968.

SCHWAGER R., « Hörer des Wortes. Eine empirische Anthropologie für die Theologie ? (K. Rahner, A. Tomatis, R. Girard) », *Zeitschrift für Katholische Theologie*, 114, Herder Verlag, 1992, p. 1-13.

SESBOÜÉ B., « Bulletin de christologie II. Christologie systématique et essai sur le christ. K. Rahner, "Traité fondamental sur la foi" », *Recherches de science religieuse*, 71, 1983, p. 614-617.

TOURENNE Y., *Articulation de la philosophie et de la théologie chez le dernier Rahner (1969-1984). Approches d'un théologien catholique*, thèse de doctorat, Paris, Faculté de théologie du Centre Sèvres, 1993.

VAN DER HEIJDEN L., *Karl Rahner. Darstellung und Kritik seiner Grundposition*, Dissertatione ad Doctoratum, Rome, PUG, 1973.

VASS G., *The Mystery of Man and the Foundations of a Theological System. Understanding Karl Rahner*, t. I et II, Londres, Heythrop Monographs, Sheed and Ward, 1985.

WIEDERKEHR D., « Chancen und Grenzen anthropologischer Theologie. Zu Karl Rahner's "Grundkurs des Glaubens" », *Wissenschaft und Weissheit*, 40, 1977, p. 197-204.

Table des matières

DEUXIÈME PARTIE

« DRAMATIQUE TRINITAIRE »
COMME LOGIQUE THÉOLOGIQUE
(HANS URS VON BALTHASAR)

COGITATIO FIDEI

Théologie et sciences religieuses
Cogitatio fidei

Collection dirigée par Claude Geffré

L'essor considérable des sciences religieuses provoque et stimule la théologie chrétienne. Cette collection veut poursuivre la tâche de *Cogitatio fidei,* c'est-à-dire être au service d'une intelligence critique de la foi , mais avec le souci d'une articulation plus franche avec les nouvelles méthodes des sciences religieuses qui sont en train de modifier l'étude du fait religieux.

1-2. **P. BENOIT**
Exégèse et théologie
tomes I et II

3. **Y. CONGAR**
Les Voies du Dieu vivant

4. **Y. CONGAR**
Sacerdoce et laïcat devant leurs tâches d'évangélisation et de civilisation

7. **O. A. RABUT**
Valeur spirituelle du profane

8. **N. DUNAS**
Connaissance de la foi

9. **P.-R. RÉGAMEY**
Portrait spirituel du chrétien

10. **M.-D. CHENU**
La Foi dans l'intelligence

11. **M.-D. CHENU**
L'Évangile dans le temps

13. **O. A. RABUT**
La Vérification religieuse

14. **F. G. BRACELAND, X. LÉON-DUFOUR, A. PLÉ, etc.**
Mariage et célibat
Encyclopédie de la foi

15. **T. I**
Adam-Eschatologie

16. **T. II**
Espérance-Lumière

17. **T. III**
Mal-Puissance

18. **T. IV**
Rédemption-Virginité

19. **W. JAEGER**
À la naissance de la théologie
Essai sur les Présocratiques

20. **E. SCHILLEBEECKX**
Le Mariage.
Réalité terrestre et mystère de salut, t. I

21. **M. SECKLER**
Le Salut et l'Histoire

22. **D. DUBARLE**
Approches d'une théologie de la science

23. **H. DE LUBAC, J. DANIÉLOU, E. SCHILLEBEECKX, Y. CONGAR, etc.**
Théologie d'aujourd'hui et de demain

24. **R. DE VAUX**
Bible et Orient

25. **J.-M. POHIER**
Psychologie et théologie

27. **Y. CONGAR**
Situation et tâches présentes de la théologie

28. **J.-P. JOSSUA**
Le Salut, incarnation ou mystère pascal

30. **P. BENOIT**
Exégèse et théologie, t. III

31. **J. MOUROUX**
À travers le monde de la foi

32. **P. ROQUEPLO**
Expérience du monde, expérience de Dieu?

33. **L. BEIRNAERT, C. DARMSTADTER, R. HOSTIE, etc.**
La Relation pastorale

36. **LUCIEN-MARIE**
L'Expérience de Dieu

37. **R. SCHNACKENBURG, A. VOEGTLE, H. SCHURMANN, etc.**
Le Message de Jésus et l'Interprétation moderne

38. **P. ROQUEPLO**
La Foi d'un mal-croyant

40. **G. M.-M. GOTTIER**
Horizons de l'athéisme

41. **J. COLETTE, C. GEFFRÉ, C. DUBARLE, A. DUMAS, etc.**
Procès de l'objectivité de Dieu

42. **H. CHAVANNES**
L'Analogie entre Dieu et le monde selon saint Thomas d'Aquin et selon Karl Barth

43. **J.-P. MANIGNE**
Pour une poétique de la foi

44. **G. LAFONT**
Peut-on connaître Dieu en Jésus-Christ?

45. **M. XHAUFLLAIRE**
Feuerbach et la théologie de la sécularisation

46. **J.-H. WALGRAVE**
Un salut aux dimensions du monde

47. **F. FERRÉ**
Le langage religieux a-t-il un sens?

48. **G. CRESPY**
Essais sur la situation actuelle de la foi

49. **D. DUBARLE, G.-PH. WIDMER, J. POULAIN, etc.**
La Recherche en philosophie et en théologie

50. **J. MOLTMANN**
Théologie de l'espérance

51. **CONGRÈS D'OTTAWA**
Le Prêtre hier, aujourd'hui, demain

52. F. BRAVO
La Vision de l'histoire chez Teilhard de Chardin

53. R. PANIKKAR
Le Mystère du culte dans l'hindouisme et le christianisme

54. F. HOUTART, J. LADRIÈRE, A. ASTIER, etc.
Recherche interdisciplinaire et théologie

55. CH. WIDMER
Gabriel Marcel et le théisme existentiel

56. L. MALEVEZ
Histoire du salut et philosophie

57. J. B. METZ
Pour une théologie du monde

58. P. SCHELLENBAUM
Le Christ dans l'énergétique teilhardienne

59. J.-M. AUBERT
Pour une théologie de l'âge industriel

60. COMMISSION INTERNATIONALE DE THÉOLOGIE
Le Ministère sacerdotal

61. J. FLORKOWSKI
La Théologie de la foi chez Bultmann

62. W. PANNENBERG
Esquisse d'une christologie

63. C. GEFFRÉ, H. BOUILLARD, J. AUDINET, L. DEROUSSEAUX, I. DE LA POTTERIE
Révélation de Dieu et langage des hommes

64. J. MOLTMANN, DOM HELDER CAMARA, etc.
Discussion sur « la Théologie de la révolution »

65. J.-P. DE JONG
L'Eucharistie comme réalité symbolique

66. J.-M. POHIER
Au nom du Père... Recherches théologiques et psychanalytiques

67. CH. DUQUOC
Christologie, essai dogmatique. II. Le Messie

68. C. GEFFRÉ
Un nouvel âge de la théologie

69. M. XHAUFFLAIRE
La « Théologie politique », Introduction à la théologie politique de J.B. Metz

70. J. MOLTMANN, W. D. MARSCH, M. MASSARD, etc.
Théologie de l'espérance, II. Débats

71. P. J. A. M. SCHOONENBERG
Il est le Dieu des hommes

72. A. GRILLMEIER
Le Christ dans la tradition chrétienne De l'âge apostolique à Chalcédoine

73. M. LIENHARD
Luther, témoin de Jésus-Christ

74. R. PARENT
Condition chrétienne et service de l'homme Essai d'anthropologie chrétienne

75. J.-M.-R. TILLARD
Devant Dieu et pour le monde Le Projet des religieux

76. G. PHILIPS, Q. DUPREY, M.-D. CHENU J.-J. VON ALLMEN, etc.
Le Service théologique dans l'Église Mélanges offerts à Yves Congar pour ses soixante-dix ans

77. P. VALADIER
Nietzsche et la critique du christianisme

78. J.-C. SAGNE
Conflit, changement, conversion

79. J. ROLLET
Libération sociale et salut chrétien

80. J. MOLTMANN
Le Dieu crucifié

81. Y. LABBÉ
Humanisme et théologie

82. R. MARLÉ
Parler de Dieu aujourd'hui La Théologie herméneutique de Gerhard Ebeling

83. N. AFANASSIEFF
L'Église du Saint-Esprit

84. G. D. KAUFMANN
La Question de Dieu aujourd'hui

85. Y. CONGAR
Un peuple messianique Salut et libération

86. P. FRUCHON
Existence humaine et révélation Essais d'herméneutique

87. J.-M.-R. TILLARD, J.-L. D'ARAGON, F. DUMONT, E. R. FAIRWEATHER, etc.
Foi populaire, foi savante

88. W. KASPER
Jésus le Christ

89. G. VAHANIAN
Dieu et l'utopie L'Église et la technique

90. L. DUPRÉ
L'Autre Dimension. Recherche sur le sens des attitudes religieuses

91. FR. BUSSINI
L'Homme pécheur devant Dieu

92. A. DELZANT
La Communication de Dieu

93. B.J.F. LONERGAN
Pour une méthode en théologie

94. N. VIALLANEIX
Écoute, Kierkegaard (t. I)

95. N. VIALLANEIX
Ecoute, Kierkegaard (t. II)

96. G. LAFON
Esquisses pour un christianisme

97. S. BRETON
Écriture et révélation

98. A. GANOCZY
Homme créateur, Dieu Créateur

99. J.B. METZ
La Foi dans l'histoire et dans la société Essai de théologie fondamentale pratique

100. A. DUMAS
Nommer Dieu

101. M. DESPLAND
La Religion en Occident. Évolution des idées et du vécu

102. J. MOLTMANN
L'Église dans la force de l'Esprit. Une contribution à l'ecclésiologie

103. **R. MEHL**
Vie intérieure et transcendance de Dieu

104. **P.-M. BEAUDE**
L'Accomplissement des Écritures

105. **A. SHORTER**
Théologie chrétienne africaine

106. **S. BRETON**
Unicité et monothéisme

107. **M. AMIGUES**
Le Chrétien devant le refus de la mort

108. **Travaux du CERIT dirigés par M. MICHEL**
Pouvoir et vérité

109. **F. MUSSNER**
Traité sur les juifs

110. **Cl. GEFFRÉ (éd.)**
La Liberté religieuse dans le judaïsme, le christianisme et l'islam

111. **J. DORÉ (éd.)**
L'Ancien et le Nouveau

112. **Y. CONGAR**
Diversité et communion

113. **M. MICHEL**
La Théologie aux prises avec la culture

114. **P. BEAUCHAMP**
Le Récit, la Lettre et le Corps. Essais bibliques

115. **P EICHER**
La Théologie comme science pratique

116.-117 **E. JÜNGEL**
Dieu mystère du monde, t. I et II

118. **A.-M. DUBARLE**
Le Péché originel : perspectives théologiques

119. **Y. CONGAR**
Martin Luther, sa foi, sa réforme

120. **Cl. GEFFRÉ**
Le Christianisme au risque de l'interprétation

121. **Cl. GEFFRÉ (éd.)**
Théologie et choc des cultures

122. **B. FORTE**
Jésus de Nazareth, Histoire de Dieu, Dieu de l'histoire

123. **J. MOLTMANN**
Trinité et royaume de Dieu. Contributions au traité de Dieu

124. **J. LADRIÈRE**
L'Articulation du sens I. Discours scientifique et parole de la foi

125. **J. LADRIÈRE**
L'Articulation du sens II. Les Langages de la foi

126. **Travaux du CERIT dirigés par M. MICHEL**
La Théologie à l'épreuve de la vérité

127. **CH. A. BERNARD**
Théologie affective

128. **W. KASPER**
Le Dieu des chrétiens

129. **J.-F. MALHERBE**
Le langage théologique à l'âge de la science. Lecture de Jean Ladrière

130. **B. WELTE**
Qu'est-ce que croire?

131. **D. K. OCVIRK**
La Foi et le Credo. Essai théologique sur l'appartenance chrétienne

132. **D. BOURG**
Transcendance et discours. Essai sur la nomination paradoxale de Dieu

133. **J. GREISCH**
L'Âge herméneutique de la raison

134. **G. ALBERIGO et J.-P. JOSSUA (éd.)**
La Réception de Vatican II

135. **S. BRETON**
Deux mystiques de l'excès : J.-J. Surin et Maître Eckhart

136. **E. SCHÜSSLER-FIORENZA**
En mémoire d'elle

137. **G. GUTIÉRREZ**
La Force historique des pauvres

138 . **Travaux du CERIT dirigés par D. BOURG**
L'Être et Dieu

139. **G. LAFONT**
Dieu, le temps et l'être

140. **J. SOBRINO**
Jésus en Amérique latine

141. **A. BIRMELÉ**
Le Salut en Jésus Christ

142. **H. BOURGEOIS, P. GIBERT, M. JOURJON**
L'Expérience chrétienne du temps

143. **J.-M.-R. TILLARD**
Église d'Églises

144. **L.-M. CHAUVET**
Symbole et sacrement

145. **Y. LABBÉ**
Essai sur le monothéisme trinitaire

146. **J. MOLTMANN**
Dieu dans la création

147. **P. GAUTHIER**
Newman et Blondel

148. **J. L. SEGUNDO**
Jésus devant la consience moderne

149. **H. LEGRAND (éd.)**
Les Conférences épiscopales

150. **M. MESLIN**
L'Expérience humaine du divin

151. **J. L. SEGUNDO**
Le Christianisme de Paul

152. **J. ÇAILLOT**
L'Évangile de la communication

153. **M. LIENHARD**
L'Évangile et l'Église chez Luther

154. **A. GRILLMEIER**
Le Christ dans la tradition chrétienne, t. II / 1

155. **X. TILLIETTE**
Le Christ de la philosophie

156. **A. FOSSION**
La Catéchèse dans le champ de la communication

157. **Cl. BOFF**
Théorie et pratique

158. **W. KASPER**
La Théologie et l'Église

159. **H.WALDENFELS**
Manuel de théologie fondamentale

160. **B. SESBOÜÉ**
Pour une théologie œcuménique

161. **J. JOUBERT**
Le Corps sauvé

162. **F. KERR**
La Théologie après Wittgenstein

163. **J. ANSALDI**
L'Articulation de la foi, de la théologie et des Écritures

164. **L. PANIER**
La Naissance du Fils de Dieu

165. **Cl. GEFFRÉ (éd.)**
M. de Certeau ou la Différence chrétienne

166. **E. SCHILLEBEECKX**
L'Histoire des hommes, récit de Dieu

167. **B. RORDORF**
Tu ne te feras pas d'image

168. **J.-M.-R. TILLARD**
Chair de l'Église, chair du Christ. Aux sources de l'ecclésiologie de communion

169. **J. L. SEGUNDO**
Qu'est-ce qu'un dogme ?

170. **J. DUPONCHEELE**
L'Être de l'alliance

171. **J. MOLTMANN**
Jésus, le Messie de Dieu

172. **A. GRILLMEIER**
Le Christ dans la tradition chrétienne, t. II / 2

173. **A. CARR**
La Femme dans l'Église

174. **G. ROUTHIER**
La Réception d'un concile

175. **Y.-M. BLANCHARD**
Aux sources du Canon

176. **J. MOINGT**
L'Homme qui venait de Dieu

177. **O.-H. PESCH**
Thomas d'Aquin. Grandeur et limites de la théologie médiévale

178. **E. ARENS (éd.)**
Habermas et la théologie

179. **Gh. LAFONT**
Histoire théologique de l'Église catholique

180. **J. FANTINO**
La Théologie d'Irénée

181. **J. S. O'LEARY**
La Vérité chrétienne à l'âge du pluralisme religieux

182. **P. FRUCHON**
L'Herméneutique de Gadamer

183. **D. GONNET**
La Liberté religieuse à Vatican II

184. **Y. CONGAR**
Église et papauté

185. **W. G. JEANROND**
Introduction à l'herméneutique théologique

186. **G. GANOCZY**
Dieu, l'homme et la nature

187. **Y. TOURENNE**
La Théologie du dernier Rahner

188. **J. DUPUIS**
Homme de Dieu, Dieu des hommes

189. **P. LATHUILIÈRE**
Le Fondamentalisme catholique

190. **V. HOLZER**
Le Dieu Trinité dans l'histoire

Imprimé en France. JOUVE, 18, rue St-Denis, 75001 PARIS
N° 227825C. Dépôt légal : Septembre 1995